Volker Letzner
Tourismusökonomie

Volker Letzner

Tourismus-
ökonomie

———

Volkswirtschaftliche Aspekte rund ums Reisen

2., überarbeitete und erweiterte Auflage

DE GRUYTER
OLDENBOURG

ISBN 978-3-11-036991-5
e-ISBN (PDF) 978-3-11-036992-0
e-ISBN (EPUB) 978-3-11-039867-0

Library of Congress Cataloging-in-Publication Data
A CIP catalog record for this book has been applied for at the Library of Congress.

Bibliografische Information der Deutschen Nationalbibliothek
Die Deutsche Nationalbibliothek verzeichnet diese Publikation in der Deutschen Nationalbibliografie;
detaillierte bibliografische Daten sind im Internet über http://dnb.dnb.de abrufbar.

© 2014 Oldenbourg Wissenschaftsverlag GmbH, München
Ein Unternehmen von Walter De Gruyter GmbH, Berlin/Boston
Lektorat: Anja Ludwig
Herstellung:Tina Bonertz
Bildmontage: Stoffers Grafik-Design
Druck und Bindung: CPI books GmbH, Leck
♾ Gedruckt auf säurefreiem Papier
Printed in Germany

www.degruyter.com

MIX
Papier aus verantwor-
tungsvollen Quellen
FSC® C003147

Inhalt

Vorwort zur zweiten, komplett überarbeiteten und erweiterten Auflage

Nach erfreulich kurzer Zeit wurde es nötig, eine zweite Auflage der *Tourismusökonomie* auf die Reise zu schicken. Dies gab die Gelegenheit, das Buch gründlich zu überarbeiten, Fakten und Zahlen auf den neuesten Stand zu bringen und wichtige Ergänzungen und Erweiterungen vorzunehmen. So konnte beispielsweise das Thema der optimalen Erschließung mit der Frage „Wertschöpfung durch Zerstörung?" und das Thema „Entwicklungsblockaden von Destinationen" vertieft werden; außerdem wurde das Themenfeld „nachhaltiger Tourismus" ausgeweitet und findet sich nun als roter Faden „quer" zu allen Modulabschnitten. Einen Überblick zu diesem wichtigen Querschnittsthema bietet die neue Einleitung, die auch eine Positionierung der Tourismusökonomie vornimmt.

Mein herzlicher Dank gilt den vielen Studierenden, die inzwischen mit dem Buch arbeiten konnten und immer wieder Hinweise zur Verbesserung lieferten; ähnlich sei den KollegInnen gedankt, die mit wichtigen Diskussionsbeiträgen die Weiterentwicklung der *Tourismusökonomie* begleiteten. Selbstverständlich sind alle verbleibenden Fehler mir zuzuschreiben.

So sei dem Leser auch weiterhin eine spannende Reise duch die volkswirtschaftlichen Gefilde des Tourismus gewünscht!

Volker Letzner im April 2014

Vorwort zur ersten Auflage

Das *Schauspiel Tourismus* ist inzwischen ein weltweites Phänomen geworden, das Millionen von Menschen in den Bann zieht und in die Nähe oder Ferne reisen lässt. Und Millionen von Menschen leben mehr oder minder gut von den Fremden, die es aus den verschiedensten Gründen zu ihnen verschlägt. Aber wie ist diese Branche volkswirtschaftlich erklärbar?

Der tourismusökonomische, volkswirtschaftliche Ansatz ist in der deutschsprachigen Tourismusforschung selten und grenzt sich insbesondere von betriebswirtschaftlichen und wirtschaftsgeographischen Ansätzen des sehr interdisziplinären Faches ab. Das *Schauspiel Tourismus* wird in *sechs Akten* gespielt, die für das volkswirtschaftliche Verständnis des Tourismus zentral sind:

Modul 1 – Der Schauplatz: die touristische Destination als ‚kleine Volkswirtschaft‘

Modul 2 – Die Handlung: tourist. Angebotstheorie mit Attraktoren, Erbe und Infrastruktur

Modul 3 – Die Besucher: die ‚schönste Zeit des Jahres‘ nachfragetheoretisch betrachtet

Modul 4 – Das Drama: Gefährdung der touristischen Allmende-Attraktoren

Modul 5 – Die Hybris: Regionalökonomie und die Expansion der Destinationen

Modul 6 – Das Paradoxon: Außenwirtschaftstheorie und internationaler Tourismus

Das Buch wendet sich in erster Linie an Bachelor- und Masterstudierende des Tourismus und an Studierende der Volkswirtschaftslehre und Wirtschaftsgeographie, die sich für die Branche interessieren. Für Promovierende dieser drei Fachrichtungen dürfte das Buch viele Anregungen und Forschungsanstöße geben. Darüber hinaus ist es auch für alle Praktiker in Quellmärkten und Zielgebieten interessant, die Erklärungen, Anregungen und Hypothesen für ihre Aufgaben suchen und unkonventionelle Sichtweisen auf ihre Branche bevorzugen. Die Module verweisen aufeinander, können aber auch eigenständig gelesen werden; hierzu helfen zwei umfangreiche Glossare zum Text, die einmal tourismusökonomische Fachbegriffe und zum anderen tradierte touristische Attraktoren kurz erläutern. Zahlreiche Abbildungen und Tabellen und viele verbale Erläuterungen machen das Buch sehr anschaulich und ermöglichen es auch dem ökonomisch wenig vorbelasteten Leser, die volkswirtschaftlichen Aspekte des Tourismus zu verstehen und das faszinierende *Schauspiel Tourismus* auf neuen Wegen kennenzulernen.

Selbstverständlich beziehen sich alle geschlechtsbezogenen Wörter auf beide Geschlechter.

Mein großer Dank gilt Frau Annett Scherf für ihre hervorragende redaktionelle Hilfe und vielen StudentInnen und KollegInnen für die unabdingbar nötigen Diskussionen, Anregungen, Widersprüche und Verwirrungen. Für den Inhalt zeichne ausschließlich ich verantwortlich. Das Buch ist all jenen gewidmet, die mich auf Reisen begleitet und ertragen haben.

Volker Letzner im August 2010

Abbildungs-, Tabellen- und Kastenverzeichnis

Glossar tourismusökonomischer Fachausdrücke

Agglomeration: räumliche Ansammlung und Verdichtung wirtschaftlicher Aktivität

Allgemeingüter: Güter ohne Ausschließbarkeit im Konsum, also → Allmendegüter und → öffentliche Güter

Allmende, Allmendegut, Gemeinheit, Common: Güter ohne Ausschließbarkeit im Konsum und mit Rivalität im Konsum, bsp. Fischschwärme auf hoher See

Allmendetragödie: bei → Allmendegütern häufig vorkommende Beeinträchtigung oder Zerstörung des Gutes durch Übernutzung

Allokation: v.a. Aufteilung der → Produktionsfaktoren auf alternative Verwendungen

Anti-Allmende: Güter, bei denen aufgrund zu hoher Ausschließbarkeitsrechte Unternutzung entstehen kann

Attraktor, touristischer: Natur-, Kultur-, immaterielles, künstliches oder virtuell-fiktives Objekt, das im Mittelpunkt touristischen Interesses steht

Autokatalyse: sich gegenseitig verstärkende Prozesse innerhalb einer Branche

Bandstädte: v.a. an Küsten befindliche langgezogene städtische → Agglomerationen

Bifurkationen: Element der → Chaostheorie, das unerwartete Sprünge und Teilungen einer Entwicklung beschreibt

Bodenrente: Gewinn aus einem Quadratmeter Boden

Business Travel: Geschäftsreiseverkehr

Chaostheorie: Wissenschaft von Zusammenhängen, bei denen aufgrund hoher Komplexität und trotz deterministischer Kausalbeziehungen keine Aussagen über die Entwicklung einer Größe gemacht werden können

Cobweb-Theorem: auch Spinnwebtheorem oder Schweinezyklus; erklärt dynamische Preisschwankungen bei zeitlichen Verzögerungen zwischen Investitionsentscheidung und deren Kapazitätseffekt

Crosskatalyse: sich gegenseitig verstärkende Prozesse zwischen Branchen

Dark Tourism: Tourismus, der sich auf Orte des Todes, der Verbrechen, der Strafe und anderer düsterer Geschehnisse bezieht

Destination, Lebenszyklus der: Auf und Ab der Destinationsentwicklung, das an einem Produkt-Lebenszyklus erinnert

Destination: touristische Region, touristisches Zielgebiet, z.B. ‚Toskana‘, ‚München‘, ‚USA‘

Dienstleistungsbilanz: Teilbilanz der → Leistungsbilanz, in der u.a. die touristischen Leistungen zwischen In- und Ausland abgebildet werden

Direktinvestition: Kapitalanlagen von Inländern im Ausland, z.B. ein Hotelkauf

Disparitätenausgleich: verteilungspolitisch begründeter Angleich der Lebensverhältnisse

Externer Effekt, pekuniärer: über den Marktpreis weitergegebener, allokationsneutraler Effekt

Externer Effekt, technologischer: nicht über den Markt wirkender allokationsverzerrender Effekt, der volkswirtschaftliche (= soziale) und betriebswirtschaftliche (= private) (Grenz-) Kosten trennt; als **positiver t. e. E.** führt er zu einer suboptimal niedrigen, als **negativer t. e. E.** führt er zu einer suboptimal hohen Produktion/Nutzung eines Gutes

Faktorpreisausgleich, -stheorem: Aussage der Handelstheorie, dass sich die Faktorpreise der Produktionsfaktoren, die in gehandelten Gütern genutzt werden, angleichen.

Fehlallokation, suboptimale Allokation: nicht effiziente Aufteilung der Produktionsfaktoren auf verschiedene Verwendungen

Funktionale Segregation: räumliche Trennung und Konzentration vormalig nebeneinander existierender ökonomischer Aktivitäten wie Wohnen, Arbeiten, Versorgen etc.

Handelsbilanz: Teilbilanz der → Leistungsbilanz

Hyperzyklen: sich selbst verstärkende, jahrzehntelange regionale Entwicklungsspiralen

Infrastruktur, touristische: i.d.R. materielle Einrichtungen rund um bzw. zur Erschließung des touristischen → Attraktors, bspw. Hotels, Restaurants, Lifte, Marinas u.a.

Initial-Nistung: mehr oder minder zufälliger Beginn einer touristischen Entwicklung, bspw. durch die Einführung einer neuen Sportart in einer Region oder durch das Interesse an (u.U. neu entdeckten) → Attraktoren in einer Region

Internalisierung: durch wirtschaftspolitische Instrumente erreichte Berücksichtigung technologischer → externer Effekte im Nutzen- oder Kostenkalkül

Kapitalbilanz: Teilbilanz der → Zahlungsbilanz

Komparativer (Kosten-) Vorteil, Theorem vom k. K.: relativer (Kosten-) Vorteil, auf den sich laut Handelstheorie ein Land spezialisieren sollte, um vom internationalen Handel zu profitieren

Konsumentenrente: grafisch die Fläche zwischen Nachfrage- (= Grenzzahlungsbereitschafts-) Kurve und Preisgerade, die den Vorteil der Konsumenten beschreibt, die sie aus dem Konsum eines Gutes ziehen, weil/solange die Grenzzahlungsbereitschaft größer als der Preis ist; Teil des → Wohlfahrtseffektes eines Marktes

Kulturerbe, immaterielles: vom Menschen gelebtes Wissen in Überlieferungen, Traditionen, Sprachen, Bräuchen, Festen etc.

Kulturerbe, materielles: vom Menschen geschaffene Dinge, insbesondere der Architektur, der schönen Künste, aber auch der Alltagskultur

Kulturlandschaft: i. w. S. jede vom Menschen geprägte Landschaft, i. e. S. kleinräumige Anlagen wie Parks, i. d. R. meist durch jahrhundertealte agrarische Nutzung geprägte Landschaft, in der sich Natur, Landwirtschaft, (Alltags-) Kultur, Religion, materielles und immaterielles Erbe manifestieren, bspw. das ‚Murnauer Land‘, die ‚Marken‘, die philippinischen Reisterrassen u.a.

Kunstwelten: mehr oder minder große, vom Menschen produzierte Anlagen wie Freizeit- und Eventparks, Karibikwelten oder Casinoanlagen, i. w. S. auch Barockgärten u.ä.

Leistungsbilanz: Teilbilanz der → Zahlungsbilanz

Meta-Destination: aus mehreren kleineren → Destinationen bestehende Destination wie bspw. Südostasien, das aus den Destinationen Thailand, Vietnam etc. besteht

MICE: Messe-, Incentive-, Congress- und Eventtourismus

Nachhaltigkeit: ökologisch, sozial und ökonomisch stabiler (Umwelt-) Zustand, der nur so viele Ressourcen nutzt wie im gleichen Zeitraum entstehen und der deshalb die Handlungsmöglichkeiten zukünftiger Generationen nicht einschränkt

Naturerbe: natürliche Gegebenheiten von Umwelt, Klima, Geologie, Flora und Fauna

Netzwerkexternalität: technische oder soziale Effekte, wenn viele Geräte oder Teilnehmer denselben Kommunikationsstandard verwenden

Neue Ökonomische Geographie: von Paul Krugman initierter jüngster Wissenschaftszweig der → Regionalökonomie, der sich v.a. mit → Zentrum-Peripherie-Fragen beschäftigt

NGO: Nichtregierungsorganisationen wie Amnesty International, Greenpeace u.a.

Öffentliche Güter: durch Nicht-Ausschließbarkeit und Nicht-Rivalität gekennzeichnete Güter, die häufig vom Staat bereit gestellt werden wie Infrastruktur, Sicherheit etc.

Opportunitätskosten: Kosten durch entgangene Alternativen

Peripherisierung: Abwanderung wirtschaftlicher Aktivität vom Zentrum in (bisher abgelegene) Randgebiete

Pigou-Steuer: Umweltsteuer

Planetenmuster: regionales, kontinentales und globales Standortmuster der → Destinationen in Abhängigkeit von ihren Quellgebieten

Private Public Partnership, PPP: Investitions- (und ggf. Betreiber-) Gemeinschaft von Privatwirtschaft und Staat für (meist sehr große Infrastruktur-) Investitionen

Produkt, touristisches: Kompositprodukt, das sich (meist) aus Reise i. e. S., touristischem → Attraktor und touristischer → Infrastruktur zusammensetzt

Produktionsfaktoren, klassische: Arbeit, Boden, Kapital, technischer Fortschritt

Produktionsfaktoren, touristische: Natur, Kultur und Wissen je als Erbe

Produzentenrente: grafisch die Fläche zwischen Preisgerade und Angebots- (= Grenzkosten-) Kurve, die, um die Fixkosten bereinigt, den Gewinn eines Unternehmens beschreibt; Teil des → Wohlfahrtseffektes eines Marktes

Prozess, katalytischer: sich selbst verstärkender Prozess, der positiv als Engels- und negativ als Teufelskreis bekannt ist

Regionalökonomie: Wissenschaft vom Zusammenspiel von Raum und wirtschaftlichen Aktivitäten; verwandt sind Raumwirtschaft, Wirtschaftsgeographie, → Neue Ökonomische Geographie

Stauungs-Externalitäten: durch Übernutzung kostenloser (Raum-)Ressourcen suboptimal hohe Verdichtung, die sich im Fall der Straße als zähfließender Verkehr oder Stau zeigt

Substitut: Ersatz, Surrogat; hier: Ersatz originaler touristischer Attraktoren durch Ersatzattraktoren → Altamirahöhle

Terms of Trade: reales Austauschverhältnis zwischen Export- und Importkorb

Tradieren: überliefern, (ver-) erben, weitergegeben; etwas Überliefertes weitergeben

UNESCO: United Nations Educational, Scientific and Cultural Organization

Weltkultur- und -naturerbe: Begriff der UNESCO-Charta 1972 zum Schutz von Kultur- und Naturerbestätten von außergewöhnlichem universellem Wert

Wohlfahrtseffekt: Messgröße zur Beurteilung einer mehr oder weniger optimalen → Allokation; setzt sich aus → Konsumenten- und → Produzentenrente zusammen.

Zahlungsbilanz: Bilanz zur Verbuchung aller zwischen in- und ausländischen Wirtschaftssubjekten in einem Zeitraum vorgefallener wirtschaftlicher Transaktionen, die in zwei Teilbilanzen, der Leistungs- und der Kapitalbilanz verzeichnet werden

Zeitpräferenz: Maß für die individuelle Wertschätzung zukünftiger Ereignisse im Vergleich zu gegenwärtigen; hohe Z. bedeutet hohe Präferenz für die Gegenwart

Zentralortthese: Erklärungsmuster für die regionale Verteilung von Dörfern und Städten

Zentrums-Peripherie-Dynamik: Zusammenspiel von sich abstoßenden und sich anziehenden Kräften ökonomischer Aktivität mit der Frage, ob sich diese (u.a. bei sich verändernden Transportkosten) eher zentral in → Agglomerationen ballt oder durch → Peripherisierung im Raum verteilt

Glossar tradierter touristischer Attraktoren

(N) = Naturerbe, (K) = Kulturerbe, (IK) = immaterielles Kulturerbe, (KL) = Kulturlandschaft, (SL) = Stadtlandschaft, (IL) = Industrielandschaft, (#) = zerstörtes Erbe; wenn nicht anders angegeben, beziehen sich Zeitangaben auf n. Chr.

Aconcagua: (N) höchster Berg Amerikas mit fast 7.000 m

Algonquin: (N) ältester Nationalpark Kanadas, u.a. zum Kanuwandern

Altamirahöhle: (K) in Spanien mit steinzeitlichen Felsenmalereien aus dem 16.–11. Jahrtausend v. Chr.; 1868 entdeckt und 1979 für die Öffentlichkeit geschlossen und durch einen 1.500 qm großen punktgenauen Nachbau touristisch substituiert → Substitut

Akropolis: (K) griechische/r Stadtfestung/Tempelberg; insb. in Athen und mit dem Parthenon bedeutendstes Relikt des antiken Griechenland aus dem 5. Jh. v. Chr.

Albarella: (N, KL) kleine, in den 70er Jahren mondäne Privatinsel an der Po-Mündung in Italien

Allgäu: (KL) Kulturlandschaft im Südwesten Deutschlands

Altstadt von Hanoi: (SL) (noch) weitgehend erhaltenes Gassengewirr aus der Kolonialzeit der ersten Hälfte des 20. Jh.

Amalfi, Amalfiküste: (KL) atemberaubend schöne und steile Küsten-, Stadt- und Kulturlandschaft in Süditalien

Amazonasregenwald: (N, N#) größtes Regenwaldökosystem in Südamerika durch Raubbau, Brandrodung und Ölsuche immer kleiner werdend

Angkor: (K) weltgrößte hinduistisch-buddhistische Tempelanlage in Kambodscha (9.–15. Jh.) mit dem Zentralmonument **Angkor Wat**

Auschwitz: (K) Konzentrations- und Vernichtungslager des nationalsozialistischen Deutschland in Polen, → UNESCO Weltkulturerbe und Beispiel für den → dark tourism

Berliner Stadtschloss: (K#) für 2019 geplanter umstrittener Wiederaufbau des durch Krieg und Wiederaufbau völlig zerstörten Schlosses aus dem 15. Jh.

Bernsteinzimmer: (K#) Anfang des 18. Jh.s im → Berliner Stadtschloss erstelltes Zimmer mit einer kompletten Bernsteinvertäfelung, das bald dem russischen Zaren geschenkt und sich im Katharinenpalast nahe St. Petersburg befand; im 2. Weltkrieg verschollen und inzwischen originalgetreu nachgebildet

Big Apple: (SL) umgangssprachl. für New York

Big Migration: (N) weltweit die letzte große, aus zehntausenden von Tieren bestehende jährliche Tierwanderung in der **Serengeti** in Tansania und Kenia

Bwindi-Forest: (N) eines der letzten Urwaldreservate für (Berg-) Gorillas in Uganda

Buddha in Bamian/Bamiyan: (K#) von den Taliban gesprengte afghanische Buddha-Statuen des 4. Jh., die bis zu 50m groß in Felsnischen standen

Bhutan: (N, K, KL) kleines Königreich im Himalaya, das sich stark von äußeren (touristischen) Einflüssen abschirmt

Brocken: (KL, N) höchste Erhebung des Harz mit mystischer Hexentradition

Central Park: (SL, KL) große Parkanlage in Manhattan

Circus Maximus: (K) 500 m lange Wagenrennbahn zwischen Palatin und Aventin in Rom seit dem 2. Jh. v. Chr. bis ins 5. Jh. genutzt und heute nur noch in Form und mit wenigen Überresten erkennbar

Cliff-Walk: (N, K) Klippenweg am Atlantik nahe Newport, RI, der zwischen Atlantik und den Villen der superreichen Oberschicht um 1900 führt

Dark Sky: (N, N#) von künstlichen Licht- und Partikelquellen weitgehend nicht verschmutzter ‚sternenklarer‘ Nachthimmel, der sich meist nur über Wüsten und einsamen Gebirgskämmen zeigt, aber auch in Mitteleuropa von wenigen Orten aus (eingeschränkt) gesehen werden kann; ansonsten durch Besiedelung weitgehend ‚verschwunden‘

Domus Aurea, Villa Aurea: (K) Überreste des ‚Goldenen Hauses‘ von Nero nahe des Kolosseums in Rom aus dem 1. Jh.

Dreiseenland, fränkisches: (KL) Ende des 20. Jh. entstandene Seen- und Naherholungslandschaft in Mittelfranken

Drehorte: (KL, IK SL, N) aus Film und Fernsehen bekannte Orte oder Landschaften, die zu Attraktoren werden

Dresdner Elbauen: (KL#) durch Brückenbau stark beeinträchtigtes Natur- und Kulturensemble; erstes Weltkulturerbe der UNESCO, dem dieser Titel aberkannt wurde

Eiffelturm: (K, SL): Wahrzeichen von Paris aus dem 19. Jh.

Frauenkirche: (K) häufiger Name (meist) katholischer Kirchen; die barocke Dresdner F. wurde im 2. Weltkrieg fast vollständig zerstört und ist inzwischen wieder rekonstruiert

Florenz: (K, SL) italienische Stadt maßgeblich durch die (Früh-) Renaissance geprägt

Eilat: (KL, N) südisraelische Warmwasserdestination am Roten Meer

Englischer Garten: (KL) i.U. zum französischen Gartenstil ein am Natürlichen orientierter Gartenstil; der E.G. in München ist der weltgrößte Stadtpark

EUR: (SL) Stadtteil von Rom aus dem frühen 20. Jh., v.a. durch faschistische Architektur geprägt

Galápagos Inseln: (N) vor Ecuador im Pazifik liegende Inseln mit einer einmaligen endemischen Tier- und Pflanzenwelt

Geranienbalkone: (KL) in Oberbayern übliche sehr voluminöse Blumenbepflanzung von Terrassen und Balkonen

Goa: (N) v.a. bei Aussteigern, Esoterikern und Hippies beliebte Stranddestination in Indien

Gong-Musik: (IK) traditionelle vietnamesische Musikform

Gramercy-Park: (KL) kleiner Privatpark in Manhattan

Grödnertal: (N, KL) für großräumigen Alpinski und Schnitzereien bekanntes Südtiroler Tal, das weitgehend von den Erfordernissen des Massentourismus geprägt ist

Ha Long-Bucht: (N) nordvietnamesisches Gewässer im südchinesischen Meer mit abertausenden kleinen und großen Inseln

Hoi An: (KL) gut erhaltenes ehemaliges Handels- und Hafenstädtchen aus dem 17./18. Jh. in Mittelvietnam (das → ‚Rothenburg Vietnams')

Isental: (KL#) Kulturlandschaft als eine der letzten ihrer Art in Bayern, die nun durch einen rigorosen Autobahnneubahn maßgeblich gemindert und zerstört wird

Ise-Schrein: (K, IK) wichtiges hölzernes Shinto-Heiligtum in Japan aus dem 7. Jh., das seitdem alle 20 Jahre zerstört und nach alter Handwerkskunst neu erbaut wird und deshalb als materiell-immaterielles Kulturgut uralt und doch erst z. Zt. ein Jahre alt ist, da die 62. Schreinverlegung im Oktober 2013 stattfand

Kapitol: (K) einer der sieben Hügel Roms mit Rathaus und Museen um 1500 von Michelangelo gestaltet

Karneval in Rio: (IK) farbenprächtiger und samba-geprägter Faschingsumzug in Rio de Janeiro

Kilimandscharo: (N) höchster Berg Afrikas und leichtester fast 6.000er der Welt; ganzjährig von Touristenmassen begangen

Klamm: (N) Schlucht meist mit (rauschenden) Wasserläufen; bspw. die **Partnach-Klamm** in Oberbayern, die **Samaria-Schlucht** auf Kreta oder der **Grand Canyon** in den USA

Königsschlösser: (K) insb. die historischen Schlösser König Ludwig II. in Südbayern

Limes: (K) im 1.–3. Jh. befestigter römischer Grenzwall in Mitteleuropa

Lüftel-Malerei: (KL) großflächige Fassadenmalerei, z.B. in Oberammergau, Oberbayern

Lugano: (KL) schweizerische Stadt am gleichnamigen See im Tessin, Schweiz

Marterl: (KL) Wegkreuz

Machu Pichu: (K) Ruinen- und Tempelstadt der Inka in Peru, 15. Jh.

Macau: (SL) weltgrößte Casinostadt

Marken: (KL) italienische Region und Großlandschaft am Adriatischen Meer

Masuren: (N) weitgehend unberührte Seenlandschaft in Polen

Mekka: (K) heilige Stadt des Islam und Ziel der Haddsch in Saudi-Arabien

Mistra: (K) byzantinische Ruinenstadt des 13.–15. Jh.s auf dem griechischen Peloponnes

MoMA: (K) 1929 eröffnetes Museum of Modern Arts in New York

Mona Lisa: (K) das bekannteste Gemälde der Welt von L. da Vinci im Louvre in Paris

My Son: (K#) im Vietnamkrieg weitgehend zerbombte historische Tempelstadt in Vietnam

Musée d'Orsay: (K) Kunstmuseum in Paris im 1900 eröffneten gleichnamigen Bahnhof, der bis 1939 dem Fernverkehr diente und somit Beispiel einer Umwandlung (touristischer) Infrastruktur in einen touristischen Attraktor

Murnauer Land, ‚Blaues Land': (KL) oberbayerische Kulturlandschaft, gerne nach der Anfang des 20. Jh.s dort lebenden Künstlervereinigung ‚Blauer Reiter' benannt

Nationalpark: (N, KL) größeres Schutzgebiet, in dem die Natur (weitgehend) sich selbst überlassen ist

Nationalpark Bayerischer Wald: (N, KL) erster deutscher → Nationalpark 1970 eröffnet

Ngorongoro-Krater: (N) weltgrößter, nicht mit Wasser gefüllte Kraterkegel mit großer und tw. endemischer Tierwelt in Tansania

Nymphenburger (Schloss-) Park: (KL) im 18./19. Jh. entstandene Gartenanlage in München, die französische und → englische Gartenelemente vereint

Oktoberfest, Wies'n: (IK) größtes Volksfest der Welt in München Ende September

Ölsandabbau: (N#) großräumige (ca. der Fläche Englands entsprechende) Vernichtung von Naturlandschaft zum Abbau von Ölsand in Kanada

Olympiapark München: (KL) → Kulturlandschaft i.e.S. zu den Olympischen Spielen 1972 entstanden

Palmölplantagen: (N#) weltgrößte Rodung tropischen Regenwaldes zugunsten von Palmölplantagen in Indonesien

Passionsspiele: (IK) häufige, i.d.R. katholische Tradition; am bekanntesten die Oberammergauer P., die seit 380 Jahren alle zehn Jahre von den Dorfbewohnern zur Ableistung eines Pestgelübdes aufgeführt werden

PdM: (K) 2002 eröffnete Pinakothek der Moderne in München

Petersdom, Peterskirche mit Petersplatz: (K) größte Kirche der Christenheit im Vatikan in Rom aus dem 16. Jh.

Petra: (K, KL) Felsenstadt der Nabatäer in Jordanien, weitgehend aus dem 2./3. Jh.

Philippinische Reisterrassen: (KL) seit 2000 Jahren in 700 bis 1500 m Höhe an Berghängen mit Stützmauern errichte Terrassen vornehmlich zum Reisanbau

Pyramiden: (K) weltweit anzutreffende Bauweise für (meist) Tempel- oder Grabanlagen; größte Anlage sind die **Pyramiden von Gizeh** in Ägypten, die **Stufenpyramiden** in Mexiko oder als jüngstes Beispiel die **Louvre-Pyramide** in Paris

Rothenburg o.d.T.: (SL) mittelalterliches, gut erhaltenes Städtchen in Mittelfranken; neben **Heidelberg** und den → Königsschlössern ein ‚Muss' vieler (amerikanischer und asiatischer) Reisegruppen

Riviera: allg. ein langgezogener (bebauter) Küsten- und Strandabschnitt; insb. französische R. und italienische R. am Ligurischen Meer

Ruhrgebiet: (IL) Beispiel für weitgehende Ab- und Weiterentwicklung einer ehemaligen (Schwer-) Industrielandschaft

Serengeti → Big Migration

Skyline von Manhattan: (SL) berühmte Stadtsilhouette New Yorks

Sylt: (KL) (tw. mondäne) Nordseeinsel

Tadsch Mahal, Taj Mahal: (K) bekanntestes Grabmal Indiens aus dem 17. Jh.

Tegernseer Tal: (KL) beliebte Destination rund um den gleichnamigen oberbayerischen See

Teotihuacán: (K) Ruinenstadt mit Stufenpyramiden in Mexiko vom 2. Jh. v. Chr. bis 8. Jh.

Tempelberg: (K) seit Jahrhunderten allen drei monotheistischen Religionen heiliger Berg in Jerusalem mit Tempelmauer, Felsendom und Aqsa-Moschee

Venedig: (K) vielleicht die berühmteste und schönste Stadt der Welt, seit dem frühen Mittelalter in der Lagune von V. im Wasser auf Holzpfählen errichtet

Verbotene Stadt: (K) im 15. – 17. Jh. errichtetes weitläufiges Palastareal des chinesischen Kaisers aus der Ming-Zeit in Peking

Via Appia: (KL) römische, stellenweise noch erhaltene Heerstraße von Rom nach Brindisi und insb. nahe Rom gesäumt von bekannten (Grab-) Denkmälern

Vikoriafälle (N): riesige Wasserfälle des Sambesi im südlichen Afrika

Weltraum: (N) Teil des Weltalls, der mittels der Raumfahrt erreichbar ist/sein kann

Wies, Wieskirche: (K) umgangssprachl. für ‚Wallfahrtskirche zum Gegeißelten Heiland auf der Wies‘ und berühmteste bayerische Rokoko-Kirche aus dem 18. Jh.

Zillertal: (KL, N) langes schmales Tal in Tirol, dessen mit (tw. touristischer) Infrastruktur zugebauter Talboden die (tw. touristisch) genutzten Berghänge erschließt

Einleitung: Tourismusökonomie und nachhaltiger Tourismus

Tourismusökonomie ist die volkswirtschaftlich orientierte Teildisziplin innerhalb der interdisziplinären Tourismuswissenschaften. Sie beschäftigt sich mit den volkswirtschaftlich relevanten Fragen des Tourismus, die sich theoretisch, politisch und geschichtlich gliedern lassen oder anhand einer makro-, mikro- oder mesoökonomischen Ebene analysiert werden. Sie fragt nach der Funktionsweise des Systems Tourismus, nach seiner Entwicklung und nach den Wohlfahrtseffekten des Tourismus, die sich in einer Destination/Region, in einer Nationalökonomie oder in der Weltwirtschaft zeigen. Kurz: Tourismusökonomie untersucht die ganze Branche Tourismus in ihren Binnen-Beziehungen und in ihrer Wechselwirkung mit dem Rest der Welt; und sie versucht, tourismuspolitische Aussagen für die Entscheidungsträger der Branche zu formulieren und entsprechende Ziel-Mittel-Beziehungen aufzustellen.

Somit grenzt sich die Tourismusökonomie gegen drei Nachbardisziplinen ab, die im Hochschulbereich i.d.R. verschiedenen Fakultäten zugeordnet sind. Zum einen findet sich der ganze Strauß ergänzender Tourismuswissenschaften, wie Tourismussoziologie und -psychologie oder Reiserecht und andere Spezialfächer, die mehr oder minder explizit als Teilfach an ihrer jeweiligen Fakultät behandelt werden. Dann gibt es insbesondere an den Hochschulen für angewandte Wissenschaften eine betriebswirtschaftlich orientierte Tourismuswirtschaft, die sich hauptsächlich auf das Management innerbetrieblicher Abläufe von touristischen Leistungsträgern oder von Destinationen beschränkt und um empirische Methoden oder IT-Kompetenz ergänzt wird. Und drittens gibt es an den deutschen Universitäten eine immer kleiner werdende Zahl von wirtschaftsgeographischen oder regionalökonomischen Instituten, die sich des Tourismus angenommen haben und die ihre wissenschaftliche Herkunft aus der Geographie nicht verleugnen können. Mit anderen Worten: eine umfassende Tourismuswissenschaft aus einer Hand oder unter einem Dach existiert in Deutschland und darüber hinaus eigentlich nicht. Dass es diese Perspektive zu entwickeln gilt, liegt auf der Hand, ist aber nicht Thema des vorliegenden Buches.

Im vorliegenden Buch geht es darum, einen ersten Einstieg in die Welt der Tourismusökonomie, in das *Schauspiel Tourismus* zu finden, das mittels der im Vorwort zur ersten Auflage skizzierten sechs *Akte* gespielt wird. Es wird sich zeigen, dass das komplexe System Tourismus interessante und spannende Probleme aufwirft, zu deren Analyse und ggf. Lösung insbesondere die Volkswirtschaftslehre und ihre Methodik einen wichtigen Beitrag leisten kann – denn, so wird gleich im ersten Modul argumentiert werden: Tourismus in der Destination ist nichts anderes als eine „kleine Volkswirtschaft". Wie sieht die Literaturlage aus? Allgemeine Einführungsbücher in die Branche sind vielfältig verfügbar; bspw.: Becker et al. (2007), Bochert (2001), Freyer (2005), Steinecke (2010) und Mundt (2012) oder Kolbeck/Rauscher (2012) für die betriebswirtschaftlichen Grundlagen des Tourismus; zahlreiche Erscheinungen beschäftigen sich mit speziellen Management- und Teilaspekten des Tourismus wie dem Destinationsmanagement (Literatur s. Modul 1), dem Hotelmanagement (Henschel et al. 2013), der IT (Schulz et al. 2010) oder mit Kulturtourismus von Steinecke (2007) usw. Umso überraschender ist es, dass die tourismusökonomischen Untersuchungen und die entsprechende Literatur (insbesondere im deutschsprachigen Raum) vergleichsweise überschaubar sind. Neben tourismusökonomischen Teilaspekten (bspw. Job et al. 2009) findet sich als letzter Versuch einer Gesamtschau Bóventer (1989) oder Burmeister (1998); erst 2010 wurde wieder eine Überblicksversuch durch die erste Auflage dieses Buches vorgestellt, das weiterer theoretischer und empirischer Ergänzungen bedarf. International finden sich mit Christaller (1964), MacCannell (1976), Pearce (1979) und MacIntosh/Goeldner (1984) einige ältere Monographien, die inzwischen ergänzt wurden: Swarbrook et al. (1999) argumentiert mikroökonomisch, Hazari et al. (2004) argumentieren außenwirtschafts-/entwicklungstheoretisch und Sinclair/Stabler (1997) und insbesondere Tribe (2005) versuchen einen eigenen tourismusökonomischen Ansatz. Totalökonomische und/oder intertemporal-dynamische Beiträge präsentieren Lanza et al. (2005) und Brau et al. (2008) in formalanalytisch anspruchsvollen Aufsatzsammlungen, die auch methodisch die bisher wenig anspruchsvollen allgemeinen Tourismusansätze in eine volkswirtschaftlich und wissenschaftlich orientierte Liga versetzen.

Bleibt als Ausblick jene Aufgabensammlung, die Letzner/Munz (2011), S. 10ff. für den Weg der Tourismusökonomie einfordern:

Aufgabe 1: Entwicklung einer Systemtheorie der Destination

Aufgabe 2: Analyse tourismusökonomischer Komplexitäten, Externalitäten und Theorieansätze

Aufgabe 3: Theoretisch-empirische Weiterentwicklung der bestehenden Ansätze zur touristischen Wertschöpfung

Aufgabe 4: Entstehung einer allgemeinen Attraktorentheorie

Aufgabe 5: Analyse touristischer Megatrends

Aufgabe 6: Etablierung einer tourismuspolitischen Forschungsagenda

Viele Aspekte dieses Kataloges werden dem aufmerksamen Leser auf den Seiten dieses Buches begegnen – einige offen, einige eher versteckt und manche als das was sie noch sind: spannende Aufgaben für die tourismusökonomische Zukunft.

Nachhaltiger Tourismus ist nicht erst seit gestern *die* Forderung an und aus der Branche, ihrer Verantwortung für Gegenwart und Zukunft gerecht zu werden. Bei der Thematik handelt es sich um eine typische Querschnittsproblematik, die an vielen verschiedenen Punkten auftaucht: beim Produktangebot und bei den Attraktoren, bei der Nachfrage, in der Destinationsaufstellung und -entwicklung und beim Verkehr in, von und zur Destination. Wie bereits in der ersten Auflage tauchen Nachhaltigkeitsthemen demzufolge an vielen Stellen in diesem Buch auf. Für die zweite Auflage wurden diese Themen an einigen Stellen, ihrer zunehmenden Bedeutung entsprechend, erweitert; desweiteren soll in diesem Vorwort ein kurzer Gliederungs-Überblick speziell jenem Leser den Zugang erleichtern, der gezielt zum nachhaltigen Tourismus sucht. Selbstverständlich wird unter Nachhaltigkeit nicht nur die enge, ökologische Definition verstanden, sondern jene weitere Definition herangezogen, die auch soziale, kulturelle und wirtschaftliche Aspekte berücksichtigt. Literaturhinweise finden sich dann unten im Text zu den jeweiligen Themen und es sei auf das Stichwortverzeichnis mit dem Schlagwort „nachhaltiger Tourismus" verwiesen.

Gliederungs-Überblick zur Querschnitts-Thematik nachhaltiger Tourismus:

Modul 1: Negative externe Effekte als Grundübel nicht-nachhaltiger Tourismusentwicklung.

Modul 2: Wertschöpfung durch Zerstörung? Das touristische Grundparadoxon der (Über-) Erschließung leitet über zur Ressourcenökonomie und zur Frage, wann und inwieweit touristische Attraktoren, die häufig als Öffentliche oder Allmendegüter auftreten, erschöpfbaren oder regenerierbaren natürlichen Ressourcen vergleichbar sind. Was bedeutet nachhaltiges touristisches Angebot?

Modul 3: Modellierung und Relevanz der Nachfrage nach nachhaltigen touristischen Produkten.

Modul 4: Umfassende Untersuchung der Allmendeattraktoren; Charakterisierung von Allmende und Allmendeattraktoren und deren Gefährung; Kulturlandschaft und risikominimierende nachhaltige Bewirtschaftung; Lösungsansätze und ein Plädoyer für ‚effiziente Ineffizien' und die ‚Reanimation der Allmende'.

Modul 5: Die Bedeutung der, teilweise externalisierten, Transportkosten für Destinationsentwicklung und (touristischen) Verkehr; Entwicklungs- und Expansionszyklen der Destination, ihre Auswirkung auf die jeweiligen Destinationsbewohner und Grenzen des Expansionsdrangs; gesamtwirtschaftliche Auswirkungen des Tourismus für verschiedene Destinationstypen und abschließende Forderungen nach einer nachhaltigen Umweltpolitik, insbesondere nach einer konsequenten Internalisierung aller Kosten im Bereich Energie- und Transportkosten, was zu deren realen Verteuerung führen muss.

Modul 6: Zusammenhang von Wirtschaftskrise und Nachhaltigkeit.

1 Modul ‚Der Schauplatz': die touristische Destination als ‚kleine Volkswirtschaft'

Das Modul in Kürze

Die Destination ist der wesentliche Schauplatz des touristischen Geschehens. Dieser zentralen Rolle entspricht die interessante und herausfordernde Sonderrolle der Destination in der theoretischen Betrachtung. Häufig wird sie aus betriebswirtschaftlicher Sicht wie ein monolithischer Block behandelt, der wie ein Unternehmen geplant und gesteuert werden kann. Zweifelsohne kann dies in Ausnahmenfällen für die ‚neuen' Destinationen gelten. Weit überwiegend sind aber in Bayern, Deutschland und Europa und auch weltweit jene ‚klassischen' Destinationen zu finden, die praktisch wie theoretisch eher einer ‚kleinen Volkswirtschaft' entsprechen. In diesen gibt es über den Markt verbundene, aber ansonsten unabhängige Wirtschaftssubjekte, deren Zusammenspiel häufig zufällig, gar chaotisch, denn hierarchisch-geordnet verläuft. Viele positive wie negative Externalitäten prägen diese Destinationen und verlangen eine gemäßigte Destinationspolitik zur Bewältigung dieser Marktversagen. Und natürlich ist die Destination jener Ort, in dem ein Großteil der touristischen Wertschöpfung stattfindet.

Leitfragen

Wie sieht der Schauplatz des touristischen Schauspiels, die Destination aus?

1. Was ist eine Destination und welche Typen gibt es?
2. Was sind die Charakteristika einer ‚klassischen' und einer ‚neuen' Destination
3. Warum kann eine ‚klassische Destination' als ‚kleine Volkswirtschaft' bezeichnet werden?
4. Welche wichtige Rolle spielen welche Externalitäten in der ‚klassischen' Destination?
5. Was hat die Chaostheorie mit einer Destination zu tun?
6. Was ist und wie definiert sich touristische Wertschöpfung

Stichworte

Destination – Marktwirtschaft – externe Effekte – Chaostheorie – touristische Wertschöpfung

1.1 Einführung

Der vorliegende Beitrag ist eine Propädeutik zu den Herausforderungen der nachfolgenden Module und bietet einen umfangreichen Definitionsversuch. Es geht um das ‚ökonomische System' einer Destination und die grundlegende Frage lautet vereinfacht: Handelt es sich um eine Plan- oder eine Marktwirtschaft bzw. um eine Betriebs- oder Volkswirtschaft? Beide Fragen sind nicht synonym, aber ähnlich und sollen im Fortgang gemeinsam beantwortet werden[1].

Eine touristische Destination spielt in vielerlei Hinsicht eine Sonderrolle und ist etwas schwieriger zu fassen als etwa der Begriff ‚Region', zu dem eine gewisse Verwandtschaft besteht. Das Besondere entsteht zum einen durch das Zusammenspiel der spezifisch touristischen Aspekte – touristische Attraktoren und touristische Infrastruktur – mit den nichttouristischen Aspekten der Region: allgemeine Infrastruktur, sonstige wirtschaftliche Aktivitäten von Landwirtschaft und Bergbau über Industrie, Verkehr und Handel zur Dienstleistungswirtschaft bis zum Wohn- und Lebensraum; diese Typisierung erfolgt im zweiten Kapitel. Die zweite, systemische Besonderheit liegt darin, dass die ‚klassische' Destination wie eine ‚kleine' Volkswirtschaft zu interpretieren ist, in der über den Markt verbundene, aber ansonsten unabhängige Wirtschaftssubjekte existieren, deren Zusammenspiel häufig zufällig, gar chaotisch, denn hierarchisch-geordnet verläuft. Dieses Destinationssystem ist in Bayern, Deutschland und Europa fast ausschließlich vertreten und weltweit eindeutig dominierend. Kapitel drei wird sich deshalb ausführlich mit dieser volkswirtschaftlichen Destination befassen. Kapitel vier wird sich sehr viel knapper mit jenen neueren Destinationsformen beschäftigen, bei denen die Destination ein Privatareal ist, bei dem alles aus einer Investorenhand kommt und die Destination betriebswirtschaftlich wie ein Unternehmen geplant und geführt werden kann. Dabei handelt es sich um ‚integrierte' Destinationen oder um schwimmende und nicht schwimmende Clubanlagen und diverse Freizeit- und Erlebnisparks, bei denen Attraktoren, Hotellerie und Gastronomie weitgehend aus einer Hand kommen. In jenem Kapitel wird auch kursorisch auf die jüngsten Mega-Destinationen wie Dubai eingegangen.

Abschließend wird einführend geklärt, was denn unter touristischer Wertschöpfung zu verstehen ist und wie sie eingeteilt werden kann.

---

[1] Eine über die Destination hinausgreifende ordnungspolitische Darstellung der Tourismusmärkte liefert Bochert (2001).

1.2   Destinationstypen

Eine touristische Destination ist eine mehr oder minder große Region, in der touristische und nicht-touristische Nutzungsformen mit-, neben- oder gegeneinander existieren[2]. In stark besiedelten und industrialisierten Regionen dominieren Dörfer, Städte, Industrie, Landwirtschaft und allgemeine Infrastruktur und der touristische Charakter gerät in den Hintergrund, während in reinen Naturlandschaften bis auf Trampelpfade, Orientierungsschilder und vielleicht ein paar Biwakhütten sonst keine menschlichen Prägungen festzustellen sind.

Das Zusammenspiel und die Intensität folgender drei Faktoren charakterisieren letztendlich eine touristische Destination:

α) nicht-touristische Nutzungsformen: gering, mittel, hoch
β) touristische Infrastruktur: gering, mittel, hoch
γ) touristische Attraktoren: tradiert, gemischt, produziert

Die wichtigsten touristischen Destinationstypen können wie folgt definiert werden, wobei sich eine Meta-Destination, beispielsweise Russland oder Südostasien, aus den verschiedenen Typen zusammensetzen kann:

Destinationstypen	nicht-touristische Nutzungsformen	touristische Infrastruktur	touristische Attraktoren
a) Naturlandschaft	keine	keine bis sehr gering	tradiert
b) Kulturlandschaft	mittel	mittel	überwiegend tradiert
c) Stadtlandschaft	hoch	mittel bis sehr hoch	alles, von tradiert bis produziert
d) Ski- bzw. Warmwasserdestination	mittel	mittel bis hoch	tradiert (Landschaftsformen und Klima); teilweise auch produziert
e) Künstliche (Freizeit-) Räume	mittel bis hoch	sehr hoch	produziert
zum Vgl.: eine Industrie- und Gewerberegion	sehr hoch	keine (ggf. Hotels und Messehallen)	keine

Tabelle 1-1: Destinationstypen
Entwurf: V. Letzner

---

[2]   S. die breite Einführungsliteratur zum Tourismus, wie z.B. Becker et al. (2007) oder Freyer (2005). Aus der Destinationsliteratur seien genannt: Bieger/Beritelli (2012), Eisenstein (2013), Steinecke (2013).

Folgende drei Punkte seien hervorgehoben:

a) Die verschiedenen Nutzungsformen einer Region stehen häufig in heftiger Konkurrenz
    zueinander (Industrie vs. Landschaftspark), bedingen sich aber auch immer wieder. In
    einer Stadtlandschaft sind nicht-touristische Nutzungsformen geradezu notwendig, damit
    die Stadt nicht zum Museumsdorf wird. Allgemeine und touristische Infrastruktur sind
    nötig, um die touristischen Attraktoren überhaupt erst in Wert zu setzen. Inwieweit sich
    die verschiedenen Nutzungsformen einer Region bedingen und ausschließen, ist eigent-
    liches Thema einer hier nicht vorgelegten allgemeinen Destinationstheorie.

b) Die tradierten oder produzierten Attraktoren können innerhalb einer Destination als
    Punkt- oder als Flächenattraktoren auftreten. Unter Punktattraktoren werden jene Attrak-
    toren verstanden, die räumlich klein, abgeschlossen und gegeneinander isoliert sind.
    Meist ist dies der Fall wenn eine hohe nicht-touristische Nutzung der Region die Attrak-
    toren von anderen abgrenzt und beispielsweise noch fünf alte Kirchen in einer unwirtli-
    chen Industriegegend oder in einer ansonsten touristisch völlig uninteressanten Stadt
    verstreut stehen. Punktattraktoren sind auch dann anzufinden, wenn eine Region histo-
    risch nicht konsistent gewachsen ist und die Region starke historische und/oder entwick-
    lungsbedingte Brüche zu erleben hatte. Anders ist es bei Flächenattraktoren, die aus ei-
    nem zusammenhängenden, verwandten und konsistenten System einer, weniger oder
    vieler Attraktoren bestehen und vergleichsweise wenig durch Attraktorfremdes gestört
    werden. Kleinere Naturparks, größere Reservate bis hin zur Serengeti, ganze Ökosyste-
    me wie der Amazonasregenwald oder Länder wie Bhutan sind hierfür Beispiele. Aber
    auch kleine Kulturräume, beispielsweise die Ruinenstadt Mistra auf dem Peloponnes,
    und Kulturlandschaften wie das Murnauer Land sind zu nennen. Die Abgrenzung ist
    auch hier graduell und nicht immer eindeutig zu treffen – insbesondere beim Thema
    Stadt wird die Sache schwierig, aber auch interessant.

c) Attraktoren können spezifisch oder unspezifisch sein. Spezifische Attraktoren müssen
    lediglich erreichbar sein, besitzen aber qua Erbe ihren eigenen, (nur) ihnen zukommen-
    den Wert. Die meisten Kulturattraktoren, aber auch herausragende Naturattraktoren wie
    die Viktoria-Fälle sind solche spezifischen Attraktoren. Unspezifische Attraktoren haben
    hingegen keinen touristischen Wert, wenn sie nicht durch die touristische Infrastruktur
    erschlossen und touristisch in Wert gesetzt werden. Ödland, also beispielsweise Strände
    oder Gletscher sind dafür ein Beispiel: es gibt sie millionenfach, aber erst eine touristi-
    sche Infrastruktur mit Hotels, Sonnenschirmverleih, Bars und Liften erschließt sie und
    macht eine Warmwasser- oder Skidestination aus ihnen. Um kein Missverständnis auf-
    kommen zu lassen: Einem Gletscher kommt ein eigenständiger Wert als wichtiger Teil
    des Ökosystems auf jeden Fall zu! Nur touristisch hat er an sich keinen Wert, denn er
    wird erst durch die Tourismusindustrie zu dem Wertschöpfer gemacht, der er in Alpin-
    destinationen ist. Analoges gilt für den Strand.

Die Beispiele haben bereits gezeigt, dass eine Destination nicht einfach ‚da‘ ist, sondern
mehr oder minder schnell durch ökonomische Aktivitäten im Zeitverlauf entsteht. In einem
dialektischen Prozess von Zerstörung und (Re-) Konstruktion entsteht die touristische „Konstruktion von Räumen, … [die sie] in eine weltweite Konkurrenz bringen" (Wöhler 1999,
S. 86 f.). Das Modul 5 Destinationsentwicklung wird dies ausführlich erläutern.

1.3 Die ‚klassische' Destination

1.3.1 Charakteristika

Unter ‚klassischer' Destination ist nicht der Attraktoren-Typus einer Destination gemeint oder deren Bekanntheit: es sind also weder das ‚klassische Griechenland' noch die türkische Mittelmeerküste als ‚klassische' Warmwasserdestination gemeint. ‚Klassisch' bezieht sich auf die systemische Charakterisierung der Destination als gewachsene, marktwirtschaftlich organisierte und in die nicht-touristischen Elemente der Region eingebundene touristische Formation.

Angelehnt an die bekannten Pole aus der volkswirtschaftlichen Gesamtrechnung finden sich in der Abbildung 1-1 die drei großen ‚Spieler' einer Destination, die in unterschiedlich starker Art und Weise den Charakter der Destination beschreiben. Die Bedeutung der jeweiligen Akteure ist selbstverständlich von Destination zu Destination sehr unterschiedlich: im Allgäu spielen nicht-touristische Unternehmen eine sehr viel größere Rolle als in der Serengeti und der Erhalt des Natur-Attraktors der Halong-Bucht ist stärker vom Staat abhängig als beispielsweise in Manhattan, dessen attraktive Silhouette vor allem auf nicht-touristische Unternehmensaktivitäten zurückzuführen ist.

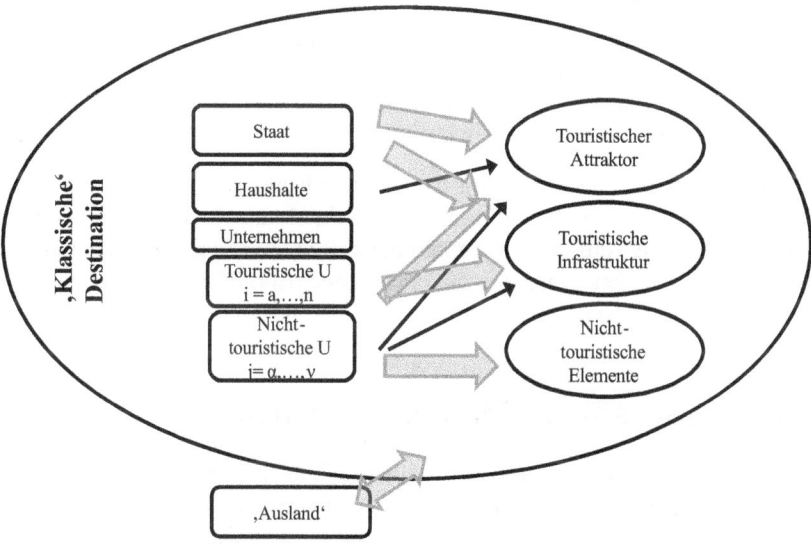

Abb. 1-1: *Die klassische Destination*
Entwurf: V. Letzner

Unter dem Wirtschaftssubjekt ‚Ausland' ist nicht nur ein anderes Land gemeint, sondern sehr viel allgemeiner umliegende in- und ausländische Regionen und Destinationen, die die Destination vielfältig beeinflussen können. Sei es positiv, wenn eine attraktive Stadt auch das umliegende Land mit Touristen versorgt. Sei es negativ, wenn die benachbarte Destination um vieles attraktiver und/oder günstiger ist oder wenn gar eine benachbarte Industrieregion ihre Abgase und Abwässer in die Destination ‚entsorgt' und so deren Umweltqualität mindert.

Die einleitend aufgeworfene Frage, welches System die Destination charakterisiert, lässt sich anhand der Abbildung anschaulich umformulieren: Wie funktioniert das Zusammenspiel der Beteiligten? Folgende System-Aspekte kennzeichnen die klassische Destination und werden in den folgenden Abschnitten vertieft:

a) keine Hierarchie
b) viel Marktkoordination
c) hoher Anteil öffentlicher Güter, negativer und positiver Externalitäten sowie vieler Netzwerkexternalitäten
d) prinzipielle Nicht-Planbarkeit

1.3.2   Keine Hierarchie

Die augenfälligste Eigenschaft einer klassischen Destination ist die, dass es keine klare, eindeutige und ex ante festgelegte Hierarchie zwischen den Beteiligten gibt. Die klassische Destination ist eben nicht mit einem Konzern oder einem Ministerium vergleichbar, in der der Vorstandsvorsitzende oder der Minister de jure das alleinige Sagen hat und seinen Willen pyramidenförmig nach unten durchsetzt. Eine marktwirtschaftliche Ökonomie sowie eine klassische Destination haben genau diese zentrale Planungs- und Entscheidungsinstanz nicht! Im Klartext: in einer Marktwirtschaft hat kein Präsident die Macht, dem Bauern Huber zu sagen, dass er seinen Stall zu einer Ferienwohnung umbauen soll oder dass das Unternehmen Maier plötzlich in das Lift-Geschäft einzusteigen habe.

Der Unterschied zwischen Plan- und Marktwirtschaft ist anschaulich folgender: Eine Planwirtschaft ist einfach zu verstehen, funktioniert aber nicht; eine Marktwirtschaft funktioniert so leicht, dass selbst Sechsjährige auf dem Pausenhof deren Prinzipien umsetzen, aber sie ist schwierig zu verstehen. Ohne hier einen prinzipiellen Systemvergleich anzustreben[3], sei doch skizziert, wie eine Marktwirtschaft bzw. eine Destination ohne diese zentrale Führungsinstanz funktionieren.

1.3.3   Volkswirtschaftliche Marktkoordination

Seit Adam Smith haben die Marktkräfte einen anschaulichen Namen: Die ‚unsichtbare Hand' übernimmt die Rolle des Zentralplaners und koordiniert die unterschiedlichsten Marktaktivitäten. Letztlich ist es das Spiel von Angebot, Nachfrage und Marktpreisen, die – wenn keine behindernden Marktstörungen auftreten – Angebot und Nachfrage aufeinander abstimmen und ein volkswirtschaftlich optimales Marktgleichgewicht herbeiführen. Eine Fehlinterpretation wäre es allerdings zu meinen, dieses optimale Ergebnis wäre zu jedermanns Freude; Marktgeschehen heißt nichts anderes als eine permanente Plan-Enttäuschung und -revision.

---

[3]   S. hierzu jedes einführende Lehrbuch der VWL, z.B. Mankiw (2004), Fischbach/Wollenberg (2007).

Die unendlich vielen ex ante-Pläne der Wirtschaftssubjekte sind überhaupt nicht miteinander kompatibel und werden dies erst durch die Koordinierungsfunktion des Marktes, der Knappheit durch höhere Preise und Überflüsse durch niedrigere Preise sanktioniert. A. Smith ist außerdem für seine Aussage berühmt, dass wir ‚nicht der Menschenfreundlichkeit des Bäckers, sondern dessen Gewinnstreben' unsere frischen Semmeln verdanken; mit andren Worten: Egoismus – für die Haushalte als Nutzen-, für die Unternehmen als Gewinnmaximierung – ist nicht nur eine Grundeigenschaft der Menschen, sondern es ist demzufolge auch eine gute Eigenschaft. Denn erst das egoistische Verhalten jedes Einzelnen führt zu einer blühenden und wachsenden Wirtschaft, deren Früchte letztlich jedem zugutekommen. Dem Staat fällt hierbei lediglich die Aufgabe zu, Rahmenbedingungen, wie vor allem ein Eigentums- und Rechtssystem, so zu setzen, dass die Marktwirtschaft funktioniert und – in manchen Ländern wie beispielsweise Deutschland – einen gewissen sozialen Charakter bewahrt. Außerdem greift der Staat im Rahmen der Fiskalpolitik der Gebietskörperschaften in die ‚Taschen' seiner Bürger und verteilt diese Mittel als Staatsausgaben zum Bau oder Erhalt von öffentlichen Gütern oder von Subventionen etc. Siehe das Kapitel ‚Fiskalpolitik' in Dorn/Fischbach/Letzner (2010).

Diese kurz skizzierte Marktkoordination prägt auch die klassische Destination. Üblicherweise ist der Staat in einer Destination für den Schutz der tradierten Natur- und Kulturattraktoren zuständig, indem er Naturschutzgebiete ausweist, mittels Denkmalschutz alte Gebäude schützt oder Museen und archäologische Areale unterstützt. Desweiteren stellt der Staat häufig die allgemeine und Teile der touristischen Infrastruktur zur Verfügung, indem Wege, Straßen, Loipen, Parkplätze, Häfen, Freibäder etc. gebaut und unterhalten werden. Ebenso versuchen staatliche Stellen, finanzielle Unterstützung für diese Aufgaben bei nationalen oder intranationalen Institutionen, z.B. der EU, zu erreichen und eine destinationsfreundliche Gesetzgebung bei den übergeordneten Institutionen zu erreichen. Häufig übernimmt der Staat, vertreten durch Tourismusämter oder -ministerien, auch eine gewisse Verantwortung für das Destinations-Marketing, um ein einheitliches Bild der Destination national und international zu gewährleisten und um im Wettbewerb der Destinationen mithalten zu können. In vielen der genannten Aktivitäten agiert der Staat hoheitlich, in manchen ist er aber wie ein ‚normaler' Unternehmer, der bestimmte Leistungen marktfähig anbieten muss. Kurz: der Staat ist ein mehr oder minder dominanter Akteur in der Destination – aber diese Aktivitäten reichen bei weitem nicht aus, Tourismus zu generieren! Hierfür bedarf es des vielfältigen Engagements der privaten Akteure. In allererster Linie sind es natürlich die touristischen Unternehmen der Destination ohne die gar nichts ginge: insbesondere im Bereich der Infrastruktur dominieren Private vom Übernachtungs- und Gastronomiegewerbe über Marinas, Lifte, Tauchbasen bis hin zur Führung und Betreuung u.v.m. Im Bereich der Attraktoren bringen sich private Unternehmen weniger bei den tradierten Natur- und Kulturerbestätten ein, dafür umso mehr bei den künstlichen, produzierbaren Attraktoren wie Casinos, Freizeit- und Erlebnisparks, Volksfeste etc. Und es gibt viele touristische ‚Außenhandelsunternehmen' (bekannt als Reisevermittler und Reiseveranstalter), die die Touristen außerhalb der Destination ansprechen und in die Destination bringen. Der Beitrag der Haushalte zur Destination darf nicht falsch verstanden werden: sobald ein Bauer sein Austragshaus als Ferienwohnung vermietet und als Skilehrer im Winter tätig wird, zählt er ökonomisch nicht mehr zu den Haushalten, sondern zu den Unternehmen. Der eigentliche Beitrag der Haushalte betrifft immaterielle Attraktoren, wird aber selten über den Markt gehandelt und gehört damit in den nächsten Abschnitt. Zuletzt muss auf jene nicht-touristischen Unternehmen eingegangen werden, die gewissermaßen ‚nebenbei' das Bild der Destination positiv oder negativ beeinflussen: die Skyline von Manhattan wurde schon genannt, aber auch die Präsentations- und Abholcenter einer Autofabrik oder die attraktiven Designerläden einer Innenstadt wirken positiv auf die touristische Destination, während Atomkraftwerke, Giftmülldeponien oder Schwerindustrie eher gegenteilige Auswirkungen haben.

Angebot und Nachfrage koordinieren die unterschiedlichsten Akteure ohne dass diese überhaupt miteinander reden müssen; alleine deren Gewinnmaximierungsinteresse lässt Aktivitäten entstehen, die von den touristischen Nachfragern der Destination gewünscht oder eher abgelehnt werden. Kurz: ein Großteil der touristischen Produkte einer Destination werden auf Märkten gehandelt und das (bessere oder schlechtere) Destinationsangebot entsteht aus dem egoistischen und ex ante unkoordinierten Aktivitäten vor allem von Unternehmen. Das ist volkswirtschaftliche, dezentrale Marktwirtschaft im Unterschied zu betriebswirtschaftlicher, zentraler Planwirtschaft – und das ist der **fundamentale Unterschied** der Destination und ihrer touristischen Endprodukte zu sonstigen Branchen und deren Produkten! Dezentrale Marktwirtschaft führt nur dann zu volkswirtschaftlich optimalen Ergebnissen, wenn der Markt ohne gravierende Störungen, Fehler oder Einschränkungen agieren kann. Die Wettbewerbsliteratur zeigt, dass diese Annahme in der Realität so nicht getroffen werden kann und leitet daher mehr oder minder großen staatlichen Handlungsbedarf ab, um diese Fehler zu korrigieren (vgl. u.a. Luckenbach 1986). Die folgenden Abschnitte werden zeigen, dass gerade in einer touristischen Destination eine Vielzahl von marktstörenden Effekten auftreten, die einer genaueren Untersuchung bedürfen.

1.3.4   Externalitäten

a) Die besondere Rolle von Externalitäten in der Destination
Die Destination und ihre touristischen Endprodukte, beispielsweise eine Insel mit Strandurlaub an der Küste und Wanderurlaub im Hinterland, sind komplexe Gebilde, die sich aus vielen verschiedenen Elementen und Teilprodukten zusammensetzen; und wie eben geschildert, gibt es keine zentrale Destinationsautorität, die diesen Produktentstehungsprozess zentral plant und gestaltet. Um ein ‚Bild' zu verwenden: Die Destination ist ein zufällig entstandenes Gemälde, an dem viele Maler bewusst oder unbewusst mit gemalt haben und kein Meister jedem Maler eine genaue Malvorgabe gegeben hat. Dieses so entstandene Gemälde ist natürlich sehr anfällig für gute oder schlechte Einfälle, die der eine oder andere auf der Leinwand hinterlässt. Wir haben es also mit einem ‚Kunstwerk' zu tun, an dem jeder herum malen kann wie er mag – und am Ende soll dieses Gemälde dem Käufer gefallen und möglichst teuer verkauft werden! Schwer vorstellbar und doch ist die Destination letztlich nichts anderes als so ein Viele-Maler-Bild!

b) Positive externe Effekte und öffentliche Güter

Positive externe Effekte bedeuten, dass von einer wirtschaftlichen Aktivität positive Effekte auf andere Subjekte ausgehen[4], die aber von diesen dem Verursacher gegenüber nicht honoriert werden: wenn ich meine Fassade mit schönem Blumenschmuck dekoriere, erfreut dies auch den Nachbarn oder einen Spaziergänger beide geben mir aber keinen Obolus für den Genuss, den ich ihnen ermöglicht habe. Aktivitäten mit positiven externen Effekten sind somit betriebswirtschaftlich teurer als volkswirtschaftlich und werden deshalb von der Privatwirtschaft suboptimal *zu wenig* angeboten. Öffentliche Güter, beispielsweise die öffentliche Sicherheit oder ein gepflegtes Radwegenetz, sind ein Extremfall, denn sie bestehen ausschließlich aus positiven externen Effekten, die nicht vergütet werden; öffentliche Güter werden deshalb von Privaten überhaupt nicht angeboten und müssen deshalb in der Regel vom Staat bereit gestellt werden. Positive externe Effekte und öffentliche Güter sind in der Destination viel bedeutender als vermutet und sind vielleicht sogar die entscheidende Größe für den Destinationserfolg (oder -misserfolg) insgesamt. Im Einzelnen gibt es folgende positive Externalitäten:

1) Das ‚Gesamtbild‘ der Destination

Was unterscheidet ein attraktives oberbayerisches Dorf von einem unattraktiven? Banal gesprochen, passt bei dem Positivbeispiel alles ‚zusammen‘: attraktive Landschaft und restaurierte Kulturdenkmäler, ein authentisches Dorfbild ohne Bausünden, qualitative Hotellerie und Gastronomie mit einem guten Preis-Leistungsverhältnis, gute und gepflegte Verkehrsinfrastruktur und nicht zuletzt eine freundliche, dienstleistungsorientierte und bodenständige Bevölkerung, die ihr immaterielles Erbe pflegt. Soweit das Idealbild, von dem die Realität – nicht nur in Oberbayern – mehr oder minder abweicht. Entscheidend ist für Dorf, Stadt und Destination: ein attraktives ‚Gesamtbild‘ entsteht aus vielen positiven externen Effekten. Eine gute Wirtschaft wird nicht nur ‚für sich‘ gute Geschäfte machen, sondern auch der Pension und dem Liftbetreiber Kundschaft bringen, für die der Gastwirt nicht entlohnt wird. Wie im bekannten Symbiose-Beispiel von Imker und Obstbauer, deren Bienen und Bäume sich gegenseitig perfekt ergänzen, ergänzen und verstärken sich in einer idealen Destination die positiven externen Effekte gegenseitig. Doch diese ideale Symbiose ist in der Destination eher selten: positive externe Effekte vermindern den Anreiz, diese allen nützlichen Aktivitäten zu forcieren und deshalb sehen viele Dörfer unansehnlich aus und haben unattraktive Wohnsiedlungen rund um den verfallenden Dorfkern. Das Einfamilienhaus ist nun mal billiger als die Renovierung des alten Fachwerkhauses – Touristen sind aber an den banalen Fertighäusern wenig interessiert.

2) Teufels- und Engelskreis der Destinationsentwicklung

Sogenannte katalytische Prozesse, s. Modul 5, prägen wesentlich das Auf und Ab von Destinationen; dabei handelt es sich um sich gegenseitig verstärkende Effekte zwischen den Aktionen der Beteiligten. In einer Aufwärtsspirale spielen sich gewissermaßen alle Akteure gegenseitig zu und via positiver externer Effekte boomt die Destination. Umgekehrt ist es beim Teufelskreis, in dem jeder jedem dessen (Teil-) Erfolg neidet und letztlich alle gemeinsam verlieren.

---

[4] Siehe auch Kapitel 4.2.2.

3) Viele Produzenten touristischer Teilprodukte und die Anti-Allmende

Das touristische Endprodukt setzt sich aus mehreren touristischen Vorprodukten zusammen, die von den lokalen Tourismusanbietern unabhängig voneinander bereitgestellt werden. So bietet einer die Übernachtung, ein anderer die Verpflegung, ein dritter organisiert einen Bootsausflug, ein vierter vermietet lärmende Jet-Skis und so weiter. Wenn jeder dieser Teil-Anbieter ein gutes und preisgünstiges Angebot macht, hilft er damit auch den anderen Anbietern und es entsteht – wenn alle es so tun würden – ein attraktives Endprodukt in der Destination. Ein typischer positiver externer Effekt, der aber ausbleibt, weil keiner von sich aus den ersten Schritt tut und sein Produkt günstiger anbietet als er könnte. Man spricht in diesem Fall von Anti-Allmende. Während Allmende (siehe unten) Güter sind, die aufgrund nicht definierter Eigentumsrechte übernutzt werden, handelt es sich bei der Anti-Allmende um Güter, die aufgrund zu ausdifferenzierter Eigentumsrechte unternutzt werden. Jeder lokale Tourismusanbieter hat eine gewisse Quasi-Monopolmacht, denn sein Teilprodukt ist für das Endprodukt unabdingbar. Und weil jeder diese ‚Macht' ausnutzt, wird das touristische Endprodukt suboptimal zu teuer angeboten und die Touristenzahlen sind geringer als möglich (vgl. Candela et al 2008, S. 80ff.).

4) Immaterielles Kulturerbe

In der ‚normalen' Ökonomie spielen Haushalte als Anbieter von Produktionsfaktoren und als Nachfrager der Güter eine Rolle; von statistischen Abgrenzungsfällen abgesehen, tragen sie nicht zum Angebot bei. Im Unterschied hierzu ist die Bedeutung der Haushalte für das touristische Angebot theoretisch ungewöhnlich und nicht zu unterschätzen. Ohne hier auf die Besonderheiten des immateriellen Erbes einzugehen (s. unten Modul 2), sei doch erwähnt, dass es sich nur auf einem vergleichsweise schmalen Pfad entwickeln kann und immer Gefahr läuft, einerseits musealisiert oder andererseits folklorisiert zu werden. Das in der Bevölkerung gelebte immaterielle Erbe ist mit positiven externen Effekten verbunden, die der Destination und den lokalen Tourismusanbietern ‚kostenlos' zugutekommen. Die bunte traditionelle Vielfalt der nordvietnamesischen Bergvölker und ihrer Märkte attrahieren Touristen – die Wertschöpfung landet aber nicht bei den Bauern, sondern bei geschäftstüchtigen Touristikern. Die, auch durch den Tourismus bedingte Modernisierung bedroht von sich aus das immaterielle Erbe – dass dessen Träger touristisch ‚ausgebeutet' werden und als kostenlose Ressource dienen, trägt nicht zur Stärkung des immateriellen Kulturerbes bei. Destinationen verlieren auf diese Weise peu à peu ihre ‚Software', ihre gelebte und tradierte Vergangenheit, ihre Lebendigkeit, ihre Authentizität – und werden sich immer ähnlicher, austauschbarer und langweiliger.

5) Kulturlandschaft und Selbstverwaltung

Kulturlandschaft ist eine primär agrarisch geprägte Landschaft, die über Jahrhunderte durch die dort lebenden Menschen und deren Arbeit, deren materielle und immaterielle Kulturleistungen und deren Religion entstanden ist. So ist das Murnauer Land eine Kulturlandschaft genauso wie die italienischen Marken oder die philippinischen Reisterrassen. Meist haben die Menschen in den Kulturlandschaften eine gewisse Freiheit, ein gewisses Selbstorganisationsrecht. Dies mag die deutsche kommunale Selbstverwaltung sein oder die traditionellen Rechte eines Indianerstammes im südamerikanischen Regenwald. Ähnlich wie beim immateriellen Kulturerbe oben, müssen sich Kulturlandschaften immer weiterentwickeln. Sie können nicht stehenbleiben und versuchen, die aktuelle Ausprägung zu ‚zementieren' – die

Menschen müssen sich den permanent ändernden Anforderungen der modernen und globalisierten Welt stellen und ihre Kulturlandschaft weiterentwickeln. So ist es durchaus möglich, dass plötzlich neben einem oberbayerischen Marterl eine Buddha-Statue oder neben einem Zwiebelturm ein Minarett auftaucht. Dies zerstört die Kulturlandschaft viel weniger als der wuchernde Siedlungsbrei der Pendler oder die omnipräsenten Mega-Filialen großer Baumärkte oder Möbelhäuser! Die Selbstorganisation der Menschen erfordert Freiräume, zivilgesellschaftliche Beteiligung und öffentliche Räume (wie früher die alte griechische Agora, der Marktplatz oder vielleicht auch das Wirtshaus), die einen herrschaftsfreien Diskurs ermöglichen. Eine intakte und authentische Kulturlandschaft ist noch immer für viele Touristen das Wunschziel. Sei es für den Urlaub, sei es für die Renaissance der guten alten Sommerfrische. Die so verstandene Kulturlandschaft ist nichts anderes als ein öffentliches Gut mit einer diffizilen Stabilität.

6)   Marketing als öffentliches Gut
Destinationsmarketing wirkt wie ein öffentliches Gut, das uneingeschränkt jedem Tourismusbetrieb der Destination zugutekommt – gutes Marketing nützt jedem, schlechtes schadet jedem. Wenn jeder Ort allerdings meint, eigene Werbung machen zu müssen, um ja nicht ‚aus Versehen' dem Nachbarort Touristen zukommen zu lassen, ist dies ebenfalls kontraproduktiv. Übergreifendes Destinationsmarketing ist eine vorrangige Kommunikationsaufgabe, die Mittel in eine gemeinsame Destinations-, denn in eine separierte Kirchturm-Vermarktung fließen zu lassen.

c) Negative externe Effekte
Negative externe Effekte treten auf, wenn eine Handlung bei einem Dritten etwas Negatives verursacht, ohne dass dieser vom Verursacher dafür entschädigt wird[5]. Die Auto- und LKW-Kolonnen, die Tag und Nacht über die Brennerautobahn donnern, verursachen Abgas- und Lärm-Emissionen, die die ortsansässigen Menschen erdulden müssen ohne dass sie vom Fahrer dafür kompensiert werden. Letztlich sind negative externe Effekte für die gesamten Umweltprobleme dieses Planeten verantwortlich, denn die materiellen Ansprüche eines kleinen Teils der Menschheit verursachen durch Produktion, Transport und Verkehr immense Schäden, die meist auf die ärmeren Zweidrittel der Menschheit abgewälzt werden. Negative externe Effekte des Tourismus treten an verschieden Ecken auf (s. Modul 4):

1)   Allmende
Unter einer Allmende versteht man knappe Güter, die allen zugänglich sind und deshalb häufig übernutzt oder gar zerstört werden. In einer Destination tritt die Allmende-Tragödie meistens im Bereich der tradierten Natur- und Kulturattraktoren auf, die wie eine erschöpfbare natürliche Ressource interpretierbar sind. Die Gefahren durch Touristen und touristische Infrastruktur werden ausführlich im Modul 4 erläutert.

2)   Nicht-Nachhaltigkeit
Tourismus hat nicht nur Effekte auf das Natur- und Kulturerbe einer Destination, sondern auch auf das wirtschaftliche und soziale Umfeld der Menschen in einer Destination. Wenn

---

[5] S. auch Kapitel 4.2.2.

Einheimische nur noch zu Putzkräften oder zu billigen sexuellen Dienstleistern degradiert werden, sind dies negative Effekte des Tourismus, die die eventuell durch ihn induzierten positiven Einkommenseffekte überkompensieren.

3) Nicht-touristische Unternehmen
Natürlich beeinflussen auch die nicht-touristischen Unternehmen in einer Region die touristischen Aktivitäten. So zerstören Ölsandabbau oder Palmölplantagen gigantische Flächen unberührter Natur – die für alle Zeiten als touristischer Attraktor verloren sind. Auch die touristische Infrastruktur kann unter anderen ökonomischen Aktivitäten leiden: wenn ein Kurhotel plötzlich nahe einer neuen Autobahn liegt, mindert dies dessen Wert.

1.3.5   Destinations-Politik und -Planung

Zwei Dinge sollten inzwischen zur klassischen Destination und deren Produkten klar geworden sein: Die ökonomischen Beziehungen innerhalb der Destination, die letztlich das oder die touristischen Endprodukte bereitstellen, sind nicht betriebswirtschaftlicher, sondern volkswirtschaftlicher Art und die Koordinierung läuft über den Markt und nicht über einen zentralen Planer. Zum anderen ist diese ‚kleine Volkswirtschaft' hochgradig von externen Effekten durchdrungen, die positiv oder negativ die touristischen Attraktoren, die touristische Infrastruktur und damit das touristische Endprodukt beeinflussen. Externe Effekte sind als Marktversagen zu bewerten und der Staat muss eingreifen, um die Externalitäten möglichst zu internalisieren. Dies kann beispielsweise bei Umwelt- und Allmendeproblemen durch Auflagen, Verbote, Steuern oder Zertifikate geschehen, wie im Kapitel ‚Umwelt' in Dorn/Fischbach/Letzner (2010) ausgeführt. Bei öffentlichen Güter tritt der Staat häufig als Anbieter auf und im Fall der Anti-Allmende wird vor allem die Koordinierungsfunktion des Staates gebraucht, der via Tourismusämter oder -ministerien Paketprodukte und Pauschalangebote initiiert, um das touristische Endprodukt richtig gestaltet und bepreist an den Touristen zu bringen. Wer erfolgreiche Destinationen analysiert, sieht, dass eine einflussreiche Tourismusverwaltung und -politik und eine dem Branchengewicht korrespondierende Ministeriumsebene existieren. Erfolgreiche Destinationspolitik muss über die vielen Kirchtürme hinausweisen, muss die Partikulatinteressen der einzelnen lokalen Anbieter im Zaum halten, muss die schwache Lobby vieler (kleiner, im Nebenerwerb stehender) Tourismusanbieter stärken und muss fähig sein, ihre eigene Arbeit durch (Zwangs-) Beiträge der einzelnen Tourismusbetriebe aufrecht zu erhalten. Doch sei gleich an dieser Stelle gewarnt, nicht das Kind mit dem Bad auszuschütten: Werden die Zentralisierungstendenzen überzogen, gehen umgekehrt die geschilderten Vorteile der Marktwirtschaft – Eigeninteresse und Kreativität der Privaten – verloren und es drohen die Ineffizienzen einer leistungsfeindlichen Planwirtschaft. Ergebnis ist also: Koordinierung ja, zentrale Planung nein! Dass übertriebene Planungs- und Planbarkeitsvorstellung an ihre natürlichen Grenzen stoßen, sei in einem ungewöhnlichen Exkurs beschrieben, der auf den ersten Blick weit weg von der Ökonomie führt.

1.3.6 Exkurs: Was Quantenphysik und Chaostheorie mit Destinationen zu tun haben!

Nun soll in wenigen, mehr als ungenügenden Worten ein Blick in die moderne Physik und Mathematik gewagt werden. Das naturwissenschaftliche Weltbild bis Albert Einstein am Anfang des 20. Jh. war im Wesentlichen durch Isaac Newton geprägt. Er stellte sich die Welt als eine überdimensionale Maschine dar, die von einem Schöpfer in Raum und Zeit hinein gebaut und determiniert wurde. Wie eine Uhr funktionierte ein Rad im anderen und wer zu einem bestimmten Zeitpunkt alle Informationen über den aktuellen Zustand der Welt gehabt hätte, der hätte von da aus (mithilfe des Laplace'schen Dämons) die gesamte Vergangenheit und Zukunft der Welt rekonstruieren beziehungsweise vorhersagen können; alles funktionierte streng nach Kausalitätsprinzipien. Einstein[6] relativierte das Raum- und Zeitverständnis und stieß die Quantenphysik mit an, die untrennbar mit den Namen Niels Bohr und Werner Heisenberg verbunden sind. Mit der Quantenphysik verlor der Determinismus seine beherrschende Stellung – zumindest im mikroskopischen Bereich der Quanten. Heisenbergs Unschärfetheorem besagt, dass bei einem Elektron nur Ort oder Geschwindigkeit exakt gemessen werden können und nicht beides. „Nicht einmal im Prinzip kann der Zustand der Welt in einem gegeben Moment gewusst werden." (Neffe 2008, S. 376). Aus der prinzipiell beschränkten Beobachtung kann nur einer von vielen möglichen Weltzuständen abgeleitet werden und die Zukunft ist – wie vom Laien eh' schon immer vermutet – offen. Einstein war mit dieser Hypothese, dass „auch das letzte Grundpostulat aller Naturwissenschaft versagt – das Gesetz von Ursache und Wirkung" (ebd., S. 369) mehr als unglücklich und er betonte immer wieder, dass ‚Gott nicht würfelt' – am Gegenbeweis ist er trotz seiner Genialität gescheitert. Wichtig ist die Quantenphysik auch für die Methodik jeder Wissenschaft; das Objektivitätspostulat, die Forderung, dass der Wissenschaftler außerhalb des Beobachteten steht und lediglich Hypothesen zu falsifizieren habe, scheitert. Zumindest in der Quantenwelt „lassen sich Systeme ... prinzipiell niemals beobachten, ohne sie dabei zu verändern. .... Die Werte entstehen erst durch die Messung. Damit folgt er [Bohr, V.L.] im Grunde einer Idee von Immanuel Kant, nach der Systeme per se keine Eigenschaft haben, sondern sie erst durch Beobachtung bekommen." (ebd., S. 377). Faszinierend, dass die Erkenntnistheorie (und übrigens das Freiheitspostulat der praktischen Vernunft) des großen Königsberger Philosophen gute 200 Jahre später auf unerwartete Weise bestätigt wird. Mit der Chaostheorie (s. bspw. Eckhardt 2004) springt ab den 60er Jahren die Undeterminiertheit auch in die makroskopische Welt. Mit relativ einfachen rekursiven nicht-linearen Gleichungen dynamischer Systeme lässt sich ‚Chaos' erzeugen. Damit ist gemeint, dass die Ergebnisse dieser deterministischen Formeln nicht vorherberechenbar sind, denn die Ergebnisse reagieren unendlich sensitiv auf die jeweiligen Anfangsbedingungen – und die sind gemäß obigen Unschärfetheorems prinzipiell nicht genau zu messen. Chaostheorie bedeutet also einerseits Determinismus, der sich aber andererseits überhaupt nicht prognostizieren lässt. Hier kommt das (häufig falsch verwendete) Gleichnis vom Flügelschlag des Schmetterlings ins Spiel, der auf der anderen Weltseite einen Hurrikan auslöst. Gemeint ist, dass das Wetter ein chaotisches System ist, das sich überhaupt nicht prognostizieren lässt, denn die Anfangsbedingungen, wozu

---

[6] Eine sehr gut und einfach lesbare Biographie zu Einsteins Leben und Denken bietet Neffe (2008).

nun der Flügelschlag gehört, sind nicht hinreichend bekannt, ja gar nicht hinreichend erkennbar. Und hier kommt nun die Planung beziehungsweise Prognose ökonomischer Systeme ins Spiel. Zum einen ist Ökonomie eine Sozialwissenschaft mit dem (u.a. nach Kant) mit
freiem Willen ausgestatteten Menschen im Mittelpunkt, die sich schon deshalb deterministischen Prognosen entzieht und allerhöchstens stochastisch behandelbar ist. Zum anderen sind
ökonomische Subsysteme, wie beispielsweise die Finanzmärkte hochgradig irrational und
chaotisch[7]. Insbesondere Krisen und damit zusammenhängende Moden sind nicht normalver-
teilt und kalkulierbar, wie viele Ökonomen immer noch annehmen, sondern völlig unberechenbar. Spätestens seit der Finanzkrise 2008 ist dieses Wissen etwas bekannter geworden –
waren doch ‚das haben wir nicht erwartet' die wohl häufigsten Wörter der Krise. Und auch
in ‚normalen' Zeiten gibt es nicht nur ‚weiche' Entwicklungen, sondern Sprünge, plötzliche
(katastrophische) Ballungen und andere Bifurkationen (= Teilungen, die chaotisch in völlig
andere Richtungen weisen). Inzwischen beschäftigt sich ein ganzer Zweig, die Evolutorische
Ökonomik mit diesen Phänomenen (vgl. Störmann 2009, S. 181 ff.). Was hat dies nun alles
mit der Destination zu tun? Die kursorischen Aussagen zu Quantenphysik und Chaostheorie
sollten vor allem eines bewirken: den Glauben an Machbarkeit, Planbarkeit, Prognostizierbarkeit zu erschüttern! Welcher selbstsichere Banker, Politiker, Experte oder Berater stellt
sich nicht häufig genug vor sein Auditorium und erklärt, warum etwas genau so gemacht
werden müsse, warum alle anderen Ideen idiotisch seien und warum alles auf ihn hören müsse. Wie oben erläutert, ist die Destination alles andere als ein einfach strukturiertes Gebilde,
das man mit ein paar Schrauben wie eine kaputte Uhr repariert. Die Destination ist eben
genau keine ‚Firma' und der Landrat ist genau nicht ihr ‚Vorstand'. Die klassische Destination ist eine ‚kleine' Volkswirtschaft mit ihrer faszinierend freiheitlichen und dezentralen
Koordinierungsmechanismen über den Markt. Die Nachteile und Fehler des Marktes gilt es
durch kluge Politik zu beseitigen; aus der Destination eine quasi-betriebswirtschaftliche
Planwirtschaft zu machen, wäre der falsche Weg. Soziale Systeme sind letztlich nicht plan-
bar – es genügt, funktionierende Rahmenbedingungen zu setzen, innerhalb derer stochastische Prozesse in die richtige Richtung weisen; perfekte Planbarkeit, Prognostizierbarkeit,
Machbarkeit und Beherrschbarkeit sind nicht erreichbar[8].

1.4   Die ‚Neue' Destination

1.4.1   Charakteristika

‚Neue' Destinationen sind de facto als Betriebswirtschaften, als Unternehmen zu verstehen.
Die Größe dieser ‚Destinations-Unternehmen' variiert gewaltig und im Folgenden sollen
einige Beispiele die Unterschiede verdeutlichen. Im Vergleich zur Abbildung 1-1 hat sich die
nachfolgende Grafik stark vereinfacht: Die Zahl der Spieler *in* der Destination hat sich stark
vermindert, während viele Mitspieler außen vor bleiben und keine eigenständige Rolle mehr

---

[7]   Vgl. Mandelbrot (2007) – ein faszinierend, wenn auch nicht ganz einfach zu lesendes Buch.

[8]   Vgl. Störmann (2009), S. 146 f., Ritter (1993), S. 130 und Abschnitt 6.3 in Modul 5.

spielen. Viele dieser ‚neuen' Destinationen entsprechen dem Typ der kolonialisierenden Tourismusentwicklung (s. 5.6.1), denn meistens kommen auswärtige Investoren mit viel Kapital, ziehen einen Zaun, errichten ihre Destination, nutzen Einheimische vielleicht als Bauarbeiter und Kellner und managen die Destination wie die Filiale eines internationalen Konzerns. Im nächsten Abschnitt wird dies erläutert.

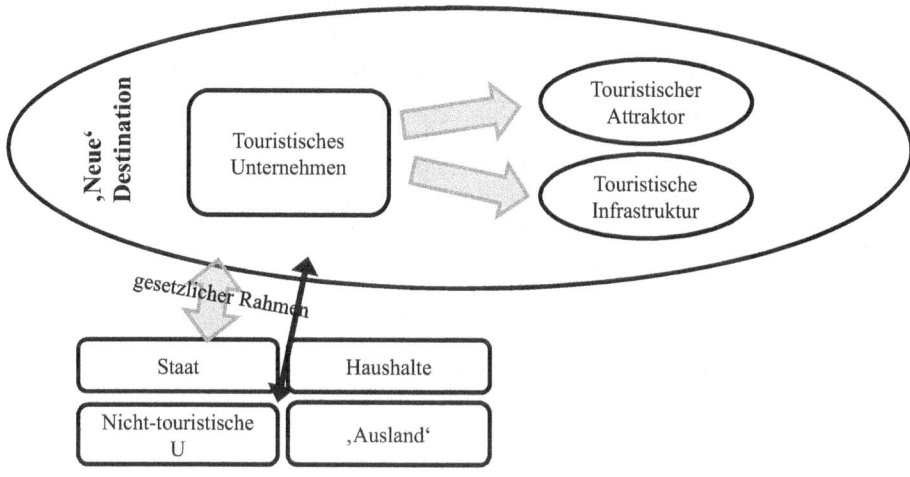

Abb. 1-2: *Die ‚neue' Destination*
Entwurf: V. Letzner

1.4.2   ‚Integrierte' Destinationen, Clubanlagen und Eventparks

Unter einer integrierten Destination sei jene verstanden, in der alle touristischen Angebote aus einer Hand kommen. Im dichtbesiedelten Europa sind die integrierten Destinationen eher selten zu finden; manchmal gibt es eine kleinere Insel, s. Albarello, oder ein Berggrundstück, das einem touristischen Unternehmen gehört und das dort bis aufs Wetter alle touristischen Produkte aus einer Hand anbietet. In landintensiven Ländern können schon einmal ganze Berge und Täler, ganze Landstriche und Küstenabschnitte privatisiert, eingezäunt, mit privatem Wachdienst versehen und aus einem Stück geplant und vermarktet werden. Ob die Privatisierung die Allmendeprobleme rund um den Attraktor löst, hängt von der Zeitpräferenz ab, die aber bei Unternehmen aufgrund ihrer kurzfristigen Gewinnerwartungsvorgaben eher suboptimal hoch ist; langfristig nachhaltigen Schutz für den Attraktor darf man sich also nicht unbedingt erwarten. Im Allmendebeitrag 4 wird das Kapitel Zeitpräferenz weiter ausgeführt. Die oben ausführlich diskutierten positiven externen Effekte sind in der integrierten Destination weitgehend internalisiert oder sie sind ganz verschwunden wie beispielsweise die mit dem immateriellen Kulturerbe verbundenen Traditionen der Haushalte. Immaterielles Kulturerbe erscheint dann nur noch als folkloristische Darbietung bezahlter Mimen.

Die ‚kleinen Schwestern‘ der integrierten Destinationen sind nicht ganz so groß und nicht ganz so ‚autark‘, dafür aber sehr viel häufiger zu finden. Zum einen sind es die (meist all-inklusiven-) Clubanlagen mehr oder minder hohen Niveaus, die ihre armbändchenbestückten Gäste mit touristischen Produkten versorgen (vgl. auch Wöhler 2000, S. 7ff.). Zum anderen sind es ihre schwimmenden Pendants in Form der boomenden Kreuzfahrer, deren Schiffe inzwischen derartig groß und gut ausgestattet sind, dass es fast schon egal ist, wo sie fahren; auf die verbliebenen Landgang-Attraktoren kann dann auch bald verzichtet werden[9]. Relativ jung sind ebenfalls die diversen Casino-, Freizeit-, Event-, Karibik- und sonstige ‚Welten‘, die die künstlichen Attraktoren mit einer architektonisch meist eingebetteten Infrastruktur so verbinden, dass die Gäste diese Areale möglichst lange nicht verlassen wollen. Aus Nachhaltigkeitsgesichtspunkten sind diese ‚Welten‘ besser als ihr Ruf: Die Anreise ist vergleichsweise kurz und die produzierbaren Attraktoren können problemlos repariert werden – besser als Natur- und Tierliebhaber, die persönlich den letzten Gorillas im Urwald auf den Pelz rücken. Der Autor ist der Überzeugung, dass zukünftig die immer perfekter werdenden virtuellen Welten diese Eventparks ergänzen und viele ihren (Kurz-) Urlaub im virtuellen alten Rom oder als karibischer Pirat verbringen werden[10].

1.4.3   Mega-Masterplan-Destinationen

Mangels eines prägnanteren Begriffs sind hier jene Destinationen verstanden, die im ganz großen Maßstab in kürzester Zeit aus dem (Wüsten-) Boden gestampft werden. Die Vereinigten Arabischen Emirate machen es vor und es bleibt abzuwarten, bis andere, beispielsweise China, ähnliches auf die Beine stellen wollen. Ein Masterplan ist zunächst einmal nur ein übergeordnetes Planungsinstrument, das berücksichtigt, was für eine (neu) zu entwickelnde Destination von Nöten ist. Nicht nur Attraktoren und touristische Infrastruktur, sondern auch die Anbindung, die Verfügbarkeit und Ausbildung des Personals, Wasser, Energie, Entsorgung und gegebenenfalls die Einbindung der lokalen Bevölkerung müssen berücksichtigt werden. Diese großen geplanten Destinationen sind in unserer Begrifflichkeit eine Art Zwitter, denn sie sind so groß und komplex, dass sie in vielen Aspekten der ausführlich behandelten ‚kleinen‘ Volkswirtschaft ähneln. De facto handelt es sich aber eher um eine ‚simulierte‘ Volkswirtschaft, denn diese Destinationen werden in der Regel von einem politisch-finanziellen Herrscher-Konglomerat autokratisch befohlen – einem internationalem Konzern ähnlicher als einer marktwirtschaftlich agierenden Volkswirtschaft.

Dass in den VAEn eine riesige Hotelinfrastruktur mit den weltweit höchsten Hotels und künstlichen Inseln im Megaformat entstehen, ist bekannt; dass es künstliche Skihallen gibt, die ansonsten mageren Wüsten-Attraktionen ergänzen, ist ebenfalls bekannt. Nun soll aber auch noch eine Weltklasse-Kulturlandschaft entstehen, die ein Filmfestival (natürlich ohne israelische Filme, die der herrschenden Ideologie zum Opfer fallen), einen Ableger des Louvre, eine Filiale der New York University, eine Guggenheim-Tochter und andere weltbe-

---

[9]   Dies wäre dann ein echter Beitrag zur Nachhaltigkeit: Die Touristenmassen bleiben auf ihren Schiffen, bekommen dort angeblich traditionelles Essen und Gebräuche vorgesetzt und verzichten ganz auf den Landgang – für Venedig könnte dies sogar die Rettung sein.

[10]   Vgl. Wöhler (2000), S. 9 zur „Destinationalisierung von Themen-, Freizeit- oder Ferienparks.

kannten Namen einkauft. Dass diese ‚Kulturlandschaft' nichts mit der oben skizzierten zu tun hat, versteht sich von selbst – ist doch alles vom ADACH, der (finanz-) mächtigen Abu Dhabi Authority for Culture & Heritage im Auftrag der herrschenden Scheichs organisiert.

Im November 2009 krachte in Folge der Finanzkrise das Dubaier Finanzimperium zusammen und viele Megaprojekte liegen vorerst auf Eis, pardon: im Sand – passender konnten die obigen Aussagen zur chaotischen Unplanbarkeit auch ökonomischer (Tourismus-) Systeme nicht bebildert werden. Wenn selbst die Pläne milliardenschwerer autokratischer Scheichs im Wüstensand zerrinnen – wer will dann noch guten Gewissens die Planbarkeit von Destinationen behaupten?

1.5 Die touristische Wertschöpfung der Destination

Aus tourismusökonomischer und -politischer Warte interessiert insbesondere, wie groß denn die ökonomische Wertschöpfung in einer Destination ist, was also „der Tourismus bringt"? Diese Frage wird in dem Buch immer wieder auftauchen und deshalb sei anfangs definitorisch geklärt, wovon die Rede ist, wenn man von touristischer Wertschöpfung spricht. Es geht also nicht um konkrete Gründe oder Kausalitäten, die zu einer mehr oder minder großen Wertschöpfung führen oder um die Frage, ob Attraktor oder Infrastruktur die Meriten bringen oder ob das Erschließungs-Paradoxon (s. Kapitel 2.5) Wertschöpfung durch Zerstörung bedeutet, sondern um die Frage wie die Wertschöpfung zu analysieren und zu messen ist.

Einen ersten Überblick verschafft Mundt (2001), 7. Kapitel und Letzner/Munz (2011), S. 11 fassen zusammen: „Touristische Wertschöpfung zu messen ist eine herausfordernde Aufgabe, da sich erstens viele Wertschöpfungsstufen nicht einfach voneinander abgrenzen lassen und da zweitens die Externalitäten die Beschränkung auf marktgehandelte Werte verbieten. Mit dem Instrument touristischer Satellitenkonten (TSA) gibt es erste Ansätze zur Lösung dieser Aufgabe (vgl. WTO 2009). Mit Hilfe einer Input-Output-Betrachtung werden Angebots- und Nachfrageaspekte des Tourismus zusammengeführt, indem ein touristischer ‚Satellit' sich aus jedem Sektor der volkswirtschaftlichen Gesamtrechnung (VGR) (aus der Landwirtschaft die Produkte für Touristen, aus der Bauwirtschaft den Beitrag für die touristische Infrastruktur, etc.) die touristisch relevanten Komponenten herauszieht. Die Abgrenzungsproblematik zur Ermittlung der Bruttowertschöpfung im Tourismus wird teilweise durch die Verknüpfung der Nachfrage- mit der Produktionsseite überwunden (vgl. Ahlert 2007)." Trotzdem bleiben eine Menge von Problemen (die bekannte Diskussion um die Sinnhaftigkeit gängiger BIP-Messungen oder die Integration der umweltökonomischen Gesamtrechnung, vgl. Statistisches Bundesamt 2009b), bis die TSAs die in sie gesetzten Hoffnungen erfüllen können, fundiert zu wirtschaftspolitischen Entscheidung Stellung nehmen zu können (vgl. Schoer 2003).

Viele Autoren greifen deshalb bei ihren Studien auf eine touristische Wertschöpfungsanalyse zurück, die insbesondere durch die Arbeit von Job et al (2005, 2009, 2013) rund um Großschutzgebiete bekannt wurde, aber nicht auf diese Thematik beschränkt werden muss. „Die

Methode hat sich im Verlauf der der 1990er-Jahre vor allem im deutschsprachigen Raum verbreitet und tourismusspezifisch weiterentwickelt. Wertschöpfung bedeutet in diesem Zusammenhang Einkommen und wird durch die Summe aller Löhne, Gehälter und Gewinne gebildet" (PricewaterhouseCoopers & ö:konzept 2013, S. 296). Damit können die ökonomischen Effekte des Tourismus teilweise eingefangen werden; insbesondere geht es dabei um die tangiblen Effekte (vgl. Job et al. 2009, S. 21 ff), die neben den (schwer quantifizierbaren) intangiblen Effekten entstehen[11]. Jüngst angewendet wurde das Konzept zur Abschätzung der touristischen Effekte eines potentiellen Nationalparks Hunsrück in Bausch/Letzner/Munz (2014).

a) Tangible Effekte
Die Wertschöpfung i.e.S. besteht aus den direkten und indirekten Effekten: erstere entstehen aus den Ausgaben der Besucher, zweitere aus den Vorleistungen, die zur Erstellung der vom Besucher nachgefragten Güter benötigt werden. Zur Wertschöpfung i.w.S. kommen dann noch die induzierten Effekte hinzu, die dem Gedanken der Kreislaufwirtschaft entstammen und berücksichtigen, dass „das auf diesen beiden Ebenen [der Wertschöpfung i.e.S.] entstandene Einkommen zumindest teilweise erneut konsumtiv innerhalb der Region verbraucht wird" (Job et al. 2009, S. 23). Um dem Leser ein Zahlenbeispiel an die Hand zu geben, seien jene Ergebnisse referiert, die Job et al. (2009), S. 87 für den Nationalpark Bayerischer Wald und dessen Umlandgemeinden berechnet haben: So generieren 760.600 Besucher einen Bruttoumsatz von € 27,8 Mio., der direktes und indirektes Einkommen in Höhe von € 13,5 Mio. schafft, was einem so gennannten Einkommensäquivalent von 939 Personen entspricht. Mit anderen Worten: die Touristen ernähren durch ihre Ausgaben diese Anzahl von Personen. Dies entspricht einem Multiplikator von 1,38, der auf 1,79 steigt, wenn man die indirekte Wertschöpfung durch Investitionen und durch induzierte Effekte mit berücksichtigt: „Das bedeutet, dass 1 Euro, der im Tourismus in der Region ausgegeben wird, zu maximal 1,79 Euro Wertschöpfung innerhalb der beiden Nationalparklandkreise führt." (ebd., S. 86). Laut BMWi (2012), S. 4 ergibt sich für Deutschland eine (durch direkte, indirekte und induzierte Effekte ausgelöste) Bruttowertschöpfung des Tourismus von € 214,1 Mrd., was 9,7% der gesamten deutschen Wertschöpfung oder 4,9 Mio. Erwerbstätigen, also einem Anteil von 12% der gesamten Beschäftigung in Deutschland entspricht. Andere, deutlich niedrigere Zahlen referiert Mundt (2001), S. 398, was alleine durch den Unterschied Brutto- und Nettowertschöpfung oder mit oder ohne Wiedervereinigungseffekt nicht erklärbar ist. Dies zeigt vor allem die Schwierigkeit, unumstrittene Zahlen zu erreichen – deshalb ist es wichtig, sich über die Systematik der Zahlenentstehung zu versichern und diese offenzulegen.

b) Intangible Effekte
Neben den vergleichsweise gut quantifizierbaren tangiblen Effekten gibt es die meist nicht messbaren intangiblen Effekte, die üblicherweise in Struktur-, Infrastruktur-, Image-, Kompetenz- und Kooperationseffekte eingeteilt werden und hier nicht weiter vertieft werden sollen. Sie besitzen „in der Regel keinen direkten Einfluss auf die lokale Wertschöpfung,

---

[11] Die Nomenklatura ist dabei zwischen den Autoren nicht immer einheitlich verwendet, so dass sich insbeondere die Brutto- und Nettobegriffe einmal auf die Mehrwertsteuer, einmal auf Abschreibungen etc. beziehen; ebf. bei den induzierten Effekten kann es Abgrenzungsverwirrung geben; der Leser muss deshalb immer sehr präzise die Definitionen des Autors beachten.

sondern wirken sich vielmehr auf das wirtschaftliche ‚Klima' einer Region aus … [sie sind Effekte] durch die der langfristige regionale wirtschaftliche Erfolg einer Maßnahme oder Aktion entscheidend beeinflusst wird" (Job et al., 2009, S. 25).

1.6   Zusammenfassung

Touristische Destinationen können in ‚klassische' und in ‚neue' Destinationen unterschieden werden. Erstere sind weltweit anzutreffen; letztere sind jüngeren Datums, sind noch relativ selten, nehmen aber stetig zu. Das Buch beschäftigt sich primär mit den ‚klassischen' Destinationen, die wie ‚kleine' Volkswirtschaften verstanden werden können, das heißt, dass die Akteure hauptsächlich via Marktmechanismen miteinander agieren und nicht durch eine zentrale Instanz geplant und geführt werden. Diese Destinationen sind darüber hinaus durch viele positive wie negative Externalitäten geprägt, die ein volkswirtschaftlich optimales Ergebnis verhindern. Staatliche Destinationspolitik muss eingreifen, um diese Marktversagen zu korrigieren und um zu verhindern, dass die Destination nicht im ‚klein klein' der Kirchturmpolitik wettbewerbsunfähig werden. Allerdings wird davor gewarnt, die Planungs- und Steuermöglichkeiten in komplexen ökonomischen Systemen zu überschätzen – eine pragmatische Erfahrung jedes Destinationsberaters, die theoretisch vor allem durch die Chaostheorie untermauert werden kann.

Die ‚neuen' Destinationen sind sehr unterschiedlich groß, aber es eint sie das Prinzip, dass die touristischen Produkte vornehmlich aus *einer* privaten Investoren- und Managementhand kommen und dass diese Destinationen in ihrer Binnenstruktur einer betriebswirtschaftlichen Planwirtschaft entsprechen.

In der Destination kristallisiert sich die touristische Wertschöpfung, die, von den Ausgaben der Touristen ausgehend, über direkte, indirekte und induzierte Effekte die Wertschöpfung i.w.S. generieren, die um intangible, meist zu qualifizierende Effekte ergänzt werden muss. Beispielsdaten haben gezeigt, dass es sich in Deutschland beim Tourismus nicht um eine Nischenbranche, sondern um eine der größten Branchen handelt, deren Beitrag zur ökonomischen Wertschöpfung zwar nicht exakt bezifferbar, nichtsdestotrotz aber beeindruckend ist.

2 Modul ‚Die Handlung': touristische Angebotstheorie mit Attraktoren, Erbe und Infrastruktur

Das Modul in Kürze

Im Mittelpunkt der Handlung, die sich rund um das touristische Angebot dreht, stehen die touristischen Attraktoren, um derentwillen der Tourist die Destination aufsucht. Bei diesen touristischen Attraktoren handelt es sich in der Regel um äußerst ungewöhnliche und spannende ökonomische Gebilde, die sich vom gewöhnlichen Objekt der Angebotstheorie deutlich unterscheiden. Der touristische Attraktor ist meistens tradiert, ein Allmende-Gut und aus den geerbten touristischen Produktionsfaktoren – Kultur, Natur, Wissen – entstanden. Hier findet sich eine enge Verknüpfung zum materiellen und immateriellen, Natur- und Kulturerbekonzept der UNESCO. Der zweite interessante Aspekt der Attraktorentheorie ist der, dass touristische Attraktoren erst durch die touristische Infrastruktur erschlossen und in Wert gesetzt werden müssen. Diese zeigt sich somit als ‚Freund und Feind' des Attraktors, der immer wieder der Gefahr der Übernutzung ausgesetzt ist.

Leitfragen

Aus welchen Aspekten besteht die Handlung des touristischen Schauspiels?

1. Was ist ein touristisches Produkt, ein touristischer Attraktor und eine touristische Infrastruktur?
2. Was unterscheidet klassische und touristische Produktionsfaktoren?
3. Was sind tradierte Attraktoren und was sind ihre wichtigsten Elemente?
4. Warum müssen unspezifische Attraktoren erschlossen werden und warum sind viele Attraktoren Allmendegüter?
5. Wie entstehen und vergehen touristische Attraktoren?

Stichworte

Mikroökonomie – Angebot – Tourismusangebot – Touristische Produktionsfaktoren – UNESCO-Welterbe – Allmende-Gut – Attraktorentheorie

2.1   Einführung

Touristische Produkte sind aus verschiedenen Elementen komplex zusammengesetzt; im Zentrum steht hierbei der touristische Attraktor, um dessen willen die Reise überhaupt angetreten wird. Er ist häufig tradiert und manchmal produziert: Kapitel zwei erläutert dies ausführlich. Im dritten Kapitel wird gezeigt, dass bestimmte Teile des touristischen Produkts mit den klassischen Produktionsfaktoren, Arbeit, Boden, Kapital und technischer Fortschritt hergestellt werden können, während tradierte Attraktoren aus den ‚touristischen Produktionsfaktoren'Natur, Kultur und Wissen entstehen. Es wird gezeigt, dass und wie diese touristischen Produktionsfaktoren eng mit dem Welterbe-Konzept der UNESCO verknüpft sind. Kapitel 4 und 5 erläutern, wie die verschiedenen Elemente des Tourismusangebots entstehen und wie insbesondere touristische Infrastruktur und touristischer Attraktor miteinander verknüpft sind und was unter einer optimalen Erschließung zu verstehen ist. Kapitel 5 thematisiert darüber hinaus weitere Besonderheiten des tradierten Attraktors wie dessen Eigenschaft, ein öffentliches oder ein Allmende-Gut zu sein. In letztem Fall besteht die Gefahr der Übernutzung und ohne neue Investitionen in das Erbe einer Region würde dieses langsam verschwinden. Tourismuspolitische Konsequenzen für tradierte Attraktoren schließen dieses Kapitel. Das letzte Kapitel zeigt Forschungsbedarf und wagt Spekulationen über zukünftige Tourismusangebote.

Wichtige Hinweise in diesem Modul sind Theo Eberhard und Thomas Bausch zu verdanken und werden an entsprechender Stelle gewürdigt. Birgit Dittrich hat viele inhaltliche und redaktionelle Tipps gegeben.

2.2   Touristisches Produkt und Attraktoren

2.2.1   Touristisches Produkt

Ohne hier bereits nachfragetheoretische Aspekte des nächsten Moduls vornewegzunehmen, sei kurz erwähnt, welche Rolle ein touristisches Produkt (TP) beim Nachfrager spielt. Es geht neben vielen anderen Gütern in die Nutzenfunktion des Konsumenten ein, um dort Nutzen zu stiften und Bedürfnisse zu befriedigen. Das touristische Produkt ‚private Reise' als Kurz- oder Urlaubsreise kann auf sehr verschiedene Art und Weise Nutzen stiften und es sind sehr verschiedene, häufig genug abstrakte, unklare und ‚psychologische' Wege, die vom touristischen Produkt zur Nutzenstiftung beim Konsumenten führen.

Bei Geschäftsreisen dient die Reise keiner direkten Nutzenstiftung, sondern folgt dem Kalkül für eine Dienstleistungserbringung oder Investition. Die Geschäftsreise ist also kein Endprodukt und soll vorerst außen vor bleiben.

Abbildung 2-1 verdeutlicht mit Beispielen, dass das **touristische Produkt** ein komplexes Kompositgut ist, das in der Regel aus folgenden vier Elementen zusammengesetzt ist:

1. der Transport (Tr) zur Raumüberwindung zwischen Heimat- und Reiseort

2. der touristische Attraktor (TA), der den eigentlichen Grund der Reise bildet und weiter
   unten noch ausführlich behandelt wird:
   – der tradierte Attraktor, der nicht reproduzierbar ist und von der Natur, von der Kultur-
     geschichte oder von der Tradition weitergegeben wurde: ein Canyon, ein Tempel, ein
     Erntedankfest
   – der produzierbare Attraktor, der jederzeit und jederorts errichtet werden kann, wie
     beispielsweise ein Freizeitpark
3. die touristische Infrastruktur (TI) in einem weiteren Sinn besteht aus:
   – der materiellen Infrastruktur, also insbesondere Übernachtungs- und Verpflegungsbe-
     triebe, Marinas, Wanderwege, Lifte usw.
   – Dienstleistungen, die die materielle Infrastruktur am Leben erhalten, bedienen, be-
     treuen, beraten, massieren usw.
4. Sonstiges (S)
   – Konsumgüter, die als Lebensmittel, Souvenirs, Batterien etc. leicht oder manchmal
     auch schwierig verfügbar sind
   – allgemeine Infrastruktur wie Straßen und Flughäfen, soweit sie nicht rein touristisch
     motiviert ist
   – Sicherheitssituation, die mehr oder minder gut beispielsweise vor Terror und Verbre-
     chen, Krankheiten, gefährlichen Tieren und vor sonstigen Gefahren im Verkehr usw.
     schützt.

Alle vier Elemente beeinflussen das touristische Produkt und gehen somit indirekt in die
Nutzenfunktion ein:

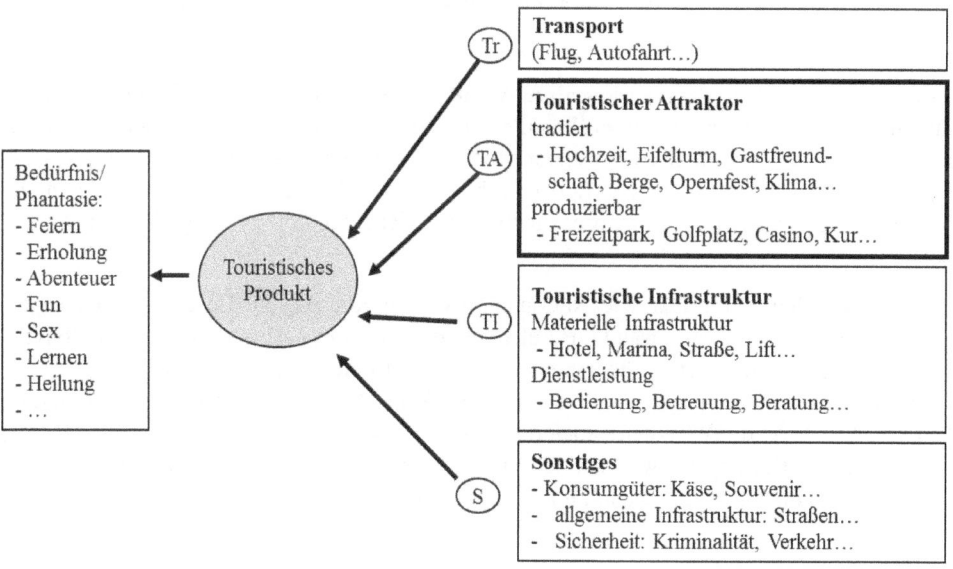

Abb. 2-1: Das touristische Produkt
Entwurf: V. Letzner

Je nach Reiseorganisation gibt es die Individualreise, bei der der Reisende jedes dieser Elemente selbst kauft und zusammenstellt oder eine Pauschalreise, bei der bereits mehrere oder alle Elemente durch einen Reiseveranstalter gebündelt sind. Bevor weitere Erklärungen zur Entstehung des touristischen Angebots gemacht werden, sind einige klärende Abgrenzungen zu wichtigen Begriffen erforderlich. Das touristische Produkt ermöglicht – bei einer geglückten Reise – die Befriedigung der vorgestellten Bedürfnisse und Phantasien; Wöhler spricht von der „Ergebnisproduktion", auf die der „postmoderne Tourismus angelegt" ist (Wöhler 2000, S. 4).

2.2.2   Touristischer Attraktor

In der Regel ist der **touristische Attraktor** der wichtigste Baustein des touristischen Produkts, denn seinetwillen macht sich der Reisende überhaupt erst auf den Weg. Attraktor ist ein neutraler Begriff aus der Theorie dynamischer Systeme und beschreibt den Zustand auf den sich ein System „einpendeln" wird; bewusst wurde auf die deutschen Begriffe Attraktion und Attraktivität verzichtet. Der materielle oder immaterielle Attraktor ist gewissermaßen der Anziehungspunkt, weshalb der Reisende hierhin und nicht dorthin fährt – ein Attraktor muss also keineswegs attraktiv, im Sinne von schön, sein: eine Beerdigung, das KZ Auschwitz oder ein Katastrophengebiet, das Neugierige anlockt, sind unattraktive Attraktoren. Die Verwendung des Begriffs Attraktor schließt auch nicht aus, dass sich jemand von seinem Heimatort ‚abstößt', um Stress oder Langeweile zu entgehen[12]. Da der touristische Attraktor bei Freundschafts- und Familienreisen in den allermeisten Fällen einen nicht-öffentlichen, privaten und häufig auch zufälligen Charakter hat (Todesfall, Geburtstag usw.), werden diese Attraktoren im Fortgang weitgehend ausgeblendet und die Untersuchung konzentriert sich auf die wesentlichen Zusammenhänge und die drei Hauptgruppen:

a) Tradierte Attraktoren:
Mit tradiert ist gemeint, dass der jeweilige Attraktor hier und heute und in dieser Form nicht beliebig (wieder) hergestellt werden kann, er also nicht reproduzierbar ist. Natürlich wurde ein Picasso-Gemälde einmal vom Meister produziert – heute ist es aber (als Original wohlgemerkt) nicht mehr re-produzierbar. Zur Problematik des Entstehens und Vergehens nicht-reproduzierbarer, tradierter Attraktoren siehe unten; hier seien vorerst einige Beispiele angegeben:

- die materiellen Naturgüter wie Nationalparks, eine Klamm, ein Berg, eine Wüste, ein Dschungel, sonnige Sandstrände, Berghänge oder auch ein bestimmtes Klima, Artenvielfalt und Biotope oder, etwas überraschend, ein ungetrübter Nachthimmel (dark sky)
- materielle Kulturgüter wie der Petersdom, die Villa Aurea, die Akropolis, Teotihuacán, der Tempelberg, die Verbotene Stadt oder ein Museum
- immaterielle Kulturgüter wie seit Jahrhunderten tradierte Passionsspiele, eine ausdifferenzierte Küchenkultur, alte Heilkünste oder Gastfreundschaft

---

[12]   Attraktor ist also nicht im Sinne von Pull- und Pushfaktoren zu verstehen, die mancherorts in der Literatur in Zusammenhang mit der Reisemotivation verwendet werden.

- Mischungen aus den drei Gruppen, wie beispielsweise ein Kloster, in dem sich ein uralter Baumbestand, Kräuter, kulturell wertvolle Gemäuer, alte Bilder und immaterielles Wissen um Meditation, Gesang oder Heilkräuter finden.

b) Produzierbare Attraktoren:
Diese Attraktoren sind jederzeit und an vielen Orten beliebig oft herstellbar:

- materielle Anlagen wie ein Freizeitpark, ein Golfplatz, ein Casino
- bestimmte Dienstleistungen wie beispielsweise eine günstige Zahnbehandlung in Ungarn, eine Ayurveda-Behandlung im Wellnesshotel oder sexuelle Dienste in Thailand.

c) Gemischte Attraktoren:
Viele Attraktoren sind Mischungen aus den genannten Elementen und je nachdem, welche Charakteristik dominiert, kann dann vereinfachend von tradierten oder produzierten Attraktoren gesprochen werden; die Graphik verdeutlicht das Gemeinte:

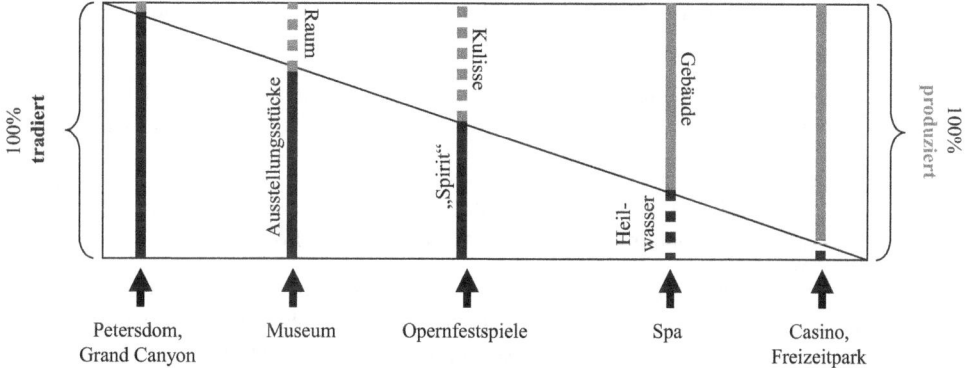

Abb. 2-2: *Gemischte Attraktoren*
Entwurf: V. Letzner

So besteht beispielsweise ein Museum aus einem Gebäude, das aus Stahlbeton und anderen Materialien mehr oder minder hochwertig produziert wird. Der eigentliche Wert des Hauses wird jedoch durch die darin aufbewahrten Ausstellungstücke definiert, die tradiert und nicht-reproduzierbar sind, so dass das Museum beispielsweise als eine 20-80-Mischung aus beiden Eigenschaften verstanden werden kann. Inzwischen finden sich einige Museumsbauten, bei denen der Eindruck entsteht, dass tatsächlich mehr die Architektur denn die Inhalte interessieren: die Guggenheim Museen in New York oder Bilbao, das Museum Brandhorst in München u.a.

In der Regel können die in der Abbildung 2-1 definierten drei Elemente des touristischen Produkts klar gegeneinander abgegrenzt werden; trotzdem gibt es **Überlappungen zwischen Transport, Infrastruktur und Attraktor**, die der Vollständigkeit halber dargelegt werden:

a) In seltenen Fällen kann der Transport selbst zum Attraktor werden, wenn man an einer Oldtimer-Rallye teilnimmt oder wenn die Anreise zu abgelegenen Inseln mit kleinen Turboprop-Maschinen zum eigentlichen Abenteuer wird.

b) Häufiger ist die Variante, dass Teile der touristischen Infrastruktur zum Attraktor werden: bei den tradierten Attraktoren sei an einen historischen Gasthof, an die Via Appia oder das Musée d'Orsay gedacht; bei den produzierbaren Attraktoren sind es vor allem Luxushotels, z.B. in Dubai, oder Themenhotels, z.B. nachgebaute Hüttendörfer, bei denen Infrastruktur und Attraktor zusammenfallen.

c) Eine interessante Mischung aus a) und b) stellen Reisen mit der Transsibirischen Eisenbahn oder eine Kreuzfahrt dar, wo sich die (mehr oder minder komfortable) Infrastruktur selbst bewegt und Transport, Attraktor und Infrastruktur verschmelzen[13]. Hierunter fallen auch Pilgerwege, bei denen einfache Infrastruktur, Tradition und ‚der Weg als Ziel‘ zusammenfallen.

Wie weiter unten noch ausführlich gezeigt werden muss, ist der **tradierte Attraktor ein ausgesprochen *ungewöhnliches* ökonomisches Gut**, das unten einer besonderen Untersuchung bedarf:

a) Im Gegensatz zu ‚normalen‘ Gütern kann dieser Attraktortyp nicht mit den klassischen Produktionsfaktoren hergestellt werden, sondern ‚entsteht‘ durch die touristischen Produktionsfaktoren ‚Erbe‘.

b) Er ist in der Regel kein privates Gut, sondern ein öffentliches oder Allmende-Gut, bei dem die Gefahr der Übernutzung durch den Konsumenten droht.

c) Der tradierte Attraktor ist ursprünglich und eigentlich ohne touristischen Wert! Zwar gibt es einfache Varianten, die, wie Wandern im Wald, ohne weiteres genutzt werden können – normalerweise benötigt der Attraktor die umgebende touristische Infrastruktur, die ihn erst in Wert setzt und erschließt. Angkor in Kambodscha war schon immer ein faszinierendes Tempelgebiet, aber erst seit relativ kurzer Zeit ist es bequem und ohne Minengefahr besuchbar. Früher war es unbekannt und schwer erreichbar, jetzt ist es eine touristische Sehenswürdigkeit. Ebenso ist es mit sonnigen Stränden am Meer: Strand, Fels, Wasser, Fische, Klima sind tradiert und schon immer da – touristische Attraktoren werden sie erst mittels Inwertsetzung durch die touristische Infrastruktur[14].

Demgegenüber ist der produzierbare Attraktor aus theoretischer Sicht wenig ergiebig. Er unterscheidet sich nicht von ‚gewöhnlichen‘ nicht-touristischen Gütern, die gemäß der klassischen Betriebswirtschaftslehre produziert und gemanagt werden können: ein Casino oder ein Freizeitpark sind im Prinzip nichts anderes als ein Fitnessstudio oder eine Einkaufsmall. T. Eberhard plädiert deshalb für eine rigorose Definition: touristische Attraktoren sind aus-

---

[13] Insbesondere Kreuzfahrten finden in attraktiven Räumen statt (Eismeer, Donau, Karibik etc.), so dass es weiterhin plausibel ist, das Schiff als Infrastruktur zu interpretieren, die den Attraktor erschließt.

[14] Der Leser möge beachten, dass hier ohne *touristischen* Wert steht – vielleicht hat ein versteckter Tempel und eine ungenutzte Bucht einen archäologischen oder ökologischen Wert an sich, um den es hier aber nicht geht.

schließlich tradiert, nicht-reproduzierbar; produzierbare Attraktoren (also Casinos, Freizeit-parks etc.) verdienen bei ihm das Adjektiv ‚touristisch' nicht, weil sie nichts anderes sind als gewöhnliche Unternehmen sind, einer Bäckerei verwandter als einer Kirche. Obwohl hier dieser rigorosen Definition nicht gefolgt wird, da man sich damit zu weit von der üblichen Definition des Tourismus entfernt, so insbesondere T. Bausch, ist daran auf jeden Fall richtig und wichtig: Eine Tourismusökonomie ohne tradierte Attraktoren ist lediglich eine spezielle Betriebswirtschaftslehre, die sich mit beliebig produzierbaren Tourismusangeboten beschäf-tigt; Hinweise dazu finden sich gegen Ende des Moduls, während sich davor ausführlich mit Fragestellungen rund um tradierte Attraktoren beschäftigt wird.

Touristischer Attraktor und touristische Infrastruktur definieren die Destination, die in Modul 1 charakterisiert wurde und deren Entstehung und Entwicklung in Modul 5 gezeigt wird.

2.3 Produktionsfaktoren

2.3.1 Klassische Produktionsfaktoren

Die klassischen Produktionsfaktoren der Ökonomie sind:

- Arbeit in verschiedenen Qualifikationsniveaus (A)
- Boden, heute auch häufig als natürliche Ressource bezeichnet (B)
- Kapital (K)
- technischer Fortschritt, der meist als vierter Faktor bezeichnet wird oder manchmal als Spezifikation von Arbeit und/oder Kapital auftaucht (F).

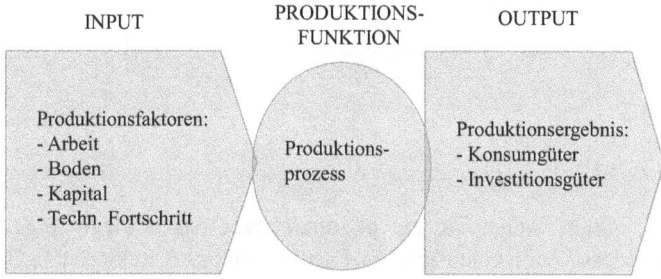

Abb. 2-3: *Produktionsfunktion*
Entwurf: V. Letzner

Die lehrbuchübliche Produktionstheorie der Abbildung 2-3 zeigt, dass mithilfe der Produkti-onsfaktoren (Input) gemäß einer naturwissenschaftlich/technischen Produktionsfunktion das Produktionsergebnis X (Output) produziert wird, wobei positive und abnehmende Grenzpro-duktivität übliche Annahmen für Produktionsfunktionen sind, s. bsp. Varian (1994).

(1) $X = X(A, B, K, F)$ mit $X_i' > 0$; $X_i'' < 0$ und i = A, B, K, F

Abbildung 2-4 verdeutlicht, dass und wo in vielen Teilelementen des touristischen Produkts die vier klassischen Produktionsfaktoren als Input verwendet werden. Transport, touristische Infrastruktur und gewöhnliche Konsumgüter werden mithilfe klassischer Produktionsfaktoren erstellt. Eine gewisse Ausnahme stellt der Bereich Sicherheit dar, der teilweise mit den klassischen Faktoren erzeugt wird (Sicherheitsbeamte, Detektoren, Impfstoffe etc.), aber auch von besonderen natürlichen, kulturellen und/oder politischen Faktoren und Zufälligkeiten abhängig ist.

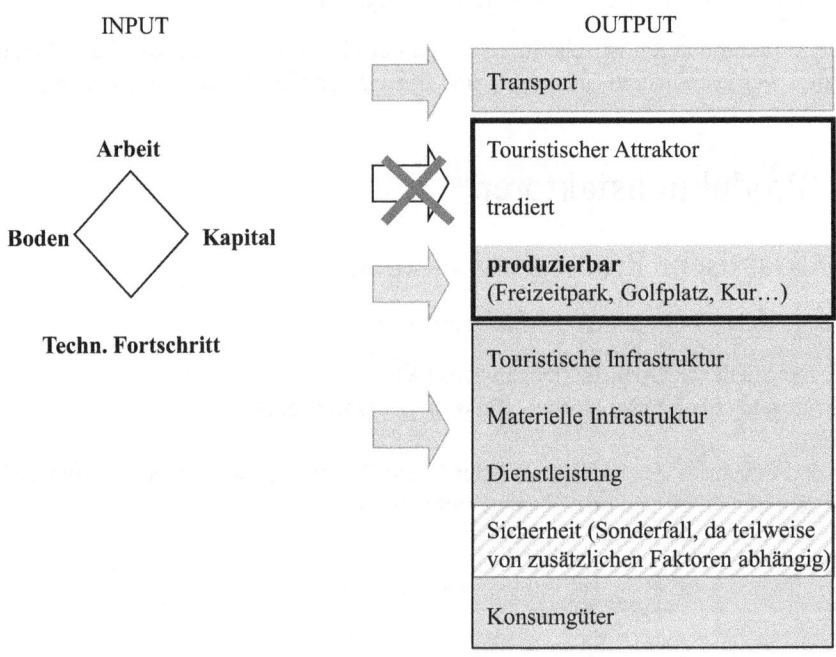

Abb. 2-4: *Klassische Produktionsfaktoren*
Entwurf: V. Letzner

Wie bereits erläutert, ist der Attraktor zweigeteilt; nur **produzierbare Attraktoren** folgen dem klassischen Produktionsprozess. Zum einen gibt es Dienstleistungs-Attraktoren (z.B. Massage oder Zahnbehandlung), die aus Arbeit bestehen und Kapital und technischen Fortschritt in unterschiedlichem Maß benötigen. Zum anderen gibt es die produzierbaren materiellen Attraktoren: Ein Freizeitpark, eine Skihalle oder ein Hochseilgarten können ganz klassisch aus den vier Produktionsfaktoren fast überall auf der Welt errichtet werden. Ganz ähnlich sind jene (vor allem Sport-) Events zu nennen, die fast überall ausgerichtet werden. Viele Events haben ebenfalls einen großen Anteil klassischer Produktionsfaktoren, können aber nicht einfach produziert und multipliziert werden, da sie lokale Gegebenheiten brauchen (Ski-WM benötigt Berge) oder von einem lokalen Esprit getragen werden, der den nicht-produzierbaren Attraktoren zugeordnet werden muss. Gute Beispiele sind Festspiele oder das Münchner Oktoberfest: es besteht eigentlich nur aus Arbeit (Schausteller...), Boden und

Kapital (Fahrgeschäfte…) und Konsumgütern, die wiederum aus den klassischen Produktionsfaktoren hergestellt werden. Somit könnte es problemlos woanders produziert werden; trotzdem sind die Oktoberfest-Kopien in Peking oder den USA kein Ersatz für das Original und dieses fällt damit unter die Kategorie des nächsten Kapitels.

Die Grenze zwischen nicht-produzierbaren und produzierbaren Attraktoren ist fließend. Mittel- und langfristig ist die Produzierbarkeit immer eher gegeben als kurzfristig und es bleibt abzuwarten, ob die kopierten Attraktoren, die zurzeit vor allem in China und in den Emiraten entstehen, mittelfristig eigenen Kult- und Kulturstatus erreichen. Die heftige Diskussion über den Filialbau des Louvre in Dubai ist ein exemplarischer Vorgang und verdeutlicht die Ängste, die mit dem Produzieren eigentlich unproduzierbar geglaubter Werte entstehen können.

2.3.2 Touristische Produktionsfaktoren[15]

Die überwiegende Anzahl der touristischen Attraktoren entfällt auf die Kategorie tradiert[16]. Sie werden nicht mit den klassischen Produktionsfaktoren hergestellt, sondern entstehen durch die drei touristischen Produktionsfaktoren Natur, Kultur und Wissen, die alle **Erbe** sind.

Zur Verdeutlichung dieser neu eingeführten Begriffe ‚touristische Produktionsfaktoren' seien zwei Vorbemerkungen zur Vermeidung terminologischer Schwierigkeiten voraus geschickt:

a) Der Begriff Produktion, Produktionsfaktor und Produktionsfunktion darf nicht zu eng verstanden werden und meint nicht zwangsläufig und ausschließlich eine (physische) Transformation eines Inputs (Stahl) in einen Output (Kotflügel), sondern schließt den Begriff der Assembling-Funktion mit ein. So wie aus Glühbirne und Gehäuse eine Lampe entsteht, ‚entsteht' aus alten Fischerhäusern an einer sonnigen Küste und traditioneller Gastfreundschaft der tradierte Attraktor ‚pittoreskes mediterranes Fischerdorf'.

b) Einer weiteren möglichen Verwirrung sei vorgebeugt: der Petersdom wurde im 16. Jh. natürlich mit den klassischen Produktionsfaktoren gebaut und auch heute könnte ein 1:1 Nachbau des Petersdoms irgendwo in einem Freizeitpark mithilfe der klassischen Produktionsfaktoren bewerkstelligt werden. Trotzdem ist natürlich der Petersdom in Rom mit all seinen materiellen und immateriellen Charakteristika nicht produzierbar und ein Kulturerbe. Dieser Zusammenhang zwischen gestern und heute wird weiter unten nochmals aufgegriffen.

---

[15] Das Konzept der touristischen Produktionsfaktoren und die Typisierung der Attraktoren sind in enger Zusammenarbeit mit T. Eberhard entstanden.

[16] Wenn nicht anders vermerkt, werden im Fortgang unter den Begriffen touristischer Attraktor oder kurz Attraktor immer die „tradierten touristischen Attraktoren" verstanden.

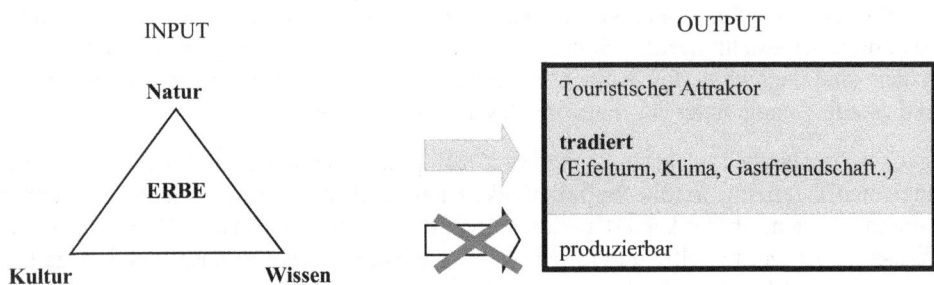

Abb. 2-5: *Touristische Produktionsfaktoren*
Entwurf: V. Letzner

Die *Produktion* oder, weniger technisch formuliert, die *Entstehung* der touristischen Attraktoren geschieht letztendlich immer durch den Zugriff auf ein **Erbe**. Touristische Produktionsfaktoren sind Kultur-, Naturerbe und Wissen:

- Das Kulturerbe einer Region sind Dinge oder Bauwerke, die vor Jahren, Jahrzehnten, Jahrhunderten oder gar Jahrtausenden entstanden sind, verändert oder auch (teilweise) zerstört wurden. Diese Dinge können einer längst ausgestorbenen Kulturphase entstammen (Pyramiden), noch im aktuellen kulturellen und/oder religiösen Mittelpunkt stehen (Petersdom, Mekka) oder ganz säkulare und profane Bedeutung haben (Amphoren, Eiffelturm).
- Das Naturerbe einer Region ist weitestgehend seit Jahrtausenden oder Jahrmillionen gegeben und wurde nicht von Menschen geschaffen (Halong-Bucht, Serengeti, ein Strand, eine Landschaftsformation, Sonnenschein, Flora und Fauna), wohl aber kann es durch Verschmutzung, Rodung oder Bebauung zerstört werden (Riff, Regenwald). Zum Naturerbe gehören auch die nicht immer sichtbare Vielfalt von Flora und Fauna und deren genetische Codes.
- Wissen, das auch als immaterielles/lebendiges Erbe bezeichnet werden kann und welches schwer abzugrenzen ist. Sprache, Literatur, Musik, Tradition, Heilerwissen, Meditation, handwerkliche Fertigkeiten und ähnliche Dinge werden von Generation zu Generation weitergegeben. Dazu gehört auch das Wissen um den Umgang mit Menschen (Gastfreundschaft), um den Umgang mit der Natur (Heilung, Rezept zur Käseherstellung) und das Wissen um religiöse Fragen (die „10 Gebote“; Ethik) und Wissen um die Beziehung zum Tod und zum Sterben: die ars moriendi. Hier ist also Lebenswissen gemeint, nicht ausschließlich Fachwissen wie Arithmetik und Physik. Auch das immaterielle Wissen kann verloren gehen, kann aber auch immer wieder durch neues und anderes Wissen ergänzt werden.

Zwischen den klassischen Produktionsfaktoren und den hier definierten touristischen Produktionsfaktoren bestehen Verwandtschaften, aber auch Unterschiede. Alle drei klassischen Produktionsfaktoren können als Kapital, nämlich Naturkapital, Realkapital und Humankapital (inklusive des technischen Fortschritts) bezeichnet werden; das Naturerbe könnte dann unter Naturkapital, das Kulturerbe unter Realkapital und Wissen unter Humankapital subsumiert werden. Dem Vorteil, Verwendung breit eingeführter ökonomischer Begriffe, steht aber der Nachteil gegenüber, dass wichtige Unterschiede begrifflich unsichtbar werden und der Terminus touristische Produktionsfaktoren soll gerade auf das Tradierte, Nicht-Reproduzierbare abstellen:

- ‚normale' Realkapitalgüter sind beliebig herstellbar; Kulturgüter sind es nicht
- der Boden als Standortfaktor ist in Grenzen beliebig transformierbar und kann gerodet, beackert, bebaut und wieder renaturiert werden; Naturerbe kann nur zerstört werden
- qualifizierte Arbeit entsteht durch ein Bildungssystem, das (in gewissen Grenzen) die Qualifikationen beliebig reproduzieren kann; Wissen entsteht mehr aus komplexen Lebenssituationen denn aus einem Bildungskanon heraus und ist im Unterschied zu diesem meist nicht kodifiziert, dokumentiert und als Curriculum vorhanden
- Wissen ist ganzheitlich orientiert, technischer Fortschritt auf das Machbare konzentriert; manche Aspekte des klassischen Arbeitsangebots, wie beispielsweise ein gewisser (effizienter oder nicht effizienter) Arbeitsethos, fallen eher unter diesen Begriff des Wissens als unter den klassischen Produktionsfaktor Arbeit
- touristische Produktionsfaktoren sind wie erschöpfbare natürliche Ressourcen: einmal aufgebraucht oder zerstört, können sie allerhöchstens rekonstruiert, aber nicht wieder original hergestellt werden (die Dresdner Frauenkirche symbolisiert hier einen diskussionswürdigen Grenzfall); im Unterschied zum klassischen Faktor Boden, bei dem aus einem Fabrikgelände wieder ein Acker werden kann oder im Unterschied zu einer kaputten Bohrmaschine, die problemlos ersetzt werden kann
- klassische Produktionsfaktoren sind (mit der Ausnahme bestimmter Umweltgüter) private Güter, für die Ausschließbarkeit und Rivalität im Konsum besteht, während touristische Produktionsfaktoren häufig öffentliche oder Allmendegüter sind, was zu deutlichen Problemen, siehe unten, führen kann.

Kurz: die touristischen Produktionsfaktoren sind natürlich mit den klassischen Produktionsfaktoren verwandt, unterscheiden sich aber in wesentlichen Punkten:

a) durch ihren einmaligen, nicht-reproduzierbaren Erbe-Charakter und die damit verbundene Nicht-Substituierbarkeit im Produktionsprozess (siehe unten) und

b) dadurch, dass sie selten private Güter sind.

Diese wichtigen Unterschiede sollen durch die separate Klassifizierung als touristische Produktionsfaktoren betont werden.

In Kapitel 5 wird erläutert, dass und wie sich die tradierten touristischen Attraktoren aus den drei touristischen Produktionsfaktoren zusammensetzen und dass es kein Zufall ist, dass die UNESCO das Welterbe in ebendiesen Kategorien definiert und zu schützen versucht. Davor sei auf jene Elemente des touristischen Produkts eingegangen, die klassisch produziert und hergestellt werden können.

2.4   Produzierbare Elemente
des touristischen Produkts

In Abbildung 2-4 oben wurde erläutert, welche Elemente des touristischen Produkts mithilfe der klassischen Produktionsfaktoren hergestellt werden:

- der Transport
- die produzierbaren touristischen Attraktoren
- die touristische Infrastruktur
- Konsumgüter, allgemeine Infrastruktur und mit gewissen Einschränkungen der Bereich Sicherheit.

Unter angebotstheoretischen Gesichtspunkten unterscheiden sich diese touristischen Produktelemente nicht wesentlich von anderen nicht-touristischen Produkten, die in Unternehmen mithilfe der klassischen Produktionsfaktoren hergestellt werden. Jedes Lehrbuch der Volks- und Betriebswirtschaftslehre erklärt im Kapitel Produktions- und Angebotstheorie, dass und wie aus der Produktionsfunktion unter Einbeziehung der Produktionsfaktoren und deren Kosten ein Angebot wird. Je nach Produktionsfunktion und Faktorpreisverhältnissen können dabei die Produktionsfaktoren gegeneinander substituiert werden. In Marktwirtschaften wird ein Gewinnmaximierungsstreben der Unternehmen unterstellt und in Abhängigkeit der jeweils vorherrschenden Marktform werden Angebotsfunktionen oder -punkte errechnet, die angeben, welche Produktmengen zu welchen Preisen von den Unternehmen angeboten werden. Der betriebswirtschaftlich interessierte Leser möge auf entsprechende Spezialliteratur zurückgreifen, um sich über die spezifischen Angebotsprozesse der touristischen Produktelemente zu informieren: Verkehrsträgermanagement für den Transport, Veranstaltermanagement für die Bündelung von Teilelementen, Hospitality-Management für Hotel- und F&B-Infrastruktur und so weiter. Der volkswirtschaftlich interessierte Leser findet eine weite Literatur rund um das Thema Angebot, Wettbewerb und Preisbildung. Hier soll nur sehr verkürzt auf einige wesentliche volkswirtschaftliche Aussagen eingegangen werden.

Private Güter: Viele der hier genannten Teilprodukte sind private Güter, für die Ausschließbarkeit und Rivalität im Konsum gilt (s. Modul 4). Wenn außerdem die Grundbedingungen einer freien Konkurrenz erfüllt sind, kann als bewiesen gelten, dass unter diesen Umständen eine freie Marktwirtschaft mit privaten Unternehmen und international vergleichbaren Regeln zu einem optimalen Angebot an diesen Gütern führen wird. Dieser optimale Punkt wird in der Realität nie erreicht, darf aber gerade bei vielen touristischen Teilprodukten (Freizeitparks, Skilifte, Hotels etc.) als weitgehend angenähert angesehen werden[17]. Anders sieht es im Bereich des Verkehrs aus, wo sehr häufig natürliche Monopole und (ehemalige) Staatsmonopole vorherrschen oder die Anbieter massiv subventioniert werden: Privatisierung von Bahnnetzen, Subventionierung von Flugzeugproduzenten, staatliche Slot-

---

[17]   Hier geht es um die Herstellung der genannten Produkte; für die Frage der Standortgenehmigung eines Lifts oder eines Hotels werden unter Umständen Aspekte eines tradierten Attraktors relevant, die weiter unten behandelt werden. Bspw. der Bau eines Hotels im Naturschutzgebiet.

Politik, öffentliche Bereitstellung von Straßen und die Verwendung von Energie unter ihren volkswirtschaftlichen Kosten zeigen, dass Verkehr und Transport kein normales privates Produkt sind. Ebenso ist Sicherheit als Teilelement der touristischen Infrastruktur nicht ausschließlich ein privates Gut, sondern hat viele Elemente eines öffentlichen Gutes: genieße ich den Schutz vor Anschlägen, so mindert dies nicht die Sicherheitsqualität für meinen Nach barn. Es ist deshalb konsequent, dass viele Sicherheitsaspekte wie Verbrechens- oder Seuchenbekämpfung in die Hände eines funktionierenden Staates gehören. Ähnliches gilt für manche öffentliche Attraktoren wie einen städtischen Erholungspark, der eben nicht von Privaten, sondern von der Kommune bereitgestellt wird, da es sonst zu einer Unterversorgung mit dem öffentlichen Gut käme. Die Konsumgüter, die Teile des touristischen Produkts sind, sind in der Regel kaum von nicht-touristischen Konsumgütern zu unterscheiden und unterliegen keiner besonderen angebotstheoretischen Erklärung. Dies mag dann anders sein, wenn diese Konsumgüter mit großen negativen externen Effekten belastet sind: hoher touristischer Wasserverbrauch in der Serengeti, Vermüllung einer Bucht und so weiter. Dies sind dann allerdings Aspekte einer allgemeinen Umwelttheorie und -politik, die nicht in diesem Buch erläutert werden (vgl. einführend das Umweltkapitel in Dorn/Fischbach/Letzner 2010).

Faktorpreise und Güterpreise: Ohne hier auf Details eingehen zu können, seien einige wichtige Zusammenhänge genannt. In einer geschlossenen Wirtschaft spiegeln die Faktorpreise die Verfügbarkeit der Produktionsfaktoren wieder: ist Kapital (respektive Arbeit, Boden) relativ knapp, wird der Zins (respektive Lohn, Pacht) relativ hoch sein. In Verbindung mit der verwendeten Produktionstechnologie, abhängig von der Konkurrenzsituation und geprägt von der gesamtwirtschaftlichen Nachfrage ergeben sich dann die jeweiligen Marktpreise für die Güter und Dienstleistungen. Bereits Erstsemesterstudenten kennen das Angebots- und Nachfragekreuz und wissen, wovon die beiden Funktionen abhängen. In einer offenen Volkswirtschaft liegen die Dinge prinzipiell ähnlich, sind aber von den Gegebenheiten in anderen Ländern und vom Handelsgrad zwischen den Ländern beeinflusst. Je geringer die natürlichen und/oder politischen Transportkosten sind, desto eher wird sich ein einheitlicher Weltmarktpreis für die handelbaren Güter einstellen, der wiederum zur Annäherung der Preise der in der Produktion verwendeten Produktionsfaktoren führt – dies ist das Faktorpreisausgleichs- oder HOS-Theorem; vgl. Rose/Sauernheimer (2006). Nun zeigt sich aber, dass einige wichtige Teilelemente des touristischen Produkts gar nicht transportierbar sind, weil sie Immobilien oder Dienstleistungen sind. Dies erklärt, warum es bei touristischen Produkten regelmäßig zu größeren internationalen Preisunterschieden kommt als bei transportierbaren Gütern. Tourismus ist theoretisch gesehen nichts anderes, als das *Transportierbarmachen* nicht-transportierbarer Güter: Können die Produkte nicht zum Konsumenten kommen, muss eben der Konsument zu den Produkten kommen. Tourismus führt also tendenziell auch zu einem Güterpreis- und damit zu einem Faktorpreisausgleich zwischen den Ländern. Diese und weitere Aspekte des internationalen Tourismus werden im Modul 6 in diesem Buch vertieft.

2.5 Tradierte touristische Attraktoren

2.5.1 Touristische Produktionsfaktoren und Attraktoren-Typen

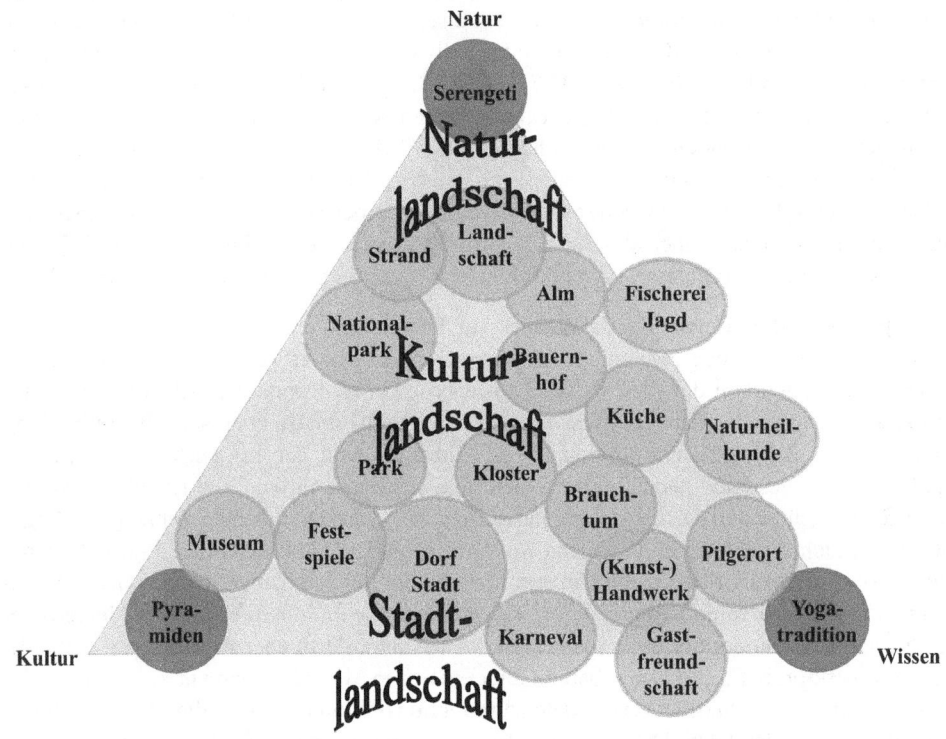

Abb. 2-6: Touristische Produktionsfaktoren und tradierte Attraktoren
Entwurf: V. Letzner nach Ideen von T. Eberhard

Oben wurde gezeigt, dass die tradierten touristischen Attraktoren durch die drei Erbe-Produktionsfaktoren, Kultur, Natur und Wissen entstehen und dass der Begriff ‚Produktion‘ hier mit Vorsicht zu verwenden ist; es handelt sich weniger um einen technisch-naturwissenschaftlichen Transformationsprozess (Samenkörner in Brot) als um einen Assembling-, einen Zusammenstellungs-Prozess, bei dem verschiedene Elemente zusammen einen ganz bestimmten tradierten Attraktor ‚produzieren‘, besser: erstellen oder entstehen lassen. Beim klassischen Produktionsprozess kann von mehr oder minder großer Substituierbarkeit der Produktionsfaktoren gesprochen werden. Beispielsweise kann ein Acker entweder mit viel Maschinen und wenig Arbeit oder durch viele Arbeiter mit wenigen Hilfsmitteln bebaut werden, ohne dass sich am Output etwas ändert. Im Unterschied dazu liegen bei der Entstehung der tradierten Attraktoren weitgehend limitationale ‚Produktionsbedingungen‘

vor: drei Tempel und ein Priester stellen einen anderen Attraktor dar als ein Tempel und drei Priester! In Grenzfällen kann es vorkommen, dass ein Attraktor nur durch einen der drei Produktionsfaktoren geprägt wird. In der Abbildung 2-6 wird dies durch die Ecken des Dreiecks typologisiert: die Serengeti für Nur-Natur, die Pyramiden für Nur-Kultur und Yogatradition in Sri Lanka für Nur-Wissen. Normalerweise liegt aber eine sehr unterschiedliche Mischung und Intensität der drei Faktoren vor, die dann zu je anderen Outputs oder Attraktoren führen, die ebenfalls in der Abbildung mit Beispielen benannt sind.

Die vorhandenen Erbefaktoren prägen die Attraktoren und in Zusammenhang mit der touristischen Infrastruktur und der nicht-touristischen Nutzung den Charakter der Destination, wie bereits eingangs erläutert. Die Naturlandschaft wird sich folglich am oberen Eck des Dreiecks und die Stadtlandschaft am unteren Rand des Dreiecks wiederfinden. In der Mitte, das heißt bei einem vergleichsweise gleichgewichtigem Einfluss der drei touristischen Produktionsfaktoren ist die Kulturlandschaft lokalisiert. Eine enge Definition von Kulturlandschaft meint kleine Gebiete wie Parks oder Gärten; eine weite Definition versteht jede vom Menschen veränderte Landschaft, also auch Städte und Industrielandschaften. Hier sei eine mittlere Variante gewählt, die sich aus einer langfristigen kulturellen und landwirtschaftlichen Prägung der Natur ergibt, ohne ganz den Bezug zur Natürlichkeit verloren zu haben.

Auch sei daran erinnert, dass Kultur und Wissen nicht unbedingt nur *schöne*, *gute* und *nützliche* Dinge sind. Auch (frühere) Terrororte sind Attraktoren wie beispielsweise das UNESCO-Kulturdenkmal der Konzentrationslager Auschwitz, wo Anti-Kultur und Tötungs-Wissen dokumentiert sind und der Nachwelt im Gedächtnis bleiben müssen.

Die Interdependenzen zwischen den drei touristischen Produktionsfaktoren bestimmen den Charakter des touristischen Attraktors und letztlich, wie in Abbildung 2-7 an verschiedenen Beispielen erläutert, den Reisetypus, der sich in der Region entwickelt hat oder entwickeln kann. In der Mitte steht ‚Sommerfrische‘, was, leicht nostalgisch verklärt, eine Reiseform des Bildungsbürgertums um ca. 1900 beschreibt, bei der die drei Erbefaktoren eher gleichgewichtig nachgefragt wurden. Ein schönes Beispiel ist die Region um Murnau, zwischen München und den Alpen gelegen und jahrhundertelang von Natur, Kultur, Kirche und Landwirtschaft zu einer unverwechselbaren Kulturlandschaft geformt. Sie lockte Bildungsbürgertum, Literaten und Künstler an, die die Sommermonate zu einer Mischung aus Erholung, Lernen, sportlichen Aktivitäten und kreativem Schaffen nutzten. Exemplarisch ist das Murnauer Land auch deshalb, weil ebendiese Künstler und Literaten den regionalen Produktionsfaktor Wissen erhöht haben und heute Besucher kommen, um das Land des „Blauen Reiters" zu erfahren. Nach Ansicht des Autors wird die Reiseform ‚Sommerfrische‘ für ein gebildetes und (mit Geld und Zeit) gut ausgestattetes Publikum wieder zunehmend interessant werden.

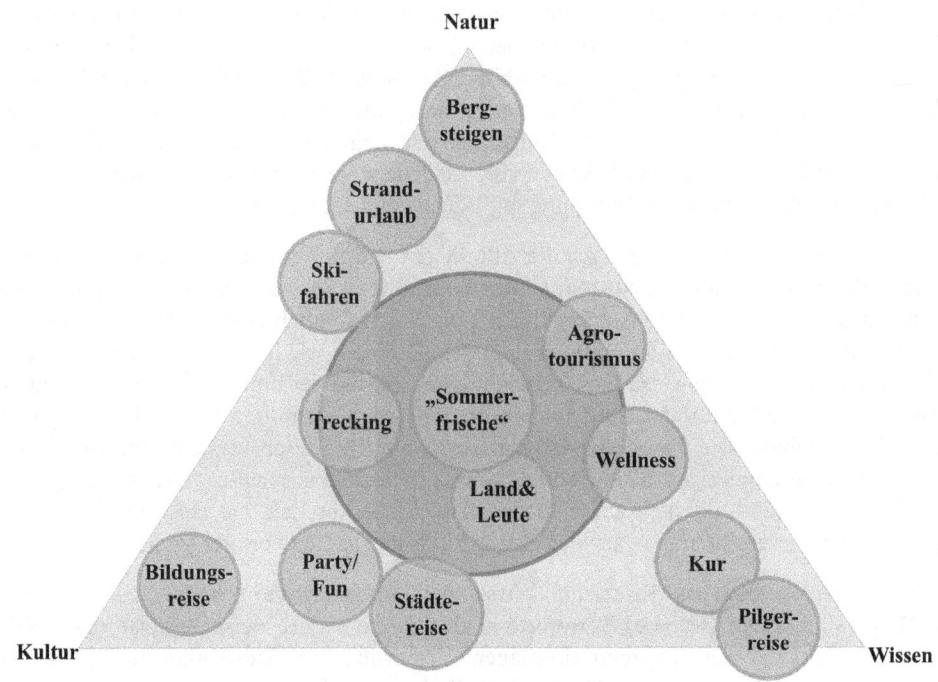

Abb. 2-7: *Touristische Produktionsfaktoren und Reisetypen*
Entwurf: T. Eberhard

2.5.2   Optimale Erschließung und Ressourcenökonomie

Der vorangehende Abschnitt hat gezeigt, dass jeder tradierte touristische Attraktor durch eine jeweils spezifische Mischung der drei touristischen Produktionsfaktoren charakterisiert ist. Ungewöhnlich und wichtig ist die Tatsache, dass der Attraktor ursprünglich und eigentlich ohne touristischen Wert ist! Zwar gibt es einfache Attraktoren, die ohne weiteres genutzt werden können (Wandern, am See/Strand liegen), aber in der Regel benötigt der touristische Attraktor (TA) die umgebende touristische Infrastruktur (TI): sie erst setzt ihn in Wert und erschließt ihn. Dies ist insbesondere bei unspezifischen Attraktoren wie Stränden oder Gletschern unabdingbar, denn ohne eine entsprechende Infrastruktur handelt es sich um Ödland, das keinen touristischen Wert schöpft. Dies führt aber zu folgendem Trade-off: bei 100%iger Erhaltung des touristischen Attraktors ist kein Platz für die Infrastruktur und jeder Ausbau der Infrastruktur vernichtet einen physischen oder immateriellen Teil des Attraktors. Abbildung 2-8 verdeutlicht den Trade-off und zeigt, dass eine Bewegung auf der Transformationskurve tendenziell nur in einer Richtung möglich ist[18]: Wie eine einmal errichtete Infrastruk-

---

[18]   Hier ist weiterhin von den tradierten touristischen Attraktoren die Rede; insbesondere bei Stadtlandschaften muss der skizzierte Trade-off nicht gelten. Es kann auch eine Transformationskurve – mit welchen transformatorischen Verhältnissen? – zwischen TI und den produzierbaren touristischen Attraktoren geben.

tur gegebenenfalls zurück transformiert werden kann (B → A), ist eine Frage der (Ir-) Reversibilität, die unten nochmals untersucht wird. Ein bisher intakter Stamm Amazonasindianer kann nicht ‚ein bisschen' erschlossen werden, ohne dass sich nicht zwangsläufig und unabänderlich traditionelle Verhaltens- und Lebensformen ändern würden; selbst ein sofortiger Rückbau aller Skitourismus-Infrastruktur könnte die Narben dieses industriellen Tourismus nicht mehr entfernen.

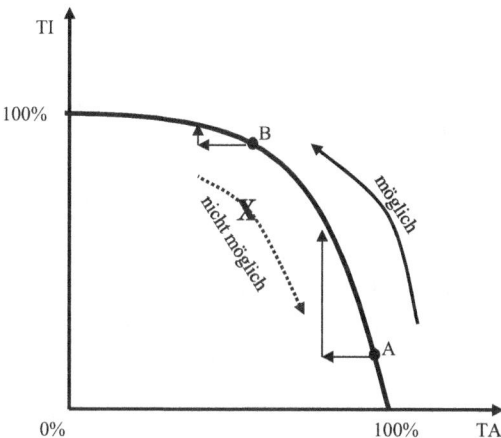

Abb. 2-8: *Trade-off zwischen touristischer Infrastruktur und touristischem Attraktor*
Entwurf: V. Letzner

Abbildung 2-8 zeigt auch, dass die Transformation von TA in TI in einem immer schlechter werdenden Verhältnis geschieht: im Punkt A kann der Verzicht auf eine gewisse Menge Attraktor eine relativ große Verbesserung der Infrastruktur bewirken, während in B bereits so viel Infrastruktur existiert, dass ein weiterer Verzicht auf den Attraktor kaum noch eine Verbesserung der Infrastruktur bewirkt; oder umgekehrt argumentiert: für mehr Infrastruktur muss in zunehmenden Maße auf den Attraktor verzichtet werden. Eine weiterführende Analyse müsste berücksichtigen, dass die Infrastruktur qualitativ, aber auch quantitativ weiterentwickelt werden kann. Bessere Infrastruktur aufgrund eines besseren Service oder eines besseren Kochs gehen nicht automatisch zulasten des touristischen Attraktors.

Diese Vorüberlegungen provozieren die Frage: ist nun die touristische Infrastruktur ‚etwas Gutes', weil sie den ansonsten ‚schlummernden' Attraktor erst weckt, oder ist sie ‚etwas Schlechtes', weil der Bau der Infrastruktur Teile des Attraktors zerstört? Gibt es also tatsächlich eine paradoxe ‚Inwertsetzung durch Zerstörung'? Um die Frage zu beantworten, muss (dem nächsten Modul etwas vorgreifend) ein Blick auf die Nachfrageseite geworfen werden um zu klären, wie touristischer Attraktor und Infrastruktur den Nutzen eines (repräsentativen) Nachfragers beeinflussen. Unterstellt wird eine Nutzenfunktion u, in die sowohl touristischer Attraktor als auch touristische Infrastruktur als positives Element eingehen:

(2)   u=u(TA, TI)   mit $\partial u/\partial TA > 0$ und $\partial u/\partial TI > 0$

Die Ableitungseigenschaften sind plausibel, solange das repräsentative Individuum Attraktor als auch Infrastruktur für ein Gut hält; vereinfachend darf mit den geoffenbarten Präferenzen der Tourismusbranche (positive Zahlungsbereitschaft für Attraktor und Infrastruktur) die Gültigkeit von (2) angenommen werden. Wenn desweiteren eine constant elasticity of substitution σ zwischen den beiden Argumenten TI und TA angenommen wird, lässt sich die Nutzenfunktion mathematisch durch eine sogenannte CES-Nutzenfunktion beschreiben (vgl. Henderson/Quandt 1980, Chiang/Wainwright 2005):

(3) $u = \left[a \cdot TA^{-\rho} + (1-a) \cdot TI^{-\rho} \right]^{-1/\rho}$

wobei σ = 1/(1+ρ) ist. In der jüngeren (Außenwirtschafts-) Theorie wird die CES-Nutzenfunktion gerne verwendet, um das Phänomen ‚Liebe zur Vielfalt‘ (love für variety) zu modellieren (erstmals Dixit/Stiglitz 1977, Krugman 1979): insbesondere Konsumenten, deren Grundbedürfnisse weitgehend abgedeckt sind, präferieren Vielfalt vor Menge. Ihnen sind beispielsweise fünf verschiedene Flaschen Wein lieber als sechs Flaschen desselben Weines. Hier drückt (3) die Erfahrung aus, dass Reisende i.d.R. eine Mischung von Attraktor und Infrastruktur präferieren. Begrenzte Substituierbarkeit zwischen TA und TI heißt, dass der Nutzen eines Individuums Null ist, wenn er auf eines der beiden Güter ganz verzichten muss: also sowohl purer Attraktor ohne Infrastruktur als auch eine Infrastruktur ohne jeden Attraktor sind für ihn nutzlos. Bei begrenzter Substituierbarkeit (0 < σ < 1 bzw. ρ > 0) lässt sich beweisen, dass die Indifferenzkurven die Achsen weder schneiden noch berühren, sondern sich asymptotisch je positiven (von a und ρ abhängigen) Achsenparallelen annähern; siehe Abb. 2-9:

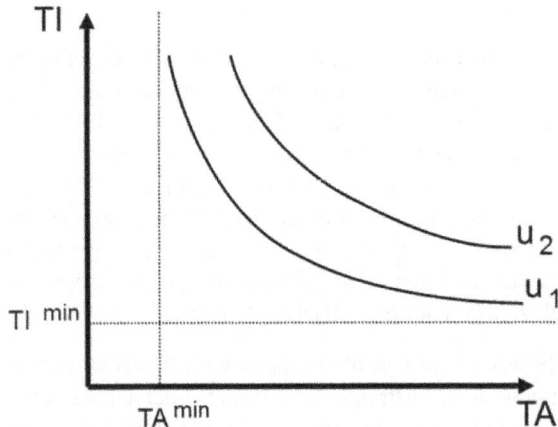

Abb. 2-9: *CES-Nutzenfunktion mit ρ > 0*
Entwurf: V. Letzner

Mit anderen Worten: existiert ‚Liebe zur Vielfalt‘ lässt sich ein Konsumbündel nicht einfach aufschnüren, sondern ein positiver Nutzen erfordert das Vorhandensein einer Minimalmenge der jeweiligen Nutzenargumente. Der Leser kann nun leicht die letzten beiden Abbildungen zusammenführen um festzustellen, dass es drei prinzipielle Erschließungszustände geben kann:

1. Minimaler Erschließungsgrad: ohne eine auch nur rudimentäre Erschließung eines Gebietes (z.B. durch Wege, Schutzstände etc.) ist es touristisch letztlich wertlos, da es auch die geringen Komfortansprüche hartgesottener Wanderer und Globetrotter unterbietet. M.a.W.: das Gebiet ist untererschlossen.

2. Maximaler Erschließungsgrad: bei manchen Alpen- oder Küstenorten kann sich der Betrachter des Eindrucks nicht erwehren, dass zugunsten einer ausufernden touristischen Infrastruktur (Hotelburgen, Eventarenen, Lift- und Gondelanlagen etc.) der Attraktor verlustig gegangen ist und die Touristen in einsamere Regionen ausweichen. M.a.W.: das Gebiet ist übererschlossen.

3. Optimaler Erschließungsgrad: in der (nicht abgebildeten) Zusammenführung bildet eine Indifferenzkurve einen Tangentialpunkt mit der Transformationskurve und kann insofern als Optimum bezeichnet werden, als sich das angebotene Konsumbündel aus TA und TI den Wünschen der Konsumenten angepasst hat und diesen bei gegebenem Stand von Technik und Ressourcen ein Nutzenmaximum ermöglicht.Eine weitergehende Analyse des Themas müsste nun das Zusammenspiel von (Ir-) Reversibilitätsrate und Zeitpräferenzrate genauer untersuchen, denn es kann bei Irreversibilitäten und intertemporal unterschiedlichen Präferenzen (für die Mischung von Attraktor und Infrastruktur) zu Suboptimalitäten kommen, wenn zukünftige Generationen TA-liebender wären. Dass, wie öfters in diesem Buch argumentiert, darüberhinaus touristische Attraktoren häufig nicht ausschließbar sind, kompliziert die Analyse um ein weiteres Argument. Desweiteren müsste eine weitergehende Analyse explizit Entstehungskosten für die Erstellung der Infrastruktur unterstellen, da deren Bau nicht nur Opportunitätskosten in Form angeeigneter Attraktoren, sondern auch andere, klassische Produktionsfaktoren benötigt.

Die angedeutete Zusammenführung von Angebots- und Nachfrageseite weist in folgende Richtung: Erst die Präferenzen der Touristen und/oder der Einheimischen – eine nicht unwichtige Frage, wer denn Mitentscheider sein darf – für eher ursprünglichen, sanften Tourismus mit viel Erbe und wenig Infrastruktur oder umgekehrt für eher industriellen Tourismus mit viel Infrastruktur zulasten des Attraktors bestimmen den optimalen Erschließungsgrad. Dieser ist dadurch gekennzeichnet, dass die Grenzkosten einer weiteren Verminderung des Erbes und des touristischen Attraktors gleich ist dem Grenznutzen aus der Erweiterung der touristischen Infrastruktur! Diese Lösung entspricht dem generellen volkswirtschaftlichen Optimierungskalkül einer Marktwirtschaft und ist theoretisch leicht beweisbar – die praktisch/politische Umsetzung hingegen ist schwierig. Denn der Nutzen aus der Erweiterung der Infrastruktur ist noch vergleichsweise leicht zu bestimmen, da er privatwirtschaftlichen Optimierungskalkülen folgt; wie sollen aber die Kosten durch Verminderung des touristischen Attraktors gemessen werden? In Literatur und Praxis finden sich verschiedene Ansätze, um den Nutzen (beziehungsweise den Schaden bei Vernichtung) eines öffentlichen Gutes zu bewerten, die für unsere Fragestellung herangezogen werden können – eine genauere Erläuterung findet sich im Anhang 1. Weitere Schwierigkeiten die optimale Erschließung zu finden liegen darin, dass gerade beim Infrastrukturausbau staatliche Stellen und Tourismuslobby intervenieren und möglicherweise eine Investitionsspirale lostreten, die zu einer suboptimalen Überinvestition in die Infrastruktur führen (s. Modul 5). Das Gegenteil tritt ein, wenn Regierungen mit Hinweis auf die Unumkehrbarkeit des Transformationsprozesses die Wahl des Erschließungsgrades nicht den Marktkräften überlassen, sondern auf politischem Weg eine niedrige Erschließung verordnen und wie in Bhutan eine sehr restriktive Tourismuspolitik verfolgen.

Wertschöpfung durch Zerstörung? Eine erste Antwort lautet: Insbesondere in entwickelten, reichen oder ‚alten' Destinationen ist die Wahrscheinlichkeit groß, dass zugunsten einer profitablen Infrastruktur zu viel an Attraktor geopfert wird. Wird der Erschließungsprozeß überdehnt, gehen zuerst die öffentlichen Attraktoren verloren und am Ende werden auch die Infrastrukturinvestitionen wertlos, wenn wegen fehlender Attraktoren keine Gäste mehr kommen. Ceteris paribus sollte aber der Erschließungsprozess in unterentwickelten Destinationen subventioniert werden, wenn die Wertschöpfung via Zerstörung in einem vernünftigen, nachhaltigen Zusammenhang steht und keine irreversiblen Zerstörungen zu erwarten sind. Umgekehrt sollte in entwickelten Destinationen der Erschließungsprozess verlangsamt werden. Dies ist durch Monopolisierung, die Pflicht zu hochwertigen, teuren Investitionen oder durch Gästebesteuerungen möglich; da die ersten beiden Vorschläge unter Umständen unerwünschte Nebenwirkungen haben könnten, wäre die Tourismuspolitik mit einer Gästesteuer gut beraten, die je nach Attraktor als Kur-, Natur- oder Kulturtaxe begründet werden sollte. Touristische Attraktoren *und* touristische Infrastruktur sind wertschöpfend; deshalb sollten auch beide ihren Anteil an der Wertschöpfung erhalten!

Gemeinsamkeiten und Unterschiede zur Ressourcenökonomie
Die ‚klassische' Ressourcenökonomie (Hotelling 1931, Hartwick 1989, Neumann 1994, Siebert 2004, Harris 2006, Perman 2011) beschäftigt sich mit der Ausbeutung von regenerierbaren natürlichen Ressourcen (bspw. Holzschlag, Fischerei) und der Extrahierung von erschöpfbaren natürlichen Ressourcen (bspw. Öl) unter verschiedenen Rahmenbedingungen (bspw. Konkurrenz, Monopol, Privatgut, Allgemeingut u.ä.). Diese Ergebnisse sollen hier nicht referiert werden; hier soll lediglich auf Gemeinsamkeiten bzw. Unterschiede der Erschließungsproblematik zu diesen bekannten Theorien hingewiesen werden.

Ein gewisser Unterschied ist sicherlich die Uneindeutigkeit, mit der ein touristischer Attraktor als regenerierbare oder als endliche (natürliche oder kulturelle) Ressource interpretiert werden kann. Der Grad der (Ir-) Reversibilität versucht, diese Zwischenstellung zu beschreiben, ohne letztlich gültige Antworten geben zu können. Nun ist ein Hotel kein jahrtausendelang strahlendes Atomkraftwerk, andererseits ist das geerbte natürlich-kulturelle-soziale Gesicht einer Region schnell unkenntlich gemacht und unwiederbringbar verloren. Unter diesem Aspekt kann ein touristischer Attraktor eher als erschöpfbare Ressource interpretiert werden, die, einmal erschlossen und touristisch genutzt, so nicht mehr reproduzierbar ist – dies gilt natürlich nicht für produzierbare Attraktoren wie künstliche Freizeitwelten, die deshalb hier außen vor geblieben sind.

Eine Ähnlichkeit zwischen der Ressourcenökonomie und der hier behandelten Problematik ist die Frage, ob die Ressource ein Privatgut ist oder ob der Eigner mit Sickerraten und/oder Enteignungsrisiken rechnen muss, also mit einem common pool-Problem zu rechnen hat und die Ressource letztlich ein Allmendegut ist. Ebenfalls hilfreich und teilweise übertragbar sind die kontradiktorischen Erkenntnisse der Ressourcenökonomie bezüglich der Rolle der Marktformen: Monopole kommen dem sozialen Optimum näher als die Konkurrenz.

Ein weiterer Unterschied ist die Rolle der Extraktionskosten; in der Ressourcenökonomie wird auch bei Abwesenheit expliziter Extraktionskosten von einem zeitabhängigen Extraktionspfad ausgegangen (Beispiel ist die vor sich hin laufende Öl- oder Heilwasserquelle). Im touristischen Erschließungskontext machte es Sinn entweder von einer sprunghaften oder von einer zeitpfadabhängigen Erschließung auszugehen.

Der vermutlich größte Unterschied zwischen der Ressourcenökonomie und der Erschließungsproblematik liegt in der Behandlung der extrahierten Ressourcen. Dort haben natürliche Ressourcen keinen direkten Nutzen, sondern dienen zusammen mit anderen Produktionsfaktoren der Produktion anderer Güter und können i.d.R. in diesem Produktionsprozess durch Kapitalgüter substituiert werden (Hartwick-Rule). Mit anderen Worten: selbst ohne jeden Tropfen Öl wird die Wirtschaft weitergehen, denn das (im Zuge des Verschwindens immer teurer werdende) Öl wird peu a peu durch Alternativen ersetzt. Ist jedoch jeder touristische Attraktor einmal verschwunden, ist die aus ihm entstandene touristische Infrastruktur wertlos, denn der Attraktor hat (im Unterschied zum Öl) einen direkten Einfluss auf die Nutzenfunktion der Menschen. Für den Attraktor folgt deshalb die strikte Nachhaltigkeitsforderung, dass er nicht irreversibel geschädigt werden darf, um Nutzungsmöglichkeiten durch spätere Generationen nicht zu behindern. Gemäß der Hotelling-Regel für einen optimalen Abbaupfad endlicher Ressourcen soll der Ressourcenbestand für $t \rightarrow \infty$ gegen Null gehen; der touristische Attraktor sollte aber einen hohen Optionswert haben, der dieses Kalkül verbietet. Generell unterstellt die klassische Ressourcenökonomie häufig eine Kenntnis der Zukunft (und deren Nutzen- und Produktionsbedingungen), die zwar einerseits klare intertemporale Pfade errechnen lassen, die aber letztlich als völlig unzureichend bewertet werden müssen: auch die Ressourcenökonomie sollte sich mehr dem sokratischen ‚Wissen vom Nichtwissen' und dem daraus resultierenden Nachhaltigkeitspostulat annähern.

In der Ressourcenökonomie kann der Preis der Ressource mit der Zeitpräferenzrate in Verbindung gebracht werden und die Hotelling-Regel postuliert für den bereits erwähnten optimalen Abbaupfad die Gleichheit von Preissteigerungsrate der Ressource und Zeitpräferenzrate; Modellvarianten durch andere Marktformen, Extraktionskosten, Sickerraten etc. modifizieren dann diese Regel. Die mathematische Eleganz dieser Modelle wäre auch für das Erschließungsproblem erstrebenswert. Da jedoch die angeeignete Ressource ‚Attraktor' nicht einfach verkauft werden kann, sondern mittels der Infrastruktur in Wert gesetzt wird und dann über den Umweg der Entlohnung für die Infrastruktur wertschöpfend wirkt, sind bisher keine einfachen Modelle in Sicht, dies elegant und angemessen in den Griff zu bekommen; hier liegt ebenfalls eine Aufgabe für die Zukunft.

2.5.3   Öffentliche und Allmende-Güter

Tradierte touristische Attraktoren sind in den wenigsten Fällen private Güter, für die Ausschließbarkeit und Rivalität im Konsum gilt (s. auch Modul 4). Beispiele für die Ausnahmen sind ein privates Schloss, eine private Ferieninsel oder ein Museum. Für die allermeisten touristischen Attraktoren gilt jedoch anderes: sie sind nicht-ausschließbar und mit (= Allmende-Gut) oder ohne (= Öffentliches Gut) Rivalität im Konsum. Beispiele für Attraktoren mit Öffentlicher-Guts-Charakteristik sind einsame Strände oder Wanderregionen, bei denen die Touristen weder sich gegenseitig behindern noch die Qualität des Attraktors schmälern. Wenn ein touristischer Attraktor ein öffentliches Gut ist, das heißt wenn wirklich die Nicht-Rivalität gewährleistet ist, gibt es auch keine Übernutzungsprobleme und keinen Handlungs-bedarf. Bei öffentlichen Gütern besteht normalerweise die Gefahr der Unterversorgung; hier besteht deshalb kein Handlungsbedarf, weil es hier um tradierte Attraktoren geht, die per definitionem nicht produziert werden können.

Problematisch wird die Sache erst beim Allmende-Gut, wenn zur Nicht-Ausschließbarkeit die Rivalität im Konsum hinzukommt und der Attraktor übernutzt wird. *Übernutzung* bedeu-tet, dass die Qualität des Attraktors durch einen zusätzlichen Besucher geschmälert wird; dies kann indirekt der Fall sein, wenn sich an einem Stadtstrand so viele Badende drängen, dass sich keiner mehr wohl fühlt oder dass die Menge von Touristen, die durch eine Altstadt drängen, sich gegenseitig den Blick auf die Sehenswürdigkeiten verstellen – man spricht von Overcrowding-Effekten. Direkte Effekte bedeuten, dass der touristische Attraktor selbst beschädigt oder zerstört wird: Taucher haben inzwischen viele Korallenriffe peu a peu ver-nichtet, Jeep-Rudel mit fotografierenden Touristen stören den jagenden Geparden so lange bis er verhungert und Besuchermassen erschüttern die Bausubstanz von Angkor Wat. Es ist deshalb keine neue Erkenntnis, dass vielerorts der Tourist zerstört, was er sucht. Übernut-zung ist somit ein ernsthaftes Problem vieler tradierter Attraktoren und Konsequenzen aus der bisherigen Analyse müssen im Kapitel 2.5.6 diskutiert werden.

Der Leser kann sich in unzähligen Beispielen verdeutlichen, wo die verschiedensten Attrak-toren einzuordnen sind, wobei sich zeigt, dass die Einordnung je nach Jahreszeit beispiels-weise ganz unterschiedlich ausfallen kann. Auf einige Besonderheiten sei hier verwiesen:

- Nicht-Ausschließbarkeit muss nicht immer physisch gemeint sein; eine katholische Kir-che ist natürlich abschließbar, doch will man sie aus religiösen Gründen so offen wie möglich halten. Beispielsweise leidet die Wieskirche indirekt und direkt unter den Besu-chermassen, da sich die Mengen gegenseitig bedrängen und die durch die Besucher ver-breitete Feuchtigkeit die Bausubstanz und Fresken zerstört.
- Museen können je nach Eigentümer, Öffnungspolitik und Art der Exponate in alle vier Güterkategorien fallen, also Privat-, Maut-, Allmende- oder Öffentliches-Gut sein.
- Rivalität im Konsum bedeutet im Extremfall, dass einzelne Elemente des Attraktors aus-gelöscht werden. Beim Jagdtourismus wird ein Teilattraktor, das einzelne Tier getötet. Erst wenn unkontrolliert viele Jäger ihrem post-aristokratischem Trieb nachgehen, stirbt mit dem letzten Tier der gesamte Jagd-Attraktor.
- Weitgehend immaterielle Attraktoren, beispielsweise Gastfreundschaft können ebenfalls übernutzt werden, wenn sie einerseits von zu vielen Besuchern eingefordert wird und an-dererseits durch den Kontakt mit der Kultur der Besucher verloren geht.
- Eine interessante Sonderform sind touristische Attraktoren, die durch die Besucher erst entstehen: ein Münchener Club oder eine Full Moon-Party auf thailändischen Inseln sind erst dann Attraktoren, wenn sich die Besucher drängen – die Allmende-Eigenschaft wird geradezu umgedreht.

Bisher wurden zwei Gefahren für das touristische Erbe einer Region aufgezeigt: Verdrängung durch die touristische Infrastruktur und/oder Übernutzung; dieser Aspekt wird sehr ausführlich im Modul 5 „Allmendedrama" vertieft. Natürlich unterliegt jeder Attraktor auch nicht-touristischen Bedrohungen, wenn Kulturgüter im Krieg zerbombt werden, Tempel im sauren Regen bröseln, Naturlandschaften durch Industrieabfälle verseucht werden oder alte Traditionen mittels restriktiver Minderheitenpolitik ausgelöscht werden.

2.5.4   Das touristische Erbe und die UNESCO

Aus Anlass des Baus des Assuan-Staudamms, der einige kostbare altägyptische Tempel zu vernichten drohte, begann die UNESCO 1972 damit, das Welterbe zu deklarieren und zu schützen. Inzwischen gibt es drei Erbekategorien, die unter www.unesco.de zu finden sind:

1. Das **Weltkulturerbe** besteht aus drei Kategorien, wobei jedes Mal die Bedingung „von außergewöhnlichem universellen Wert" erfüllt sein muss (UNESCO 1972, Art. 1):

- Denkmäler: Architektur, Großplastiken, Monumentalgemälde etc.
- Ensembles, also Gruppen von Gebäuden
- Stätten: Werke von Menschenhand oder gemeinsame Werke von Natur und Mensch

2. Das **Weltnaturerbe** sind Naturgebilde, natürliche Lebensräume oder Naturstätten, die wiederum „von außergewöhnlichem universellen Wert" sind (UNESCO 1972, Art. 2).

Insgesamt gibt es (Stand Juni 2013) 759 Kulturdenkmäler, 193 Naturdenkmäler und 29 Objekte, die in beide Kategorien fallen. Die Denkmäler befinden sich in 160 Ländern, wobei es auch länderübergreifende Objekte gibt. In Deutschland gibt es zurzeit 38 Denkmäler. Auf der „Roten Liste" werden zur Zeit 44 Denkmäler geführt, die aus den verschiedensten Gründen akut bedroht sind.

Prinzipiell ist jeder Staat für seine Welterbestätten selbst verantwortlich und für deren Schutz zuständig. Die Deklaration macht deutlich, „daß es in erster Linie seine [des Vertragsstaates, V.L.] eigene Aufgabe ist, Erfassung, Schutz und Erhaltung in Bestand und Wertigkeit des in seinem Hoheitsgebiet befindlichen ... Kultur- und Naturerbes sowie seine Weitergabe an künftige Generationen sicherzustellen." (UNESCO 1972, Art. 4)

3. Die Konvention zum Schutz des **immateriellen oder lebendigen Kulturerbes** wurde 2003 verabschiedet und versteht „unter ‚immateriellem Kulturerbe' die Praktiken, Darbietungen, Ausdrucksformen, Kenntnisse und Fähigkeiten – sowie die damit verbundenen Instrumente, Objekte, Artefakte und Kulturräume – ..., die Gemeinschaften, Gruppen und gegebenenfalls Individuen als Bestandteil ihres Kulturerbes ansehen. ... [Es] manifestiert sich unter anderem in folgenden Bereichen (UNESCO 2003, Art. 2, Abs. 1 und 2):

a)   mündlich überlieferte Traditionen und Ausdrucksformen, einschließlich der Sprache als Träger immateriellen Kulturerbes;
b)   darstellende Künste;
c)   gesellschaftliche Praktiken, Rituale und Feste;

d)   Wissen und Praktiken im Umgang mit der Natur und dem Universum;
e)   Fachwissen über traditionelle Handwerkstechniken."

Ergänzt wird diese, 2006 in Kraft getretene Konvention durch die 2005 beschlossene „Über-einkunft über den Schutz und die Förderung der Vielfalt kultureller Ausdrucksformen", die ganz generell die kulturelle Vielfalt als gemeinsames Erbe der Menschheit deklariert und zu dessen Achtung und Erhalt aufruft (vgl. UNESCO 2005). Bereits mittels Deklarationen in den Jahren 2001, 2003 und 2005 wurden bisher 90 immaterielle Kulturerbeobjekte (master-pieces) in 70 Ländern definiert, die von A wie „Albanian Folk Iso-polyphony" bis Z wie Zimbabwe mit „The Mbende Jerusarema Dance" reichen. 2009 wurde erstmalig die „Reprä-sentative Liste" verabschiedet, die zu den 90 Masterpieces weitere 76 Elemente beinhaltet, die inzwischen auf 281 kulturelle Ausdrucksformen angestiegen sind und die unter www.unesco.org/culture/ich mit anschaulichen (Video-) Informationen vorgestellt werden. Neben der repräsentativen Liste gibt es noch den „Bedarf der guten Erhaltung" und das „Re-gister guter Praxisbeispiele". Inzwischen hat auch Deutschland Mitte 2013 diese 03er-Konvention verabschiedet (vgl. dazu Letzner 2011) und befindet sich in der ersten Runde des sogenannten Inventarisierungsprozesses; diese rasche Durchführung der Inventarisierung muss man begrüßen; die an föderalen Zwängen orientierte und dem Ausleseprinzip unter-worfene Umsetzung hingegen kann durchaus kritisch gesehen werden, vgl. dazu Letzner (2013b).

Die relativ späte Deklaration des immateriellen Erbes spiegelt die Schwierigkeit wider, ein allgemein akzeptiertes Verständnis über den Gegenstand der Konvention herbeizuführen. Auch Skepsis über den Ausverkauf und die Vermarktung des immateriellen Erbes zeigt sich, wenn über *Hitlisten* diskutiert wird. Wie sich das immaterielle Welterbe in Zukunft entwi-ckeln wird und welche Rolle es im Tourismusgeschäft einnehmen wird, bleibt abzuwarten; die Diskussion über und die Wahrnehmung des vielfältigen und schwer abgrenzbaren imma-teriellen Erbes ist aber schon ein Gewinn an sich. Diese Diskussion wird nun im Rahmen des Implementierungsprozesses auch in Deutschland verstärkt stattfinden müssen, hat doch die deutsche Öffentlichkeit, Politik und insbesondere Presse das immaterielle Erbe bisher sehr einseitig und stiefmütterlich behandelt.

Natürlich gibt es Übereinstimmungen zwischen den drei touristischen Produktionsfaktoren Kultur, Natur und Wissen und den drei UNESCO-Erbe-Kategorien, die eine Teilmenge jener darstellen. Oder anders gesagt: wohl jedes UNESCO-(Welt-) Erbe ist ein touristisches Erbe und ein tatsächlicher oder potentieller Attraktor; aber bei weitem nicht jedes touristische Erbe ist würdig, ein Welterbe zu sein.

2.5.5   Entstehen und Vergehen

Es wurde gezeigt, dass tradierte touristische Attraktoren aus den touristischen Produktions-faktoren Erbe entstanden sind. Unwichtig ist in diesem Zusammenhang, wie alt das Erbe ist. Es kann sich um jahrmillionenalte Tropfsteinhöhlen oder die Plastik eines modernen Künst-lers handeln, die seit gestern auf dem Marktplatz heftige Kontroversen auslöst. Wichtig ist aber, dass das Erbe in seinen drei Facetten eine *Bestandsgröße* ist, die einerseits einer Abschreibung unterliegt und andererseits durch positive (Netto-) Investitionen vergrößert werden kann; die grundlegenden Formeln sind:

$$\text{neuer Bestand} = \text{alter Bestand} + \text{Nettoinvestition}$$

$$\text{Nettoinvestition} = \text{Bruttoinvestition} - \text{Abschreibung}$$

Erhalt des Erbes heißt also zunächst, die Abschreibung zu verringern oder Investitionen in Höhe der Abschreibungen zu generieren. Vergrößerung des Erbes verlangt positive Nettoinvestitionen, also Bruttoinvestitionen, die größer als die Abschreibungen sind. Doch was hier in den gleichen Termini wie bei ‚normalen‘ Kapitalgütern beschrieben wird, bedarf einer genaueren Beschreibung.

Die *Abschreibung* touristischen Erbes lässt sich leicht erklären: Naturdenkmäler erodieren, Fresken verblassen, Wissen wird vergessen, Fast Food verdrängt alte Kochrezepte, die Aufgabe kleinräumiger Landwirtschaft in Verbindung mit standardisierten Baumarktprodukten vernichtet ganze Kulturlandschaften und allgegenwärtige Katastrophen führen zur Totalabschreibung. Ohne Bruttoinvestitionen würde das Erbe früher oder später verschwunden sein.

Doch wie muss man sich *Investition* in Erbe vorstellen? Vor einer theoretischen Betrachtung helfen zwei Beispiele: 1.) In Rom wurde das reiche altrömische Erbe im Mittelalter zerstört, überwuchert und vergessen. Die Renaissance hat nicht nur die Zerstörung beendet, sie hat ausgegraben und das antike Erbe konserviert. Wichtiger aber ist, dass die Renaissance selbst grandiose Investitionen getätigt und das Erbe vermehrt hat. Und noch heute vermehrt jeder neue Papst das materielle und immaterielle Erbe Roms und wirkt wie eine Investition in den Mythos der ewigen Stadt. 2.) Eintrittsgelder und die Beschäftigung von Einheimischen als Ranger hat in vielen afrikanischen Nationalparks die Wilderei beendet und den Betroffenen verdeutlicht, dass ein lebender Elefant via Tourismus letztlich mehr einbringt als das einmalige Veräußern von Stoßzähnen des toten Tieres. Die Beispiele sollen nun systematisiert werden:

Unter *Schutz* eines Erbes kann man den Versuch verstehen, Abschreibungen möglichst klein zu halten. Dazu gehört die Ausweisung von Naturschutzgebieten, die Konservierung von Kulturgütern oder die Dokumentation und Beachtung lokaler Traditionen.

Ersatzinvestitionen sind jene Maßnahmen, mit denen Abschreibungen kompensiert werden sollen. Beispiele sind Aufforstungen, Rückbau, Aussetzen von Jungtieren, Wiederherstellung zerstörter Kulturgüter oder Forschungen, um altes Naturheilwissen (wieder) zu verstehen. Ein interessanter Aspekt, der hier nicht abschließend behandelt werden kann, bezieht sich auf die Frage, inwieweit zerstörtes Kulturerbe wiederhergestellt werden kann? Wie sieht es mit berühmten Beispielen wie dem Bernsteinzimmer, der Dresdener Frauenkirche oder dem Berliner Stadtschloss aus? Kann ein zerstörtes Original beliebig reproduzierbar sein, wenn nur genug Geld und Forschung hineinfließt? Pehnt nimmt hier eindeutig Stellung:

Gern wird von Rekonstruktionsfreunden das Argument benutzt, in der Architektur sei nicht der physische Körper des Bauwerks das Original, sondern sein Plan, wie die Partitur in der Musik. So könne man auch Bauwerke neu aufführen wie ein Konzertstück…, oder gar das seinerzeit nie Realisierte nachträglich realisieren. Aber man täusche sich nicht: Es kehren nur die Bilder wieder, nicht die Sachen selbst. Es sind Reproduktionen ohne durchlebte Existenz. (Pehnt 2008, S. 10)

Was also eindeutig unakzeptabel ist, sind alle jene Potemkinschen Dörfer, die jüngst in deutschen Städten entstehen, wenn, wie in Braunschweig das alte Stadtschloss als reine Kulisse für ein innen komplett anderes Konzept, ein Kaufhaus, verwendet wird. Unter Renditegesichtspunkten mag dies ja Sinn machen, kulturell ist dieses Bündnis von Provinzpolitikern und anbiedernden Architekten jedenfalls nicht zu würdigen. Und ganz ähnlich ist es, wenn am Limes ein Römerkastell entsteht, von dem de facto nichts mehr vorhanden war; vgl. zur Limesproblematik Letzner (2013a). Der Touristiker wird dieser Fiktionalisierung durch die Reproduktionen vielleicht eher zustimmen als ein Kulturhistoriker – dass er damit aber den Bereich tradierter Attraktoren verlässt und sich in die Beliebigkeit der produzierten Attraktoren begibt, sollte der Touristiker zumindest wissen. Dass Original und Reproduktion, materielles und immaterielles Kulturerbe relative Begriffe sein können, zeigt sehr schön der Ise-Schrein in Japan aus dem 7. Jh., der seitdem alle 20 Jahre rituell verbrannt und exakt nach alter Handwerkskunst wieder aufgebaut wird: ist er nun 1355 oder aktuell ein Jahr alt?

Erst mit *Erweiterungsinvestitionen*, die über die Abschreibungen hinausgehen, entsteht neues Erbe. Im Bereich des Naturerbes ist dies sicher eher schwierig und sehr selten und Beispiele finden sich vielleicht im Grenzbereich der (Rück-) Züchtung von Pflanzen und Tieren. Beim Kulturerbe wiederum ist es sehr einfach, neue Kulturgüter mit den klassischen Produktionsfaktoren zu schaffen oder alte zu ergänzen. Wann genau ein Gut zu einem Kulturgut wird, ist eine schwierige Frage, die vielleicht Kuratoren (des MoMA oder der PdM) oder Architekten beantworten können. Hier genügt uns die tautologisch erscheinende Aussage, dass es dann zum Kulturerbe zu zählen ist, wenn es vom Betrachter zum Kulturerbe gezählt wird. Dies ist analog der UNESCO-Definition des immateriellen Erbes, die ebenfalls scheinbar tautologisch erläutert, dass zum immateriellen Erbe gehört, was von den „Gemeinschaften, Gruppen oder gegebenenfalls Individuen als Bestandteil ihres Kulturerbes" angesehen wird (UNESCO 2003, Art. 2, Abs. 1).

Eine Zeche im Ruhrgebiet, der von faschistischer Architektur geprägte Stadtteil EUR in Rom oder eine Plastik aus Müll auf einem Marktplatz müssen nicht gefallen, zum Kulturerbe der Neuzeit gehören sie allemal. Es ist auch möglich, dass durch neue Siedlungsformen, neue Arten von Landwirtschaft, neuartige Verkehrsmittel oder neue Werte Kulturlandschaften neu entstehen. Auch das immaterielle Erbe wird permanent neu geschaffen und die UNESCO erklärt: „Dieses immaterielle Kulturerbe … wird von Gemeinschaften und Gruppen in Auseinandersetzung mit ihrer Umwelt, ihrer Interaktion mit der Natur und ihrer Geschichte fortwährend neu geschaffen und vermittelt ihnen ein Gefühl von Identität und Kontinuität." (ebd.). Trotzdem bleibt die Aufgabe schwierig, wie Sprache, Musik, Tradition, Heilerwissen, Meditation oder handwerkliche Fertigkeiten geschützt oder überliefert werden können. Und zwar ohne dass einerseits sterile Musealisierung und Mumifizierung entsteht und ohne dass andererseits die notwendige kulturelle Weiterentwicklung ihre Wurzeln gewissermaßen selbst aufhebt. Abschließend noch einmal Pehnt, der zur Frage, wie Neues entsteht, ausführt: „Wo Meister ihres Faches am Werke waren, ging es um Verarbeitung, Umformung, Neubildung, nicht um Zitate des einstmals Gewesenen. … Sie gehorchten keiner Tradition, sondern begründeten eine neue." (Pehnt 2008, S. 10) Eindeutig eine Überleitung zur Frage, was ein Genie ist und was es leistet – eine Frage die hier nicht beantwortet werden kann.

Festhalten lässt sich jedenfalls, dass tradierte touristische Attraktoren nicht mit musealer Einbalsamierung zu verwechseln sind. Auch heute noch werden die Attraktoren mithilfe klassischer Produktionsfaktoren zerstört und (weiter-) entwickelt: sie leben. Kulturerbe befindet sich immer in einem dialektischen Dreiklang des ‚Aufhebens', quasi in einer Ruinen-Dialektik (vgl. Letzner 2010c): aufheben (lat. tollere) als *beseitigen*, aufheben (lat. conservare) als *bewahren* und aufheben (lat. levare) als *hochheben*. Das interessante und gleichzeitig schwierige an der Angebotstheorie des Tourismus ist es, dass klassische Produktionsfaktoren genutzt werden, um touristische Produktionsfaktoren zu mehren, die wiederum die tradierten Attraktoren entstehen lassen. Sobald der Künstler (= Arbeit) seinen Pinsel (= Kapital) beiseitelegt, ist mit dem fertigen Bild ein Stück Kulturerbe entstanden, das – je nach Bekanntheit des Künstlers – zu einem mehr oder minder interessanten Attraktor wird. In der Regel entsteht Erbe als Privatgut und wird im Prozess des Erbe-Werdens zum öffentlichen Gut und zum Allmendegut, das der Gefahr durch Übernutzung ausgesetzt ist. Dieser Zyklus – als Privatgut geboren, als Erbe zum öffentlichen Gut geworden und als Allmendegut gestorben – charakterisiert den innersten Kern des touristischen tradierten Attraktors.

Notwendigkeit einer allgemeinen Attraktorentheorie:

Deutlich wird an dieser und anderen Stellen des Buches, dass es bisher an einer einheitlichen und überzeugenden allgemeinen Attraktorentheorie mangelt. Wenige Beiträge diesbezüglich sind bemerkenswert, wie bspw. Leiper (1990) oder der fast klassische Ideengeber MacCannell (1976); viele sind eher banal wie Kusen (2010). Letzner/Munz (2011) skizzieren die Attraktorentheorie als eine der zentralen Herausforderungen einer weiter zu entwickelnden Tourismusökonomie – siehe hierzu die Einleitung. Für das Umfeld materieller und immaterieller Kulturgüter müssen Tourismus- und Kulturtheorie nahe zueinander kommen und der (zukünftig) zu wagende Versuch einer allgemeinen Attraktorentheorie muss viele kulturelle Aspekte berücksichtigen. Aber auch im Bereich der natürlichen Attraktoren ist längst nicht alles gesagt. Hier wurde bisher nur ansatzweise erläutert, aber nicht abschließend erklärt, warum und weshalb bestimmte natürliche Attraktoren anziehend wirken. Und so wie die kulturellen Höchstleistungen häufig in geschichtliche Grenz-, Um- und Aufbruchphasen fallen (und um das bekannte Bonmot zu zitieren, demzufolge das kriegerische Oberitalien die Renaissance, die friedliche Schweiz hingegen die Kuckucksuhr hervorbrachte), ist auch bei den natürlichen Attraktoren zu vermuten, dass sie ihre Attraktivität aus Grenz- und Randeigenschaften ziehen. Im Zentrum einer allgemeinen Attraktorentheorie dürfte deshalb nach erstem Dafürhalten das Wechsel- und Zusammenspiel von (physischer, kultureller und sozialer) Abgrenzung und Konzentration sein, das mittels geeigneter Parameter der Dichte, der Morphologie, der Verteilung, der Konzentration und Lösung, der Einfachheit und der Vielfalt, des Zwingenden und des Spielerischen und anderer zu prüfender Kennziffern beschrieben und analysiert werden müsste. Zweifelsohne muss der Ansatz sehr interdisziplinär werden und ganz vorne anfangen: bei einer Taxonomie der touristischen Attraktoren; erste Vorschläge hierzu finden sich in diesem Buch an verschiedenen Stellen, die aber an anderer

Stelle zusammen und weitergeführt werden müssen. Desweiteren muss die Interdependenz von Attraktoren und Touristen untersucht werden, da diese jene nicht einfach so vorfinden, sondern rezipieren, ihnen Symbolkraft verleihen oder gar mit ihnen interagieren.

Kasten 2-1: Attraktoren-Theorie

2.5.6   Konsequenzen im Umgang mit tradierten Attraktoren

Bereits im voranstehenden Abschnitt wurden schwierige Fragen rund um das Entstehen und Vergehen der Attraktoren aufgezeigt. Im Sinne eines nachhaltigen Tourismus wäre es, das Erbe weitgehend zu erhalten, zu mehren und den nachfolgenden Generationen zu übergeben. Dies ist allerdings leichter gefordert als umgesetzt. Einige Aspekte dieser Diskussion werden nun in diesem Abschnitt vorgestellt – ein Patentrezept für ‚problemlosen‘ Tourismus hingegen kann nicht geliefert werden. Nachfolgend werden die drei Haupttypen der tradierten Attraktoren und mögliche Forderungen an den Tourismus festgestellt. Gegen Ende des Abschnitts mündet dies in die zusammenfassende Diskussion beziehungsweise Forderung, dass Tourismus seine eigenen Kosten internalisieren muss.

Für **Naturattraktoren** können zwei zentrale Forderungen abgeleitet werden. Erstens eine Zurückhaltung beim Ausbau der quantitativen touristischen Infrastruktur: je sensibler die Natur ist, desto weniger Eingriffe dürfen erlaubt sein. So sind Hotelneubauten, Straßen, Flughäfen etc. an einem ökologisch eher unsensiblen Strand leichter begründbar als im Regenwald oder mitten im Tierreservat. Zweitens muss das operative Tourismusgeschäft beim In- und Output-Verhalten streng an Nachhaltigkeitskriterien orientiert sein. Die Zerstörung von natürlichen Elementen durch touristische Aktivitäten müssen auf ein Mindestmaß reduziert werden: Taucher, die Riffe zerstören, Wanderer und Gleitschirmflieger, die brütende Vögel stören, Motorbootfahrer, die Fische verletzten usw. müssen ihre Selbstverwirklichungs-Aktivitäten strengen Schutzvorgaben unterordnen. Noch wichtiger ist es, dass Energie- und vor allem Wasserverbrauch den lokalen Gegebenheiten angepasst werden. Wenn in der Serengeti jeden Tag der Jeep gewaschen wird, damit die Safaritouristen morgens ein sauberes Auto vorfinden, ist dies genauso absurd wie Skihallen, Hotelpools oder Golfplätze in der Wüste. Diese Absurditäten zu beschränken ist deshalb schwierig, weil die Branche gerade an großzügigen und teuren touristischen Angeboten gut verdient. Letztlich liegt das Problem noch tiefer: Produkte sind für die Anbieter genau dann besonders lukrativ, wenn die Kosten weitgehend externalisiert werden, also von Dritten oder der Umwelt getragen werden.

Kulturattraktoren haben im Vergleich zur Natur meistens eine bessere Lobby. Jedenfalls gilt dies für reiche Länder, die mit historischem Bewusstsein ihre herausragenden Kulturgüter bewahren wollen und dies mittels eines funktionierenden Denkmalschutzes auch können. Aber bereits reiche Länder sind häufig nicht bereit, die für den Erhalt nachrangiger Kulturgüter nötigen Ausgaben zu schultern: Einfältiger Fertighausbrei rund um verfallende Dorfkerne ist in Mitteleuropa weit verbreitet und manche Länder (jüngste Beispiele finden sich in Italien oder Baden-Württemberg) ‚verscherbeln‘ Kulturgüter an Meistbietende. Umso mehr sind Kulturgüter in ärmeren Ländern gefährdet und werden schnell zugunsten profitabler

Verwendungen geopfert. Kulturtourismus beschränkt sich meistens auf die berühmtesten, UNESCO-geadelten Stätten und die Verantwortlichen als auch die Touristen gehen in der Regel vorsichtig bis ehrfürchtig mit diesen Attraktoren um. Trotzdem ist die bloße Masse der Besucher häufig schon ein Problem für die Denkmäler und die illegale Mitnahme von antiken Scherben, Reliefstücken oder Münzen hat ein größeres Ausmaß als man meinen sollte und in Angkor werden Reliefs abgeschlagen und im Internet verkauft. Tourismusverantwortliche müssen also mit ihren Reisegruppen noch stärker darauf achten, Besuchs- und Verhaltensstandards einzuhalten. Hilfreich wäre es aber, wenn der etablierte Kulturtourismus nicht nur die ‚Könige‘ des Kulturerbes, sondern auch deren ‚unscheinbare Verwandtschaft‘ thematisieren und problematisieren würde.

Je stärker es sich um kulturlandschaftliche oder wissensbezogene Attraktoren handelt, desto wichtiger wird es, die **Menschen** der Gastregion als integrativen Teil des Tourismusattraktors und nicht nur als Servicekraft in der Infrastruktur zu sehen. Je stärker der Attraktor sich aus der Lebensweise der Gastgeber rekrutiert, desto schwieriger, aber desto notwendiger wird es, das labile Gleichgewicht zwischen den Interessen der Gäste und der Gastgeber zu erhalten. Manche Auswüchse in amerikanischen Indianerreservaten, bei vielen Massai oder bei nordthailändischen Bergvölkern haben das Gewicht zugunsten der Gäste verschoben und das ehemals lebendige Kulturleben der Bereisten ist längst zu einem stereotypen Folklore-Abklatsch geworden. Vermeiden lässt sich das nur, wenn die Gastgeber nicht nur ein monetäres Interesse haben, sondern ebenfalls ein starkes emotionales Interesse haben, *ihre* Region und Lebensweise zu erhalten und weiterzuentwickeln. Letztlich kann sich die gastgebende Region nur selbst *retten*, wenn sich ihre Bewohner ihres eigenen Wertes und den ihrer kulturellen Herkunft bewusst sind. Tourismus kann in diesem Kontext zwei gegensätzliche, nichtsdestotrotz neokoloniale Verhaltensmuster an den Tag legen. Zum einen besteht die Gefahr der Folklorisierung, also das Verramschen des immateriellen Kulturerbes zugunsten schnellen Profits. Tourismusschaffende haben die Aufgabe, einer möglichen kulturellen Ausbeutung von Völkern entgegenzutreten, die noch auf die ‚Plastikperlen‘ der modernen Tourismusindustrie hereinfallen könnten. Genauso wenig statthaft ist das gegenteilige touristische Begehr, die Besuchten gewissermaßen zur Bewahrung oder Musealisierung ihrer Tradition zwingen zu wollen. Um dies etwas vereinfacht und überspitzt zu formulieren: während die westlichen Konsumenten und Touristen schon längst ihre Seele an die großen (Konsumgüter- und Dienstleistungs-) Konzerne mit ihren materiellen Heilsversprechen verkauft haben, sollen andere gefälligst ihr pittoreskes und ärmliches Leben beibehalten, um uns ein authentisches Urlaubserlebnis zu bieten! Unsere Kinder schauen den halben Tag in Fernseher und Spielekonsole – Indianerkinder sollen aber selig ins Lagerfeuer aus Dung schauen! Wir wollen Ärzte und Juristen werden, südliche Inselbewohner sollen sich aber damit zufrieden geben, uns selbstvergessen einen Gasttrunk anzubieten und dann alte Netze zu flicken, weil das so romantisch ist! Tourismusverantwortliche haben somit die doppelte Aufgabe im Umfeld des stetig wachsenden ‚authentischen‘ Tourismus[19], Ausbeutung kultureller Traditionen

---

[19] Im Englischen ist hier von ‚existential tourism‘ die Rede, was im Deutschen nicht direkt übersetzbar ist, sondern in etwa ‚Selbsterfahrungstourismus‘ meint und inzwischen mit dem (allerdings etwas engeren) Begriff ‚spiritueller Tourismus‘ bezeichnet wird – jedenfalls steht an erster Stelle Selbsterfahrung und Authentizität. Die Diskussion um den Authentizität-Begriff würde eine eigene Untersuchung fordern, die inzwischen an verschiedenen Stellen erfolgte: Letzner (2011), Cohen/Cohen (2012a), Brown (2013)

genauso wie deren künstliche Bewahrung zu vermeiden. Wang weist darauf hin, dass mit der Einbindung der Touristen in lokale Feste, Tänze u.ä., eine kreative Weiterentwicklung gegeben sein kann (nicht muss), die er als existentielle Authentizität bezeichnet (vgl. Wang 1999, S. 358 ff). Letztlich gilt für alle Menschen dasselbe: Wer sich seiner kulturellen Herkunft und seines Wertes nicht bewusst ist, dem geht es wie jemanden, der einen Kandinsky auf dem Dachboden findet und ‚das Kindergekritzel' auf dem Flohmarkt für zwanzig Euro verkauft: er verramscht sein Erbe. Aber so, wie man es lernen kann, einen Kandinsky wertzuschätzen, müssen entwickelte und unterentwickelte Völker lernen, ihre eigene kulturelle Herkunft mit allen guten und schlechten Seiten zu kennen, anzunehmen und zu gestalten. Jeder muss zuallererst die Chance haben, sein immaterielles Erbe zu kennen – was er dann damit macht, darf ihm jedenfalls nicht von wohl- oder bösmeinenden (Tourismus-) Machern oktroyiert werden.

Immer wieder wurde angesprochen, dass viele tradierte Attraktoren aus unterschiedlichen Gründen heraus gefährdet sind. Mit dem UNESCO-Welterbe-Programm wird eine wichtige Vorstufe zum Schutz der Attraktoren geleistet und eine Bestandsaufnahme oder Inventur des schützenswerten kulturellen und natürlichen, materiellen und immateriellen Welterbes durchgeführt. Wie die Existenz der roten Liste der gefährdeten Welterbestätten beweist, ist natürlich die bloße Deklaration als Welterbe nicht ausreichend, um ein Erbe auch zu schützen. Erstmal steht jedes Welterbeobjekt für sich und muss für sich geschützt, genutzt und tradiert werden. Am Beispiel Vietnam sei dies kurz erläutert. Beim kriegsbeschädigtem Tempelbezirk My Son ist die Aufgabe vergleichsweise klar, denn die Tempelruinen müssen vor weiterem Verfall geschützt und behutsam rekonstruiert werden – Geld ist hier das Hauptproblem. Bei einem komplexen Ökosystem wie der Ha Long-Bucht wird die Schutzaufgabe deutlich schwieriger, denn erstens ist die Zahl der Akteure viel größer, zweitens sind die ökonomischen Interessen dominierend und drittens sind die ökologischen Zusammenhänge schwer zu verstehen und noch schwerer zu gestalten. Noch schwieriger wird die Aufgabe, wenn es darum geht, ein immaterielles Kulturgut wie die Gong-Musik eines Bergvolkes zu bewahren, ohne diesem Volk jedoch die Segnungen und Entwicklungschancen moderner Zivilisation vorzuenthalten.

Es ist hier nicht die Stelle, um für alle möglichen Gefährdungen des Welterbes geeignete Gegenmaßnahmen – Rote Liste der UNESCO, Appelle, Regulierungen, Emissionshandel und so weiter – vorzuschlagen. Jedoch sei folgende theoretische Grundaussage, die aus der allgemeinen Umwelttheorie abgeleitet ist, erläutert: Tourismus darf sich der **Internalisierung** seiner eigenen Kosten nicht verschließen und muss verursachungsadäquate Preise beim Transport, bei der Infrastruktur vor Ort und bei der Nutzung der Attraktoren offensiv vorantreiben. Die Existenz externer Effekte ist letztlich auf das Verhalten der Menschen zurückzuführen, die Erträge einer Aktivität zu privatisieren und deren Kosten möglichst zu sozialisieren. Die Tourismusbranche muss sich also die Frage gefallen lassen, wo sie denn genau so handelt? Jede noch so nachhaltig bewirtschaftete Öko-Lodge im Regenwald ist ökologisch absurd und kontraproduktiv, wenn die Gäste für zwei Wochen über tausende von Kilometern angeflogen kommen. Kaum eine andere Forderung dürfte höheren Widerstand als diese auslösen: Benzin und Kerosin müssen vermutlich um mindestens 50% teurer werden, um alle externen Effekte (Stau, Unfälle, Gesundheitsbeeinträchtigungen, Krankheiten, Luftverschmutzung, Klimawandel, Vernichtung von Artenvielfalt usw.) zu internalisieren. Solange klimaneutraler Verkehr eine vage Hoffnung bleibt, bleibt als first best-Lösung nur Verzicht und als second best-Lösung zumindest ein umfassender Emissionshandel, der möglichst alle Länder und Aktivitäten als auch möglichst viele relevante Schadstoffe umfasst. Diese Forderung gilt auch für die touristische Infrastruktur, wobei es dann zusätzlich um die Berücksichtigung lokaler Zusammenhänge geht. Die Allmende-Eigenschaft der tradierten Attraktoren wird im entsprechenden Modul behandelt; deshalb sei nur kurz auf das vorhandene Dilemma hingewiesen. Aus ökonomischer Sicht ist die Definition von Eigentumsrechten eine first best-Politik, um die Übernutzung von Allmendegütern zu beheben, denn dem Eigentümer des Gutes – Privatmann oder Staat – ist es aus egoistischen ökonomischen Gründen meist nicht egal, ob sein Besitz durch Übernutzung zerstört wird – er will das Gut zur weiteren ökonomischen Nutzung erhalten. Eine Bepreisung der touristischen Attraktoren ist somit zu empfehlen. Trotzdem bleibt bei diesem Internalisierungsvorschlag durch Definition von Eigentumsrechten ein schaler Beigeschmack und offenbart ein **Dilemma**, dessen Lösung noch weiterer Forschung bedarf. Noch ist die weit überwiegende Mehrzahl aller tradierten Attraktoren öffentlich zugänglich; eine mehr oder minder rigide Abschließung dieser Räume aus den genannten Gründen vernichtet öffentliche Räume, die ohne Erlaubnis genutzt werden dürfen. Seit der Aufklärung ist das Recht auf freie Entfaltung der Persönlichkeit mit der freien Nutzung öffentlicher Räume verbunden und die Abschaffung der mittelalterlichen Dorf-Allmende im Zuge der so genannten Bauernbefreiung hat erst zur Pauperisierung großer Teile der Bevölkerung geführt. Außerdem sei für den europäischen Kulturraum angemerkt, dass der öffentliche Raum seit der Agora der Athener nicht nur ein physischer, sondern auch ein ideeller Ort für Demokratie ist. Mit anderen Worten: öffentliche Räume sind ein Teil unseres immateriellen Erbes – können wir es schützen, indem wir es beseitigen?

Wie auch immer der konkrete Lösungsweg auszusehen hat, fest steht folgendes. Wenn wir uns den Erhalt des Welterbes wirklich etwas kosten lassen, dann müssten, etwas pathetisch ausgedrückt, nicht nur Rohstoffe, sondern jegliches Erbe zur zentralen Ressource des 21. Jahrhunderts werden, deren Nutzung kompensiert werden müsste. Diese (Erbe-) Ressourcen wie auch die Gewinne aus deren Nutzung wären jedenfalls weitaus gleichmäßiger verteilt als dies bei den heutigen ‚klassischen' Ressourcen der Fall ist. Und für die Tourismusbranche heißt dies folgendes. Bisher zerstört Tourismus das, was er sucht; nötig wäre ein Tourismus der erhält, was er braucht. Und solange Tourismus von dessen Anbietern (und Nachfragern) zur privaten Bereicherung und Sättigung steigender Gier verwendet wird, wird die Bilanz nicht besser ausfallen als in der gescholtenen Finanzbranche.

2.6   Schlussfolgerungen für zukünftige Tourismusangebote

Wer sich mit einer Tourismusregion oder Destination beschäftigt, muss als vordringliche Aufgabe die Region *vermessen* und gewissermaßen eine Inventur der touristischen Produktionsfaktoren durchführen. Ziel ist es,

1. den komparativen Vorteil einer Region zu bestimmen,

2. einen optimalen Erschließungsgrad zu ermitteln und diesen anzustreben und
3. aus der Differenz von volkswirtschaftlichen und betriebswirtschaftlichen Kosten auf die Nachhaltigkeit des Tourismusangebots zu schließen und diese Lücke möglichst zu verkleinern.

Das Prinzip des **komparativen Vorteils** kommt aus der Handelstheorie (s. Modul 6) und besagt, vereinfacht und auf die Destination angewendet, dass sich eine Region auf jenes Produkt spezialisieren soll, für dessen Produktion jene Produktionsfaktoren intensiv benötigt werden, über die die Region im Vergleich (zu anderen Regionen) besonders verfügt. Es leuchtet unmittelbar ein, dass sich eine Region mit kurzen regnerischen Sommern nicht auf Sommer-Sonne-Strand-Urlaub spezialisieren sollte. Schwieriger ist es jedoch, wenn eine Region über gewisse touristische Produktionsfaktoren für einen Urlaubstyp verfügt, diese aber nicht nutzen sollte, weil der komparative Vorteil woanders liegt. Aktuelles Beispiel ist die Diskussion über die Zukunft des Alpinskis in Oberbayern. Aufgrund der Erderwärmung rutscht die Schneegrenze immer weiter nach oben und der Mangel an natürlichem Schnee müsste zunehmend durch künstliche Beschneiung kompensiert werden. Die oberbayerischen Berge haben mit Sicherheit einen Vorteil gegenüber den deutschen Mittelgebirgen, wenn es um Alpinski geht. Im Vergleich zu österreichischen oder schweizerischen Skiregionen liegt Bayern jedoch zurück. Bei jenen touristischen Produktionsfaktoren, die eher für einen skilosen Sommer- und Winterurlaub sprechen (Wanderwege, uralte Kulturlandschaft, Panorama etc.), ist Oberbayern mit Österreich und der Schweiz mindestens gleichauf. Daraus folgt, dass der komparative Vorteil in Bayern für die skilose Variante spricht. Wenn sich nun auch die touristische Infrastruktur gemäß diesem Vorteil ausrichten würde, entsteht mittelfristig ein absoluter Vorteil, da die touristischen Sommerattraktoren weniger durch die auf den Alpinski ausgerichtete Infrastruktur geschädigt werden.

Im zweiten Schritt muss Tourismuspolitik mit ganzer Konsequenz mittel- und langfristige Investitionen (in die touristische Infrastruktur und die touristischen Attraktoren) in Richtung auf den komparativen Vorteil lenken und zusätzlich versuchen, sich dem oben erläuterten optimalen Erschließungsgrad anzunähern und, je nach Ausgangslage, die touristische Infrastruktur aus- bzw. rückzubauen. In Marktwirtschaften kann dies seitens des Staates nur indirekt passieren, da zumindest die Herbergs- und Verpflegungsindustrie in privater Hand ist und nur bei entsprechenden Renditeaussichten investiert (vgl. hierzu das häufige Problem einer Angebotsrestriktion wie in 5.6.5 geschildert). Ganz anders kann es in einer Region aussehen, die staatsmonopolistisch geprägt ist und obendrein sehr wenige touristische Produktionsfaktoren aufweist. Hier kann es dem komparativen Vorteil entsprechen, auf produzierbare Attraktoren zu setzen und einen hohen Grad an touristischer Infrastruktur zu errichten. Gegenwärtige Tourismuspolitik in den Emiraten ist exakt mittels dieses Schemas zu verstehen: extremer Ölreichtum (= komparativer Vorteil) führt zu einem höchst energieintensiven technischen Tourismus, der jedoch sein eigenes Ziel torpediert, mittelfristig von der Ölabhängigkeit loszukommen.

Drittens muss in einer konzertierten Aktion aller relevanten Stakeholder einer Destination eine tatsächlich nachhaltige Tourismuspolitik beabsichtigt werden und veranlasst werden, dass (touristische) Aktivitäten mit positiven externen Effekten ausgeweitet und jene mit negativen externen Effekten eingedämmt werden. Die Zusammenarbeit aller Verantwortlichen des Local Tourist Systems erklärt sich durch die in 1.3.4 erwähnte Gefahr der Anti-Allmende (vgl. Candela et al. 2008), die zu einer suboptimal hohen Bepreisung der einzelnen touristischen Produktbausteine führt, so dass das touristische Endprodukt der Destination aus Verbrauchersicht zu teuer ist. Aus volkswirtschaftlicher Sicht ist es nötig und sinnvoll, das örtliche Tourismusangebot entsprechend nachhaltig zu gestalten und nicht nur „Greenwashing" zu betreiben.

Wie zukünftige Tourismusangebote aussehen werden, ist eine spannende Frage, die detailliert nicht seriös beantwortet werden kann. Auch sollen nun nicht all jene Trends – von der Demographie übers Internet bis zum Klimawandel – angesprochen werden, die zukünftige Angebote beeinflussen (werden). Hier sollen abschließend zwei Themenkomplexe angesprochen werden:

1. Tatsächlich nachhaltiges Tourismusangebot heißt (wie für jedes Produkt), dass der Konsument alle volkswirtschaftlichen Kosten des Angebots trägt, dass also alle Kosten internalisiert sind und keine negativen externen Effekte vorliegen. Dies gilt für a) das einzelne (Teil-) Produkt, aber auch für b) die Destination insgesamt und, schwierig zuordenbar, für c) die Reise hin und zurück. a) lässt sich noch vergleichsweise einfach lösen, indem eine vertrauenswürdige Zertifizierung durchgeführt wird und bspw. freiwillige CO_2-Kompensationszertifikate (von atmosfair oder anderen Organisationen) inkludiert werden. b) ist bei weitem schwieriger, denn das ausführlich erläuterte komplexe Zusammenspiel von touristischer Infrastruktur und (tradierten oder auch produzierten) Attraktoren verhindert eine leichte Zuordenbarkeit von ökonomischen wie ökologischen Kausalitäten. Dass also bspw. die Hotellerie herangezogen werden muss, wenn ihre Klientel kostenfreie Attraktoren (über-) nutzen (s. unten Modul 4), ist sicher keine populäre Forderung. c) ist ebenfalls eine Herausforderung, denn damit wird letztlich gefordert, die teilweise hohen Externalitäten des Verkehrs der Destination zuzurechnen bzw. von ihr eine entsprechende Kompensation zu fordern. Die Beispiele zeigen vor allem eines: zukünftige touristische Angebote, die einem umfassenden Nachhaltigkeitspostulat verpflichtet sind, sind eine komplexe und nicht triviale Angelegenheit.

2. Das Angebot an produzierbaren touristischen Attraktoren wird relativ und absolut gesehen zunehmen! Tourismus wird sich also den üblichen Industrien annähern und viele Elemente des touristischen Produkts mit den klassischen Produktionsfaktoren herstellen; da das Ausgangsniveau dieser produzierten Attraktoren sehr gering ist, sind hohe Wachstumsraten zu erwarten – bis wann allerdings welcher Anteil produzierbarer Attraktoren erreicht sein wird, muss spekulativ bleiben. Die Begründung der These findet sich einfach durch Fortschreibung bisheriger Zahlen und die Besucherströme in Casinos und Kunstwelten wie Freizeitparks, Karibik-Welten, Sportarenen und Eventstätten sprechen für sich. Private und öffentliche Feste (vom Kindergeburtstag auf dem Piratenschiff bis zum ‚Brot und Spiele-Charakter' des 850igsten Münchener Stadtgeburtstags) werden immer mehr zum Event. Oben wurde festgestellt, dass das touristische Angebot die wachsende Nachfrage nach Authentizität berücksichtigen muss. Dies ist nur auf den ersten Blick ein Paradoxon zur Feststellung, dass der Drang zum Originalen ab- und das Begnügen mit einem Abbild, mit einem *Fake* zunehmen. Zum einen kann es sich um zwei unterschiedliche Kundensegmente handeln. Zum anderen ist dies ein weiteres Ausprägungsmerkmal des hybriden Touristen, der beides, Authentizität und

Fake nachfragt: „Wesensgleichheit betraf die Substanz, das Erscheinungsbild den Augenschein. Die eine bediente das mythische Wissen, das andere den touristischen Blick." (Pehnt 2010, V2/4). Es sind also nicht nur die Asiaten, die – auch aufgrund zu hoher Reisekosten für die Masse – der Kopie huldigen: laut Konfuzius ehrt man den Meister, indem man ihn nachmacht und so entstehen Venedig und der Eiffelturm noch einmal im Fernen Osten. Auch im Westen bedient man sich inzwischen jeder (Raub-) Kopie, die sich anbietet. Vielleicht sind das die Ergebnisse der Fernseh- und nun der Internetgenerationen, die sich schon an das Abbild gewöhnt haben. Außerdem gilt, dass inzwischen das bloße Anschauen eines Attraktors zu langweilig geworden ist; mit der berühmten Lichtshow zu Füßen der Pyramiden fing dieser Trend vor Jahrzehnten an – inzwischen geht ohne Animation gar nichts. Und da dies am Original immer weniger möglich ist (siehe oben die Zerstörung durch die direkte touristische Nutzung), greift der Anbieter gleich zur Kopie inklusive interaktiv nutzbarer Mumie. Auch sei angemerkt, dass das Nachlassen allgemeiner und insbesondere humanistischer Bildung dazu führt, dass sich ein Besucher immer weniger unter einem Objekt vorstellen kann. Und in der Tat lässt sich die physische Aussagelosigkeit des Circus Maximus in Rom nur durch den für den Laien de facto nicht-existenten provinzialrömischen Limes übertreffen. Nicht umsonst muss der Limes, UNESCO-Weltkulturerbe, massiv mittels klassischer Produktionsfaktoren ‚aufgemöbelt' werden: Kastelle, siehe oben, werden aus dem nichts heraus *rekonstruiert*, Reiseleiter laufen in Römeruniformen herum und Kinder dürfen Römersandalen basteln. Hier wird nicht per se gegen diese Vermarktung argumentiert; sie dienen nur als Beispiel für die zunehmende Notwendigkeit, verlorenes Wissen durch Visualisierung zu substituieren. Es ist auch nicht ausgeschlossen, dass bestimmte Kunstwelten die realen Welten immer besser substituieren können und in Zeiten zunehmender Reiseangst auch immer besser substituieren werden: warum ans Tote Meer in eine Krisenregion fahren, wenn jede bessere Provinztherme das Schwebegefühl und die Heilwirkung von Wasser mit hohem Salzgehalt bereitstellt? Aus ökologischen Verkehrsüberlegungen heraus, wäre dies zudem die bessere Alternative.

Zukünftige Tourismusangebote werden sich noch sehr viel stärker der klassischen Produktionsfaktoren bedienen müssen, um tradierte Attraktoren zu ergänzen und/oder produzierbare Attraktoren zu schaffen. Diese neuen Attraktoren, die ja selbst wieder zum Erbe werden können (nicht müssen), werden vermehrt aus der Schnittmenge von Kino, Internet und Computerspielen entstehen und zusammen mit neuen künstlichen Welten als Attraktoren der Zukunft funktionieren. Angesichts der in diesem Beitrag beschriebenen Gefährdung der tradierten touristischen Attraktoren, kann der verstärkte Einsatz klassischer Produktionsfaktoren für produzierbare Attraktoren nur begrüßt werden. Venedig oder die Galapagos-Inseln versinken beinahe wortwörtlich unter ihren Besuchern: ein Venedig bei Peking oder ein Klein-Galapagos einige Meilen abseits der Hauptinseln müssen deshalb kein Schaden sein. Und wer jetzt noch zweifelt: einer der absoluten Hauptattraktoren Bayerns ist nichts als ein vergleichsweise billiges Fake – Neuschwanstein! Dass ernsthafte Absichten und Chancen bestehen, dieses Fake als typischen Stellvertreter des Historismus in Bayern als UNESCO-Weltkulturbe anzuerkennen, zeigt nochmals die nicht gerade übersichtliche, dafür aber faszinierende Interdependenz der verschiedenen Elemente des touristischen Angebots.

Anhang

A1: Methoden der Bewertung tradierter touristischer Attraktoren

Nicht-produzierbare touristische Attraktoren können (wie im Hauptteil gesehen) als öffentliches oder als Allmendegut interpretiert werden. Beide sind durch Nicht-Ausschließbarkeit gekennzeichnet, was den Ökonomen vor das Problem der Bewertung dieser Güter stellt. Denn gäbe es Ausschließbarkeit, gäbe es auch (meistens) einen Marktpreis anhand dessen die Wertschätzung für das Gut seitens der Konsumenten gemessen werden kann[20]. Gibt es diesen Marktpreis hingegen nicht, hat die Volkswirtschaftslehre[21] verschiedene (Um-) Wege gefunden, um trotzdem Aussagen über den Wert der nicht-ausschließbaren Güter machen zu können.

Nach Pommerehne (1987), S. 11 gibt es zwei grundlegende Bewertungsmethoden, für die die jeweiligen Verfahren angegeben sind:

1. Verfahren der indirekten Präferenzerfassung:

– Analyse der Substitutionsbeziehungen zwischen privaten und öffentlichen Gütern
– Aufwandmethode, insb. Reisekostenmethode
– Marktpreismethode
– Wanderungsanalyse
– Medianwähleransatz
– Analyse von Volksabstimmungen

2. Verfahren der direkten Präferenzerfassung:

– Erfassung der Zahlungsbereitschaft unter kontrollierten Bedingungen
– Feldexperimente zur Erfassung der Zahlungsbereitschaft
– Marktsimulation für öffentliche Güter
– Interpretation von Meinungsumfragen
– Schätzung individueller Wohlfahrtsfunktionen

Hier ist nicht die Stelle, um alle diese Verfahren detailliert vorzustellen, doch soll anhand einer kurzen Erklärung für einige wenige Verfahren deutlich gemacht werden, dass und wie die Methoden auch zur Bewertung touristischer Attraktoren herangezogen werden können.

---

[20] Bei funktionierenden Märkten entspricht der Marktpreis der Grenzzahlungsbereitschaft des Nachfragers und die Fläche unter der Nachfragekurve kann als Nutzen aus dem Konsum des Gutes interpretiert werden; Nutzen minus Ausgaben (Preis mal Menge) ergeben dann den Nettonutzen oder die sog. Konsumentenrente. Siehe hierzu die Nachfragetheorie einschlägiger VWL-Grundlagenbücher.

[21] Die meisten Ansätze stammen ursprünglich aus der Finanzwissenschaft, die sich mit Fragen rund um die öffentlichen Finanzen beschäftigt; z.B. Musgrave et al (1987), Brümmerhoff (2007).

Die *Reisekostenmethode* als indirektes Verfahren misst alle privaten Aufwendungen (Fahrt, Unterkunft, Verpflegung etc.) in Abhängigkeit von der Entfernung zum zu bewertenden Objekt und interpretiert einen hypothetischen Eintrittspreis wie eine Entfernungszunahme. Die so konstruierte Nachfragekurve gibt dann die Zahlungsbereitschaft für die Nutzung nach Abzug der Reisekosten an (vgl. Pommerehne 1987, S. 34 ff.). Einschränkungen der Methode sind, dass der Zweck der Reise oft uneindeutig ist, keine Opportunitätskosten der Fahrt vorliegen und keine Erfassung des Options-, Vermächtnis- oder des Existenzwertes des öffentlichen Gutes vorgenommen wird (vgl. ebd., S. 43 f.). Trotzdem ist das Verfahren vielfach praktisch angewendet worden und die „Aufwandmethode stellt ein theoretisch gesichertes und praktikables Verfahren dar, um den Erholungswert natürlicher Landschaften quantitativ zu erfassen" oder auch um die Schaffung beziehungsweise Qualitätsverbesserung eines ganzen Urlaubsortes zu messen (edb. S. 42; vgl. ebd. S. 39).

Ein ebenfalls häufig angewendetes Verfahren ist die *Marktpreismethode*, bei der die Bewertung von Luft- und Wasserqualität oder von Ruhe indirekt über die Unterschiede bei den Häuserpreisen und/oder bei Löhnen zwischen Orten mit unterschiedlicher Umweltqualität abgeschätzt wird. Während das Verfahren beispielsweise für Flughafenregionen erprobt ist, kann es nicht uneingeschränkt eingesetzt werden (vgl. ebd. S. 46 ff., 60 ff., 73 ff.).

Als Beispiel für eine direkte Methode seien *Feldexperimente zur Erfassung der Zahlungsbereitschaft* genannt. Hier „liegt im allgemeinen ein iterativer Befragungsprozeß zugrunde, mit dessen Hilfe die Zahlungsbereitschaft für ein öffentliches Gut ... erfasst werden soll ... [beispielsweise für Umweltprobleme, für die Erhaltung unverbauter Landschaften, für die Bewahrung von Naturschutzzonen und historischen Stätten, denn diese, V.L.] Gruppe von öffentlichen Gütern hat – abgesehen vom Erholungswert – aufgrund ihres vielfach irreversiblen Charakters einen möglicherweise bedeutenden positiven Options-, Vermächtnis- und Existenzwert. Darüber hinaus liefert der Markt nur wenige Anhaltspunkte für ihre Bewertung ... [und es liegt] nahe, Befragungen vorzunehmen." (ebd. S. 165). Unabhängig von zahlreichen Detailproblemen dieses Ansatzes – genannt sei nur stellvertretend die Gefahr strategischer Aussagen der Befragten oder der Embedding-Effekt[22] – bleibt für manche Fragestellungen keine andere Möglichkeit, als mittels gewissenhafter Feldexperimente Antworten zu finden. Die Einschätzung Pommerehnes, dass es sich trotzdem um einen vielversprechenden Ansatz mit insgesamt vernünftigen Ergebnissen handelt, wird durch zahlreiche jüngere Untersuchungen und Anwendungen bestätigt[23]:

Jung (1995) schätzt die Zahlungsbereitschaft für eine verbesserte Umweltqualität im Agrarbereich und erhält Zahlen für die Bewahrung des derzeitigen Landschaftsbildes; ähnlich argumentiert Corell (1994), ohne allerdings konkrete Zahlen liefern zu können. Degenhardt (1998) kommt in seiner Untersuchung für genau definierte Naturschutzmaßnahmen (insbesondere Extensivierung der Landwirtschaft für größere Artenvielfalt) in drei Regionen zu dem ernüchternden Ergebnis, „dass mit der durchschnittlichen Zahlungsbereitschaft nur ein

---

[22] Damit ist gemeint, dass Konsumenten unterschiedliche Zahlungsbereitschaften signalisieren, wenn verschiedene Aspekte eines Objekts einmal insgesamt, einmal separiert abgefragt werden.

[23] Vgl. ebd., S. 187; vgl. Corell (1994), Degenhardt (1998), Degenhardt/Gronemann (1998), Jung (1995).

geringer Teil der Kosten für die Naturschutzprogramme aufgebracht werden kann." (Degenhardt 1998, S. 122). Trotzdem kommt er zu der Schlussfolgerung, dass eine „Teilfinanzierung von Naturschutzvorhaben durch eine Erweiterung der herkömmlichen Kurtaxe zur ‚Naturtaxe' und damit durch Urlaubsgäste … unter bestimmten Voraussetzungen sinnvoll und aussichtsreich [erscheint]. Geeignet für eine versuchsweise Einführung sind besucherstarke Kurorte mit dem Recht der Kurtaxeerhebung, in denen Naturschutzvorhaben das von den Gästen erlebte Landschaftsbild entsprechend ihrer Präferenzen aufwerten…" (ebd. S. 156). In der Studie Degenhardt/Gronemann (1998) wurden touristisch interessante Ergebnisse erzielt, die hier kurz zitiert werden sollen: „Sowohl in der Gemeinde Solnhofen (Altmühltal) als auch im Ostseebad Göhren (Rügen) wurde die Zahlungsbereitschaft von Touristen für den Erhalt ökologisch wertvoller Landschaften und für den Nicht-Erlebniswert gefährdeter Arten erfragt … In Solnhofen waren knapp 90% der befragten Urlauber bereit, die Kosten der vorgeschlagenen Maßnahmen in Form eines Übernachtungszuschlages mit zu tragen, der sich im arithmetischen Mittel auf 2,30 DM pro erwachsener Person und Übernachtung belief. Bei Hochrechnung dieses Beitrages auf die jährlichen Übernachtungszahlen wäre eine volle Kostendeckung des Naturschutzprogramms gewährleistet. In Göhren erklärten 61% der befragten Urlaubsgäste ihre Bereitschaft, sich an der Finanzierung des vorgeschlagenen Naturschutzprogramms zu beteiligen. Die angegebene Zahlungsbereitschaft betrug im Durchschnitt 0,89 DM pro erwachsener Person und Urlaubstag. Die volle Deckung der Kosten wäre bei einer Hochrechnung auch für das in dieser Untersuchung vorgestellte Naturschutzprogramm gegeben."(Degenhardt/Gronemann 1998, S. 293). Neuere Studien für den Wert des Ökosystems liegen von TEEB (2009) und für Nationalparke von Job et al. (2005) und (2009) vor.

Zusammenfassend lässt sich festhalten, dass seitens der Forschung hinreichend anwendbare Ansätze zur Bewertung tradierter touristischer Attraktoren vorliegen, die in einer Studie auf den konkreten Fall anzuwenden wären. Ergänzend sei auf eine prinzipiell ähnliche Öffentliche-Guts-Problematik im Bereich der Kulturökonomik hingewiesen, wo Gottschalk (2006), S. 75 ff. den volkswirtschaftlichen Beitrag des Kulturangebots behandelt.

3 Modul ‚Die Besucher‘: die ‚schönste Zeit des Jahres‘ nachfragetheoretisch betrachtet

Das Modul in Kürze

Das Modul hat die Besucher der Destinationen zum Inhalt und behandelt die Nachfrage nach Urlaub und nach Urlaubsvarianten. Besonderes Interesse liegt bei den Angestellten, die in ihrer Konsum-Freizeit-Allokation durch Arbeitsverträge eingeengt sind. Es wird gezeigt, dass es weniger die Präferenzen, sondern Mengenrestriktionen sind, die den Urlaub zur ‚schönsten Zeit des Jahres‘ machen. Mit zunehmendem Einkommen führt dies zu einer größeren Preis- und Einkommensunabhängigkeit der Urlaubsnachfrage und zwingt die Reisebranche, strategisch auf verschiedene Nachfrager-Typen einzugehen.

Leitfragen

Warum ist Urlaub die schönste Zeit des Jahres für die Besucher des touristischen Schauspiels?

1. Wie funktioniert die grundsätzliche Konsum-Freizeit-Allokation?
2. Wann und warum finden sich bei dieser Allokation häufig Randoptima und welche Folgerungen sind daraus zu ziehen?
3. Wovon hängt die Nachfrage nach Urlaubsqualität und Urlaubsvarianten ab?
4. Wie entsteht die gesamtwirtschaftliche Nachfrage und welche Besonderheiten weist sie auf?
5. Welchen Determinanten unterliegen Geschäftsreisen?

Stichworte

Mikroökonomie – Nachfragetheorie – Tourismusnachfrage

3.1   Einführung

Die Zukunft des Reisens!? 2006 zahlte eine Amerikanerin mehrere Millionen Dollar, um in einem russischen Raumschiff als erste Weltraum-Touristin in die Annalen einzugehen. Was lehrt das? Reisen hat etwas mit Wünschen zu tun und mit Möglichkeiten, sich diese Wünsche zu erfüllen. Aus dem Wünschen und Können leitet sich die Nachfrage nach einzelnen touristischen Gütern ab. Die nun folgenden Ausführungen gelten für Freizeitreisen, da Geschäftsreisen, die eine Art von Investition darstellen, einem anderen Kalkül folgen und erst gegen Ende behandelt werden.

Hier soll unter Urlaub jener Teil der Freizeit verstanden werden, der im weitesten Sinn der Erholung dient und vor allem außer Haus stattfindet (vgl. Tribe 1995 oder Mundt 2001). Dass manche Urlaubsvariante objektiv weniger erholsam als ein Tag im Büro ist, sei nicht verleugnet, aber auch hier gelte das Postulat der Konsumentensouveränität. Erholung zu Hause, also Urlaub auf Balkonien, soll hier nicht im Mittelpunkt stehen, wird aber an geeigneter Stelle angesprochen.

Oben im Modul ‚Angebot‘ wurde die Komplexität der Produktion von Urlaub diskutiert und gezeigt, dass es sich bei Urlaub um ein Kompositgut aus verschiedenen Elementen handelt. Zur Vereinfachung gilt im Folgenden: die Maßeinheit für Urlaub sei der Urlaubstag und die damit einhergehenden Kosten werden als durchschnittliche Urlaubskosten pro Tag definiert.

3.2   Nachfragetheoretische Grundsatzentscheidung

3.2.1   Nachfragedeterminanten

Die Nachfrage eines einzelnen Haushalts nach dem Gut ‚Urlaub‘, gemessen in Urlaubstagen H (für holiday), wird von folgenden Faktoren bestimmt, deren Wirkung in den nachfolgenden Abschnitten schrittweise erläutert werden:

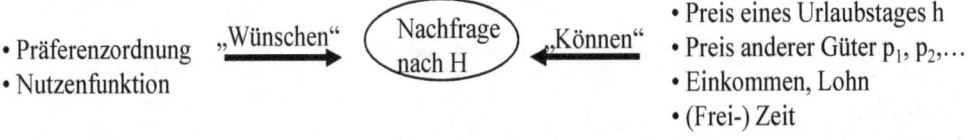

- Präferenzordnung   „Wünschen"   **Nachfrage nach H**   „Können"
- Nutzenfunktion

- Preis eines Urlaubstages h
- Preis anderer Güter p_1, p_2,…
- Einkommen, Lohn
- (Frei-) Zeit

Abb. 3-1: Nachfragedeterminanten
Entwurf: V. Letzner

Das ‚Wünschen‘ entsteht durch die Präferenzordnung oder Bedürfnisstruktur der Haushalte, die durch die Nutzenfunktion beschrieben wird. Das touristische Produkt oder der Urlaubstag H geht neben vielen anderen Gütern in die Nutzenfunktion des Konsumenten ein, um dort Nutzen zu stiften und Bedürfnisse zu befriedigen. Die ‚private Reise‘ als Kurz- oder Haupturlaubsreise kann auf sehr verschiedene Art und Weise Nutzen stiften, wie zum Beispiel:

- Freundschafts- und Familienbande stärken
- Feste feiern oder Trauer bewältigen
- Erholung bringen
- Heilung herbeiführen
- Wissen vergrößern
- Sport-, Abenteuer-, Fun- oder Sexwünsche und -phantasien[24] erfüllen
- ‚einfach nur weg wollen‘
- Neid erregen, Status demonstrieren usw.

Allein diese Liste zeigt, dass es sehr verschiedene, häufig genug abstrakte und unklare Wege sind, die vom touristischen Produkt oder vom einzelnen Urlaubstag zur Nutzenstiftung beim Konsumenten führen. Insbesondere wenn das diffuse Bedürfnis besteht, etwas ‚Neues zu entdecken‘ oder ‚die Tapeten zu wechseln‘, ist es besonders schwer, den Weg zu analysieren und Wöhler nennt Tourismusgüter sehr anschaulich ‚Leergüter‘, die erst in Raum und Zeit (unterschiedlich) gefüllt werden, um der Ereignisproduktion zu dienen (vgl. Wöhler 1999, S. 82 ff. und Wöhler 2000, S. 4). Aber diese Zusammenhänge sind nicht zentrales Thema der Ökonomie, sondern vor allem der (Tourismus-) Psychologie und Soziologie und sollen hier weitgehend ausgeklammert werden; empfehlenswerte Einstiege hierzu sind jeweils Pearce/Packer (2013) und Cohen (1979) bzw. Cohen/Cohen (2012b).

Inwieweit sich der Haushalt seine Wünsche leisten kann, hängt von diversen Zeit- und Budgetrestriktionen ab, die mehr oder minder restriktiv das ‚Können‘ des Haushalts beschreiben. ‚Wünsche‘ und ‚Können‘ müssen vom Haushalt durch eine teils bewusste, teils unbewusste Entscheidung möglichst gut (‚optimal‘) in Einklang gebracht werden.

Bei Geschäftsreisen dient die Reise keiner direkten Nutzenstiftung, sondern folgt dem Kalkül für eine Dienstleistungserbringung oder Investition, wenn der Ingenieur nach Hamburg fährt, um dort eine Maschine zu reparieren oder der Vertreter nach Hongkong fliegt, um dort ein Geschäft zu akquirieren. Die Geschäftsreise ist also kein Endprodukt und soll vorerst außen vor bleiben.

3.2.2 Grundsatzentscheidung Arbeit, Urlaub oder Konsum

Auch wenn es auf den ersten Blick unrealistisch scheint, hat der einzelne Mensch im Lauf seines Lebens öfters die Wahl zwischen der Alternative ‚viel Arbeit und viel Einkommen‘ oder umgekehrt. Der Student kann wählen, ob er in den Semesterferien jobbt und sich einen neuen Gebrauchten kauft oder ob er lieber Wandern geht; der 35-jährige kann zwischen ‚burn out-Job‘ mit Porsche oder 40 Stunden-Woche mit Zeit für die Familie wählen und ein 60-jähriger kann sich gegen oder für Vorruhestand mit niedrigerer Rente entscheiden. Für Selbständige und Freiberufler besteht diese Wahlmöglichkeit permanent und mancher Zahnarzt hat im Sommer drei und im Winter vier Tage geöffnet.

---

[24] Da Sex und Tourismus häufig nur dem männlichen Geschlecht zugerechnet wird (insb. in der Kombination Sextourismus), sei auf das touristische sexuelle Verhalten von Frauen verwiesen, das Berdychevsky et al. (2013) untersucht haben.

Die Entscheidung über diese Fragen lässt sich aus der Nutzenmaximierung eines Haushalts ableiten, dem zwei Güter − Konsumgüterkörbe C und Urlaubstage H − Nutzen stiften, die gemäß grundlegender Zeitallokationsmodelle (bsp. Varian 1994) nachgefragt werden. Dabei gilt, das 1. Gossensche Gesetz mit positiven, aber abnehmenden Grenznutzen:

Annahme 1:   der Nutzen mit zunehmender Menge von C beziehungsweise H steigt

Annahme 2:   der jeweilige Zuwachs an Nutzen bei Konstanz des jeweils anderen Gutes abnimmt

Unter diesen Annahmen lässt sich die Nutzenfunktion

(1) $U = U(C,H)$ mit $U' > 0, U'' < 0$

graphisch als Schar von Indifferenzkurven darstellen. Jede Indifferenzkurve repräsentiert alle denkbaren Kombinationen von Konsum und Urlaub, die dem Haushalt denselben Nutzen stiften, zwischen denen er also indifferent ist.

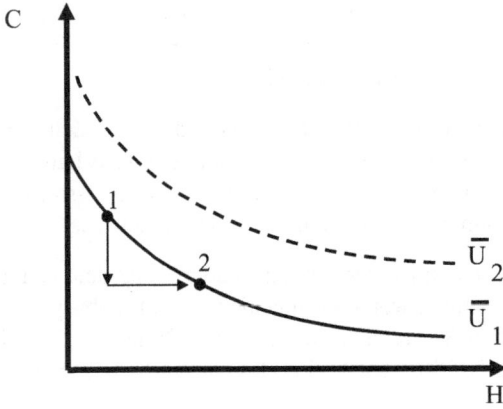

Abb. 3-2: *Urlaubs-Konsum-Indifferenzkurven*
Entwurf: V. Letzner

Abb. 3-2 zeigt, dass der Haushalt beispielsweise den Nutzen U_1 beibehält, wenn er auf Konsum verzichtet und dafür mehr Freizeit genießt (Bewegung von 1 nach 2) oder aber auf Freizeit verzichtet und dafür mehr konsumiert (Bewegung von 2 nach 1). Aus obiger Annahme 1 folgt unmittelbar und nicht überraschend, dass der Haushalt bei Güterkombinationen auf der Indifferenzkurve U_2 ein höheres Nutzenniveau als bei U_1 erreicht und er eine möglichst hohe Indifferenzkurve erreichen **möchte**. Aber welche **kann** er erreichen?

Der Haushalt unterliegt Restriktionen: das Jahr hat nur 365 Tage, an denen er entweder arbeiten und verdienen oder frei machen kann. Der Haushalt erhält an einem Arbeitstag A den gegebenen Nominallohn w, wobei beim Selbständigen w ebenfalls gegeben ist und dem durchschnittlich zu erwartenden Unternehmerlohn entspricht. An einem Nicht-Arbeitstag H erhält er keinen Lohn, es entstehen ihm aber auch keine sonstigen Kosten (später werden explizit Kosten für einen Urlaubstag eingeführt). Um zu konsumieren, muss pro Güterkorb C der ebenfalls gegebene Preis p bezahlt werden. Sparen und/oder Vermögen werden hier nicht berücksichtigt. Das Einkommen des Haushalts Y ergibt sich somit als:

(2) $Y = w \cdot A$

das für Konsumzwecke zur Verfügung steht:

(3) $Y = p \cdot C$

(2) und (3) lassen sich zusammenfassen und wegen der Beziehung 365 – A = H umformen:

(4) $C = \dfrac{w}{p} \cdot A \;=\; \dfrac{w}{p} \cdot (365 - H) \;=\; \dfrac{w}{p} \cdot 365 - \dfrac{w}{p} \cdot H$,

wobei w/p der Reallohn ist. Graphisch lässt sich die Restriktion (4) als Budgetgerade in der Abb. 3-3 darstellen:

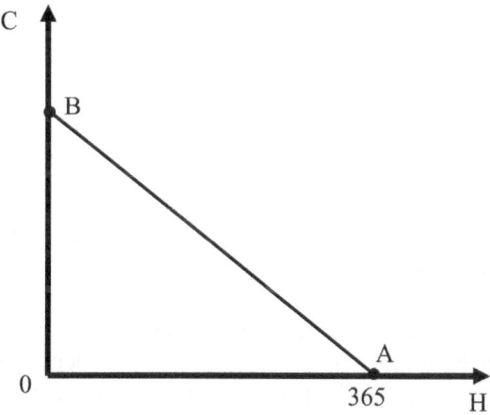

Abb. 3-3: Budgetrestriktion
Entwurf: V. Letzner

Die Strecke 0A zeigt den maximal möglichen Urlaub von 365 Tagen, der Opportunitätskosten hat, weil kein Einkommen erzielt wird und folglich kein Konsum möglich ist. 0B zeigt den maximal möglichen Konsum, wenn an 365 Tagen gearbeitet wird. Zwischen diesen beiden Extrempunkten liegen auf der Budgetgerade AB alle anderen **möglichen** Freizeit/Konsum-Kombinationen.

Die Verbindung der **Wünsche** – repräsentiert durch die Indifferenzkurven der Abb. 3-2 – mit dem **Können** – repräsentiert durch die Budgetgerade der Abb. 3-3 – führt in Abb. 3-4 zur optimalen Zeitallokation des Haushalts, die seinen Nutzen bei gegebenen Restriktionen maximiert:

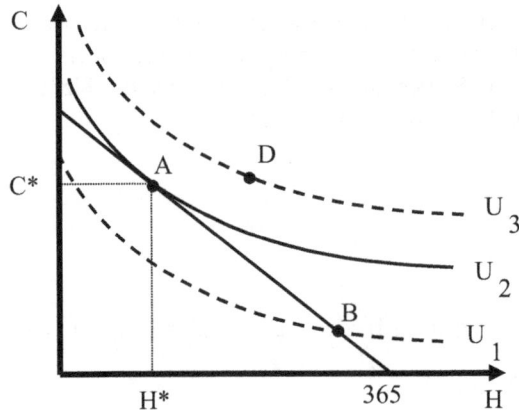

Abb. 3-4: Optimale Zeitallokation
Entwurf: V. Letzner

Punkt D beispielsweise mit Nutzenniveau 3 wäre dem Haushalt zwar lieb, ist aber bei der gegebenen Lohn- und Preissituation für ihn nicht realisierbar. Möglich, aber suboptimal aus Sicht des Haushalts wäre die Variante B. Die **höchstmögliche** Indifferenzkurve wird in Punkt A erreicht. Diese optimale, das heißt nutzenmaximierende Zeitallokation des Haushalts bestimmt die nachgefragte Zahl an Urlaubstagen H*, indirekt die angebotene Arbeitsmenge als 365 – H* = A* und die nachgefragte Konsumgütermenge C*.

Der Leser kann nun selbständig, mit Hilfe der Gleichung (4) und der Abb. 3-4 ableiten, wie sich beispielsweise die Nachfrage nach Urlaubstagen ändert, wenn sich der Nominallohn w und/oder die Preise p ändern: welche Reaktionen des Beispielhaushalts sind zu erwarten und wie plausibel sind sie? Der bereits mikroökonomisch vorgebildete Leser kann die bekannten Einkommens- und Substitutionseffekte einer Preisänderung heranziehen und auf den Haushalt anwenden. Dabei ist auf die besondere Rolle des Reallohnes w/p zu achten, dessen preis- oder lohnbedingte Änderung nicht nur eine Drehung, sonder auch eine Verschiebung des Ordinatenabschnitts der Budgetgerade herbeiführt.

3.2.3   Grundsatzentscheidung bei expliziten Urlaubskosten

Bisher war vereinfachend unterstellt worden, dass der einzelne Urlaubstag keine expliziten Kosten, sondern nur Opportunitätskosten in Höhe des entgangenen Lohns und der entgangenen Konsummöglichkeiten nach sich zieht. Wenn ein Urlaubstag durchschnittliche Kosten von h erfordert, ändert sich im Vergleich zu oben lediglich die Restriktion (3):

(5) $w \cdot A = Y = p \cdot C + h \cdot H$

und die Budgetgerade ergibt sich als

(6) $C = \dfrac{w}{p} \cdot 365 - \dfrac{w+h}{p} \cdot H$

Die Budgetgerade verläuft nun bei identischem Ordinatenabschnitt steiler und der Haushalt kann – selbst wenn er möchte – nicht mehr maximal 365 Tage im Jahr Urlaub machen, da die Kosten des einzelnen Urlaubstages erarbeitet werden müssen. Ein Zahlenbeispiel, siehe Abb. 3-5, mag das verdeutlichen: wenn ein Urlaubstag genauso viel kosten würde wie ein Tageslohn (also w = h), müsste der Haushalt ein halbes Jahr arbeiten, um ein halbes Jahr Urlaub finanzieren zu können. Ansonsten ergibt sich wie oben das Optimum im Tangentialpunkt und legt H*, A* und C* in Abhängigkeit von w, p, und h fest.

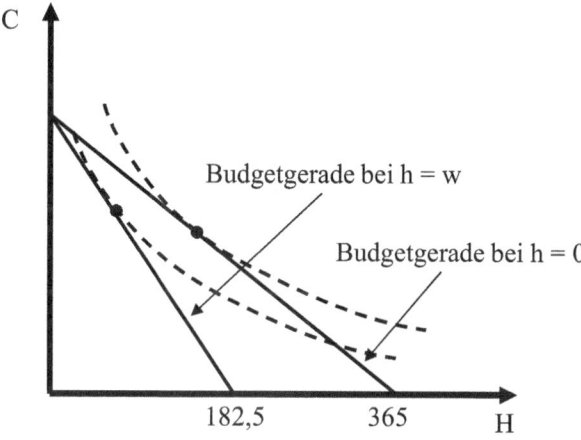

Abb. 3-5: *Optimale Zeitallokation bei expliziten Urlaubskosten*
Entwurf: V. Letzner

Auswirkungen von Änderungen des Preises h möge der Leser nun analog zu oben ableiten. Bei zu erwartender Dominanz des Substitutionseffektes ist mit einer Normalreaktion des Haushalts zu rechnen: je höher der Preis eines Urlaubstages h, desto geringer die Nachfrage nach H.

3.2.4 Kurzfristige Konsum-Freizeit-Entscheidung

Für die meisten Haushalte ist kurzfristig die oben behandelte simultane Planung von Einkommen und Freizeit unrealistisch. So sind insbesondere Angestellten- und Arbeiterhaushalte im Vergleich zu Selbständigen stärker restringiert: a) das Jahreseinkommen ist eine feste Größe, die vom Lohn und der vorgegebenen Jahresarbeitszeit abhängt und b) der Urlaubsanspruch ist vorgegeben.

Die Nutzenfunktion sei weiterhin (1), die Restriktionen mit $\overline{A}$ als fixe Jahresarbeitstage und $\overline{H}$ als gegebener Jahresurlaub in Tagen sind:

(7) $w \cdot \overline{A} = \overline{Y} \geq p \cdot C + h \cdot H$

(8) $\overline{H} + \overline{A} = 365$

(9) $H \leq \overline{H}$

Gleichung (9) ergibt sich aus der Überlegung, dass natürlich niemand gezwungen wird, seinen Jahresurlaub ‚aufzubrauchen‘: für den Fall des Ungleichheitszeichens sind die verbleibenden Tage, $365 - \overline{A} - H > 0$, wie folgt zu erklären:

- der Workoholic ‚schenkt‘ diese Tage seiner Firma
- der Urlauber in ‚Balkonien‘ braucht keine Urlaubskosten h zahlen.

Im Anhang finden sich weitere Budgetgeraden und Datenänderungen bei Selbständigen und Angestellten, während die Lösung des Allokationsproblems des Angestellten hier nun fallabhängig erläutert wird:

Variante I: $H^* \leq \overline{H}$

Der betrachtete Haushalt ist ‚konsumorientiert‘ und sein Optimum ist eine Tangentiallösung wie in Abb. 3-6 skizziert: er macht H* Tage Urlaub, verbringt $\overline{H} - H^*$ Tage z.B. auf Balkonien und arbeitet den Rest des Jahres. Dieser Haushalt ist einkommens- und preissensibel und reagiert auf Datenänderungen mit einer stetigen Anpassung seiner Nachfragemengen.

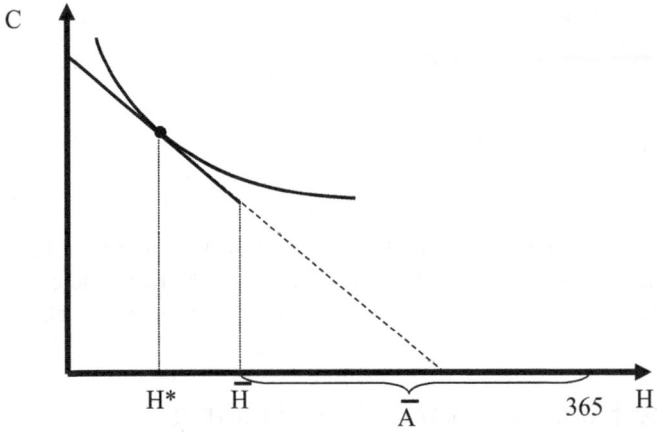

Abb. 3-6: *Tangentiallösung*
Entwurf: V. Letzner

Variante II: $H^* > \overline{H}$

Der betrachtete Haushalt ist eher urlaubsorientiert, er möchte gerne H* Tage Freizeit, die er aber nicht erhält. Sein Optimum ist somit die Randlösung in H′ wie in Abb. 3-7 skizziert:

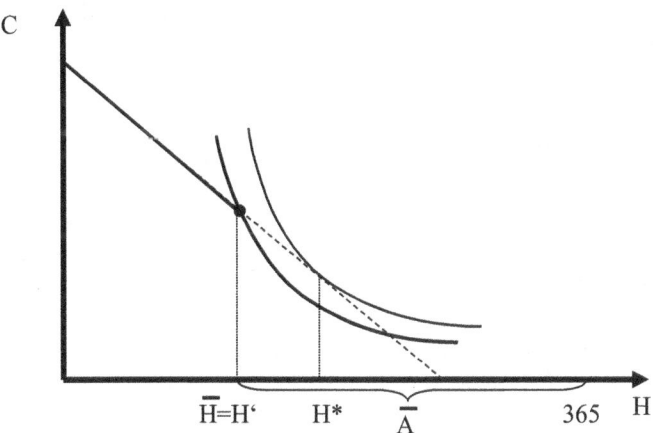

Abb. 3-7: *Randlösung*
Entwurf: V. Letzner

Ein überraschendes Ergebnis lässt sich festhalten: dieser Haushalt ist einkommens- und preis**un**sensibel. Einkommensänderungen übersetzen sich nur in eine Änderung der Konsumnachfrage und eine moderate Erhöhung des Preises h ändert nichts an der nachgefragten Zahl von Urlaubstagen! Erst bei starken Relativpreisänderungen zulasten des Urlaubs erreicht der Haushalt (wieder) die tangentiale Lösung der Variante I. Nicht überraschend für diesen Haushaltstyp ist hingegen, dass mehr Urlaub – mit oder ohne Lohnausgleich – zu einer Erhöhung der Urlaubsnachfrage führt. Dieses interessante Ergebnis ermöglicht folgende ökonomische Deutung:

Der Preis eines Urlaubstages h ist im wesentlichen bestimmt durch den Preis nicht handelbarer Güter, hier vor allem personalintensiver Dienstleistungen am Urlaubsort, und durch Transportkosten, die anteilig in h zu berücksichtigen sind. Während Dienstleistungen in den Industrieländern relativ teurer wurden und werden, ist der Anteil der Transportkosten gesunken (Modul 6 belegt diese These). Gerade die sinkenden Transportkosten ermöglichen aber die Nutzung von persönlichen Diensten in Gegenden mit niedrigen Lohnkosten, so dass insgesamt sinkende Urlaubskosten h vorliegen. So liegt die Schlussfolgerung nahe, dass der Relativpreis h/p in den letzten Jahrzehnten stark gefallen ist und noch weiter sinken wird. Dies bedeutet aber, dass immer mehr Haushalte in die obige Variante II mit Randoptimum geraten. Die gesamtwirtschaftliche Konsequenz für die Reisebranche liegt auf der Hand und ist für diese zwiespältig: Positiv ist, dass die Branche **zunehmend** einkommens- und konjunktur**un**abhängiger wird und die (gesamtwirtschaftliche) Preiselastizität immer mehr abnimmt. Andererseits muss die generelle Aussage, dass es sich bei Urlaub um ein Luxusgut handelt, das bei zunehmendem Einkommen überproportional nachgefragt wird, unter diesen Bedingungen in Frage gestellt werden.

Kurz: die schönste Zeit des Jahres wird aus Sicht der Haushalte immer knapper – nicht, weil die Menschen urlaubsfreudiger werden, sondern weil der Urlaub immer günstiger wird; Einkommensschwankungen und (begrenzte) Preisänderungen für Urlaubstage beeinflussen die Nachfrage nach Urlaub immer weniger!

3.3   Die Nachfrage nach Urlaubsvarianten

Die Aussage des letzten Abschnitts galt für die Nachfrage nach Urlaubstagen zu einem Durchschnittspreis h. In der Tat gibt es aber die Qual der Wahl zwischen unendlich vielen Urlaubsangeboten zu allen möglichen Destinationen und zu frei wählbaren Komfort- und Preiskategorien. Zwischen all den Varianten gibt es unterschiedliche Substitutionsbeziehungen und der Leser möge sich die folgenden Beispiele selbst ergänzen und sich anhand geeigneter Graphiken verdeutlichen. *Hohe Substituierbarkeit* gibt es zwischen drei Tage Shoppen in London oder in Paris oder zwischen Skiurlaub in Österreich versus in Südtirol. Es leuchtet sofort ein, dass mit höherer Substituierbarkeit die Sensibilität der Nachfrage auf Preisänderungen der jeweiligen Variante zunimmt. Geringe Substituierbarkeit weisen die Varianten Sommer- versus Winterurlaub oder Wandern versus Karibikkreuzfahrt auf. Völlig komplementäre Beziehungen sind hingegen zwischen zwei Urlaubstagen kaum denkbar. Im Gegenteil gilt meist, dass jede Urlaubsvariante auch ‚für sich alleine' Nutzen stiftet: man kann auf den Skiurlaub verzichten ohne dass dadurch der Badeurlaub im Sommer völlig sinnlos würde. Unterstellt man außerdem, dass beispielsweise 5 Tage in Rom **und** 5 Tage in Florenz nutzenstiftender als 10 Tage nur in Rom **oder** in Florenz sind, oder dass 10 Tage Kultur- **und** 10 Tage Badeurlaub besser als 20 Tage nur Kultur **oder** Strand sind, dann existiert ‚**Liebe zur Vielfalt'**. Dies ist sehr plausibel und selbst jemanden, der sein Leben lang nur zum Wandern in die Dolomiten fährt, besteigt kaum jeden Tag denselben Berg.

Wie wird sich nun der Beispielshaushalt entscheiden, wenn er sich ein bestimmtes Urlaubsbudget Y^H gesetzt hat und nun beispielsweise zwischen Urlaubstagen in einer ausländischen oder deutschen Destination a oder d (H^a, H^d) zu je unterschiedlichen Preisen h^a, h^d wählen kann? Natürlich müssen die Preise in derselben Währung notiert sein, s. Modul 6.

Die Urlaubsbudgetgerade BB verläuft bei der beispielhaften Annahme $h^a > h^d$ flacher als die $\overline{HH}$-Gerade, die mit der Steigung -1 den Urlaubsanspruch markiert. Für den hier behandelten Fall, dass der Haushalt nicht durch seinen Jahresurlaub restringiert ist, ergibt sich die Tangentiallösung der Abb. 3-8. Der Angestellte macht also wie oben aufgrund seines niedrigen Urlaubsbudgets ‚Urlaub in Balkonien' oder Überstunden in Höhe von $\overline{H} - (H^{d*} + H^{a*})$.

Bei hohem Urlaubsbudget zeigt sich in Abb. 3–9 die Lösung von einer ungewöhnlichen Starrheit geprägt: der Haushalt maximiert seinen Nutzen nicht mehr (lehrbuchmäßig) bei gegebener Budgetrestriktion, sondern bei gegebener **Mengen**restriktion. Einkommen und Preise haben deshalb **keinen** Einfluss auf das Optimum! Mit anderen Worten: das 2. Gossensche Gesetz gilt hier in einer ungewöhnlichen Form. Nicht die mit den Preisen gewogenen Grenznutzen, sondern die ungewogenen Grenznutzen der letzten Mengeneinheit gleichen sich an: der letzte Urlaubstag d hat den gleichen Grenznutzen wie der letzte Urlaubstag a und die GRS beträgt –1.

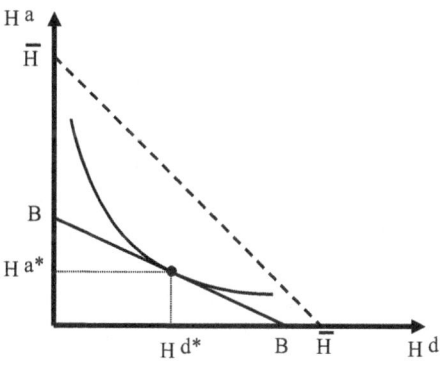

Abb. 3-8: *‚Geld, nicht Zeit ist knapp‘*
Entwurf: V. Letzner

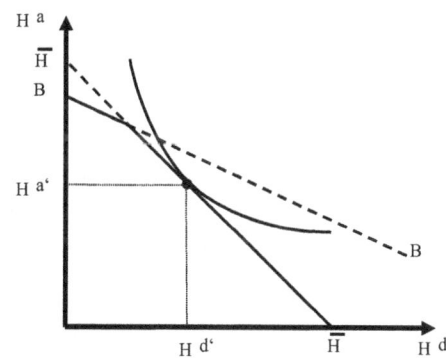

Abb. 3-9: *‚Zeit, nicht Geld ist knapp‘*
Entwurf: V. Letzner

3.4 Nachfrage nach Urlaubsqualität

Im letzten Abschnitt wurde bereits deutlich, dass unterschiedliche Urlaubsvarianten dem Nachfrager je nach persönlicher Präferenz unterschiedlichen Nutzen stiften. Hier soll verdeutlicht werden, welche Faktoren diese unterschiedliche Einschätzung der Urlaubsvarianten beeinflussen. Nun sind diese möglichen Einflussfaktoren extrem individuell und sehr unterschiedlich:

* jemand liebt pulsierende Städte, andere wollen romantische Fischerdörfer
* einer will gotische Kirchen sehen, andere wollen Fun-Sport betreiben
* dem einen genügt eine Holzhütte in den Bergen, der andere will eine 5-Sterne-Suite
* einer will überall auf der Welt ‚Wiener Schnitzel‘, andere wagen sich in die Garküchen Asiens etc. etc.

Diese vorhandene, aber theoretisch wenig hilfreiche Vielfalt gilt es in den Griff zu bekommen. Hier sei nun eine Vorgehensweise vorgeschlagen, die diese verschiedenen Vorstellungen auf drei wesentliche Faktoren reduziert:

* die Destination
* der touristische Attraktor
* die touristische Infrastruktur

Die Bedeutung der Destination wurde bereits oben angesprochen und soll im folgenden etwas im Hintergrund stehen. Hier soll die Rolle des touristischen Attraktors (TA) und der touristischen Infrastruktur (TI) im Rahmen der Nachfragetheorie geklärt werden (s. auch Modul 2).

Touristischer Attraktor: unter diesem Begriff sollen all jene Faktoren zusammengefasst werden, die **primär** dafür verantwortlich sind, dass Touristen kommen. Dies kann der Petersdom sein, ein weißer Sandstrand, eine romantische Altstadt, ein berühmtes Museum, ein ruhiger Bergsee, eine spezielle regionale Küche etc. Wie kann aber der Peterdom und ein Bergsee verglichen werden? Abgesehen davon, dass es tatsächlich Ansätze gibt, eine monetäre Bewertung dieser unterschiedlichen Dinge durchzuführen (siehe Anhang des Moduls 2), genügt für unsere Zwecke eine ordinale Skalierbarkeit. Je nach persönlichen Präferenzen kann jeder sicherlich angeben, welche touristischen Attraktoren einem wichtiger oder unwichtiger sind. Beispielsweise Sandstrand > Felsenstrand > Baggersee > Museum oder Essen & Trinken in Südfrankreich > Loire-Schlössern > Shopping in Paris etc. Viele Reiseführer oder Landkarten verwenden übrigens eine Ordinalskala, um – mittels Punkten, Sternen, Kronen etc. – die (teilweise sehr unterschiedlichen) Sehenswürdigkeiten einer Region zu vergleichen und zu klassifizieren. Im Folgenden wird diese ordinale Skalierbarkeit des touristischen Attraktors verwendet, um das ordinale Konzept der Indifferenzkurven anwenden zu können.

Touristische Infrastruktur: unter diesem Begriff sollen all jene Faktoren zusammengefasst werden, die **um** den eigentlichen touristischen Attraktor herum von Bedeutung sind. Dies sind in erster Linie natürlich Beherbergungsstätten und Gastronomie mit ihren diversen Dienstleistungen, meint aber auch Verkehrsanbindung oder beschilderte Wanderwege und beinhaltet die verschiedenen Aspekte von ‚Sicherheit‘. Für die touristische Infrastruktur kann nun ebenfalls eine Ordinalskala verwendet werden, um ein Mehr oder Weniger an Infrastruktur anzudeuten. Für den Teilbereich Kost&Logis gibt es mit der Sterne-Kategorisierung eine bekannte Ordinalskala, die uns im Fortgang als Beispiel dienen soll.

Der Nutzen, den ein Urlauber aus **einem** Tag Urlaub in einer beliebigen Destination zieht, hängt von der Kombination der beiden zentralen Faktoren TA und TI ab, wie in Abb. 3-10Abb. 3-13 verdeutlicht. Je nach individuellen Präferenzen ergibt sich erst aus der Kombination dieser beiden Faktoren ein bestimmter ‚Tages‘-Nutzen (z. B. u_1), der durch die entsprechende Indifferenzkurve symbolisiert wird. Einem Beispielshaushalt könnte ein Tag im ***Hotel an einem Baggersee so viel bedeuten wie ein Tag in der *Pension am Sandstrand, während aus nachvollziehbaren Gründen ein Tag am Sandstrand im **Haus einen höheren Nutzen u_2 hervorrufen würde.

Die Grenzrate der Substitution zwischen TI und TA ist individuell sehr unterschiedlich, doch kann folgendes festgehalten werden:

- Limitationalität zwischen beiden ‚Gütern‘ ist eher unwahrscheinlich: die ceteris paribus-Erhöhung von Komfort TI oder Attraktor TA wird immer den Nutzen erhöhen
- vollständige Substituierbarkeit[25] ist zwar nicht undenkbar, kann aber weitgehend als unbedeutend angesehen werden: in der Regel muss sowohl eine touristische Infrastruktur als auch ein entsprechender Attraktor vorliegen, um Nutzen zu generieren.

---

[25]   In dem Sinne, dass die Indifferenzkurven die Achsen schneiden und dass u(TE > 0, TI = 0) > 0 oder u(TE = 0, TI > 0) > 0 gilt.

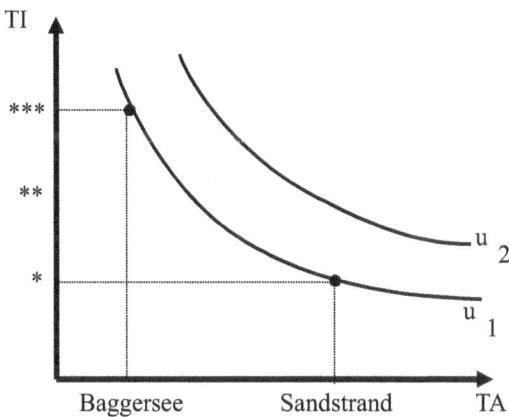

Abb. 3-10: *Attraktor und Infrastruktur*
Entwurf: V. Letzner

Für welche Qualität des Urlaubs wird sich nun der Haushalt entscheiden? Die Vorgehensweise ist analog zu der der vorherigen Kapitel: eine (oben nicht eingezeichnete) Budgetgerade, deren Steigung von den relativen Preisen von TA und TI und deren Lage von den möglichen Tagesausgaben h abhängt, bestimmt den Optimalpunkt und damit die Nachfrage nach
TA und TI.

Im Modul über die Angebotsseite wurde gezeigt, wie TA und TI entstehen oder produziert
werden. Insbesondere die Frage, was denn der Preis für eine Einheit TA ist, ist kritisch, denn
die überwältigende Mehrheit aller touristischen Attraktoren (der Bergsee, die Altstadt von
Rothenburg o.d.T. etc.) sind <u>keine privaten Güter</u>, die einen, den volkswirtschaftlichen Be-
reitstellungskosten entsprechenden Marktpreis haben. Der Leser möge sich verdeutlichen,
wie in diesem Fall die Budgetgerade aussieht, warum in einem solchen Fall die übliche Substitution zwischen Infrastruktur und Attraktor nicht mehr gilt und warum dies gewissermaßen
zulasten der Infrastruktur gedeutet werden könnte. Neben der bereits oben angedeuteten
Komplexität des touristischen Produkts ist hier der zweite zentrale Grund zu finden, warum
sich Tourismus einer ‚einfachen' mikroökonomischen Behandlung entzieht[26]. Eine weitere
Komplexität würde entstehen, wenn man in der obigen Grafik eine dritte Dimension einfüh-
ren würde, die die jeweilige Nachhaltigkeit von TA und TI messen würde; der Nachfrager
hätte also eine weitere Optimierungsaufgabe zu leisten, wenn er sich beispielsweise überlegen muss, ob ihm ein ökologisch vorbildlich geführtes Zweisternehaus mehr oder weniger
Wert ist als ein konventionell geführtes Dreisternehaus. Untersuchungen lassen aber diesbezüglich wenig Hoffnung aufkommen: in der Regel ist die Zahlungsbereitschaft für nachhaltige Angebote gering und „bessere" Produkte werden zwar präferiert, aber nur, wenn sonstige
Konditionen und Preise nicht schlechter sind.

---

[26] Hier ist auf die finanzwissenschaftliche Literatur zur Bereitstellung öffentlicher Güter zu verweisen, z.B. Mus-
      grave et al (1987), Brümmerhoff (2007). S. auch Anhang 1 im Modul 2.

3.5   Gesamtwirtschaftliche Nachfrage

Die bisherigen Ableitungen ergeben individuelle Nachfragefunktionen nach einem Tag Urlaub in Abhängigkeit vom Preis h, die – wie oben in den verschiedenen Abschnitten erläutert
– aufgrund der Zeitrestriktion ab einem bestimmten Punkt unelastisch, also senkrecht verlaufen. Die folgende Graphik zeigt zwei Beispielhaushalte I bzw. II und die mittels horizontaler
Aggregation abgeleitete gesamtwirtschaftliche Marktnachfrage.

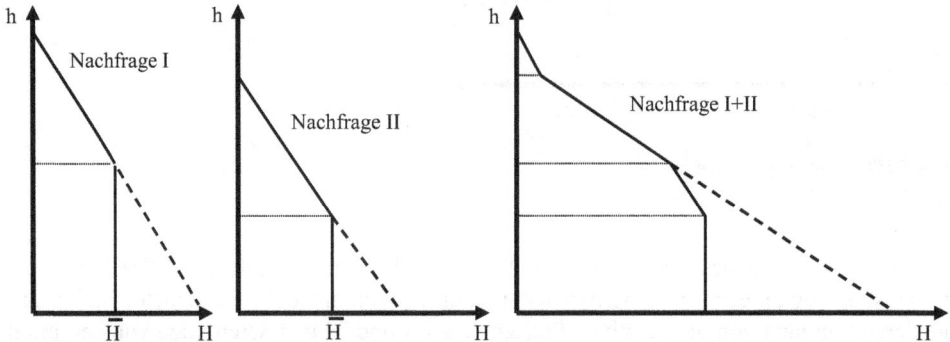

Abb. 3-11: Horizontale Aggregation
Entwurf: V. Letzner

Es ist deutlich zu erkennen, dass und wie die individuellen Unelastizitäten auch einen unelastischen unteren Bereich der Marktnachfrage hervorbringen. Zum Vergleich dienen die gestri-
chelten Linien, die die Nachfrage darstellen, wenn es keine Mengenrestriktionen durch die
begrenzte Zahl an Urlaubstagen gäbe. Es sei nochmals verdeutlicht, dass Abb. 3–11 **Abb.
3-14** nur zwei repräsentative Haushalte unterstellt; natürlich gibt es viele Freiberufler oder
Selbständige, die – wie oben gezeigt – keiner Restriktion unterliegen (wobei dann allerdings
häufig die Schulferien der Kinder restringierend wirken). Und natürlich gibt es viele Rentner,
die frei über ihre Zeit verfügen können. Der Leser möge sich anhand einer eigenen Graphik
verdeutlichen, wie sich beispielsweise die Nachfrage eines Rentnerhaushalts auf die aggre-
gierte Nachfrage auswirken würde. Der oben und im Fortgang vereinfachend als Senkrechte
dargestellte unelastische Ast der Nachfrage wäre dann ‚etwas‘ elastischer, ohne dass sich die
grundsätzliche Aussage ändert; der Leser möge aber durchaus versuchen, die Folgen einer
demographischen Überalterung nachzuvollziehen. Abb. 3-12 vergleicht die Nachfragen mit
und ohne Mengenrestriktion:

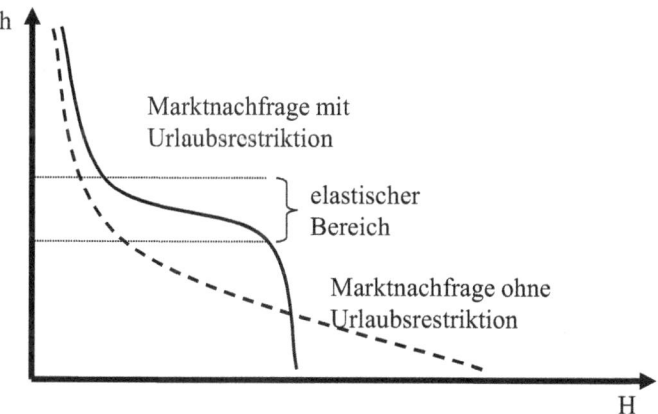

Abb. 3-12: *Marktnachfrage mit und ohne Mengenrestriktion*
Entwurf: V. Letzner

Die folgende Graphik zeigt zusammenfassend, wie sich verschiedene Datenänderungen auf die Marktnachfrage auswirken können, wobei die Abbildung die plausible Annahme der Superiorität unterstellt:

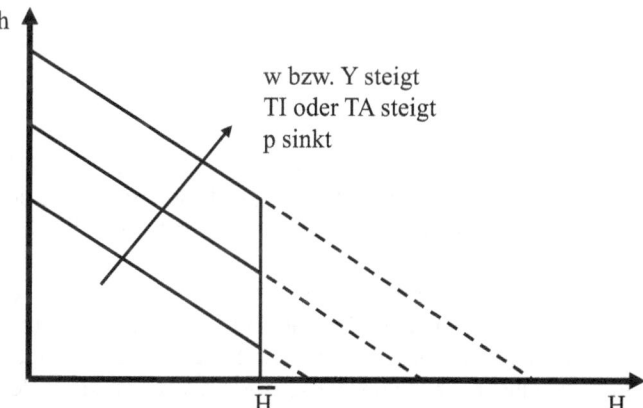

Abb. 3-13: *Datenänderungen*
Entwurf: V. Letzner

Die Bedeutung der Marktnachfragekurven und insbesondere der Einfluss des Einkommensniveaus soll durch die beiden folgenden Graphiken noch mal verdeutlicht werden. Dabei sei symbolisch die Nachfrage Deutschlands und Chinas verglichen. Wenn man einen durchschnittlichen Preis für einen Urlaubstag in Höhe von h° unterstellt, zeigt sich, dass die deutsche Nachfrage $\overline{H}$ und die chinesische H* betragen würde. Obwohl natürlich das Urlaubspotential der Millionen Chinesen gigantisch ist, kann sich aufgrund des (noch) vergleichsweise sehr niedrigen Einkommens nur eine Minderheit Urlaub zum Preis h° leisten. Abb. 3-14 zeigt auch, dass sich die deutsche Nachfrage in einem sehr unelastischen Bereich der Funktion befindet, während die chinesische Nachfrage bei h° sehr elastisch ist. Dies bedeutet, dass es gesamtwirtschaftlich wenig Sinn macht, deutsche Nachfrager durch eine Preisstrategie ‚in den Urlaub zu locken': sinkende Urlaubspreise vergrößern die gesamtwirtschaftliche Nachfrage – gemessen in Tagen – kaum. Ganz anders in China: hier würde eine Preisstrategie ‚den Kuchen vergrößern' und die gesamtwirtschaftliche Nachfrage deutlich ausweiten.

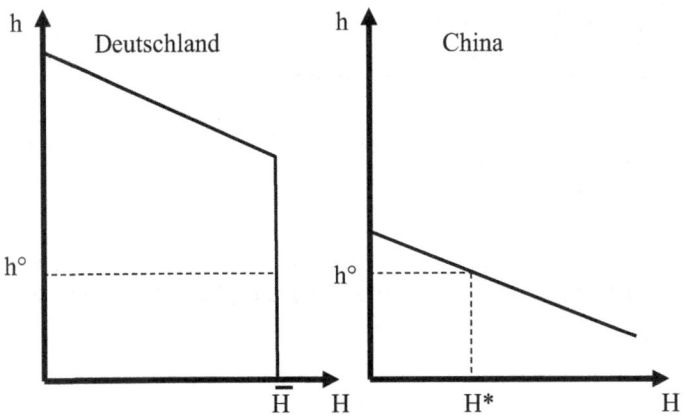

Abb. 3-14: International unterschiedliche Nachfragekurven
Entwurf: V. Letzner

An dieser Stelle sei der Leser auf einen möglichen Interpretationsfehler hingewiesen: Die Tatsache, dass die deutsche **Gesamt**nachfrage eher unelastisch ist, bedeutet **nicht**, dass deutsche Urlauber auf die Preisgestaltung bestimmter Urlaubsvarianten oder Destinationen unelastisch reagieren. **Im Gegenteil:** das deutsche ‚Potential' $\overline{H}$ der Abb. 3-14 verteilt sich auf eine große Vielzahl von oft sehr ähnlichen Varianten oder Destinationen. Die auf einzelne Urlaubsanbieter entfallende Nachfrage ist daher überschaubar und eher elastisch oder hat einen – in engen Grenzen liegenden – unelastischen Bereich. Die linke Abb. 3-15 zeigt die positive (von den Substitutionsbeziehungen abhängige) Kreuzpreiselastizität zu anderen vergleichbaren Angeboten. Die rechte Abbildung zeigt die ‚zweifach geknickte Preis-Absatz-Funktion' (nach Gutenberg 1950, hierzu Siebke 1990, S. 91 ff), die verdeutlicht, dass sich das Hotel in Garmisch einer annähernd völlig elastischen Nachfragefunktion gegenübersieht, sobald es sich außerhalb des Preisintervalls h'h" befindet. Die Größe dieses Intervalls, in dem sich der Hotelier quasi wie ein Monopolist verhalten kann, ist von der ‚Marktnische' abhängig, die er – beispielsweise durch Qualität oder Marketing – für sein Haus etabliert hat. Hierbei handelt es sich um die im Tourismus dominierende Marktform der monopolistischen Konkurrenz.

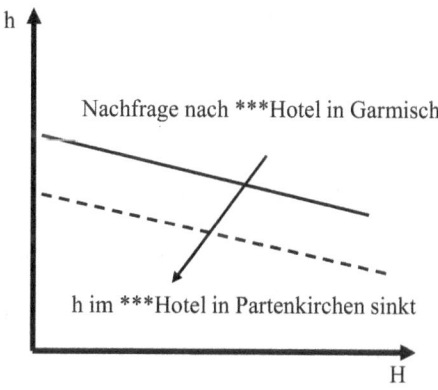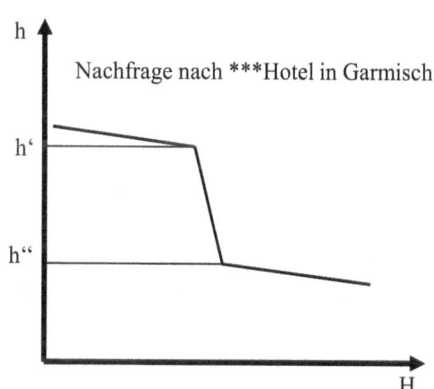

Abb. 3-15: *Nachfrage nach Hotels*
Entwurf: V. Letzner teilweise nach Gutenberg (1950)

3.6   Nachfrage nach Geschäftsreisen

Alle bisherigen Kapitel hatten die Freizeit- oder Urlaubsreise behandelt. Dass der Unterschied zwischen Urlaubs- und Geschäftsreise nicht nur ‚an der Kleidung der Fluggäste' erkennbar ist, thematisiert dieses vergleichsweise kursorische Kapitel zur Geschäftsreise. Die wichtigsten Determinanten der Geschäftsreise sind:

- die Preise
- die Konjunktur
- Ex- und Importe
- Direktinvestitionen
- alternative Kommunikationstechniken

Diese Determinanten spielen eine Rolle in den verschiedenen Typen von Geschäftsreisen, die nicht weniger vielfältig als die Urlaubsreise sind:

- Messebesuche
- Kundenbesuche
- (Vertrags-) Verhandlungen und -abschlüsse
- Bau, Einrichtung, Wartung und Service von Produkten und Maschinen
- Beratung
- Projektdurchführung etc.

In zwei großen Gruppen kann diese Vielfalt systematisiert werden:

Die Geschäftsreise <u>zur Akquise</u>: hier finden sich alle Reisen, die der Kundenakquise oder dem Produktverkauf dienen. Die Reise lebt also vom ‚Prinzip Hoffnung' auf ein späteres, möglichst lukratives Geschäft. Der erwartete ‚Zins' einer Geschäftsreise sind also die erwarteten Gewinne aus der Akquisetätigkeit. Ein Beispiel: Ein Vertreter muss durchschnittlich fünfmal nach Hamburg fliegen, um einen Geschäftsabschluss zu erzielen, der ihm eine Provision von € 10.000.– einbringt. Der erwartete Gewinn pro Reise beläuft sich auf € 2.000.– und die ‚Verzinsung‘ der Flugkosten ist beträchtlich.

Die Geschäftsreise <u>als Produkt</u>: dies betrifft alle Reisen, die im Auftrag des Kunden stattfinden, von diesem bezahlt werden und meist eine direkte Leistungserbringung bewirken. Beispiele für diesen Typ sind der Ingenieur, der in Asien eine Hochgeschwindigkeitstrasse baut, ein IT- Experte, der in Leipzig eine Software implementiert oder die Heerscharen von Beratern aller Art. Meist sind die Reisekosten im Vergleich zu den Tagessätzen sehr gering. Auch hier ein Beispiel: In bekannteren Unternehmensberatungen werden Hochschulabsolventen im Schnitt zu Wochensätzen von € 7.500.– verkauft. Der Beratung entstehen pro Woche Personalkosten in Höhe von € 2.000.– und Reisekosten in Höhe von € 1.000.– Vereinfacht gerechnet, ‚verzinsen‘ sich also die Reisekosten mit dem Faktor 5,5. Und bei höher qualifiziertem Personal, wie beim Ingenieur, der millionenschwere Bauprojekte durchführt, sind die Reisekosten letztlich zu vernachlässigen.

Die Geschäftsreise kann also pointiert als **Investition** gesehen werden, das heißt als eine Ausgabe heute, der morgen (nach erfolgreichem Vertragsabschluss, nach erfolgreicher Beratung oder Fertigstellung etc.) eine – hoffentlich – höhere Einnahme folgt. Die angeführten Beispiele verdeutlichen, dass in der Regel die Reisekosten im Vergleich zum eigentlichen Geschäftszweck keine dominierende Rolle spielen. Zwar werden auch die Reisekosten einem mehr oder weniger strikten Controlling seitens der Unternehmen unterzogen, aber ein Unternehmen, das aus Kostengründen Geschäftsreisen untersagen muss, ist kaum noch handlungsfähig.

Diese **geringe Preiselastizität** der Geschäftsreisen wird noch durch steuerliche Effekte verstärkt, da in der Regel alle Reisekosten absetzbar sind und in etwa nur zur Hälfte ergebniswirksam werden. Zusammenfassend gilt also für den durchschnittlichen Geschäftsreisenden, dass für ihn nicht der Preis, sondern viel eher die Zeit und entsprechende Flexibilität wichtig sind. Aber wenn nicht vom Preis, wovon dann hängt die Nachfrage nach Geschäftsreisen ab? Die wichtigste Einflussgröße ist schlicht und einfach die **Konjunktur**, gemessen z.B. als BIP. Wird viel gehandelt, gekauft, gebaut oder beraten, wir auch viel gereist – und eben auch umgekehrt. Diesen prozyklischen Verlauf, der eine gesamtwirtschaftliche Einkommenselastizität größer Null unterstellt, verdeutlicht die folgende Abbildung mit den beiden GR (Geschäftsreise) Linien.

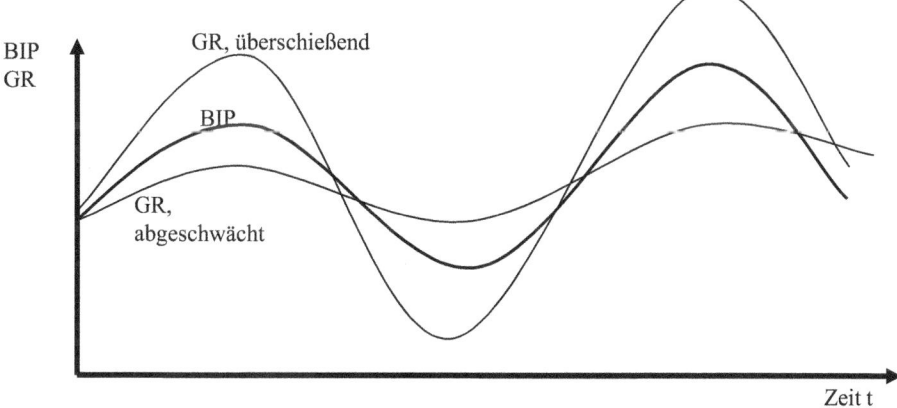

Abb. 3-16: *Geschäftsreisen und Konjunkturverlauf*
Entwurf: V: Letzner

Fraglich ist allerdings, welche der beiden GR-Linien, die Nachfrage nach Geschäftsreisen am ehesten widerspiegelt: die überschießende oder die abgeschwächte Variante. Im ersten Fall reagieren die Geschäftsreisen überproportional, im zweiten Fall unterproportional auf BIP-Änderungen; im ersten Fall ist die gesamtwirtschaftliche Einkommenselastizität größer Eins, im zweiten Fall zwischen Null und Eins.

Argumente gibt es für beide: Pro ‚abgeschwächt' ist die Überlegung, dass bei guter Konjunktur für einen Geschäftsabschluss weniger Akquise nötig ist als bei schlechter Konjunkturlage, in der viele ‚Leerfahrten' nötig sind, um einen Kunden zu gewinnen. Gegenteilig, also pro ‚überschießend' wirkt, dass bei guter Konjunktur häufig externe Mitarbeiter eingesetzt werden müssen, um die Aufträge zu bewältigen und dass große oder prestigeträchtige Projekte, die auswärtige Spezialisten benötigen, durchgeführt werden. In Krisenzeiten werden gerade diese Aktivitäten überproportional zurückgefahren.

Ohne die Aussage beweisen zu können, vermutet der Autor, dass die überschießenden Effekte rein quantitativ dominieren und die gesamtwirtschaftliche Einkommenselastizität der Geschäftsreisen etwas über Eins liegt – hier besteht noch Forschungsbedarf, um die Hypothese zu überprüfen.

Internationale Geschäftsreisetätigkeit ist in ganz ähnlicher Weise von der Weltkonjunktur abhängig, kann aber noch weiter differenziert werden. Als wichtiger Einflussfaktor agieren die **Ex- und Importe**. Allerdings ist nicht (wie für viele makroökonomische Fragen) auf den Saldo der Handelsbilanz, sondern auf das tatsächliche Handelsvolumen abzustellen! Die Begründung liegt in der oben dargestellten Annahme, dass jeder Kauf oder Verkauf mehr oder minder direkt mit einer Akquisehandlung und einer damit einhergehenden Reise verbunden ist. Am Beispiel von vier Ländern sei dies verdeutlicht:

Land A   Land B   Land C   Land D

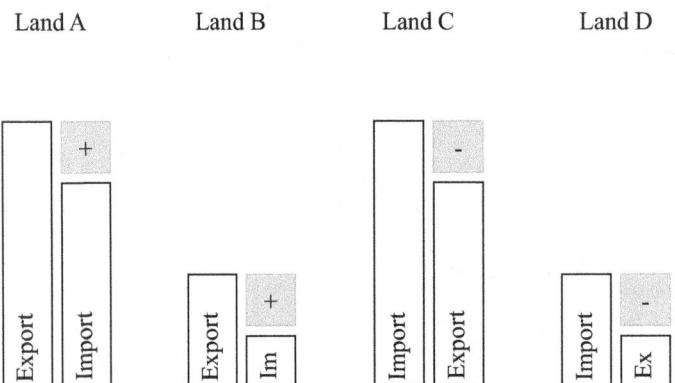

Abb. 3-17: Handelsvolumen und Handelsbilanzsaldo
Entwurf: V. Letzner

Aus makroökonomischer Sicht sind einerseits Land A und B und andererseits Land C und D ähnlich, da A und B je einen vergleichbar großen Handelsbilanzüberschuss und C und D je ein vergleichbares Handelsbilanzdefizit aufweisen. Aus Geschäftsreisesicht sind jedoch A und C bzw. B und D einander viel ähnlicher, da das Handelsvolumen, also Export plus Import, einmal groß und einmal klein ist. A und C dürften also ceteris paribus eine mehr als doppelt so große Geschäftsreisetätigkeit verbuchen können.

Keine Antwort erhalten wir allerdings auf die Frage, ‚in welche Richtung' das Reiseverhalten geht. Deutsche Exporte können sowohl durch Verkaufsanstrengungen deutscher Außendienstler im Ausland, aber auch durch ausländische Messebesucher in Deutschland begleitet sein. Für die deutsche Exportindustrie ist diese Frage zweitrangig – nicht aber für die Tourismusindustrie.

Direktinvestitionen lösen ebenfalls Geschäftsreisen aus. Unter Direktinvestition sei vereinfachend die langfristige reale Investition im Ausland verstanden: so der Kauf oder Bau eines Hotels auf Bali durch eine deutsche Hotelkette oder umgekehrt der Kauf deutscher Mobilfunknetze durch Ausländer. Bezüglich der durch Direktinvestitionen induzierten Geschäftsreisetätigkeit dürften sich keine grundsätzlich anderen Aussagen ergeben als eben zum Zusammenhang von Handelsvolumen und Reisetätigkeit geäußert wurden.

Nicht unter die übliche Abgrenzung von Geschäftsreise fällt normalerweise folgendes, leider großes Reisesegment: die **Kriegsreise**. Seit Urzeiten fahren Soldaten in andere Territorien, um dort – mit unterschiedlichen Argumenten und aus unterschiedlichen Gründen – Krieg zu führen. Zweifelsohne handelt es sich hierbei um Reisetätigkeit mit Investitions-Charakter (meist Besetzung eines Landes und Ausbeutung von dessen Ressourcen), doch werden diese Reisen fast immer im Auftrag des Kriegsherrn durchgeführt und bezahlt und tangieren die zivile Tourismusbranche wenig. Doch auch dies könnte sich im Rahmen einer verstärkten Privatisierung öffentlicher Aufgaben (private Gefängnisse in den USA, private Rettungsdienste in Dänemark, private Sicherheitsdienste in Flughäfen und U-Bahnen etc.) ändern und bereits heute sind im Auftrag der USA private Söldner unterwegs, die militärische Aufgaben in Kriegsregionen übernehmen. Aus Sicht dieser privaten Firmen, die Söldner an Kriegsherren verleihen, ist der Transport ihrer Leute von und zu ihren Einsatzorten nichts anderes als eine gewöhnliche Geschäftsreise. Im Gepäck findet sich dann statt des Laptops eine Waffe und Ziel der Reise ist, zynisch gesprochen, ein Geschäfts*schuss*. Determinante der Kriegsreise ist nicht der wirtschaftliche, sondern gewissermaßen der militärische Konjunkturverlauf in den Kriegs- und Krisengebieten dieser Welt. Da Krieg ein lukratives Geschäft des militärisch-industriellen Komplexes ist, kann die Truppenverlegung auch als das bezeichnet werden, was sie letztlich ist: eine Geschäftsreise.

Der Leser konnte erkennen, dass die Geschäftsreise ebenfalls eine vielschichtige Angelegenheit ist, die von vielen, auch von vielen unvorhersehbaren, Faktoren abhängt. Als größte Unterschiede zur Freizeitreise lassen sich festhalten:

- die Geschäftsreise ist vergleichsweise sehr preisunelastisch; das ‚Zeit, nicht Geld spielt eine Rolle‘-Argument von oben ist hier noch ausgeprägter
- der Konjunkturverlauf, sowohl der inländische als auch via Handelsvolumen der ausländische, und die internationale Verflechtung via Direktinvestitionen sind die Haupteinflussgröße auf nationale und internationale Geschäftsreisen.

3.7   Zusammenfassung und Ausblick

Drei wichtige Ergebnisse sind für eine mikroökonomisch fundierte Theorie der Tourismusnachfrage hervorzuheben. Methodisch zeigt sich, dass das übliche Nachfrage-Instrumentarium ergänzt werden muss, um die Besonderheiten der Tourismusnachfrage erfassen zu können. Insbesondere spielen Mengenrestriktionen eine viel größere Rolle als üblich und die Besonderheit einer zentralen Nachfragekomponente, die Nicht-Ausschließbarkeits-Eigenschaft des touristischen Attraktors verhindert eine allzu einfache Analyse. Inhaltlich zeigt sich, dass im Unterschied zum ‚normalen‘ Güternachfrageverhalten bei der Tourismusnachfrage deutlich mehr Randlösungen festzustellen sind, die letztlich zu Rigiditäten und Unelastizitäten bezüglich Preisen und Einkommen führen. Drittens gibt es gute Gründe nicht davon auszugehen, dass eine starke, am Leitbild des nachhaltigen Tourismus orientierte Nachfrage diesen Tourismus merkbar voranbringen wird. Die Hoffnung, dass sich die Verbraucher ihrer Macht bewusst werden und dass sie mittels ihrer Kaufentscheidungen Einfluss in wünschenswerte Richtungen ausüben, ist nur beschränkt tragfähig. Die Zukunft benötigt demzufolge weitere theoretische Forschung mit mikroökonomischen Hintergrund und deren Verbindung mit empirischen Untersuchungen über (beispielsweise) die Elastizitäten ausgewählter touristischer Nachfragekomponenten oder über Zahlungsbereitschaften (auch für nachhaltige Produkte), die in diesem Beitrag nicht bearbeitet werden konnten. Mutmaßliches Ergebnis dürfte aber sein: Wer nachhaltigen Tourismus stärken will, darf nicht so sehr auf den vernünftigen und mit Zahlungsbereitschaft für Nachhaltigkeit ausgestatten Verbraucher hoffen, sondern muss auf einen starken Staat setzen, der national und international tragfähige Vereinbarungen zugunsten der Nachhaltigkeit vereinbart und durchsetzt.

Ein weiteres Ergebnis war die Erkenntnis, dass Freizeit- und Geschäftsreise von sehr unterschiedlichen Parametern abhängen und nur sehr schwer zu vergleichen sind. Deshalb sei in diesem Ausblick gefragt, welche weiteren Reisetypen es denn gibt und wie sich deren Nachfragebestimmungen skizzieren ließen?

Es gibt zwei Reistypen, die bisher der Freizeitreise zugeordnet wurden, da sie eben meist in der Freizeit stattfinden und privat bezahlt werden. Unter Umständen wäre hier eine dritte Kategorie sinnvoll, da die Reistypen

- Gesundheitsreise i.e.S.
- Bildungsreise i.e.S.

zwar tatsächlich in der Freizeit durchgeführt und privat bezahlt werden, aber in ihrem Investitionscharakter eher einer Geschäftsreise vergleichbar sind. Da beide Reistypen in Zukunft ansteigen werden, sei hier kurz auf deren Nachfragedeterminaten eingegangen.

a) Die Gesundheitsreise i.e.S.

Im Unterschied zum ‚weichen‘ Gesundheitstourismus der Wellness- und Vorsorgenachfrage, sei mit der Gesundheitsreise i.e.S. tatsächlich ‚harte‘ medizinische Behandlung gemeint, die entweder aus Preis- oder aus Verfügbarkeitsargumenten im Ausland durchgeführt werden:

- Zahnbehandlungen in Ungarn und Tschechien
- Nasen- oder Brustkorrekturen auf Malta oder Mallorca
- Herzbehandlungen in USA oder Israel
- (illegale) Transplantationen in arabischen oder sich entwickelnden Ländern oder Nachfrage bspw. nach Organen armer Inder oder hingerichteter Chinesen.

Wie bei der Geschäftsreise steht nicht die Reise, sondern das Dienstleistungsergebnis im Mittelpunkt und je nach Dringlichkeit des Gesundheitsproblems spielt der eigentliche Reisepreis im Vergleich zum Behandlungspreis eine untergeordnete Rolle; der Reisetyp ist ebenfalls preisunelastisch. Eine zunehmend älter und reicher werdende westliche Gesellschaft im Zuge des demographischen Wandels wird diesen Reisetypus, ergänzt um die Pflegedienstleistung im günstigeren Ausland, weiter ansteigen lassen.

b) Die Bildungsreise i.e.S.

Im Unterschied zur klassischen Bildungsreise sind hier Reisen gemeint, die konkret als Investition in Humankapital verstanden werden können:

- Studium oder Praktikum im Ausland, MBAs
- Sprachreisen, insb. kompakte, individuelle und zertifizierte Crash-Kurse
- Interkulturelle Kommunikation, beispielsweise ‚Verhandeln‘ in Russland oder China

Teilweise handelt es sich dabei um (teure) Bausteine, die von Unternehmen ihren Mitarbeitern in Arbeits- und/oder Freizeit angeboten werden, teilweise werden sie explizit im Privaten durchgeführt. Auch hier dürfte die Nachfrage eher preisunelastisch sein, denn wiederum sind die Reisekosten im Vergleich zu den Kurskosten gering und wer vielleicht einen Karrieresprung vor Augen hat, fragt nicht, ob ein vierwöchiger Crashkurs oder ein renommierter MBA einige tausend Euro mehr oder weniger kostet. In der Tat könnte sich also ein drittes

Reisesegment weiter entwickeln: Reisen, die hauptsächlich von Privatpersonen (in ihrer Freizeit) nachgefragt werden, die aber primär einem Investitionskalkül unterliegen, vergleichsweise preisunelastisch sind und neue Ideen seitens der Anbieter erfordern. Der Leser möge überlegen, ob eine weitere Reiseart in dieses Segment zu zählen sei: die Pilgerreise i.e.S. Damit ist nicht jener Aspekt des spirituellen Tourismus gemeint, der die Leute einmal vierzehn Tage den Jakobsweg oder ähnliche Pilgerstraßen benutzen lässt. Damit ist jene (häufig einmal im Leben durchgeführte große) Pilgerreise aus religiösen Motiven heraus gemeint, die Jahr für Jahr (geschätzte 100) Millionen Christen, Muslime, Hinduisten oder andere auf die Beine stellen. Auch hier wird die Reise privat durchgeführt und bezahlt und hat häufig einen Ausschließlichkeitscharakter, der durchaus wie eine Investition ins Jenseits interpretiert werden kann.

Anhang

A1: Datenänderungen zum Abschnitt 3.4

Gemäß (5) führt eine Lohnerhöhung in Abb. 3-18 zu einer Drehung der Budgetgeraden des Selbständigen; der Budgetpunkt des Angestellten verschiebt sich über $\overline{H}$ nach oben und die ‚halbe' Tauschgerade des Angestellten verschiebt sich parallel nach oben.

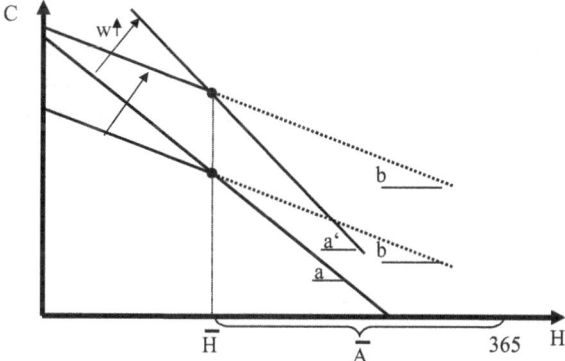

Abb. 3-18: *Lohnerhöhung*
Entwurf: V. Letzner

Eine **Reduzierung des Urlaubsanspruchs** in Abb. 3-19 von $\overline{H}$ auf $\overline{H}'$ verschiebt den Budgetpunkt des Angestellten auf der Budgetgeraden des Selbständigen nach links oben und die Tauschkurve mit tan β verkürzt sich dementsprechend. Für einen urlaubsorientierten Haushalt (vgl. Abb. 3-5) bedeutet dies eine Nutzenverschlechterung. Für einen konsumorientierten Haushalt (vgl. Abb. 3-4) ist dies mit einer Nutzenerhöhung verbunden: So kann z.B. ein Angestellter, der vorher nur einen Teilzeitjob hatte, froh sein, wenn sich beim Übergang zu Vollzeit zwar die Freizeit reduziert, aber eben auch das Einkommen steigt. Eine **Erhö-**

hung des Urlaubsanspruchs ohne Lohnausgleich oder unbezahlter Urlaub wird ebenfalls in Abb. 3-19 deutlich, wenn $\overline{H}'$ auf $\overline{H}$ ansteigt.

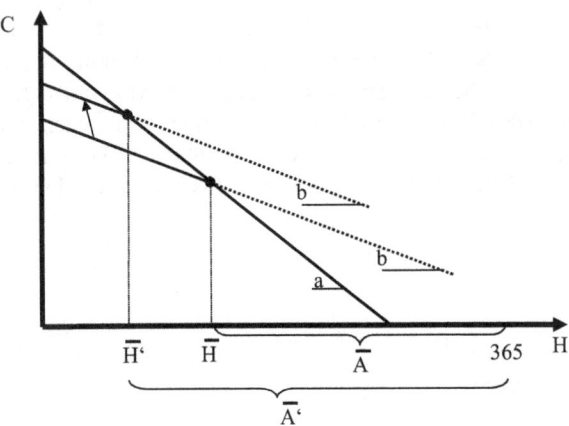

Abb. 3-19: *Änderung des Urlaubsanspruchs ohne Lohnausgleich*
Entwurf: V. Letzner

Eine **Erhöhung des Urlaubs mit vollem Lohnausgleich** so, dass das Jahreseinkommen unverändert bleibt, wird in Abb. 3-20 dargestellt und kann auch als Kombination der Abb. 3-18: Lohnerhöhung und Abb. 3-19 Erhöhung Urlaubsanspruch interpretiert werden: Die Lohnerhöhung verschiebt die Tauschkurve des Angestellten nach oben, die Erhöhung des Urlaubsanspruchs schiebt sie wieder zurück und der neue Budgetpunkt liegt auf der höheren Budgetgeraden α'.

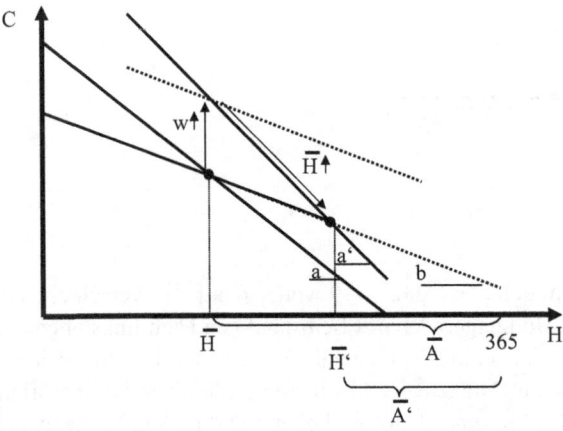

Abb. 3-20: *Änderung des Urlaubsanspruchs mit Lohnausgleich*
Entwurf: V. Letzner

4 Modul ‚Das Drama': Gefährdung der touristischen Allmende-Attraktoren

Das Modul in Kürze

Viele touristische Attraktoren sind allgemein zugänglich und leiden deshalb unter der Allmendetragödie, da sie von jedem benutzt, aber von niemandem gehegt werden. Der übliche Lösungsansatz heißt Privatisierung der Allmendegüter, was aber unerwünschte Umverteilungseffekte und langfristige Ineffizienzen mit sich bringen kann. Neben alternativen Lösungsvorschlägen wird deshalb abschließend für eine ineffiziente Effizienz und die Reanimation der Allmenden geworben.

Leitfragen

Warum stehen Allmendegüter im Zentrum des touristischen Schauspiels und warum handelt es sich dabei um ein Drama?

1. Was sind Allgemein- und Allmendegüter und wodurch zeichnen sich letztere aus?
2. Welche Allokations- und Verteilungswirkungen gehen von Allmenden und deren Aufhebung aus?
3. In welchen touristischen Aspekten finden sich Allmendegüter und warum?
4. Welche Lösungsansätze und welche Lösungsinstrumente gibt es zur Behebung der Allmende-Tragödie?
5. Was ist unter ‚effizienter Ineffizienz' und ‚Reanimation der Allmende' zu verstehen?

Stichworte

Allmende – Tourismusökonomie – Privatisierung – Ineffiziente Effizienz

4.1   Einführung

Allgemeingüter, Allmende (-güter) oder Gemeinheiten sind verschiedene Wörter für eine bestimmte Art von Gütern, die zum Problem der Allmendetragödie (Tragedy of the Commons) führen. Im Mittelalter hatte jedes Dorf Allmenden oder Gemeinheiten, in der Regel Weide und Wald, deren Nutzung allen Dorfbewohnern offen stand[27]. Demgegenüber waren Acker und Wiese Privateigentum eines Hofes und wurden ausschließlich von diesem bewirtschaftet. Im Lauf der letzten beiden Jahrhunderte sind diese Gemeinheiten in Deutschland weitgehend verschwunden und finden sich nur noch in agrarischen Randlagen – die Alm, die als Sommerweide von allen Bauern des Tales genutzt wird, ist nicht nur etymologisch ein Relikt der alten Allmende. Ähnlich, wenn in manchen Landstrichen ein Schäfer über die abgeernteten Felder zieht, erinnert er an jene Zeiten, als die Bauern ihre Schweine in die Laubwälder trieben, um sie dort zu mästen. An die Existenz und dann an den Verlust der gemeinheitlichen Nutzungsrechte erinnern noch manche Märchen und Novelle, die von armen Leuten erzählen, die kein Brennholz sammeln oder keine Fische fangen dürfen. Heutzutage ist lediglich die Aneignung von Waldbeeren und Pilzen übrig geblieben.

Die Tragödie der Allmende ist die, dass Allmendegüter von allen benutzt werden dürfen und früher oder später die Gefahr der Übernutzung besteht. Die Wälder und Weiden wurden überweidet und erodierten und die Gewässer wurden leer gefischt. Ein Agrartheoretiker schreibt 1754 über die Gemeinheiten: „Niemand gibt sich die Mühe eine Sache zu verbessern und zu kultivieren, an deren Genuss so viele andere mit Teil haben; und … jeder eilet etwas Nutzen von dieser gemeinschaftlichen Sache zu ziehen…"[28]. Obwohl heutzutage die klassische Allmende weitgehend verschwunden ist, ist das Allmendeproblem trotzdem drängend wie nie. Fast die gesamte Umweltverschmutzung ist darauf zurückzuführen, dass Wasser, Luft oder die Atmosphäre von allen unbedenklich genutzt, verschmutzt oder zerstört werden. Die Weltmeere sind inzwischen über- oder sogar leer gefischt, weil sich Fischer und Trawler aller Nationen bedienen. Jeder Stau auf einer Autobahn ist ebenfalls ein Überlastungsphänomen (overcrowding), da jeder die frei zugängliche Straße für sein Fahrzeug nutzt. Im Tourismus sind sehr viele der (in Modul 2 erläuterten) touristischen Attraktoren ebenfalls Allmendegüter, die von Touristenströmen überrannt und geschädigt werden.

Die klassische Antwort der Ökonomie auf die Allmendeproblematik war und ist die Privatisierung der Gemeinheiten, denn dann wird sich jeder um die Qualität und den Fortbestand seines Eigentums kümmern: Karpfen im Karpfenteich werden nie aussterben – für manchen Hochseefisch ist es schon zu spät. Die Privatisierung ist aber oftmals gar nicht oder nur sehr schwer zu bewerkstelligen und/oder die Privatisierung hat unerwünschte Nebenwirkungen wie beispielsweise im 19. Jahrhundert die Pauperisierung ganzer Bevölkerungsteile, die die Allmende nicht mehr zur Grundversorgung nutzen konnten. Im Tourismus könnte man das Problem überfüllter und verschmutzter Badestrände auch durch Privatisierung lösen – nur

---

[27]   Hauptquelle für die Entwicklung der Allmenden im Mittelalter und später sind Zückert (2003) und der Sammelband Meiners/Rösener (2004). Zur Allmende-Aufhebung im Zuge der Eigentumsdefinition John Lockes s. Russell (1945, 2008), S. 643 ff.

[28]   J. H. G. Justi, zitiert nach Zückert (2003), S. 298.

widerspricht die Abschottung dem Prinzip der Freizügigkeit und mancher oberbayerische See, der rundum von Privatbesitz abgesperrt ist, ist für manchen ein abschreckendes Beispiel. Neben der Privatisierung gibt es eine ganze Reihe anderer Instrumente, die gegebenenfalls eine bessere Antwort auf das Allmendeproblem geben: Eintrittspreise, Kurtaxe, Steuern, Emissionsrechte, Fangquoten und viele andere Ansätze.

Das Modul ist dreigeteilt: Eine Einführung in die Allgemein- und Allmendegüter, Ursachen und Probleme bei Allmendegütern im Tourismus und Lösungsansätze für die touristische Allmendeproblematik. Somit ist das ganze Modul ein zentraler Baustein zum nachhaltigen Tourismus – zum einen was die Ursachenforschung betrifft als auch was Lösungsmöglichkeiten betrifft, um insbesonder touristische Attraktoren auch langfristig erhalten zu können.

4.2   Allgemein- und Allmendegüter

4.2.1   Begriffsklärung

Eine letztlich auf Paul A. Samuelson zurückgehende Kategorisierung von Gütern hat sich für verschiedene Zwecke als sehr nützlich erwiesen. Sie stellt (in einer einfachen Version) auf die beiden Kategorien Ausschließbarkeit und Rivalität im Konsum ab und teilt Güter in ein 4-Felder-Schema ein[29]:

		Rivalität	
		ja	nein
Ausschließbarkeit	Ja	**P-Gut** (Privatgut)	**M-Gut** (Mautgut)
	Nein	**A-Gut** (Allmendegut)	**Ö-Gut** (Öffentl. Gut)

Tabelle 4-1: Güterkategorien
Entwurf: V. Letzner nach P. A. Samuelson

Ausschließbarkeit meint, dass man ein Gut mittels technischer und/oder juristischer Mittel so abschließen kann, dass nicht jedermann dieses Gut konsumieren kann; *Rivalität* im Konsum bedeutet, dass ein Gut ganz oder teilweise an Qualität verliert, wenn es von jemanden konsumiert wird. In der Kombination ergeben sich folgende Güterkategorien:

---

[29] Jedes Grundlagenbuch der VWL, z.B. Mankiv (2004), bietet eine Behandlung des Themas und der volkswirtschaftlichen Konsequenzen für die verschiedenen Güter; vertieft siehe die finanzwissenschaftliche Literatur, z.B. Musgrave et al (1987), Brümmerhoff (2007). Ähnlich für die Kulturökonomik vgl. Gottschalk (2006), S. 39 ff.

Private Güter: Als Beispiel diene ein privates Auto, das abschließbar ist und an Wert verliert, wenn es benutzt wird. Die allermeisten der üblichen Konsum- und Investitionsgüter sind private Güter, für die der Markt- und Preismechanismus in der Regel effiziente Allokationsergebnisse herbeiführt.

Für *Mautgüter* sind Mautstraßen oder Museen ein Beispiel, wenn sie nicht gerade von so vielen Leuten genutzt werden, dass es zu Stau-Externalitäten (siehe unten) kommt.

Öffentliche Güter: Radiowellen, Straßenbeleuchtung, öffentliche Sicherheit oder nächtens leere Straßen sind Beispiele dafür. Weil niemand ausgeschlossen werden kann, kann auch schwerlich ein Preis für die Nutzung des öffentlichen Gutes angesetzt werden – bei privatwirtschaftlichem Angebot käme es zu einer Unterversorgung mit öffentlichen Gütern, so dass deren Bereitstellung sehr häufig vom Staat finanziert wird.

Allmendegüter sind beispielsweise Fischschwärme auf hoher See, die niemanden gehören; da aber sehr wohl eine Rivalität besteht (sogar doppelt, denn ein Fisch kann nur einmal gefangen/gegessen werden und ein gefangener Fisch trägt nicht mehr zum Erhalt der Population bei), kommt es bei Allmendegütern regelmäßig zum Problem der Übernutzung.

Als *Allgemeingüter* sind jene Güter definiert, für die keine Ausschließbarkeit gilt. Demzufolge ist es richtig, die Umwelt als Allgemeingut zu bezeichnen. Umwelt*probleme* kann es aber nur geben, weil Umwelt ein Allmendegut ist. Die häufig zu lesende Behauptung, dass Umweltgüter öffentliche Güter sind, ist nicht logisch, denn wäre Umwelt ein ,echtes' öffentliches Gut, gäbe es keine Rivalität und somit keine Umweltprobleme.

Exkurs: Wegweiser durch den Begriffsdschungel

Selbst unter Ökonomen, insbesondere aber in Abgrenzung zu den Historikern kommt es zu Begriffsverwirrungen, die hier zwar nicht beseitigt, aber zumindest erläutert werden sollen: *Historiker* verwenden für unser Allmendegut folgende Begriffe mehr oder minder synonym: „Allgemeingut", „Gemeinheit", „Allmende", „Mark", „öffentliches Gut". Historiker unterscheiden also vorrangig (juristisch) nach dem Problem der Nicht-Ausschließbarkeit, während *Ökonomen* auch die Rivalität als Begriffskategorie verwenden und so zu drei Oberbegriffen kommen:

1) *Allgemeingut* für Güter ohne Ausschließbarkeit, also Allmende- und öffentliche Güter;

2) *Allmendegut* oder „gesellschaftliche Ressource": Nicht-Ausschließbarkeit + Rivalität.

3) *Öffentliches Gut*: Nicht-Ausschließbarkeit + Nicht-Rivalität; leider wird das öffentliche Gut häufig auch im Sinne der Definition des Allgemeingutes verwendet.

Im Englischen wird das öffentliche Gut als *Public Good* und das Allmendegut als *Common* oder Pool-Ressource bezeichnet.

Kasten 4-1: Wegweiser durch den Begriffsdschungel
Entwurf: V. Letzner

Güter sind nicht unverrückbar der einen oder anderen Kategorie zugeordnet. Eine deutsche Autobahn kann nachts ein öffentliches Gut sein (kein Auto stört das andere) und wird zur Stoßzeit plötzlich ein Allmendegut, weil es zu Stau-Externalitäten kommt und jedes zusätzliche Auto die jeweils anderen behindert. Ein Museum ist normalerweise ein Mautgut, aber wenn der Besucherandrang groß ist, kann der Platz vor der Mona Lisa zur Allmende werden. Der Leser möge die vielfältigen touristischen Attraktoren in dieses Schema einordnen und sich mit Beispielen verdeutlichen.

4.2.2   Theoretischer Hintergrund der Allmendeproblematik

Bevor wieder auf tourismusökonomische Fragen detailliert eingegangen wird, müssen einige Seiten zur allgemeinen Einführung in die Allmendeproblematik und die damit verknüpfte Theorie der externen Effekte investiert werden.

Externe Effekte und Allgemeingüter

So leicht es ist, die Allmendetragödie mit Beispielen zu bebildern, so schwierig ist es, das Problem theoretisch exakt in den Griff zu bekommen. Die Allmendeproblematik ist einerseits ein Spezialfall der externen Effekte, kann aber auch als Erklärung für externe Effekte herangezogen werden. *Externer Effekt* bedeutet, dass von einer bestimmten ökonomischen Handlung eines privaten Wirtschaftssubjektes Effekte auf andere Wirtschaftssubjekte ausgehen[30]. Von diesen Interdependenzen gibt es verschiedene Arten:

Pekuniäre externe Effekte sind jene Marktmechanismen, die zu Preisänderungen und zu dadurch induzierten Verhaltensänderungen anderer führen. Wenn viele Menschen plötzlich in Rom einen neuen Papst sehen wollen, steigt die Nachfrage nach Reise und Unterkunft, was für andere potentielle Rombesucher den Aufenthalt verteuert und sie vielleicht vom Besuch abhält. In der Wohlfahrtsliteratur (z.B. Luckenbach 1986, S. 138) wird gezeigt, dass pekuniäre externe Effekte die Allokationseffizienz des Marktes nicht stören, ja sogar Bedingung sind, dass der Markt überhaupt effizient wirken kann.

Nicht-pekuniäre oder *technologische* externe Effekte sind jene, die hier interessieren und wichtig werden[31]. Bei diesen externen Effekten geht vom Konsum und/oder der Produktion eines Gutes ein direkter technologischer, nicht über den Markt gehandelter Effekt auf die Konsum- und/oder Produktionsfunktion eines anderen Wirtschaftssubjektes aus. Dies ist nur möglich, weil andere Subjekte von den Effekten nicht ausgeschlossen werden können. Externe Effekte können also wie Allgemeingüter interpretiert werden.

Im Fall *positiver* externer Effekte (auch externe Erträge genannt) wird der Verursacher vom Nutznießer nicht dafür entschädigt, dass jener diesem etwas Gutes getan hat. Diese Nicht-Kompensation führt dazu, dass Güter, die einen positiven externen Effekt haben, *weniger* als

---

[30]   Vgl. die spezielle Literatur zur Umweltökonomie, z.B. Siebert (2004) oder auch allgemeiner u.a. Luckenbach (1986), Neumann (1994 und 1995), Mankiw (2004).

[31]   Im Fortgang sind immer diese nicht-pekuniären, technologischen externen Effekte gemeint, wenn (vereinfacht) von externen Effekten gesprochen wird.

volkswirtschaftlich wünschenswert vorhanden sind. Wer einen schönen Garten anlegt oder eine attraktive Fassade gestaltet (Geranienbalkone und Lüftl-Malereien in Oberbayern), hat die privaten Kosten hierfür zu tragen und erfreut den Betrachter, der sich aber nicht an den Kosten beteiligen muss – würde jeder Betrachter einen Obolus für eine schöne Fassade entrichten, gäbe es bedeutend weniger hässliche Gebäude. Wer sich Impfen lässt, hat hierfür private Kosten (und ggf. Risiken und Schmerzen) zu tragen und den Vorteil, nicht angesteckt zu werden; dass aber der Geimpfte auch gleichzeitig als potentieller Überträger ausfällt und somit auch andere schützt, wird ihm von diesen nicht vergütet. Es wurde in Modul 1 gezeigt, dass positive externe Effekte bei der Entstehung oder dem Erhalt attraktiver Urlaubsorte eine große Rolle spielen. Öffentliche Güter können als Sonderfall von Gütern betrachtet werden, die ausschließlich aus positiven externen Effekten bestehen und privat nicht bereitgestellt werden.

Im Fall *negativer* (technologischer) externer Effekte (auch externe Kosten genannt oder external diseconomies) wird der Geschädigte vom Verursacher nicht dafür kompensiert, dass jener von diesem etwas Schlechtes erfahren hat. Diese Nicht-Entschädigung führt dazu, dass Güter mit negativen externen Effekten *mehr* als volkswirtschaftlich wünschenswert angeboten werden. Wenn durch das Autofahren klimaschädliche Emissionen frei werden und deshalb in Bangladesch die Überschwemmungen zunehmen, werden die Betroffenen nicht vom Autofahrer entschädigt – ein Beispiel für einen global wirkenden negativen externen Effekt. Ein regionaler oder lokaler negativer externer Effekt ist es, wenn die Anwohner eines Flughafens aufgrund der Lärmemissionen keinen Schlaf mehr finden und ein Beispiel für einen partiellen negativen externen Effekt ist es, wenn ein Nichtraucher durch einen rauchenden Nachbarn geschädigt wird. Die Zerstörung natürlicher Landschaft durch Infrastrukturbau im Tourismus wäre ebenso zu nennen wie der Raubbau von Bodenschätzen oder die Beeinträchtigung künftiger Generationen durch irreparable (Umwelt-) Schäden. Negative externe Effekte entstehen also, weil knappe Ressourcen (sauberes Wasser, Atmosphäre, Ruhe etc.) kostenlos genutzt werden oder weil, anders formuliert, Ressourcen genutzt werden, für die Nicht-Ausschließbarkeit und Rivalität im Konsum gilt, die also Allmendegüter sind.

Die Existenz technologischer externer Effekte führt dazu, dass die Allokation gestört wird und der Marktmechanismus alleine kein effizientes Allokationsergebnis hervorbringt. Der Grund liegt darin, dass externe Effekte zur Diskrepanz von privaten und volkswirtschaftlichen Grenzkosten (GK) führen:

- *Grenzkosten* geben an, wie viel es *mehr* kostet, wenn von einem Gut *eine* Einheit mehr hergestellt wird.

- *Private* (oder auch: betriebswirtschaftliche) Grenzkosten sind jene Grenzkosten, die ein Wirtschaftssubjekt zusätzlich ins Kalkül seiner privaten Wirtschaftlichkeitsrechnung ziehen muss, wenn es eine Einheit mehr produziert.

- *Volkswirtschaftliche* (oder auch: gesamtwirtschaftliche oder soziale) Grenzkosten sind jene Grenzkosten, die insgesamt für die Volkswirtschaft als Zusatzkosten der Produktionsausdehnung um eine Einheit entstehen.

- Gesamtwirtschaftliche Grenzkosten sind *größer, kleiner* oder *gleich* den privaten Grenzkosten.

- Wenn *keine* externen Effekte vorliegen, sind alle volkswirtschaftlich anfallenden Kosten auch in der privaten Rechnung berücksichtigt oder internalisiert. Jeder, der durch die Produktion Ungemach (oder Gutes) erleidet, erhält (leistet) Entschädigung. Der Markt führt zu einer effizienten Allokation und es gilt:
  volkswirtschaftliche Grenzkosten = private Grenzkosten

- Wenn *positive* externe Effekte vorliegen, sind die volkswirtschaftlich anfallenden Kosten kleiner als in der privaten Rechnung, da Entschädigungen von den unfreiwilligen Nutznießern nicht fließen. Der Markt führt zu einer ineffizienten Unterversorgung mit dem Gut und es gilt:
  volkswirtschaftliche Grenzkosten < private Grenzkosten

- Wenn *negative* externe Effekte vorliegen, sind die volkswirtschaftlich anfallenden Kosten größer als jene, die der Verursacher privat berücksichtigen muss. Der Markt führt zu einer ineffizienten Überversorgung mit dem Gut und es gilt:
  volkswirtschaftliche Grenzkosten > private Grenzkosten

- Zusammenfassend heißt die Formel also:
  volkswirtschaftliche Grenzkosten =
  = private Grenzkosten – positiver externen Effekt + negativer externer Effekt

(1) $\qquad GK^v = GK^p - eE^+ + eE^-$

An folgender Grafik seien die Zusammenhänge verdeutlicht:

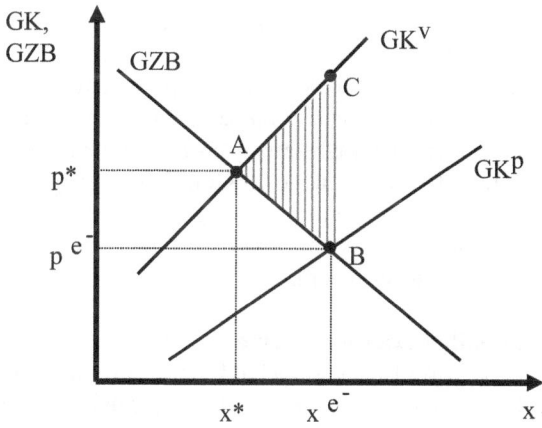

Abb. 4-1: *Negativer externer Effekt*
Entwurf: V. Letzner nach vielen Vorlagen der Literatur

Die fallende Grenzzahlungsbereitschaft symbolisiert die Nachfrage nach dem Gut; gäbe es keinen negativen externen Effekt, wären die privaten Grenzkosten gleich den volkswirtschaftlichen und ein allokationseffizientes Ergebnis in A würde zum optimalen Gleichgewichtspreis p* und zur optimalen Gleichgewichtsmenge x* führen. Bei Vorliegen eines negativen externen Effekts sind jedoch wie oben erläutert die privaten Grenzkosten kleiner als die volkswirtschaftlichen. Da sich die privaten Akteure nur an den für sie relevanten privaten Grenzkosten orientieren, kommt es zu einem Marktergebnis B mit einem niedrigeren Preis und einer höheren Menge. Da bei der Menge x^{e^-} zu den privaten Grenzkosten die externen Effekte hinzukommen, die insgesamt zu tatsächlichen Grenzkosten in Höhe von C führen, ist dieses Ergebnis suboptimal. Dies zeigt sich darin, dass in C die volkswirtschaftlichen Grenzkosten größer als die Grenzzahlungsbereitschaft sind, dass also jede zusätzlich produzierte Einheit größere Kosten verursacht als sie Nutzen bringt. Die Überproduktion verursacht einen negativen volkswirtschaftlichen Wohlfahrtseffekt in Höhe des Dreiecks ABC, der aber den Produzenten ‚egal‘ ist, weil sie ihn nicht kompensieren müssen und der den Konsumenten des Gutes x ‚egal‘ ist, weil sie mehr Ware für einen niedrigeren Preis bekommen – den volkswirtschaftlichen Schaden tragen, je nach zugrunde liegender Externalität, wenige oder viele andere. Der Leser möge sich an einer analogen Grafik die Konsequenzen eines positiven externen Effektes selbst verdeutlichen.

Bei externen Effekten handelt es sich um einen Aspekt des Marktversagens, der nach herrschender Meinung mittels einer sinnvollen Wirtschaftspolitik durch *Internalisierung* der Externalität behoben werden sollte, wie bsp. in Siebert (2004) oder im kurzen Umweltkapitel in Dorn/Fischbach/Letzner (2010) erläutert. Das heißt, dass die privaten Kosten alle volkswirtschaftlichen Kosten widerspiegeln müssen und die externen Effekte möglichst gegen Null gehen sollten. Bei partiellen externen Effekten genügt es häufig schon, eine Verhandlungsrunde der Beteiligten zu initiieren; Verhandlungslösungen können auch ohne Staat zustande kommen, wenn der Kreis der Beteiligten hinreichend klein ist. Bei regionalen externen Effekten kann es möglich sein, Eigentumsrechte zu definieren, so dass beispielsweise ein See den umliegenden Wasserwerken gehört und andere Produzenten nicht mehr unkompensiert ihre Abwässer einleiten dürfen. Häufig wird als Politikmaßnahme auf Ge- und Verbote, die Pigou-Steuer (bekannter als Umweltsteuer), Versicherungsverpflichtungen oder Emissionszertifikate verwiesen. Bei globalen externen Effekten müssen internationale Übereinkünfte erreicht werden, um gemeinsam adäquate Internalisierungsinstrumente zu vereinbaren und umzusetzen – was meist schwierig ist, wie die aktuelle Klimadebatte zeigt. Um mit der Abb. 4-1 zu sprechen: jedes Internalisierungsinstrument versucht nichts anderes, als die private Grenzkostenkurve möglichst nahe an die volkswirtschaftliche Grenzkostenkurve heranzuschieben und den Wohlfahrtsverlust ABC zu verringern.

Allmendegüter als Erklärung und als Spezialfall externer Effekte

Negative externe Effekte entstehen, weil private Wirtschaftssubjekte knappe, aber freie Allmenderessourcen nutzen, ohne dafür bezahlen zu müssen. In vielen Fällen handelt es sich um *einseitige Effekte*: wenn eine Fabrik am Oberlauf eines Flusses durch Wasserverschmutzung die Fischzucht am Unterlauf des Flusses beeinträchtigt, geht die Wasserverschmutzung nicht in das privatwirtschaftliche Kalkül des Fabrikmanagements ein. Oft gibt es aber *Rückkoppelungseffekte*, wenn eine (knappe aber freie) Ressource *gemeinsam* genutzt wird und der Verursacher der Externalität gleichzeitig auch Betroffener der Externalität wird; die Nutzung der Ressource durch den einen erhöht dann die Kosten für die anderen und umgekehrt. Beispiele sind mehrere Trawler in einem Fischgrund, mehrere Fabriken an einem See oder die Schweine aller im Dorfwald. In diesem Fall wird jeder Betroffene mit den volkswirtschaftlichen Durchschnittskosten (DK), die nun seinen privaten Grenzkosten entsprechen, anstatt mit den volkswirtschaftlichen Grenzkosten kalkulieren:

(2) $GK^v > DK^v = GK^p$

Wenn sich eine Ressource in Privatbesitz befindet, wird deren Nutzung soweit ausgedehnt, bis gilt: Grenzkosten gleich Preis. Bei einer von allen gleichermaßen genutzten Allmende-ressource kommen aber solange weitere Anbieter hinzu, bis die Durchschnittskosten gleich dem Preis sind und für alle Anbieter der Gewinn auf null sinkt[32]. Am Beispiel eines Jagd-grundes, der allen zugänglich ist, kann dies erläutert werden. Der einzelne Jäger kalkuliert nur mit seiner durchschnittlichen Jagdzeit – dass mit jedem geschossenen Tier der Zeitauf-wand für andere Jäger größer wird (dass es also einen negativen externen Effekt gibt), inte-ressiert den einzelnen Jäger nicht. Seine privaten Grenzkosten entsprechen den volkswirt-schaftlichen Durchschnittskosten und nicht den volkswirtschaftlichen Grenzkosten (inklusive des induzierten zusätzlichen Zeitaufwandes für andere). Das Fangvolumen V ist zu groß, der Wildbestand wird übernutzt und es ergibt sich ein negativer Wohlfahrtseffekt ABC, weil der volkswirtschaftliche Aufwand für ein zusätzliches Wildbret größer ist als der zusätzliche Nutzen für die Konsumenten.

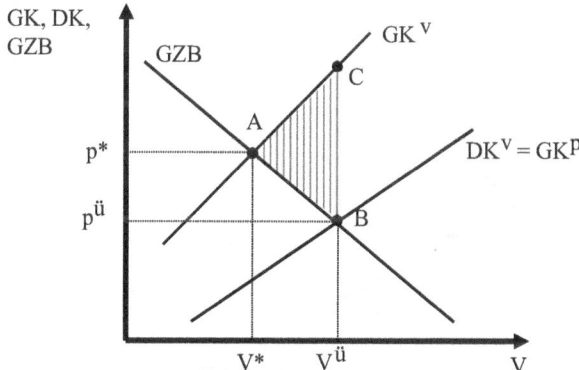

Abb. 4-2: *Klassische Allmende*
Entwurf: V. Letzner nach vielen Vorlagen der Literatur

Allmendegüter, also freie und knappe Ressourcen, sind die Ursache für negative externe Effekte, die der eine beim anderen auslöst. Handelt es sich um freie und knappe Ressourcen, die darüber hinaus *gemeinsam* von allen Beteiligten als Produktionsinput genutzt werden und bei denen es deshalb die oben beschriebenen Rückkoppelungseffekte gibt, handelt es sich um

---

[32] Dem Leser kommt diese Argumentationskette vielleicht bekannt vor und erinnert ihn an das langfristige Markt-gleichgewicht und an die Marktform der monopolistischen Konkurrenz; dort gilt aber aufgrund von Fixkosten in der so genannten Chamberlinschen Tangentiallösung p = DK > GK; siehe Letzner (1997), S. 16ff. basierend auf Dixit/Stiglitz (1977).

den Spezialfall der ‚klassischen Allmende' oder Pool-Ressource[33]. Hierbei ist der Ressourcennutzer mit den Durchschnittskosten konfrontiert, die je nach Situation der Durchschnittsverschmutzung, dem Durchschnittslärm, der Durchschittsproduktivität oder anderen *Durchschnitten* entsprechen. Die historisch ‚Allmende' genannten Wälder und Weiden, eine Alm oder die heutige Hochsee sind also eine klassische Allmende – wie auch viele touristische Attraktoren, auf die unten ausführlich eingegangen wird.

Häufig handelt es sich bei Allmenden um regenerierbare natürliche Ressourcen (Fischbestand, Wald etc.), die in der Literatur[34] ausführlich behandelt werden. Da allerdings diese Thematik aufgrund von Differenzialgleichungen schnell sehr anspruchsvoll wird, sei sie hier nur kurz zusammengefasst. Wenn die ausbeutenden Unternehmen über die heutigen und zukünftigen biologischen Konsequenzen ihres Handelns informiert sind, keiner Fehleinschätzung unterliegen und die regenerierbare natürliche Ressource Privatbesitz ist, wird das optimale Entnahmevolumen V^* die natürliche Ressource nachhaltig erhalten. Wenn aber, wie meist anzunehmen, die regenerierbare natürliche Ressource ein Allmendegut ist, ist das Entnahmevolumen $V^ü$ suboptimal hoch. Darüber hinaus besteht die Gefahr, dass nun die Über-Ausbeutung einen irreversiblen (biologischen) Prozess auslöst, der letztlich zur Vernichtung der natürlichen Ressource führt. Ähnliches gilt für endliche natürliche Ressourcen, die bei freiem Zugang zu schnell abgebaut werden.

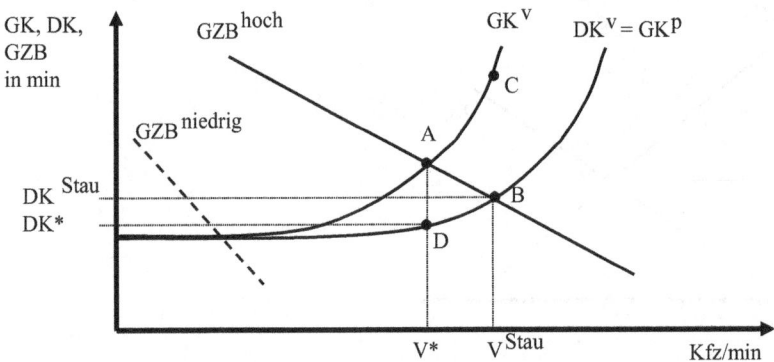

Abb. 4-3*: Stauungs-Externalität*
Quelle: Köberlein (1997), S. 226

Stauungs-Externalitäten als spezielle Allmendeproblematik
Bereits oben zur Tabelle 4-1 wurde darauf hingewiesen, dass die Einteilung der Güter in die verschiedenen Kategorien fließend ist und von den jeweiligen Umständen abhängt. Im Fol-

---

[33] Die klassische Allmende ist somit eine Teilmenge der Allmendegüter. Mathematisch erscheint jeder Output in der Produktionsfunktion des anderen mit einer negativen partiellen Ableitung; im Fall des einseitigen externen Effektes, ist die partielle Ableitung des Verursachers auf Outputänderungen des Geschädigten gleich Null.

[34] Vgl. Hotelling 1931, Hartwick 1989, Neumann 1994, Siebert 2004, Harris 2006, Perman 2011 und oben Kapitel 2.5.2

genden sei dies an einer öffentlichen Straße demonstriert, die normalerweise ein öffentliches Gut ist und zu Stoßzeiten ein Allmendegut wird. Man spricht dann von Stauungs- oder Crowding-Externalitäten: In Zeiten niedriger Nachfrage – gemessen als Grenzzahlungsbereitschaft in Minuten für eine bestimmte Wegstrecke – ist die Straße ein öffentliches Gut, denn es gibt keine Rivalität zwischen den die Strecke nutzenden Autos, deren Durchfahrt an einer Messstation pro Minute gezählt wird. Nicht-Rivalität bezieht sich nicht auf das Fahrverhalten, sondern bedeutet, dass durch ein zusätzliches Auto auf einer leeren Strecke die durchschnittliche Fahrzeit nicht ansteigt: Grenz- und Durchschnittskosten sind identisch und konstant. Die Kapazitätsgrenze der Straße ist aber dort erreicht, wo sich die beiden Kurven zu trennen beginnen. Nun ist die Straße schon voller und jedes zusätzliche Fahrzeug erhöht den Zeitbedarf für alle, d.h. die gemeinsame Ressource Straße ist nun knapp geworden. Da jeder weiterhin frei die Straße benutzen darf, ist diese zur Allmende geworden und jeder Autofahrer verhält sich so, wie bereits im letzten Abschnitt geschildert. Jeder Fahrer sieht nur seinen eigenen durchschnittlichen Zeitverbrauch für die Staustrecke und berücksichtigt nicht, dass er auch bei allen anderen Autofahrern eine zusätzliche Verzögerung auslöst.

Zahlenbeispiel für die Aussage „Du stehst nicht im Stau, Du bist der Stau":

14 Autos benötigen à 10 min für die Strecke = 140 min gesamt

15 Autos benötigen à 10 min für die Strecke = 150 min gesamt

16 Autos benötigen à 12 min für die Strecke = 192 min gesamt

17 Autos benötigen à 15 min für die Strecke = 255 min gesamt

Unterhalb der Kapazitätsgrenze von 16 Autos gibt es keine Probleme: für den 1. bis 15. Autofahrer sind Grenz- und Durchschnittskosten gleich 10 min und er stört die anderen nicht. Anders jenseits der Kapazitätsgrenze: der 16. Autofahrer verursacht volkswirtschaftliche Grenzkosten in Höhe von 42 min (12 min für die eigene Fahrt + 15 mal 2 min zusätzlich für die anderen). In seinem privaten Kalkül ob er Auto fährt oder die S-Bahn nimmt, erscheinen aber nur die volkswirtschaftlichen Durchschnittskosten in Höhe von 12 min. Da jeder nur an die Durchschnittskosten von 12 min und nicht an die eigentlich relevanten Kosten von 42 min denkt, wird die Strecke übernutzt und es kommt zum zähflüssigen Verkehr und Stau.

Kasten 4-2: Zahlenbeispiel für Stau-Externalität
Entwurf: V. Letzner

Im volkswirtschaftlichen Sinne optimal (das heißt Grenzkosten gleich Grenzzahlungsbereitschaft) wäre nur das Durchfahrtsvolumen V^*. Da sich aber jeder Fahrer am Durchschnittsaufwand orientiert, wird die Strecke übernutzt und ein stauträchtiges Fahraufkommen von V^{Stau} kommt zustande, bei dem jeder länger unterwegs ist ($DK^{Stau} > DK^*$). Die volkswirtschaftlichen Staukosten entsprechen der Fläche ABC, weil insgesamt suboptimal viel Zeit auf den Straßen verbracht wird.

Neue Straßen lösen das Problem allenfalls kurzfristig und hergebrachte Mautstellen wie auf italienischen Autobahnen helfen ebenfalls nicht, da dort die Maut verkehrsunabhängig rund um die Uhr erhoben wird. In Zukunft wird es, wie schon in manchen Städten (z.B. London), elektronische Mautsysteme geben, die die Straßennutzungsgebühr in Abhängigkeit vom jeweiligen Verkehrsaufkommen berechnen – der Wohlfahrtsverlust ABC wäre mit diesen Systemen vermeidbar.

Allmende und Lebensstandard

In Deutschland vor der so genannten Bauernbefreiung im frühen 19. Jahrhundert gab es noch viele Allmenden, insbesondere Wald und Weiden, die von den Dorfbewohnern gemeinschaftlich benutzt wurden. Interessierte Leser seien für die Entwicklung der Allmenden im Mittelalter bis zur Neuzeit auf Zückert (2003) und den Sammelband Meiners/Rösener (2004) verwiesen. Daneben existierten Äcker und Wiesen, die als Privateigentum von den besitzenden Bauern bewirtschaftet wurden. Die ländliche Unterschicht, die über keinen Landbesitz verfügte, hatte letztlich nur zwei Überlebensstrategien. Entweder als angestellter Knecht auf einem Hof oder als kleiner Freiberufler, der sich mit handwerklicher Heimindustrie (Protoindustrie) und mit der Nutzung der Allmende über Wasser hielten: „Die Häusler siedelten auf Gemeindeland, ihnen wurden geringe Allmendenutzungen eingeräumt, die zum Erhalt ihrer Existenz nicht unwesentlich beitrugen … und die Unterschicht [wurde] mehr und mehr auf Marginalnutzung der Allmende abgedrängt." (Zückert 2003, S. 216; s. auch Gudermann 2004)

Es existierten also zwei Wirtschaftsbereiche, ein privatwirtschaftlicher und ein allmendewirtschaftlicher nebeneinander. Sinn (1988) hat für die Guineaküste (Privatwirtschaft) und die Sahelzone (Allmendewirtschaft) eine ganz ähnliche Konstellation in Afrika beschrieben, die aber genauso auf Pueblo- und Prärieindianern in Nordamerika oder auf Küsten- und Hochseefischer angewendet werden könnte. Sinns Ansatz wird nun auf die deutsche Landwirtschaft im frühen Mittelalter angewendet, beschreibt aber genauso gut die Situation vor der Bauernbefreiung.

Im Königreich Nordsüdland gibt es zwei Landstriche. Im Süden ist der Boden im Privateigentum der Bauern, die ihn mit ihrem Vieh und mit Hilfe von Landarbeitern bewirtschaften. Im Norden ist das Land freie Allmende und wird gemeinsam von den dort lebenden bäuerlichen Nomaden zum Jagen, Sammeln und Weiden genutzt. Insgesamt gibt es im Königreich eine feste Anzahl von landlosen Menschen (= S + N), die zwischen beiden Regionen wandern und sich entweder als Landarbeiter bei den Bauern im Süden verdingen (S) oder im Norden von der Allmende leben (N). In der folgenden Grafik wird die Anzahl der Nomaden N von links nach rechts gemessen und die Durchschnitts- (DP^N) und Grenzproduktkurven (GP^N) der Nomaden verlaufen aufgrund abnehmender Grenzproduktivität von links oben nach rechts unten: je mehr Menschen den konstanten Allmendeboden nutzen, desto geringer werden Durchschnitts- und Grenzproduktivität. Die Anzahl der Landarbeiter im Süden S wird von rechts nach links gemessen und die Durchschnitts- und Grenzproduktfunktionen (DP^S bzw. GP^S) verlaufen fallend von rechts oben nach links unten, denn auch hier gilt abnehmende Grenzproduktivität des Faktors Arbeit, da der Faktor Boden limitiert ist. Wie verteilt sich nun die Gesamtzahl der Besitzlosen auf N und S? Die Menschen verteilen sich so auf beide Wirtschaftstypen bzw. Regionen, dass ein Wanderungsgleichgewicht entsteht. Dieses ist dadurch gekennzeichnet, dass in beiden Bereichen gleiche Verdienstmöglichkeiten bestehen und es deshalb keine Tendenz gibt, in den anderen Bereich abzuwandern. In der Privatwirtschaft wird ein Arbeiter nach seinem Grenzprodukt entlohnt, da der Landbesitzer aus der Differenz von höherem Durchschnittsprodukt und niedrigerem Grenzprodukt seine Bodenrente und seinen Gewinn ziehen will.

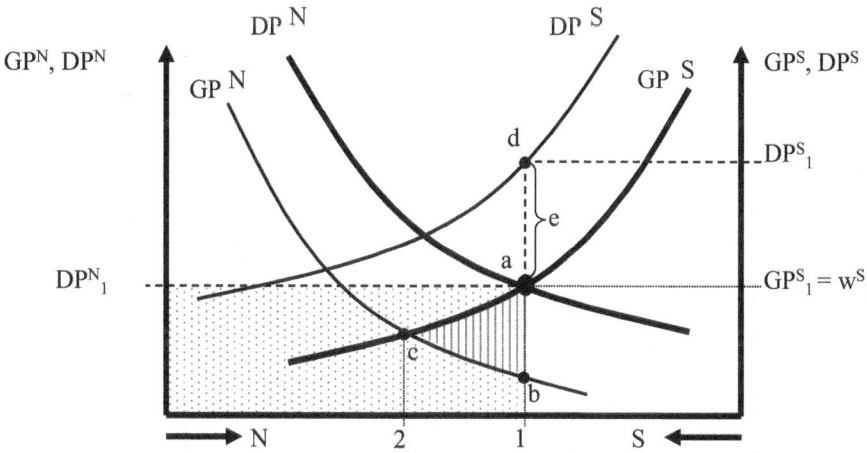

Abb. 4-4: *Allmende- und Privatwirtschaft*
Entwurf: V. Letzner nach Sinn (1988), S. 196

Die Verdienstmöglichkeiten in der Privatwirtschaft werden somit durch die Grenzproduktkurve GP^S beschrieben, die dem Reallohn w entspricht. Wie oben gezeigt, kann sich der Allmendenutzer das allen zugängliche Durchschnittsprodukt der Allmenderessource aneignen, da es keinen Besitzer gibt, der für sich Bodenrente und Gewinn beanspruchen könnte. Die Verdienstmöglichkeiten in der Allmendewirtschaft werden somit durch die Durchschnittskostenkurve DP^N beschrieben. Im Schnittpunkt a der beiden *Verdienstkurven* findet sich das Wanderungsgleichgewicht 1 und kein Besitzloser wandert mehr hin und her, da sich seine Verdienstsituation in der jeweils anderen Region nur noch verschlechtern könnte.

Diese Allokation hat folgende Konsequenzen:

1. Die Allokation ist suboptimal, denn die Allmende wird übernutzt, weil zu viele Menschen auf der Allmende statt in der Privatwirtschaft arbeiten. Der marginale Nomade erwirtschaftet in der Allmende ein geringes Grenzprodukt b, während er in der Privatwirtschaft ein Grenzprodukt a erwirtschaften würde. Der volkswirtschaftliche Wohlfahrtsverlust durch die Fehlallokation entspricht deshalb der Fläche abc.
2. Das Inlandseinkommen im Norden entspricht der gepunkteten Fläche.
3. In der Privatwirtschaft wird im Vergleich zur Allmendewirtschaft ein höheres Durchschnittseinkommen erzielt; die Differenz entspricht der Strecke e, die der Bodenrente und dem Gewinn der Grundbesitzer entspricht. Dies illustriert den Sachverhalt, dass typische Allmendegebiete weltweit immer sehr arme Regionen sind: zum einen hat die Allmende eine geringere Bodenqualität (siehe unten), zum zweiten wird sie auch noch übermäßig beansprucht.

Sinn gibt nun die typische Empfehlung liberaler Marktökonomen, dass in der Allmende Eigentum definiert werden muss, damit die Übernutzung aufhört. In Abb. 4-5 hat sich nichts geändert, außer dass nun auch im Norden ‚normale' Eigentumsverhältnisse herrschen und die Verdienstmöglichkeiten der neuen Landarbeiter (und ehemaligen nomadischen Bauern) ebenfalls durch die Grenzproduktkurve GP^N beschrieben werden. Nun wandern Menschen solange von N nach S, bis die Verdienste wieder ausgeglichen sind und es kommt zum Wanderungsgleichgewicht 2 ohne Fehlallokation.

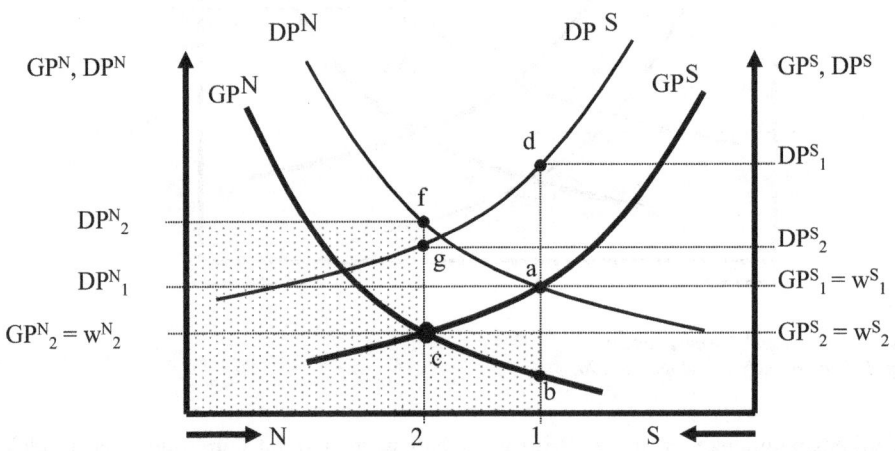

Abb. 4-5: *Zweimal Privatwirtschaft*
Entwurf: V. Letzner analog zu Sinn (1988), S. 196

Diese Allokation hat folgende Konsequenzen:

1. Im neuen Wanderungsgleichgewicht c ist das Grenzprodukt der Arbeit in beiden Teilregionen ausgeglichen und die volkswirtschaftliche Wohlfahrt ist optimiert, da die ehemals übernutzte Allmende in ‚behütetes' Privateigentum überführt ist.
2. Das Durchschnittseinkommen in beiden Regionen hat sich angeglichen, da es in S von DP^S_1 auf DP^S_2 gefallen und in N von DP^N_1 auf DP^N_2 gestiegen ist.
3. Die Landarbeiter in S haben verloren, denn der Lohn ist von w^S_1 auf w^S_2 gefallen.
4. Ob sich die Situation für die ehemaligen Allmendenutzer verbessert oder verschlechtert hat, hängt von der neuen Eigentumsordnung ab, die im Anschluss kurz diskutiert wird.

Liberale Marktökonomen wie Sinn tun sich leicht. Sie vergleichen die volkswirtschaftliche Gesamtwohlfahrt vor und nach der Privatisierung und konstatieren einen Wohlfahrtszuwachs. Nicht ins Kalkül fließen Umverteilungseffekte, da diese wohlfahrtsneutral sind. Soziale Härten können dann beispielsweise durch staatliche Umverteilungspolitik *leicht* aus dem Wohlfahrtgewinn finanziert werden – wobei es selten zu entsprechenden Kompensationen der Verlierer kam und kommt. Im Folgenden soll nun an zwei Szenarien gezeigt werden, dass die scheinbar *simple* und *logische* Forderung nach Privatisierung nur der erste Schritt ist; die konkrete Ausgestaltung des Privatisierungsprozesses kann zu gravierend unterschiedlichen Umverteilungseffekten führen.

Szenario 1 „Die Allmende den Allmendenutzern": Die für die ehemaligen Allmendenutzer beste Lösung wäre es, wenn jede Familie oder jeder Clan den gleichen Anteil am Boden des Nordens bekommt. In jedem Besitz würden nun einige Familienmitglieder in den Süden geschickt werden, denn das verlorene Grenzprodukt aufgrund einer weggegangenen Arbeitskraft (vgl. Punkt b) würde durch das größere Grenzprodukt im Süden (Punkt a) mehr als wettgemacht. Der Leser möge bedenken, dass sich erst jetzt dieses Kalkül rechnet, denn zu Zeiten der Allmende wäre durch den Weggang einer Arbeitskraft nicht das niedrige Grenz-, sondern das höhere Durchschnittsprodukt verloren gegangen. Oder anders formuliert: Ist der Boden mein Eigentum und ich schone ihn heute, bekomme ich morgen einen höheren Ertrag; ist der Boden Allgemeingut und ich nutze ihn heute weniger, habe ich nichts davon, da morgen auch die anderen die Früchte meiner Zurückhaltung ernten. Jedenfalls entspricht das Inlandsprodukt dem großen gepunkteten Rechteck, zu dem die Entlohnung der im Süden arbeitenden Familienmitglieder (kleines Viereck) hinzukäme. Dieses Szenario beschreibt am besten jene historischen Situationen, wenn der Umwandlungsprozess gewissermaßen von innen her passiert und die Allmendenutzer von sich aus Eigentumsrechte etablieren. Beispiele mögen Nomaden sein, die sesshaft werden oder die amerikanischen Ranger, die sich zu Farmern wandelten. Ähnlich auch die Nutzung der heutigen Almen in den Alpen: es handelt sich um eine gemeinsame Nutzung durch die im dazugehörigen Tal beheimateten Höfe – andere Nutzer sind ausgeschlossen.

Szenario 2 „Die Allmende den Besitzenden": Die im 19. Jahrhundert durchgeführten Gemeinheitsteilungen gingen in der Regel einen völlig anderen Weg. Die Allmende wurde proportional zum schon bestehenden Landbesitz verteilt, das heißt, dass die Besitzlosen weiterhin besitzlos blieben und der „nun erfolgende Ausschluss der landlosen Schicht, die ungeachtet ihrer faktischen Nutzungsgewohnheiten bei der Gemeinteilung leer ausging, hatte katastrophale soziale Folgen" (Zückert 2003, S. 434) – weil sie sich nun zum niedrigen Lohn w^N_2 verdingen mussten. Ergebnis war eine weitgehende Pauperisierung der ländlichen Unterschicht im Norden wie im Süden:

Bündner und Häusler, die kein Land in der Flur, sondern nur Gartenland im Dorf besaßen … verloren das Mitweiderecht für ihre eine Kuh und das Kleinvieh sowie das Holzleserecht in den Wäldern. …[Es] blieb ihnen … das Verdingen auf dem Herrengut, sie waren proletarisiert… (ebd., S. 332),

lebten von einem extrem niedrigen Tageslohn und Feld- und Forstdiebereien beschäftigten die Gerichte, vgl. ebd., S. 331 f. Die Historiker und Philosophen sind sich weitgehend einig, dass es weniger die Übernutzungsprobleme der Allmende war, sondern ein von oben forcierter Paradigmenwechsel zur Abschaffung der als altmodisch geltenden Allmenden hin zur modernen Privatwirtschaft, wie Russell (1945, 2008), S. 644 und Zückert feststellen:

So wird man als Ergebnis der Gemeinheitsteilungen im Zusammenhang der Agrarreformen vor allem bezeichnen müssen, was auch mit ihnen intendiert gewesen war, nämlich die Schaffung einer neuen Eigentumsordnung. Diese neue Eigentumsordnung brachte einerseits den Bauern und Gutsbesitzern als Privateigentümer hervor, andererseits den depossedierten Kleinbauern als ländlichen Arbeiter. Ohne diesen Umbruch der Eigentumsverhältnisse auf dem Lande hätten aber die Voraussetzungen für die Industrialisierung gefehlt. (Zückert 2004, S. 355f.)

Die Härte dieses Prozesses war in Deutschland unterschiedlich. Während sich im Süden und Südwesten bäuerliche Familienbetriebe und gemeindliche Selbstverwaltung gut hielten, kam es in Preußen zur Etablierung des junkerlichen Großgrundbesitzes, die Zückert sehr negativ beurteilt:

Wenn allerdings die Junkerwirtschaft nicht durch die umfangreichen Landeinbeziehungen zum Großgrundbesitz expandiert wäre, hätten die Junker ihr reaktionäres Gewicht nicht derart in die Waagschale staatlicher Entwicklung werfen können." (ebd., S. 437)

Bei der Frage, warum es überhaupt Allmenden gab (und gibt), sind sich Historiker und Ökonomen weitgehend einig. Zum einen war die Bevölkerung in früheren Zeiten überhaupt nicht groß genug, um alles Land in Besitz zu nehmen; bei niedrigen Bevölkerungszahlen war die Allmende streng genommen kein Allmendegut, sondern ein öffentliches Gut ohne Rivalität in der Nutzung und Übernutzungsphänomene gab es nicht. Warum es bei steigenden Bevölkerungszahlen immer noch (nun echte, da mit Nutzungsrivalität verbundene) Allmenden gab, hat mit der geringen Produktivität des Bodens zu tun. Die Durchsetzung der Eigentumsordnung, beispielsweise durch Zäune, hat Kosten und die Umzäunungskosten müssen vom Wert des umzäunten Geländes übertroffen werden. Überspitzt formuliert: 100 km^2 Wüste zu umzäunen, um einen Sack Datteln zu ernten, rentiert sich nicht – erst wenn sich unter der Wüste Öl findet, werden auf einmal Eigentumsrechte durchgesetzt. Ähnlich:

dass das Ausmaß der Allmend umgekehrt proportional ist zum Wert des Landes. Während es im fruchtbaren Lössgebiet kaum Allmendland gab, standen in Waldgebieten mittelmäßige und in den Überschwemmungsgebieten ... große Flächen als Allmendland offen... (Mahlerwein 2004, S. 82)

Ein weiterer sehr interessanter Aspekt von Gudermann (2004) ist der, dass die traditionelle Landwirtschaft inklusive ihrer Allmenden, „nicht auf der Profitorientierung, sondern auf der Minimierung ökonomischer Risiken" beruhte und dass gerade durch die Allmenden „eine Art anthropogener Diversität" geschaffen wurde, die uns heute abgeht, denn die Kulturlandschaft hat „etwa um 1800 ihre größte ökologische Vielfalt" (Gudermann 2004, S. 65) erreicht. Diese Argumente werden unten wieder aufgegriffen.

Die von liberalen Marktökonomen in der Nachfolge von J. Locke und A. Smith durchgesetzte Allmendeaufhebung hatte somit neben der Effizienzverbesserung andere weit reichende Folgen:

- Pauperisierung der ganzen ländlichen Unterschicht
- damit Schaffung eines Landproletariats, das später die Arbeitskräftenachfrage der Industrialisierung befriedigte und diese erst ermöglichte
- Etablierung einer reaktionären und antidemokratischen Junkerschicht in Preußen mit Auswirkungen bis in die Weimarer Zeit
- Zerstörung von Kulturlandschaften und großer biologischer Artenvielfalt, die unter anderem Produktionsinputs im heutigen Tourismus wären.

Hier ist nicht die Stelle zu hinterfragen, ob die Globalisierung der letzten fünfundzwanzig Jahre – die ebenfalls von neoliberalen Ökonomen mit dem Ziel ‚Effizienzverbesserung' vorangetrieben wird – nicht ähnlich polit-ökonomisch bewertet werden müsste wie die Allmendeaufhebung im 19. Jh.

4.3 Allmendegüter im Tourismus – Ursachen und Probleme

4.3.1 Überblick

Tourismus ist eine ungewöhnliche Branche. Denn es gibt kaum eine andere Branche, die sich so wenig auf private Güter gründet wie der Tourismus – negative und positive externe Effekte, öffentliche Güter und Allmendegüter sind keine Nebensächlichkeiten, die leidige Ineffizienzen verursachen, sondern rücken ins Zentrum der tourismustheoretischen Analyse und der tourismuspolitischen Konsequenzen. Im Zentrum des Tourismus steht der touristische Attraktor und der ist weit überwiegend ein Allmendegut – die allokative Ineffizienz steht im Herzen der Branche! Deshalb leidet der Tourismus auch unter einem besonderen Problem: häufig genug zerstört Tourismus das, was er sucht!

Thema dieses Kapitels ist es, die Allmendeproblematik rund um den Tourismus zu beschreiben. Da es vorrangig um Probleme gehen soll, die der Tourismus *sich selber macht*, werden allgemeine verkehrs- und umweltpolitische Themen nur gestreift. Im Abschnitt 4.3.2 werden die zentralen Probleme rund um den touristischen Attraktor und dessen Allmendeeigenschaft thematisiert; Abschnitt 4.3.3 behandelt mit der ‚Ökonomie der Straße‘ ein Spezialproblem des Allmendeansatzes und im letzten Abschnitt wird auf weitere externe Effekte rund um den Tourismus hingewiesen, ohne sie im Rahmen dieses Beitrags zu behandeln. Lösungsansätze für die Allmendeproblematik finden sich im vierten Kapitel.

4.3.2 (Über-) Nutzung touristischer Attraktoren

Touristische Attraktoren
Das touristische Gesamtpaket besteht, wie im Modul 2 ausgeführt, im Wesentlichen aus der Reise, aus der touristischen Infrastruktur und aus dem *touristischen Attraktor* als dem wichtigsten Baustein einer Reise. In diesem Abschnitt geht es um die Frage der Nutzung und Übernutzung der touristischen Attraktoren durch den Tourismus selbst. Letztlich sind alle folgenden Varianten nichts anderes als die Variation der gleichen Melodie: Tourismus, insbesondere in der Form Massentourismus zerstört häufig das, was er sucht! Dieser Abschnitt wird die Ursachen und die Probleme dieses Phänomens systematisch analysieren.

Die touristischen Attraktoren der typischen Freizeitreise lassen sich in unterschiedliche Gruppen fassen, was eine kurze Wiederholung des Kapitels 2.2.2 bedeutet:

Nicht-produzierbare Attraktoren:
- die materiellen Naturgüter wie Nationalparks oder sonnige Sandstrände
- materielle Kulturgüter wie der Petersdom oder ein Museum
- immaterielle Dinge wie eine etablierte Partyszene, eine gute Küche oder alte Heilkünste

Produzierbare Attraktoren:
- materielle Anlagen wie ein Freibad, ein Eventpark oder ein Golfplatz

- Dienstleistungen können im Einzelfall zum Attraktor werden, wenn beispielsweise eine Ayurveda-Behandlung im Wellnesshotel im Vordergrund der Reise steht

Mischungen aus allen genannten Elementen existieren ebenfalls, wie beispielsweise ein Opernfest oder Kulturlandschaften, die materielle als auch immaterielle, produzierbare und nicht-produzierbare Charakteristika aufweisen.

Die Übernutzungsproblematik zeigt sich bei den verschiedenen Attraktoren-Typen unterschiedlich und zuerst sollen jene genannt werden, die wir im Fortgang ausschließen können:

Produzierbare Attraktoren haben kaum mit der Übernutzungsproblematik zu tun und können in diesem Kapitel vernachlässigt werden. Da es sich um private Güter oder Mautgüter mit Ausschließbarkeit handelt, können sie vom Markt effizient angeboten werden. Wenn ein Freizeitpark in den Sommerferien überfüllt ist, könnte dies leicht durch höhere Eintrittspreise behoben werden – Schlangen vor den Kassen sollen aber (ähnlich der Einlasspolitik angesagter Clubs) Bedeutung, Exklusivität und Wichtigkeit demonstrieren.

Für die **nicht-produzierbaren** Attraktoren gilt folgendes:
- hier sind private Güter oder Mautgüter die Ausnahme, für die beispielsweise ein privates Schloss, eine private Ferieninsel oder ein Museum stehen mag – Übernutzungsprobleme wird es in diesen Fällen eher selten geben
- Beispiele für Attraktoren mit öffentlicher Guts-Charakteristik sind einsame Strände oder Wanderregionen, bei denen die Touristen weder sich gegenseitig behindern noch die Qualität des Attraktors schmälern; wenn ein touristischer Attraktor ein öffentliches Gut ist, wenn er also frei und nicht knapp ist, gibt es per definitionem keine Übernutzungsprobleme
- Übernutzungsprobleme gibt es also vornehmlich dort, wo es sich um Allmendegüter handelt, die frei und knapp sind.

Die Vorüberlegungen zeigen, dass der Schwerpunkt der folgenden Untersuchung bei jenen *nicht-produzierbaren Attraktoren* liegen muss, die durch *negative externe Effekte* und/oder *Allmendecharakter* charakterisiert sind, also knapp *und* frei sind. Wie schon allgemein erläutert, bedeutet Knappheit, dass die Nutzung dieser Ressourcen diese selbst und/oder andere schädigt und demzufolge mit volkswirtschaftlichen Kosten verbunden ist. Frei bedeutet, dass die Attraktoren nicht-ausschließbar sind; aber selbst im Fall, dass die Attraktoren physisch abschließbar sind (eine Kirche, ein Zoo), kann es zu einer de facto freien Nutzung des Attraktors kommen, wenn keine Eintrittspreise erhoben werden oder diese sehr weit unter den volkswirtschaftlichen Grenzkosten liegen.

Folgende Probleme bei knappen und freien Attraktoren können auftauchen, die im Fortgang jeweils erläutert werden:
1. gemeinsame Nutzung der Attraktoren
2. negative externe Effekte, die von der Nutzung eines touristischen Attraktors auf andere touristische Attraktoren wirken
3. Stauungseffekte
4. Verdichtungseffekte
5. Fehlallokationen zwischen privaten und Allmendeattraktoren

6. falsche Zeitpräferenz und Welterbe
7. Allmendeeigenschaft der Kulturlandschaft

Um einem möglichen Missverständnis vorzubeugen: Alle touristischen Attraktoren können selbst *Opfer* externer Effekte anderer Produktions- und Konsumaktivitäten werden. Wenn ein Golfplatz unbeliebt wird, weil daneben eine Giftmülldeponie eröffnet oder wenn eine Schlossfassade aufgrund der Luftverschmutzung langsam zerbröselt, handelt es sich um allgemeine Umweltprobleme. Diese sind teilweise sehr gewichtig, aber eben nicht Thema dieses Beitrags, in dem es um *hausgemachte* touristische Probleme geht, die nun ausführlich diskutiert werden.

1. Die gemeinsame Nutzung nicht-produzierbarer touristischer Attraktoren

Die Nutzung nicht-produzierbarer touristischer Attraktoren durch die Besucher kann bei den Attraktoren *selbst* Schäden oder Kosten auslösen:

- Schädigungen sind bewusst oder unbewusst: Schmierereien zerstören bewusst alte Wandmalereien, aber auch die Atemluft der Besucher zerstört Fresken und Bausubstanz
- Schädigungen sind sofort oder erst in Jahren relevant: Badende zerstören ein Biotop oder die Erschütterung durch die Tritte der Besucher führen zum langsamen Verfall alter Baudenkmäler
- Schädigungen werden erst bei einer bestimmten Konzentration oder in Reaktion mit anderen Problemen wirksam: Badeöl, Exkremente, Abfälle und physische Zerstörung durch Taucher können ganze Korallenriffe töten
- manche Schädigungen machen den Attraktor ‚nur' unattraktiv, ohne ihn zu zerstören: verdreckte Strände oder Buchten sind eher ein ästhetisches, je nach Grad und Art des Drecks möglicherweise aber auch ein ernsthaftes Problem
- Schädigungen können reparabel sein: Strand säubern, Renaturierung von Lebensräumen für Flora und Fauna oder Restaurierungsarbeiten sind möglich
- Attraktoren können als regenerierbare Ressource interpretiert werden, wenn sich die Schäden bei Aussetzung der Nutzung weitgehend selbst zurückbilden und die Ressource sich regeneriert: Beispiele kommen vor allem aus dem Bereich Naturerbe, wenn sich Biotope oder Jagdgründe nach der Saison wieder erholen; auch manches immaterielles Erbe kann die Schäden kompensieren, wenn das traditionelle Dorfleben nach Abzug der Touristen wieder dominiert.
- Attraktoren können aber auch als erschöpfbare Ressource interpretiert werden, wenn die Schäden durch die touristische Nutzung endgültiger Natur sind: zerstörte Fresken oder Reliefs sind verloren, sie können bestenfalls noch nach Fotos rekonstruiert werden; gerade bei den immateriellen touristischen Attraktoren suchen Touristen das Ursprüngliche, das sie aber uno actu durch ihre Präsenz zerstören.

Wenn nicht-produzierbare touristische Attraktoren öffentlich zugänglich sind, ergeben sich die bekannten Übernutzungsschäden des Allmendegutes, die in verschiedenen Formen auftreten können:

Übernutzung der klassischen Allmende
Weil kein Besucher den Grenzschaden bezahlen muss, den er verursacht, orientieren sich die
Besucher nicht an den Grenz-, sondern an den Durchschnittskosten der Ressource und übernutzen diese. Beispiel wäre ein kleiner Badesee, dessen Wasserqualität bei heißem Wetter
und bei vielen Besuchern stark leidet. Wenn sich ein zusätzlicher Besucher überlegt, auch ein
Bad zu nehmen, orientiert er sich nur an der durchschnittlichen Wasserqualität – dass er
durch seinen Sprung ins Nass mit seinem Sonnenöl und seinem Mückenschutz die Wasserqualität auch für alle anderen mindert, interessiert ihn nicht. Ganz analog zur Abb. 4-2 kommen mehr Badende als ökonomisch optimal wäre, der touristische Attraktor wird übermäßig
genutzt und die Gewässerqualität ist suboptimal. Andere Beispiele sind Sportfischer oder
Jäger: bei dieser Tourismusart wird ein Teilattraktor, das einzelne Tier getötet, was bei Ausschließbarkeit des Fisch- oder Jagdgrundes keine Gefährdung dieser regenerierbaren natürlichen Ressource bedeutet; erst wenn auf einer Allmende unkontrolliert viele Fischer ihrem
anti-aristokratischen oder Jäger ihrem post-aristokratischem Verhalten[35] nachgehen, stirbt
unter biologisch ungünstigen Umständen mit dem letzten Hecht und dem letzten Elefanten
der gesamte Fisch- oder Jagd-Attraktor.

Externe Effekte durch Besuchermassen
Erst wenn Besucherzahlen eine kritische Grenze überschreiten, kommt es zu negativen externen Effekten. Der Leser denke an die Kapelle mit dem Abendmahl da Vincis: auf Atemluft und Körpertemperatur der Besuchermassen reagiert das Fresko hochempfindlich und
würde sich ohne zusätzliche technische Hilfsmittel langsam auflösen. Oder: in Angkor Wat
oder auf der Akropolis führen die permanenten Tritte der Besuchermassen zu einer langsamen Zerstörung der Statik. Oder: wenige Taucher stören das empfindliche ökologische
Gleichgewicht am Korallenriff nicht, wohl aber Massen von Tauchern. Oder: einzelne Foto-
grafen belästigen Wildtiere in der Regel nicht, aber Jeep-Rudel mit fotografierenden Touristen stören den jagenden Geparden so lange bis er verhungert. Theoretisch betrachtet, heißt
dies: Unterhalb der Kapazitätsgrenze sind die volkswirtschaftlichen und die privaten Grenzkosten identisch und konstant, wenn es sich um einen Attraktor handelt, der in diesem Zustand (noch) nicht knapp ist: in Abb. 4-6 gilt die niedrige Nachfrage (Grenzzahlungsbereitschaft GZB) und es gibt keine Allokationsprobleme. Nehmen die Besucher zu, wird die
Ressource irgendwann knapp und die volkswirtschaftlichen Grenzkosten nehmen aufgrund
der beispielhaft geschilderten Schädigungen zu. Der Verlauf der volkswirtschaftlichen
Grenzkostenkurve hängt vom zugrunde liegenden Sachverhalt ab und beschreibt entweder
direkt die zunehmenden Schäden (Wert kaputter Fresken) oder deren Opportunitätskosten
(Safari wird uninteressant, wenn keine Tiere mehr da sind). Häufig werden auch die indirekten Kosten in Ansatz gebracht, die nötig sind, um die Schäden in Grenzen zu halten (Klima-
anlagen und Entfeuchter in Kirchen und Museen). Richtig kalkulierte volkswirtschaftliche

---

[35] Das historische Verschwinden der Allmende ging häufig darauf zurück, dass die Grundherrschaft Wasser und
      Wald nun ausschließlich für ihr Jagdvergnügen reservieren wollte und die Bauern ihre alten Allmenderechte
      vermissten; meist „sahen die Bauern die Freiheit des Vogels in der Luft und des Fisches im Wasser als ein gött-
      liches Recht an, ein durch die Schöpfung gegebenes Naturrecht ... [und] in manchen Berichten wurde Fischen
      mit Aufruhr gleichgesetzt", Zückert (2003), S. 9 und „Daher stellte das frei Fischen eine grundsätzliche Bekun-
      dung des Freiheitswillens und die Ablehnung der Herrschaft dar." ebd., S. 216.

Grenzkosten müssen natürlich alle Schädigungen und Kosten enthalten, also auch jene dis-
kontierte Kosten der Zukunft, die durch die heutige Nutzung negativ für spätere Generationen wirken. Die privaten Grenzkosten bleiben unter den volkswirtschaftlichen Grenzkosten
und häufig sogar konstant gleich dem Eintrittsgeld, da der Trittschaden oder der verhungerte
Gepard nicht dem Verursacher in Rechnung gestellt wird. Im Ergebnis kommt es zu übermäßig vielen Besuchern $B^{\ddot{u}}$, die einen volkswirtschaftlichen Wohlfahrtsverlust in Höhe von
ABC auslösen.

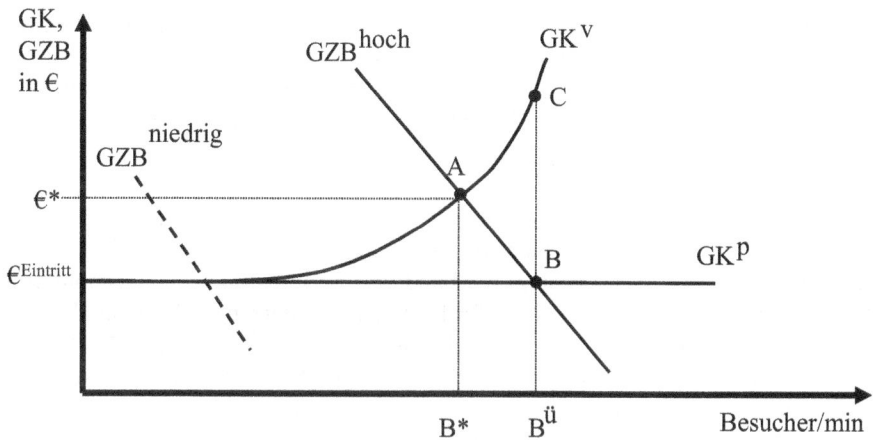

Abb. 4-6: *Negative Externalitäten durch Besuchermassen*
Entwurf: V. Letzner

Optimal wäre die Besuchermenge B*, die natürlich auch schon Schäden anrichtet, denen
aber auch ein Nutzen gegenübersteht. Der Tourismusökonom vertritt also genauso wenig wie
der Umweltökonom den Ansatz von Null-Schädigung bzw. Null-Emission, sondern wägt
Vor- und Nachteile ab und kommt so zum optimalen Besucherandrang bzw. zur optimalen
Umweltverschmutzung. Dieses Kalkül unterscheidet den Ökonomen vom Ideologen, der sein
Ziel postuliert, nicht abwägend ableitet.

Übernutzung des immateriellen Erbes
Die bisherigen Überlegungen können auch auf immaterielle Ressourcen angewendet werden.
Wenn zu viele Besucher Gastfreundschaft erwarten oder wenn traditionelle Dorffeste durch
mitfeiernde Touristen ihren Charakter verlieren, *verdünnt* sich gewissermaßen das immaterielle Erbe bis es kaum noch sichtbar ist. Die Ressource ist übernutzt und die Gastfreundschaft
ist nur noch äußere Fassade. Außerdem wird sich das Erbe durch den Kontakt mit der Kultur
der Besucher notwendig verändern müssen, denn die Einheimischen reagieren ja in irgendei-
ner Weise auf die für sie neuen Einflüsse. Unter Umständen kann so die ursprüngliche Kultur
ganz verloren gehen und wird durch eine globale Coca-Cola-Welt ersetzt. Vgl. zur Diskussion hierzu Bendix (1994), Wang (1999) oder Cohen/Cohen (2012a).

2. Negative externe Effekte durch die Nutzung des touristischen Attraktors

Die Nutzung touristischer Attraktoren kann nicht nur diese selber schädigen, sondern auch negative externe Effekte auf andere Attraktoren haben, wenn technologische Zusammenhänge zwischen den beiden Attraktoren bestehen und die geschädigten Attraktoren vom schädigenden Attraktor nicht entsprechend kompensiert werden. Wie oben bereits allgemein erläutert, gilt auch hier, dass Produktionsfaktoren genutzt, aber nicht entsprechend entlohnt werden.

Externer Effekt auf einen anderen Attraktor

Man kann sich beispielsweise ein Gewässer vorstellen, bei dem ein motorisierter Wassersportbetrieb die Flora und Fauna stört und verstört, so dass beispielsweise Vogelliebhaber, Sportfischer oder Beobachter von Flussdelfinen *ihren* Attraktor verlieren. Analog zur Abb. 4-1 oben kann der Leser den externen Effekt und dessen Konsequenzen illustrieren.

Externer Effekt eines Allmendeattraktors

In vielen Fällen kann es sich sogar um einen doppelten externen Effekt handeln. Wenn der schädigende Attraktor selbst ein Allmendegut ist (hierzu auch ausführlicher im nächsten Abschnitt) und deshalb übermäßig genutzt wird und gleichzeitig zusätzliche technologische externe Effekte aufweist, verschärft sich das Problem der Übernutzung. Wenn ein allgemein zugänglicher See für Wassersport genutzt wird, kommt es zur Übernutzung des Sees als Wassersportfläche und zusätzlich zur Beeinträchtigung von Flora und Fauna, deren Schädigung nicht ins private Kalkül der Wassersportler eingeht. Beides zusammen verstärkt die Übernutzung und in der Abbildung kommt es statt zu A zur Situation C mit einem Wohlfahrtsverlust ACD. Die externen Effekte haben sich nun zwischen die volkswirtschaftlichen und privaten Durchschnittskosten geschoben:

$$(3) \qquad GK^v > DK^v > DK^p = GK^p$$

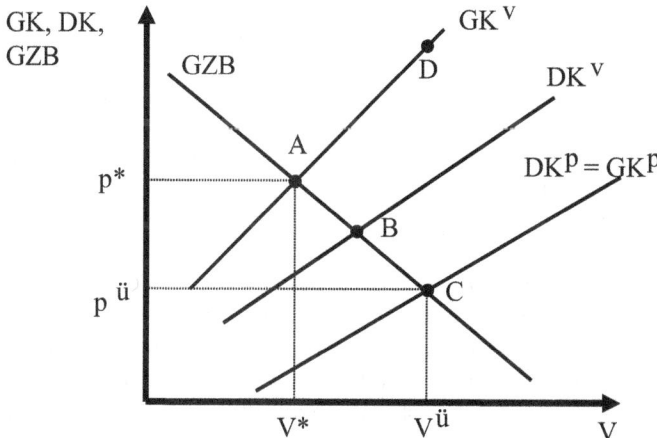

Abb. 4-7: *Externer Effekt eines Allmendeattraktors*
Entwurf: V. Letzner

Externe Effekte beim immateriellen Erbe

Eine ganz andere negative Externalität kann bei Auswirkungen auf das immaterielle Wissen der Bevölkerung entstehen. Dass Tourismus positive wie negative Effekte auf die Gastbevölkerung hat, ist bekannt. Häufig handelte es sich um pekuniäre Externalitäten, weil Bauern nicht mehr ihr Feld bestellen, sondern im Hotel arbeiten; hier löst der Tourismus Umverteilungen aus, hat aber keine ineffizienten Fehlallokationen zur Folge. Nicht jedes soziale Problem infolge des Tourismus ist ein hier interessierender (negativer) externer Effekt. Problematisch wird es erst, wenn der durch die Nutzung von Attraktoren bedingte Kontakt zur einheimischen Bevölkerung deren immaterielles Wissenserbe und damit einen potentiellen immateriellen Attraktor zerstört. Sehr häufig ist die Ursache, dass sich die Einheimischen aufgrund mangelnder Bildung und asymmetrischer Informationen überhaupt nicht über den Wert ihres Wissens bewusst sind und von alerten Touristikern übers Ohr gehauen werden (ähnlich den Indianern, die Ländereien für Glasperlen verkauften). Zugunsten einer kurzsichtigen Anbiederung an schnelle Tourismuseinkünfte vernachlässigen sie unbewusst ihr immaterielles Erbe – da dieses fast immer nicht-reproduzierbar ist, ist es damit auch meist dem definitiven Untergang geweiht. Beispiele finden sich überall und nicht nur der Safaritourismus hat ehemals stolze Nomaden zu bunt gekleideten Fotoobjekten gemacht. Um kein Missverständnis aufkommen zu lassen. Es geht hier nicht darum, jemanden zu seiner alten Kultur zu nötigen und ihm ein modernes Leben (auch via Tourismus) vorzuenthalten; aus ökonomischer Sicht kann jeder sein überliefertes Wissen pflegen oder nicht – wenn er denn nicht asymmetrisch informiert ist, wenn er also Vor- und Nachteile bewusst abwägen kann. Negative externe Effekte liegen nur dann vor, wenn der Betroffene aus Unkenntnis sein eigentlich wertvolles Erbe vernichtet.

3. Stauungseffekte im Tourismus

Die oben geschilderten Stauungseffekte auf der Straße können ohne große Änderungen auf touristische Attraktoren übertragen werden. Überall dort, wo es zu Wartezeiten kommt, ist die Kapazität der Ressource nicht mehr beliebig verfügbar und es entstehen Stauungsexternalitäten, da jeder nur die durchschnittliche Wartezeit, aber nicht die Grenzwartezeit berücksichtigt: im Verkehr, beim Abschlag auf dem Golfplatz, vor einem Fahrgeschäft im Freizeitpark, vor und in den Bierzelten am Oktoberfest oder vor der Mona Lisa im Louvre – die Aussagen der Abb. 4-3 gelten analog.

4. Verdichtungseffekte und Massentourismus

Das Prinzip der Stauung kann mit einiger Phantasie auf den Raum übertragen werden. Zwischenmenschliche Konflikte (gemessen pro Zeiteinheit) haben unter anderem etwas mit der Dichte (gemessen als Menschen pro Flächeneinheit) zu tun. Drei Leute am Pool stören sich nicht, aber ab einer gewissen Dichte entstehen erste Konflikte, die bei größer werdender Menge zu Streitereien und Schlägereien führen können[36]. Die ‚Nachfrage' nach Dichte nimmt mit Zunahme der Konflikte ab[37]. Wenn nun jemand einen Raum oder eine Fläche mit Menschen betritt, orientiert er sich an der durchschnittlichen Anzahl von Konflikten und bedenkt nicht, dass durch seine Anwesenheit die Dichte zunimmt und die Konfliktbereitschaft bei allen zunimmt. Anstatt der optimalen Dichte M^* in der nachfolgenden Grafik kommt es zu einer suboptimal hohen Dichte $M^{\ddot{u}}$, die mit mehr Konflikten und einem Wohlfahrtsverlust ABC einhergeht. Diese negative Verdichtung kann im Stadion oder im Festzelt aufkommen oder am Strand, wenn sich so viele Badende drängen, dass sich keiner mehr wohl fühlt und es zum ‚Kampf ums Badetuch' kommt. Generell kann mit dieser Grafik ein grundlegendes Dilemma des Tourismus beschrieben werden: viele Menschen suchen das singuläre Abenteuer, die unverfälschte Gastfreundschaft und die Einsamkeit von Berg und Strand – und jeder andere Besucher ist dann der lästige Tourist, der stört. Dabei vergisst der einzelne aber, dass er ja selber Tourist ist und die Singularität des Erlebnisses bereits durch seine Anwesenheit schmälert – aber dies wird eben nicht ins Kalkül gezogen und es kommt zum suboptimalen Massentourismus $M^{\ddot{u}}$.

---

[36] Das bedeutendste Werk zum Thema Menge, Masse (und Macht) ist Elias Canettis „Masse und Macht" von 1960, das aus psychologischer, soziologischer und anthropologischer Sicht das philosophisch-politische Problem von Masse und deren Eigendynamik auf faszinierende Weise behandelt; vgl. Canetti (1980). Zusammenhängend damit könnten auch die verschiedenen Rauschzustände gedeutet werden, die Friedrich Nietzsche ästhetisiert und auf dem Oktoberfest, auf ‚Malle' oder bei Fullmoon-Parties gefunden werden können; vgl. zu Nietzsche Pöttner (2008), S. 182 f.

[37] Hier sei der Normalfall unterstellt. Konflikte sind prinzipiell unerwünscht, aber bei bestimmten Aktivitäten in Kauf zu nehmen: normale Fußballfans gehen wegen Fußball ins Stadion und nehmen dabei mögliche Konflikte ggf. in Kauf; anders, wenn man vom notorischen Schläger spricht, der gerade jene Räume sucht, in denen es ‚abgeht'.

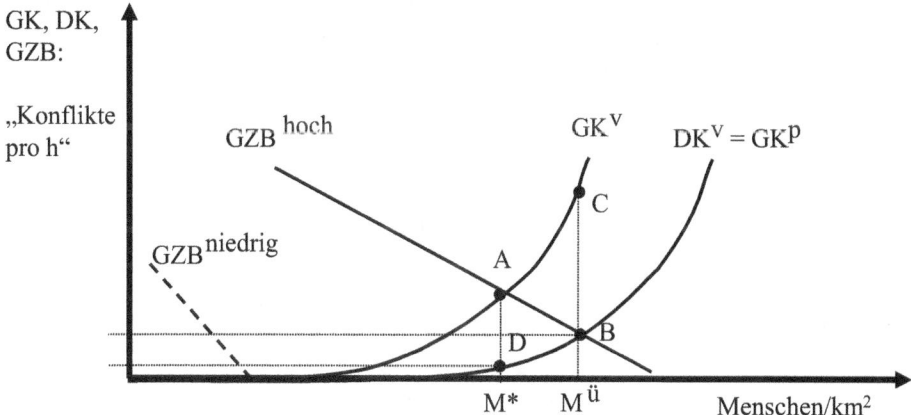

Abb. 4-8: *Negative Verdichtungseffekte*
Entwurf: V. Letzner

Bisher war von negativen Verdichtungseffekten die Rede, aber das eben gezeigte Instrumentarium kann auch genutzt werden, um positive Verdichtungseffekte zu illustrieren. Oben wurde die, bei steigender Dichte ebenfalls steigende, Interaktion von Menschen negativ als Konflikt gedeutet. Die steigende Interaktion muss aber in vielen Situationen als positiver Kontakt gedeutet werden: wenn Menschen zum Flirten in einen Club oder auf eine Party gehen, bringt es wenig, wenn sie alleine auf der Tanzfläche stehen – je mehr Menschen da sind, desto eher kommt der Einzelne an sein Ziel. Die ‚Nachfrage' ist in diesem Fall steigend, da man bei mehr Menschen mit mehr Kontakten ‚belohnt' wird. Wenn nun jemand überlegt, ob er in einen Club hineingeht, beobachtet er die durchschnittliche Dichte und berücksichtigt nicht, dass er durch sein Hineingehen für alle anderen die Kontaktaufnahme ebenfalls verbessert: der Einzelne verursacht positive externe (Verdichtungs-) Effekte. Weil die positiven Verdichtungseffekte nicht berücksichtigt werden, kommt es zu einer zu geringen Menschenansammlung M^u, die gegenüber der größeren Menge M^* suboptimal ist. Der in Abb. 4-8 gezeigte Fall hat im Unterschied zu den bisherigen Varianten die zusätzliche Besonderheit, dass die beiden Gleichgewichte A und B jeweils instabile Gleichgewichte sind. Weil links von M^u die privaten Grenzkosten unter der Grenzzahlungsbereitschaft liegen, würden sich immer mehr Menschen zurückziehen und der Raum wird leer. Rechts von M^u (und von M^*) gilt, dass der Grenznutzen größer als die privaten Grenzkosten sind, so dass sich die Menschen immer weiter verdichten würden, bis es gegebenenfalls zu einem (nicht eingezeichneten) dritten Gleichgewicht weiter rechts kommen könnte. Orte zur Kontaktanbahnung (ob ein Club zum Flirten oder ein Internetforum zum beruflichen Networking) benötigen eine Mindestanzahl von Menschen; wird diese nicht erreicht, verlassen alle das Lokal oder die Plattform und gehen dahin, wo ‚etwas los' ist. Junge Partyfreaks auf Ibiza und ältere Herrschaften auf Kur verhalten sich sehr ähnlich. Wenn es auf einer Insel zwei Partystrände gibt oder in einer Kurzone zwei Eiscafes, werden meistens nicht beide Orte mittelmäßig besucht sein, sondern einer gar nicht und der andere stark. Man kann die Abb. 4-9 auch so auf den Punkt bringen: Ein leerer Club wird noch leerer, ein voller Club wird noch voller! Dieser Sachverhalt verweist auf eine theoretisch sehr interessante Sonderform touristischer Attraktoren – Attraktoren, die nicht aufgrund eines Erbes bereits *be*stehen, sondern durch die Besucher erst *ent*stehen. Eine Fullmoon-Party auf einer thailändischen Insel ist erst dann ein Attraktor, wenn sich die Besucher drängen...

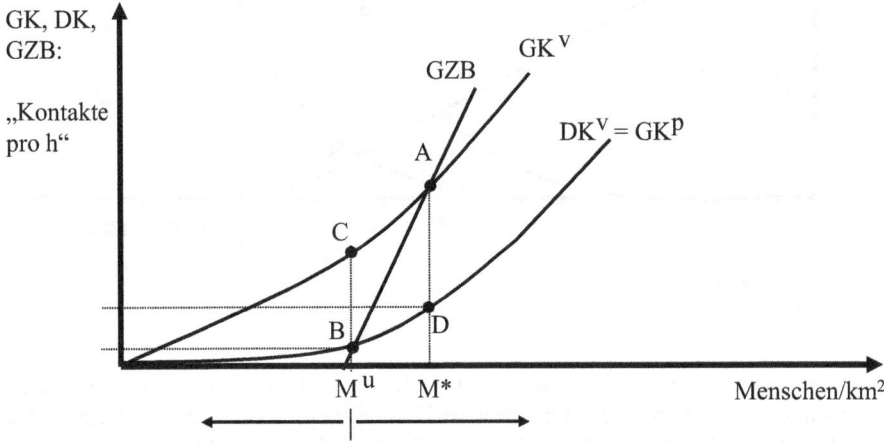

Abb. 4-9: *Positive Verdichtungseffekte*
Entwurf: V. Letzner

5. Fehlallokationen der Besucherströme zwischen privaten und Allmendeattraktoren

Oben wurde gezeigt, dass es zu besonderen Problemen kommt, wenn Privatwirtschaft und Allmendewirtschaft nebeneinander existieren. Wie gesehen, gab und gibt es diese Situationen überall in der Landwirtschaft und dem Problem haftete etwas Historisches an. Dass dem nicht so ist, zeigt der Tourismus. Hier existieren in einem modernen Wirtschaftszweig andauernd private und gemeinschaftliche Wirtschaftssysteme nebeneinander – vornehmlich im Bereich der nicht-produzierbaren touristischen Attraktoren. Da gibt es im Regensburger Schloss neben einem öffentlichen Christkindlmarkt einen exklusiveren Christkindlmarkt, für den Eintritt zu bezahlen ist. Viele historische Sehenswürdigkeiten sind frei zugänglich, für andere muss man Eintritt zahlen oder werden im Museum gezeigt, wobei es viele länderspezifischen Eigenheiten gibt: In Deutschland sind Kirchen eintrittsfrei, während Museen in der Regel Eintritt verlangen; in England ist dies genau umgekehrt. Ein Freizeitpark verlangt Eintritt, der daneben liegende Waldlehrpfad ist jedermann offen. Die meisten Naturattraktoren und viele Naturerbestätten sind frei zugänglich. Während manches immaterielle Erbe kostenlos ist wie der Besuch eines Faschingszuges, sind Theater- oder Musikaufführungen in der Regel zu bezahlen. Bezahlung bedeutet nicht automatisch, dass der Attraktor privatwirtschaftlich geführt wird. Beim Freizeitpark trifft dies meist zu und die Preisgestaltung ist an den privaten Grenzkosten orientiert. Beim Eintritt in eine kostenpflichtige archäologische Grabungszone oder in ein Museum richtet sich die Preisgestaltung nicht nach betriebswirtschaftlichem Optimierungskalkül, sondern folgt einem bildungspolitischen Ansatz und/oder orientiert sich an einer Durchschnittskostendeckung. Manches Nutzungsentgelt ist eher versteckt und wer eine Kurtaxe bezahlt, bezahlt damit indirekt für gepflegte Parks oder Kneippbecken. Andererseits muss ein privatwirtschaftliches Unternehmen nicht unbedingt einen privaten Besitzer haben; wenn eine städtische GmbH ihre Bäderlandschaft gewinnma-ximierend führt, ist sie für diese Untersuchung als Privatwirtschaft zu charakterisieren.

Als Beispiel möge sich der Leser zwei ähnliche Safariparks in einer Destination vorstellen. Der eine Park gehört einem Privatmann, der ihn nach betriebswirtschaftlichen, gewinnmaxi-mierenden Kategorien führt und eine Preisgestaltung hat, die sich ganz *normal* nach Nach-frage (Grenzzahlungsbereitschaft) und Angebot (private Grenzkosten) richtet. Der andere Park gehört einem kommunalen Träger, der dem Gemeinwohl verpflichtet ist und keine Gewinnerzielungsabsicht hat. Die Parkgeschäftsführung muss deshalb die Preise nach dem Durchschnittskostenprinzip gestalten, da sie vom Träger auf Kostenneutralität verpflichtet wurde. Für beide Parks sei unterstellt, dass die Nachfrage groß genug ist, um im Bereich steigender Grenz- und Durchschnittskosten zu wirtschaften. Die Situation für beide Parks sieht nun wie folgt aus:

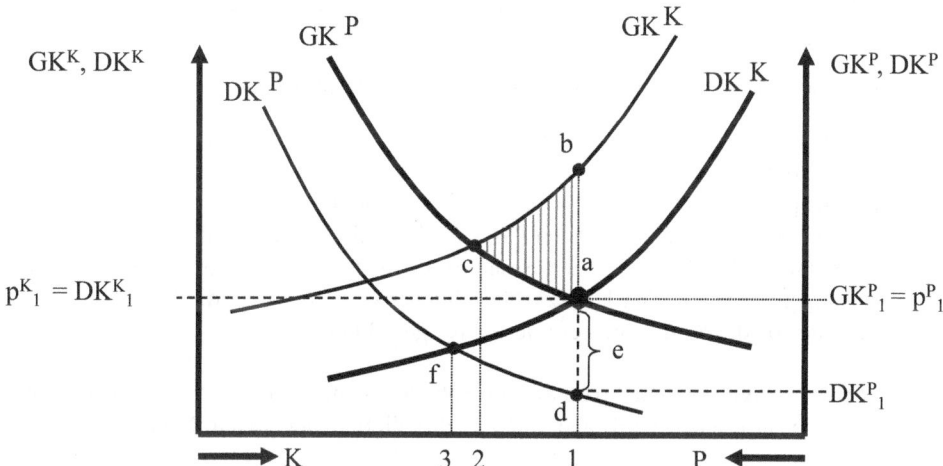

Abb. 4-10: Kommunaler und privater Attraktor
Entwurf: V. Letzner analog zu Sinn (1988), S. 196

Insgesamt kommen pro Tag oder Saison K + P Besucher in die Destination, die sich auf die beiden Safariparks so aufteilen, dass K Besucher den kommunalen und P Besucher den pri-vaten Park aufsuchen. Die Anzahl der Besucher K im kommunalen Park wird in der Grafik von links nach rechts gemessen und die Grenz- und Durchschnittskostenkurven verlaufen steigend von links unten nach rechts oben. Die Anzahl der Besucher P im privaten Park wird von rechts nach links gemessen und die Grenz- und Durchschnittskostenkurven verlaufen steigend nach links oben. Die Angebotskurve des privaten Parks entspricht wie üblich der steigenden Grenzkostenkurve GK^P, während das kommunale Management ohne Gewinner-zielungsabsicht gemäß der Durchschnittskostenkurve DK^K die Preise gestaltet. Unterstellt sei, die Besucher wählen die beiden Parks ausschließlich nach Kostengesichtspunkten aus und würden solange den Park wechseln, solange der jeweils andere billiger wäre. Der Leser kann an der Abbildung prüfen, dass nur im Punkt a ein Gleichgewicht vorliegt, da beide Parks dann identische Eintrittspreise $p^K_1 = p^P_1$ haben. Der Besucherstrom hat sich also gemäß dem Punkt 1 aufgeteilt und der kleinere Teil besucht den privaten, der größere Besucherteil besucht den kommunalen Park. Aus volkswirtschaftlicher Sicht ist diese Besucheraufteilung suboptimal, da der kommunale Park über- und der private Park unterfrequentiert ist. Wenn ein Besucher von 1 ausgehend in den privaten Park wechseln würde, würde er dem kommunalen Park Grenzkosten in Höhe von b ersparen und dem privaten Park Grenzkosten lediglich in Höhe von a verursachen. Da diese effizienz-verbessernde Reallokation nicht passiert (a ist ein stabiles Gleichgewicht, da sonst p^K_1 sinken und p^P_1 steigen würde und der Besucher gleich wieder zurückkehren würde), kommt es bei der Besucherallokation 1 zum Wohlfahrtsverlust der Größe abc. Wären beide Parks privat, käme es zur Allokation 2 mit dem Gleichgewicht c, das volkswirtschaftliche Verluste vermeidet. Wären beide Parks kommunal, käme es zur Allokation 3 mit dem Gleichgewicht f, das geringe (nicht eingezeichnete) Wohlfahrtsverluste produzieren würde. Aus ordnungspolitischer Sicht wird die letzte Lösung wenig Freunde finden, da eine Fehlallokation durch eine andere Fehlallokation kompensiert wird – auf dem Papier ist diese Lösung einfach, in der Realität aufgrund der oft unbekannten Kurvenverläufe eher gefährlich.

Das Nebeneinander von privatem und kommunalem Attraktor bedeutet:

- die Eintrittspreise in beiden Parks sind gleich hoch
- die Eintrittspreise sind niedriger als wenn beide Parks privat wären
- die Eintrittspreise sind höher als wenn beide Parks kommunal wären
- die Durchschnittskosten des privaten Parks sind deutlich niedriger als die des kommunalen Parks (siehe die Differenz e), was als Missmanagement der kommunalen Geschäftsführung interpretiert werden könnte – fälschlicherweise, da nicht die Geschäftsführung, sondern die von der Kommune geforderte Preisgestaltung schuld sind

Das Ergebnis ist nur scheinbar paradox: obwohl der kommunale Betrieb keinen Gewinn macht, ist er genauso teuer, dafür aber auch noch voller als der private Nachbar! Der Leser kann an diesen Punkten gut nachvollziehen, warum kommunale Betriebe häufig keine gute Presse haben.

Bei vielen staatlichen Attraktoren ist die Preispolitik gänzlich von den Kostenfunktionen entkoppelt und richtet sich nach kultur- und bildungspolitischen Gesichtspunkten, um auch ärmeren Bevölkerungsschichten den Besuch von Museen, Bädern, Zoos und so weiter zu ermöglichen. Abb. 4-11 skizziert die Situation mit zwei botanischen Gärten in einer Stadt. Der eine gehört einem Privaten, der zweite der Kommune, die sehr niedrige Preise p^K setzt, um die Bevölkerung mit der Botanik vertraut zu machen und in die grüne Oase zu locken. Wenn es keine hinreichenden Preisdifferenzierungsmöglichkeiten gibt, bleibt dem Privaten nichts anderes übrig, als ebenfalls seinen Preis auf das niedrige Niveau zu senken und die Besucherzahlen durch möglichst restriktive Eintrittszeiten niedrig zu halten. Die Besucher werden sich fast ausschließlich in den kommunalen Garten begeben und die (nicht eingezeichneten) Wohlfahrtsverluste sind enorm. Außerdem macht der private Eigner Gewinn, während die Kommune immense Verlustausgleiche (die Differenz zwischen Eintrittspreis und Durchschnittskosten) in ihren Garten schießen muss. Das ist der politisch gewollte Preis dafür, dass die Eintrittspreise nur etwa halb so hoch sind wie sie wären, wenn beide Gärten gewinnmaximierend operieren würden. Es handelt sich also um eine wirtschaftspolitische Maßnahme, die aus Steuermitteln finanziert die Konsumentenrente erhöht.

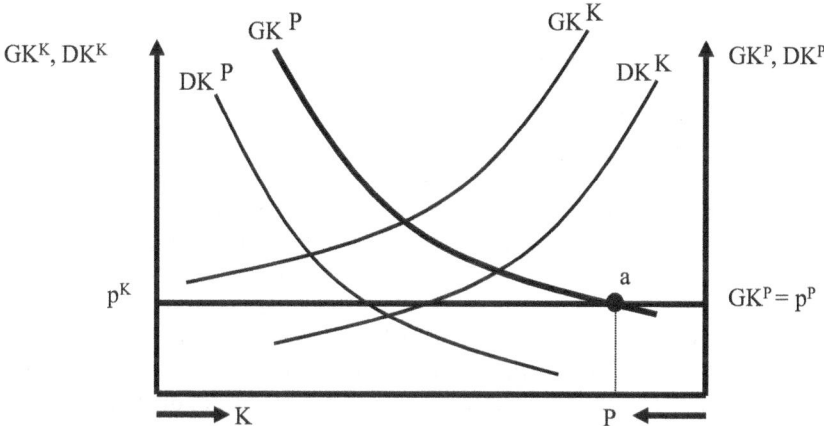

Abb. 4-11: *Kostenentkoppelte Preispolitik*
Entwurf: V. Letzner

Das allokationsverzerrende Nebeneinander von Privat- und Allmendewirtschaft (hier am Beispiel der Kommune) ist bei touristischen Attraktoren häufig anzutreffen. Die Auswirkungen sind natürlich in der Realität nie so *messerscharf* abgrenzbar wie in der Lehrbuchabbildung, aber diese Grafiken verdeutlichen doch anschaulich die grundsätzlichen Probleme. Zwei etwas strenge Annahmen könnten gelockert werden: Die Gesamtnachfrage der Besucher (also A + P) ist selten konstant, sondern selbst wiederum vom Preis abhängig. Attraktoren sind sich selten so ähnlich, dass der Besucherstrom ausschließlich über Differenzen der Eintrittspreise gelenkt wird. Insbesondere könnte es Sinn machen, die Nachfrage von den Preisen und der Dichte abhängig zu machen. Diese Modifikationen würden die Analyse komplizieren, die grundsätzlichen allokationstheoretischen Aussagen würden bestehen bleiben.

Der Leser möge an dieser Stelle einen schnellen Blick in die Zukunft werfen. In Deutschland sind heutzutage die allermeisten natürlichen Attraktoren in einer Destination allmendewirtschaftlich organisiert. Entweder gilt ein völlig kostenloser Zutritt wie beim Wandern, Biken, Klettern oder beim Baden am See. Auch die Winter- oder Wassersportarten sind bezüglich des Attraktors kostenfrei möglich, wenn natürlich die Infrastruktur (Lift, Boot etc.) bezahlt werden muss. Manchmal sind vergleichsweise geringe Entgelte an Badeseen, an einer Klamm oder für einen Nationalpark zu zahlen. In anderen Ländern werden langsam Konzepte sichtbar, die *zukünftig* dazu führen könnten, dass manches Tal oder mancher Berg eine abgesperrte Privatdestination wird, wie es für manche Insel im Mittelmeer und anderswo schon länger üblich ist; siehe Modul 1. Die Destination würde dann insgesamt, also inklusive touristischer Infrastruktur und touristischer Attraktoren, vermarktet und nach gewinnmaximierenden Prinzipien bewirtschaftet werden. Es ist hier nicht die Stelle, das Für und Wider dieser Entwicklung zu beurteilen, aber eine Aussage lässt sich mit Sicherheit aus den Schlussfolgerungen dieses Abschnitts ziehen: Die Besucherstruktur wird sich zulasten der verbleibenden öffentlichen Attraktoren verschieben und die unter Ausschluss gestellten Gebiete entlasten. Um das Beispiel der Abb. 4-10 zu verwenden: Wenn beide Parks kommunal wären, gälte das suboptimale Gleichgewicht f, das sich durch Privatisierung eines Parks hin zum noch weniger optimalen Gleichgewicht a verändern würde.

6. Welterbe und Zeitpräferenz

Die vorigen Abschnitte haben die vielfältigen Probleme gezeigt, die aufgrund des Allmendecharakters von Attraktoren entstehen können. Hier soll noch einmal zusammenfassend auf die tiefere Ursache für das Phänomen verwiesen werden. An anderer Stelle im Modul 2 wurde ausführlich erläutert, dass so genannte touristische Produktionsfaktoren für die nicht-produzierbaren touristischen Attraktoren verantwortlich sind. Touristische Produktionsfaktoren sind Kultur, Natur und Wissen, die als Erbe auf die heutige Zeit gekommen sind und der Tourismusindustrie den Petersdom, die Ha Long-Bucht und den Karneval von Rio beschert haben. Ebenfalls dort wurde erläutert, wie sich das Kultur-, Natur- und immaterielle Erbe durch Abschreibungen und Investitionen verändert. Hier geht es nur um die tiefere Ursache für alle in diesem Kapitel geschilderten Probleme – das Welterbe ist häufig ein freier Produktionsfaktor, der niemanden gehört und von allen genutzt werden kann.

Manches wird deutlicher, wenn das Welterbe mit dem *Privaterbe* verglichen wird. Letzteres ist Boden und Real- und Finanzkapital, das Privaten gehört und nach den jeweiligen Erbschaftsgesetzen auf deren Nachkommen oder sonstige Begünstigte übertragen wird. Auch im Tourismus ist der überwiegende Teil der touristischen Infrastruktur Privatbesitz, der vererbt werden kann. Abgesehen, dass ein Verstorbener keine Erben hat und abgesehen, dass der Staat einen gewissen Anteil des Erbes als Erbschaftssteuer einbehält, wird das Privaterbe von einem Privaten auf einen anderen Privaten übertragen, ohne dass Dritte etwas abbekommen. Das Vererbte kann aufgelöst und konsumiert werden oder es dient weiterhin als Produktionsfaktor, der ausschließlich dem Erben Rendite abwirft. Warum wird überhaupt vererbt? Die Theorie der intertemporalen Allokation zeigt, dass jeder Mensch eine positive Zeitpräferenz hat, das heißt, dass er den Konsum in der Gegenwart dem Konsum in der Zukunft vorzieht – soll er dennoch den Konsum auf morgen verschieben, verlangt er dafür eine Kompensation, den Zins. Lebe- und Genussmenschen, die in den Tag hinein leben und sich nicht um das morgen kümmern, haben eine höhere Zeitpräferenz als vorsichtige und risikoscheue Menschen, die mit 20 schon ihre Altersrente kalkulieren. Aber wie auch immer: aus rein individueller Sicht ist Erbe zunächst nicht erklärbar, denn der Vererbende verzichtet ja zu Lebzeiten auf Konsum, den er nach seinem Tod (nach gängiger Vorstellung) nicht mehr nachholen kann. Erbe hat deshalb zwei ökonomische Ursachen. Zum einen denken viele Menschen nicht nur an sich, sondern an ihre Familiendynastie und wollen ihren Kindern und Enkeln etwas hinterlassen; diese Menschen haben eine sehr geringe Zeitpräferenz, denn auch wenn ihr Erbe erst in 50 Jahren zu Konsum durch den Urenkel führt, kompensiert sie dieser zukünftige Konsum für den heutigen Konsumverzicht. Der zweite Grund ist banaler: in der Regel kennt niemand den Zeitpunkt seines Todes und da die meisten ungern bereits vor ihrem Tod ohne jegliche Mittel dastehen möchten, lösen sie nicht alle Ersparnisse auf und es bleibt zum Todeszeitpunkt notgedrungen etwas übrig.

Von diesem Privaterbe unterscheidet sich das Welterbe sehr deutlich und vor allem in den folgenden fünf Aspekten:

1. In wenigen Fällen ist das Welterbe in privater Hand. Die Ausnahmen sind ein privater See, ein privater Aussichtspunkt, Privatschlösser und (wohl die zahlenmäßig häufigste Ausnahme) viele Kunstgegenstände in Privatbesitz. Beim immateriellen Erbe kann manches Rezept oder Verfahren ein privates Wissen darstellen, von dessen Nutzung andere ausschließbar sind. Ansonsten handelt es sich beim Natur-, Kultur- und immateriellem Erbe um öffentlichen oder teilöffentlichen Besitz: der Kilimandscharo, die Verbotene Stadt oder die Gong-Musik in Vietnam gehören keinem Privaten.

2. Die Rendite aus dem öffentlichen Erbe ist viel komplexer zu fassen als beim privaten Pendant. Erstens ist sie schwer berechenbar, da bereits das Erbe selber schwer in Zahlen zu fassen ist. Und zweitens, wichtiger, kommt sie nicht immer nur den Erben zugute. Man nehme die Königsschlösser in Bayern, die nicht mehr dem Erbauer oder dem Haus Wittelsbach, sondern via bayerischer Schlösser- und Seenverwaltung dem bayerischen Staat und dem bayerischen Bürger ‚gehören‘. Zweifelsohne handelt es sich um ein öffentliches Kulturerbe mit einem erheblichen Wert, der aber viel schwerer zu erfassen ist als bei gewöhnlichen Immobilien. Dieses Erbe generiert eine große Rendite, die aber vornehmlich (und abgesehen von den induzierten Steuerzahlungen) in der (lokalen) Tourismusindustrie verbleibt, statt dem Erben, also allen bayerischen Bürgern, zugute zu kommen.

3. Daraus leitet sich ein wesentlicher Aspekt ab. Die touristischen Produktionsfaktoren werden nicht oder nicht adäquat kompensiert – jeder Besucher, vornehmlich aber die involvierte Tourismusindustrie nutzen das Welterbe kostenfrei oder kostengünstig. Bei vielen staatlichen Natur-, aber vor allem Kulturerbestätten muss hier unterschieden werden. Die Besichtigung und die Nutzung durch den Tourismus oder durch kulturelle Ereignisse (wie ein Konzert in einem Schloss) sind gegen geringes Eintrittsgeld frei. Die sonstige gewerbliche Nutzung beispielsweise als Ort für ein Firmenfest oder für eine Produktpräsentation ist deutlich eingeschränkt und vielfach, wenn überhaupt, nur gegen ein deutlich höheres Entgelt gestattet. Die staatlichen Stellen, also die Wälder-, Seen- und Schlösserverwaltungen und die Natur- und Denkmalschutzämter sehen sich hier als stellvertretender Erbe und als Bewahrer des Erbes, das vor zu heftiger kommerzieller Ausbeutung geschützt werden muss. Die Tourismusindustrie hat hier den unschätzbaren Vorteil, dass sie und ihre Kundschaft in diesem Zusammenhang selten als gewerbliche Nutzer interpretiert werden. Insbesondere die Besucher sind Landes- oder Weltbürger und gelten als die eigentlichen Erben und es wäre unstatthaft, ihnen für die Nutzung ihres eigenen Erbes etwas abzuverlangen. Trotzdem bleibt die Frage offen und soll erst im Schlusskapitel diskutiert werden, ob wirklich alles Natur-, Kultur- und Wissenserbe mehr oder minder pauschal als Ressource ohne Eigentümer anzusehen ist, die in vielen Ländern gut, in anderen Ländern jedoch schlecht von staatlichen Stellen verwaltet wird. Oder ob nicht doch so manches Welterbe eine legitime Eigentümergemeinschaft hat oder haben könnte: Landwirte an einer Kulturlandschaft oder Bergvölker an ihrer Musik-

tradition? Wenn dem so wäre, müsste über eine Kompensation für die Nutzung ihres jeweiligen Erbes – gerade auch durch die Tourismusindustrie – nachgedacht werden.

4. Der Vererbungsprozess beim öffentlichen Erbe ist ebenfalls anders als beim Privaterbe und viel kontinuierlicher. Man spricht davon, dass das gemeinsame Erbe ‚von Generation zu Generation' weitergegeben wird, wobei es sich bei den Generationsübergaben naturgemäß um rollierende Prozesse handelt.

5. Die Literatur zur intertemporalen Allokation zeigt, dass es, analog zu Gütern und externen Effekten auch bei der Zeitpräferenzrate (ZPR) externe Effekte gibt. So kann beispielsweise die Tatsache, dass Kinder heiraten und so dynastiefremde Menschen Nutznießer des Erbes werden, dazu führen, dass die private ZPR größer ist als die volkswirtschaftliche ZPR, die ohne den externen Effekt (= ungewollte Vererbung an ungewollte Erben) vorliegen würde. Dieses Argument weitergedacht heißt, dass bei einem Welterbe, das fast komplett an Dynastiefremde geht, das Vererbungsmotiv noch geringer, mithin die Zeitpräferenzrate noch größer und das Verlangen, etwas zu vererben, noch kleiner ist. Etwas weniger formal ausgedrückt und an einem Beispiel verdeutlicht, das viele Grundbesitzer in Städten mit reichem archäologischen Untergrund umtreibt: Warum soll ein Bauherr mit hohem Aufwand das römische Erbe auf seinem Baugrund schützen und vielleicht sogar der Öffentlichkeit zugänglich machen, wenn er stattdessen lukrative Wohnhäuser errichten könnte?

Aufgrund der potentiellen Übernutzung des Welterbes, greifen staatliche Stellen und deren Ämter ein. Aber es gibt kein vernünftiges Argument zu glauben, dass nun ausgerechnet der Staat die richtige Zeitpräferenzrate kennt und deshalb das Welterbe in einer optimalen Weise schützt. In vielen Ländern sind die staatlichen Autoritäten so schwach oder so wenig am Allgemeinwohl interessiert, dass sie zugunsten schneller Profite ihr Welterbe ausverkaufen oder gar aus politisch/militärischen Gründen zu zerstören suchen, um beispielsweise die kulturelle Identität bestimmter Bevölkerungsgruppen oder Regionen zu beschädigen. Man kann an die zerstörten Buddhastatuen in Afghanistan denken, an die Tibetpolitik Chinas oder nur an die Versuche in den 70er Jahren, Dialekte aus deutschen Schulen zu verbannen. In der Regel wird also auch die Politik das Erbe eher übernutzen. Es ist aber auch der umgekehrte Fall denkbar, dass eine extrem konservative Politik jedes Erbe *an sich* schützen will und jenen Archäologen, Naturschützern und Ethnologen folgt, die jede ökonomisch/touristische Nutzung des Erbes als Teufelswerk brandmarken. In diesem Fall wäre die Zeitpräferenz zu niedrig angesetzt und heutige Generationen würden zugunsten zukünftiger Generationen zu sehr belastet.

7. Kulturlandschaft und Allmende

Kulturlandschaft definiert sich im Unterschied zur vom Menschen unbeeinflussten Naturlandschaft; zumindest in Europa gibt es, von ganz wenigen Ausnahmen in Osteuropa abgesehen, de facto nur noch Kulturlandschaften. Deshalb muss die Definition eingeschränkt werden: Kulturlandschaft in einem sehr engen Sinn meint kleine Gebiete wie Parks oder Gärten oder Ensembles wie den Münchner Olympiapark. Eine weite Definition versteht jede vom Menschen veränderte Landschaft und je nach Eingriffstiefe des Menschen in die Natur kann von a) ländlicher oder bäuerlicher, b) städtischer und c) industrieller Kulturlandschaft gesprochen werden. Für die Einbeziehung industrieller und altindustrieller Gebiete in die Kulturlandschaftsdefinition plädiert Bayerl (2002), S. 60. Aus touristischer Sicht sind vor allem Agrar- und Stadtkulturlandschaft von Bedeutung und das alt-industrielle Ruhrgebiet als europäische Kulturhauptstadt 2010 stellt eine Ausnahme dar. Massentourismus in Städten schadet deshalb vor allem sich selber, wenn sich viele Touristen gegenseitig bedrängen – die Stadt selber ist davon vergleichsweise unbeeindruckt. New York und selbst Rom stecken die Touristen ‚weg'; weniger robust sind hingegen kleine Städte auf der Hauptreiseroute, die wie Venedig, Rothenburg o.d.T. oder Hoi An während der Saison de facto nur noch aus Touristen bestehen.

Hier liegt der Schwerpunkt auf den deutschen *(Agrar-) Kulturlandschaften*, die einen stärkeren Allmendecharakter als Städte haben und paradoxerweise durch Unter- *und* durch Übernutzung gefährdet sind. Die Agrarkulturlandschaft entspricht dem UNESCO-Verständnis einer Kulturlandschaft, das auf eine langfristige kulturelle und landwirtschaftliche Prägung der Landschaft abstellt und damit den Bezug zur Natur nicht ganz verloren hat. Kulturlandschaften sind identitätsstiftende ländliche Orte, die durch generationenübergreifendes Leben und Arbeiten, durch soziale Entwicklungen und durch kulturelle, künstlerische und religiöse Werte entstanden sind und auf Natur-, Kultur- und Wissenserbe basieren. Der Zusammenhang mit Allmende ist ein doppelter:

- ländliche Kulturlandschaften sind in engem Zusammenhang mit landwirtschaftlichen Allmenden entstanden und
- heutige ländliche Kulturlandschaften sind selbst Allmende für die Tourismusindustrie.

Die Rolle der Allmende bei der Entstehung der ländlichen Kulturlandschaft zeigt sich in der Geschichte. In Mitteleuropa sind im Atlantikum (6.000–3.200 v. Chr.) aus wärmezeitlichen Laubmischwäldern hallenartig aufgebaute Hochwälder, insbesondere Buchenwald- oder Buchen-Eichenwaldgesellschaften entstanden und aus „dieser ehemaligen, nahezu geschlossenen Laubwaldlandschaft schuf der Mensch seit der Jungsteinzeit im Laufe der vergangenen Jahrhunderte die späteren, offenen oder vielerorts fast waldfreien Kulturlandschaften." (Speier/Hoppe 2004, S. 47). Während in Zeiten des Bevölkerungsrückgangs Randflächen ungenutzt blieben oder nur extensiv genutzt wurden, nahm mit der Bevölkerungszunahme ab dem 15. Jahrhundert die Nutzung und Übernutzung der Wälder zu, an deren Stelle Heide, Triften, Weiden und Hudewälder entstanden – ein Landschaftsbild, das die Romantik prägte und dort, wo es nicht ganz zerstört wurde, in Folge davon den heutigen Tourismus prägt. Die bäuerliche Kulturlandschaft ist gewissermaßen ein Neben- oder Kuppelprodukt der Land- und Holzwirtschaft wie Corell (1994), S. 221 bemerkt. Die traditionelle Landwirtschaft war aber nicht auf Profitorientierung, sondern auf Minimierung ökonomischer Risiken ausgerichtet! Damit kann man sie mit Fug und Recht als nachhaltige Landwirtschaft und als Vorläufer moderner Nachhaltigkeitskonzepte verstehen, auch wenn das Wort damals gerade erst in der Forstwirtschaft Eingang fand und nicht weiter verbreitet war. Nachhaltigkeit bedeutete vor allem:

- Keine Kapazitätsausschöpfung von Mensch, Tier und Boden, „sondern ‚unterproduktiv' zu wirtschaften", (Gudermann 2004, S. 65) um für den Notfall Reserven zu haben.
- Die Vielfalt der Ressourcen zu erhalten und zu steigern und nicht „umsonst nehmen Biologen an, dass die durch menschliches Wirken hervorgebrachte Kulturlandschaft etwa um

1800 ihre größte ökologische Vielfalt erreichte." (ebd.) Noch in den 50iger Jahren des 20. Jahrhunderts war die Umgebung eines voralpinen Hofes von Bauerngarten, Egart, Acker, Wiese, Streuwiese, Moosheu, Wiesmahd, Hutung, Waldweide, See, Moor, Plenterwald und Wald bis hinauf zur Alm gekennzeichnet; vgl. Schöfmann (1997).

- Einerseits aus Erfahrung heraus flexibel zu sein, um den Unwägbarkeiten der Natur zu begegnen und andererseits rigide und konservativ zu sein, um riskante, existenzbedrohende Experimente und Neuerungen zu vermeiden, vgl. Gudermann (2004).

Exakt diese Punkte gewährleistete die Allmendewirtschaft, die gering produktive Grenzländereien, Saumbiotope und Ruderalstandorte mit hoher Vielfalt zur Risikominimierung hervorbrachte und der die „rationale Landwirtschaft und [die auf] Profitmaximierung ausgerichteten Agrarreformen des 19. Jahrhunderts ... unverständlich ..." (Gudermann 2004, S. 68) blieb – und der sie sich doch letztlich geschlagen geben musste. Ähnlich muss sich auch heute noch die Ausweisung oder Ausweitung von Nationalparken, die biologische Vielfalt erhalten sollen, häufig genug den monokulturellen Effizienzforderungen der Holzindustrie geschlagen geben. Die Allmendeabschaffung und die Veränderung der bäuerlichen Kulturlandschaft durch die Agrarreformen des 19. Jahrhunderts verliefen nicht überall identisch und insbesondere zwischen dem preußischen Norden und Süddeutschland gab es signifikante Unterschiede. Wie bereits oben erläutert, entstand in Preußen junkerlicher Großgrundbesitz, während sich in Süddeutschland bäuerliche Familienbetriebe, Gemeindeeigentum und gemeindliche Selbstverwaltung gut hielten. Die Gründe waren, dass im Süden Abgaben-Grundherrschaft vorherrschte und „die Bauern gute Besitzrechte an ihren Stellen und die Gemeinde faktisch Eigentum an der Allmende erlangt hatten" (Zückert 2004, S. 428). Der Gemeindeverbund blieb bis heute stark, das Gemeineigentum wurde viel langsamer aufgelöst und fiel letztlich den Bauern zu. Teilweise existierten in Bayern und Württemberg nennenswerte Allmenden bis in die 50er Jahre des 20. Jahrhunderts, im Alpenraum finden sich noch immer Almen und in manchen fränkischen Landstrichen gibt es allmende-ähnlichen, genossenschaftlich organisierten ‚Rechtler-Wald'. Im mitteleuropäischen Süden „wussten die Bauern ihre Selbständigkeit und die gemeindliche Selbstverwaltung zu wahren. Sie war die politische Basis für den Gemeindeliberalismus und die plebiszitäre Kantonsdemokratie. Ebenso aber wie die ostelbische Großlandwirtschaft eine Schrittmacherrolle in der deutschen Agrarentwicklung ... übernahm, ebenso wenig konnte der süddeutsche Liberalismus dem preußischen Junkerkonservatismus politisch standhalten." (ebd., S. 436) Letztlich also verschwand auch im Süden mit der Allmende die traditionelle Landwirtschaft:

Doch der Verlust einer ökonomischen Ressource [also der Gemeinheiten] war auch verbunden mit einem Verlust an ökologischer Diversität, mithin der vielgestaltigen Kulturlandschaft der traditionellen Landwirtschaft mit ihrer Fülle an kleinräumigen Lebensgemeinschaften und Nutzungspotentialen, die heute als Inbegriff der schönen Landschaft gilt und das Landschaftsideal umweltpolitischer Bestrebungen ist. Schließlich erhöhte sich mit dem Verlust der vielfältigen traditionellen Kulturlandschaft auch das ökologische Risiko: Probleme der intensiven Landwirtschaft wie Bodenerosion, Schädlingsbefall und Überschwemmungskatastrophen sind bis heute zu wiederkehrenden Erscheinungen geworden. (Gudermann 2004, S. 76)

Mit der traditionellen Landwirtschaft und der naturbedingten Rigidität ihrer Bewohner sind auch alle kulturellen, künstlerischen und religiösen Entwicklungen aufs engste verknüpft, die die Regionen über das rein Agrarische hinaus prägen. Von den Marterln und Wegekreuzen

zur barocken Üppigkeit der Klöster, vom Alphorn bis zum Schuhplatteln, von den Geigen-
bauern, Schnitzern und Lüftlmalereien bis zu Ludwig Thoma und Oskar-Maria Graf, von der
sündigenden und beichtenden Katholizität bis zur Spezl- und Amigowirtschaft spinnen sich
die sozial-geschichtlichen Fäden weiter. Dieses über Jahrhunderte gewachsene, sich ändern-
de und sich gegenseitig bedingende Mit- und Gegeneinander von Natur, Kultur und Wissen
charakterisiert die ländliche Kulturlandschaft – und so natürlich nicht nur in Oberbayern,
sondern prinzipiell ganz ähnlich in den italienischen Marken oder in den Reisterrassen der
Philippinen. Aber so wie die agrarische Allmende weitgehend verschwand, veränderten sich
auch die anderen, sich gegenseitig bedingenden Elemente der Kulturlandschaft.

Ländliche Kulturlandschaft ist eine Allmenderessource für den Tourismus. Es ist hier nicht
der Ort darüber zu philosophieren, warum, wie im obigen Zitat behauptet, eine vielgestaltige
Kulturlandschaft mit natürlicher, kultureller und immaterieller Vielfalt und kleinräumigen
Lebensgemeinschaften als „schöne Landschaft" gilt. Vielleicht sind es Kindheitserinne-
rungen, die Bilder der Romantik oder noch nicht ganz verschüttete bäuerliche Gene? Fragen,
die vielleicht einmal die im Kasten 2-1 geforderte Attraktorentheorie beantworten kann. Fakt
jedenfalls ist, dass dieses Urteil längst von Touristen und Zugezogenen gefällt wurde, die
sich genau diese „schönen Landschaften" als Ziel aussuchen. Mit anderen Worten: Heute hat
die Landwirtschaft ihre Allmenden aufgegeben, aber die ehemals als Nebenprodukt der
Landwirtschaft entstandene Kulturlandschaft ist nun eine Allmenderessource des Tourismus.
Der Tourismus profitiert von der ländlichen Kulturlandschaft ohne in der Regel die
landschaftspflegerischen Leistungen der Landwirtschaft zu kompensieren. Früher konnte der
Landwirt von seiner Arbeit leben und schuf unbeabsichtigt eine „schöne" Kulturlandschaft.
Heute kann der nicht-subventionierte Landwirt kaum von seiner eigentlichen Arbeit leben,
aber er soll diese Kulturlandschaft mit Hecken, Seen, glücklichen Kühen auf der Weide und
Obstbäumen erhalten. Das heißt, dass traditionelle, kleinräumige, an Vielfalt orientierte und
biologisch wirtschaftende Landwirtschaft einen positiven externen Effekt hat, während
konventionelle Landwirtschaft oder gar industrielle Landwirtschaft wie im Mittleren Westen
oder früher in den volkseigenen Kolchosen negative externe Umwelteffekte durch
Bodenerosion und Wasserversalzung hat. Die externen Effekte führen dazu, dass immer noch
traditionell-ökologische Landwirtschaft die Ausnahme, konventionelle Landwirtschaft die
Regel ist. Besonders tragisch ist diese Entwicklung in den Alpen, wo der Tourismus eine
besondere Rolle spielt und gleichzeitig die traditionelle Bergbauernwirtschaft wirtschaftlich
kaum eine Überlebenschance hat. Zwar erhalten Bergbauernhöfe inzwischen landschafts-
pflegerische Entgelte seitens der EU und für viele Bergbauern ist der Tourismus schon längst
zur Haupteinnahmequelle geworden – ob beides aber ausreicht, um die extrem aufwendige
bäuerliche Wirtschaftsweise auf Dauer zu behalten, ist zweifelhaft. Pessimistische Szenarien
gehen davon aus, dass deshalb und in Folge des Klimawandels weite Teile der Alpen
zuwuchern, brachfallen und sich Richtung Naturzustand zurückbilden. Für manche
Naturfreunde mag dies sogar eine wünschenswerte Tendenz sein. Für einen Tourismus, der
wesentlich von Kulturlandschaften lebt, ist dies jedoch kein wünschenswertes Szenario. Die
Verantwortlichen sollten verstärkt nachdenken, beispielsweise die Kurtaxe zu einer
Naturtaxe weiterzuentwickeln – siehe auch das letzte Kapitel.

Aus Sicht des Tourismus ist eine Landwirtschaft vonnöten, die sowohl Brachfallen als auch
extreme Intensivierung vermeidet – eine unerwartete Hilfe für die Bedürfnisse des Touris-

mus kommt deshalb von Seiten der ökologischen Landwirtschaft, die traditionelle Bewirtschaftung forciert und eine Kultur der kurzen Wege, also einen engen Kontakt zwischen Hersteller und Konsument, favorisiert. Dieser Aspekt ist nicht unwichtig, denn eine lebendige Kulturlandschaft ist, wie gesehen, nicht alleine Ergebnis einer bestimmten landwirtschaftlichen Produktionsweise, sondern benötigt starke kulturelle und immaterielle Impulse und Wechselwirkungen. Auch wenn es einem konservativen Bauern mehr als schräg vorkommen mag, aber wenn sich auf einem Ökobauernhof moderne Kunst neben Buddha- oder Shivastatuen findet und wenn dort neben Holundersirup und rückgezüchteten Rüben auch alte Käserezepturen und Yogakurse angeboten werden, könnten dies Aspekte einer sich weiterentwickelnden Kulturlandschaft sein. Auch sei angesichts aktueller Debatten, die das Abendland ausschließlich christlich geprägt sehen wollen, daran erinnert, dass dem erstens historisch nicht so ist und dass zweitens Minarette neben Zwiebeltürmen durchaus der Weiterentwicklung der Kulturlandschaft dienlich sind – anders als die allerorts wuchernden Einfamilienhäuser, Tankstellen, Logistikzentren, Bau- und Einrichtungsmärkte!

Dass es zum Erhalt einer lebendigen Kulturlandschaft nicht schaden kann, den Allmendecharakter vieler Ressourcen zu stärken, hat die obige Analyse gezeigt. Eine starke selbständige Gemeinde, im Zuge der Subsidiarität mit mehr Kompetenzen ausgestattet, wäre jedenfalls nicht schlecht. Vielleicht kann sie sogar wieder die eine oder andere Allmendewiese zur kontrollierten landwirtschaftlichen Nutzung ausweisen. Vielleicht etabliert sich dann auch wieder eine fast ausgestorbene Tourismusart – die Sommerfrische, die die Städter nicht zum schnellen Konsum der Natur drängt, sondern eher zu einer sanften Teilhabe, einem Geben und Nehmen am kulturlandschaftlichen Leben führt. Viele *Könnte* und es bedürfte einer eigenen Untersuchung, ob diese Überlegungen überhaupt eine Chance haben gegen den Trend der Zeit, gegen die Wirtschaftlichkeitsrechnungen der Betroffenen und gegen die Siedlungspolitik der Gemeinden. Jedenfalls sterben die kommunikativen Dorfkerne aus und hässliche, gesichts- und geschichtslose Einfamilienhaussiedlungen in der Breite entstehen. In diesen Häusern wohnen dann die Nachkommen der ehemals freien und stolzen Bauern, fahren zum Arbeiten 50 km in die nächste Fabrik oder Stadt und haben die einzige Hoffnung, dass sie vielleicht einen weiteren Hektar Land an das nächste Industriegebiet verkaufen können.

4.3.3   Fehlallokation der touristischen Arbeitskräfte, Ökonomie der Straße oder können Touristen selber zur Allmende werden?

Im vorherigen Abschnitt wurden die Allmendeeigenschaft vieler Attraktoren thematisiert; nun wird die Fehlallokation der touristischen Arbeitskräfte beschrieben, da die Besucher für den Dienstleistungsanbieter rund um den Attraktor quasi selbst zur Allmende werden. Diese überraschende These gilt es zu begründen.

Arbeitskräfte in der touristischen Infrastruktur sind fast immer Angestellte privatwirtschaftlicher Unternehmen; von denen werden sie bezahlt und nicht vom Touristen direkt, wenn man einmal vom Trinkgeld absieht. Kein Zimmermädchen käme auf die absurde Idee, auch im Nachbarhotel einem Gast das Zimmer zu reinigen, um von diesem entlohnt zu werden. Sobald sich der Tourist im Hotel, im Bus, im Flieger, auf dem Kreuzfahrtschiff oder in einem anderen *privaten Raum* befindet, ist er gewissermaßen zum *Privatgut* des jeweiligen Unternehmens geworden, das (zumindest kurzfristig und solange der Gast zufrieden ist) andere Unternehmen und Arbeitskräfte vom Geldbeutel des Touristen ausschließen kann.

Ganz anders ist dies auf der Straße oder am Strand, also im *öffentlichen Raum*! Der Tourist ist nicht an ein Unternehmen gebunden, sondern wird von allen Anbietern umworben, da die Straße, der Zugang zum Attraktor und viele Attraktoren selbst (Strand, Berge) frei zugänglich sind. Deshalb sind die zahlungskräftigen Touristen an diesen Orten selbst zum ‚Allmendegut‘ geworden. Der einzelne Straßenhändler oder Dienstleistungsanbieter erhält keinen Lohn, sondern partizipiert an den Durchschnittsausgaben der Touristen. Dies gilt für manche Randbereiche der touristischen Infrastruktur, insbesondere im Nahverkehrsbereich – beispielsweise Taxi- oder Rikschafahrer – oder bei Souvenir- und Imbissanbietern, die ihren Umsatz mit der (touristischen) Laufkundschaft machen. Der Tourist ist vor allem im Umfeld der touristischen Attraktoren ein ‚Allmendegut‘: Surf- oder Skilehrer, Masseure, Führer, Übersetzer, Ranger, Träger oder Tourguides werben sehr häufig im Umfeld der Attraktoren für ihre Dienste. Ob man den Souvenirhändler dem Attraktor oder der Infrastruktur zuordnen will, hängt von der kunsthandwerklichen Qualität ab: Postkarten und Plastiktempel gehören zum Infrastrukturangebot, während Kuckucksuhrenhersteller und -verkäufer im Schwarzwald schon fast zum Attraktor gehören – auch wenn die Uhr dann aus Taiwan kommt. Ähnlich unklar ist es mit eher halbseidenen *Berufen* wie Bettlern oder Prostituierten. Der Bettler, der sich an verkehrsgünstigen Stellen postiert, um am durchschnittlichen Spendenaufkommen teilzuhaben, ist schwerlich der touristischen Infrastruktur noch dem Attraktor zuzuordnen. Ähnlich ist es mit der Prostituierten, die im öffentlichen Raum um Kundschaft wirbt: Gehört sie zur Dienstleistungsinfrastruktur oder muss sie schon selber als Attraktor gesehen werden, um derentwillen sich der Tourist auf den Weg macht? Letztlich ist die Einteilung der Arbeitskraft auf Infrastruktur oder Attraktor nicht entscheidend, sondern die Frage, ob die Arbeit im privaten Raum oder im öffentlichen Raum angeboten wird und ob der Einzelne ein Angestellter oder nicht ist. Es ist daher nicht überraschend, dass sich auf der Straße und im Umkreis der Attraktoren sehr viele Selbständige und Freiberufler finden, die häufig genug kleinste Familienbetriebe oder Ein-Mann-Unternehmer sind. Diese Menschen sind nicht angestellt, sondern verdienen an den Durchschnittsausgaben der Touristen.

Ist der Tourist also zur ‚Allmende‘ geworden? Begrifflich ist dies nicht ganz sauber, aber es macht den Unterschied deutlich, dass Arbeit auf der Straße und Arbeit als Angestellter unterschiedlich entlohnt wird. Im Restaurant wird die Arbeit zum Grenzprodukt, auf der Straße zum Durchschnittsprodukt entlohnt. Wenn sich noch ein Führer an den Eingang zum Tempelbezirk stellt, schmälert er den Tagesverdienst der Kollegen und nimmt selber das Durchschnittsprodukt mit nach Hause. Wenn jedoch die Straße beispielsweise durch mafiaähnliche Strukturen in Claims abgesteckt wird, nimmt die Zahl der Bettler, Prostituierten, Straßenhändler und Führer rapide ab, denn nun wird der Selbständige zum (vermutlich unfreiwilligen) Angestellten eines Bosses, der ihn zum Grenzprodukt bezahlt und den Gewinn einfordert, den er vorher selber behalten hat.

Folgende Abbildung verdeutlicht die Zusammenhänge, wenn in einer Destination eine bestimmte Anzahl von Personen im Tourismus (= P + Ö) arbeitet, die entweder als Angestellte

P im privaten Raum oder als Selbständige Ö im öffentlichen Raum agieren. Da neben der Arbeit noch andere, als konstant unterstellte, Produktionsfaktoren eingesetzt werden, verlaufen die Durchschnitts- und Grenzproduktkurven jeweils fallend:

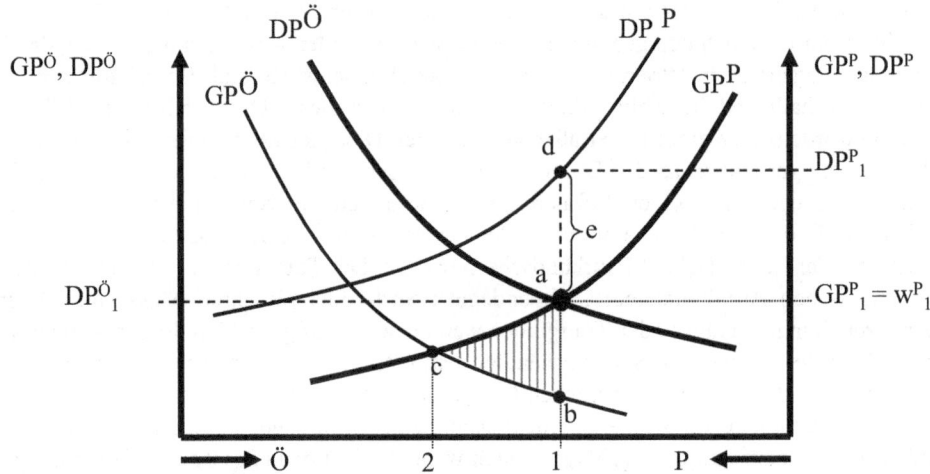

Abb. 4-12: *Fehlallokation touristischer Arbeit*
Entwurf: V. Letzner analog zu Sinn (1988), S. 196

Die Arbeitskräfte teilen sich gemäß 1 auf beide Räume auf, da sie nur so im Gleichgewicht a den identischen Verdienst haben: die Angestellten den Lohn w^P_1, die Freiberufler den Verdienst $DP^{\ddot{O}}_1$. Die Fläche abc zeigt wiederum den Wohlfahrtsverlust aus der Fehlallokation der Arbeit zwischen privatem und öffentlichem Raum.

Manchem Reisendem werden nun vielleicht zwei eigentlich paradoxe Beobachtungen erklärlich:

- Wer hat sich noch nicht gewundert, dass er im Restaurant auf die überbeschäftigte Bedienung warten muss, während er sich vor dem Lokal dutzender Guides, Zigarettenverkäufer und anderer Anbieter erwehren muss?
- Wem ist noch nicht aufgefallen, dass dort wo viele Dienstleistungen aus einer Hand kommen, wo also viele Dienste beispielsweise vom Hotel angeboten werden, plötzlich die Dienstleistungsqualität rapide abnimmt?

Die erste Erklärung ist nicht, dass es vielleicht an qualifizierten Servicekräften mangelt – die Erklärung ist umgekehrt: Würden mehr im Restaurant und weniger auf der Straße arbeiten, würde das entstehende Entlohnungsdifferenzial sofort wieder zum Exodus der Bedienungen auf die dann lukrativere Straße führen. Die zweite Erklärung ist komplizierter. Der Leser möge sich überlegen, was passiert, wenn einmal alle Straßenanbieter Angestellte wären. In der Abb. 4-12 käme es zum Gleichgewicht c und die (nicht eingezeichneten) Löhne w^P_2 und $w^{\ddot{O}}_2$ wären niedriger. Da Tourismus meist nicht der einzige Wirtschaftszweig eines Landes ist, würden viele bisher im Tourismus Beschäftigte in andere Branchen abwandern und im Tourismus sinkt die Servicequalität: in der Abbildung 4-12 würde die Breite des Kastens abnehmen, da Ö + P sinkt. Diese Überlegungen lassen noch einige allgemeine Schlussfolgerungen zu. In Industrieländern gibt es viele attraktive nicht-touristische Branchen mit hoher Produktivität, so dass dort gut gezahlt wird und das Arbeitsangebot für touristische Dienstleistungen eher klein ist. Dieser Effekt wird dadurch verstärkt, dass in Industrieländern viele Aspekte der touristischen Wertschöpfung privatisiert sind und deshalb die Entlohnung, wie eben gesehen, tendenziell niedrig ausfällt. Genau umgekehrt ist es in Entwicklungsländern. Alternativbranche ist häufig eine sehr unproduktive Landwirtschaft mit sehr geringen Löhnen und außerdem gibt es, wie geschildert, rund um den touristischen Attraktor viele Möglichkeiten, sich das tendenziell höhere Durchschnittsprodukt zu ergattern: In Entwicklungsländern verlassen also viele Menschen die Dörfer und drängen in die Tourismuszentren.

Die Bedeutung des öffentlichen Raums variiert von Destination zu Destination. Während der österreichische Skilehrer mancherorts vom Hotel angestellt ist und eher zurückhaltend und seriös für seine Dienste wirbt, verläuft das Buhlen um Kundschaft woanders sehr viel rüder und der Tourist empfindet das Erreichen eines privaten Raumes geradezu als Wohltat. Immer häufiger werden deshalb Dienstleistungen vom öffentlichen in den privaten Raum umgelenkt und es entstehen beispielsweise private Strandabschnitte, die durch den Ausschluss der lokalen Souvenir-, Getränke- und Dienstleistungsanbieter gekennzeichnet sind. Das Ausbreiten des privaten Raums ist übrigens kein Charakteristikum in den Touristenzentren der Entwicklungsländer. Wenn bei uns ganze Einkaufspassagen und Outlet-Dörfer privatisiert sind und Wachleute unerwünschte Menschen, beispielsweise Bettler oder andere wenig Kaufkraftfähige, ausschließen, steckt die gleiche unschöne Logik dahinter.

4.3.4   Hinweis auf sonstige externe Effekte im Tourismus

Oben wurde erläutert, dass Allmendegüter einen Spezialfall externer Effekte darstellen. Da der Beitrag um Allmendeprobleme kreisen soll, wird hier lediglich überblicksartig auf weitere Aspekte externer Effekte im Tourismus hingewiesen.

Negative externe Effekte entstehen beispielsweise beim Transport hin zum Attraktor und durch Bau und Betrieb der touristischen Infrastruktur. Es entstehen Probleme, weil bestimmte volkswirtschaftliche Kosten, beispielsweise CO_2-Emissionen, Lärm etc., nicht in den betriebswirtschaftlichen Kosten internalisiert sind und es deshalb zu einer Überproduktion (umwelt-) schädlicher Güter kommt. Andere Probleme entstehen, weil beispielsweise durch die Infrastruktur Attraktoren geschädigt oder vernichtet werden und sich ein eher technischer, auf kurzfristige Rendite orientierter Tourismus zulasten eines sanften, nachhaltigen Tourismus durchsetzt. Nicht zuletzt können Fragen untersucht werden, wie sich Tourismus auf die Gesellschaften der Gastländer auswirken, wobei es neben den pekuniären externen Effekten viele negative, aber auch positive technische externe Effekte gibt, von denen (hoffentlich) eine größere Völkerverständigung keine schlechte Nebenwirkung wäre. Zuletzt sei darauf hingewiesen, dass positive externe Effekte und die damit verwandten öffentlichen Güter bei der Entstehung und beim Gesamtbild einer Destination eine wesentliche Rolle spielen. Da hier aber keine Gesamtdarstellung vorgesehen ist, kehren wir im vierten Kapitel wieder zu den Allmendeproblemen zurück und fragen nach möglichen Lösungsansätzen.

4.3.5   Allmendegüter im Zusammenhang mit der Initial-Nistung

Im Modul 5 wird der Frage nachgegangen wie Destinationen entstehen und sich entwickeln. In diesem Kontext wird dort erläutert werden, dass am Anfang einer Destinationsentwicklung un- oder wenig genutzte Allmenderessourcen nötig sind, um die so genannte Initial-Nistung zu ermöglichen. Damit ist gemeint, dass ein kleines, mehr oder minder zufälliges Interesse von Fremden an bestimmten Attraktionen eines Ortes entsteht. Beispiele gibt es viele und genannt seien spleenige Engländer, die Ende des 19. Jahrhunderts das Bergsteigen entdeckten oder freakige Aussteiger, die sich in den 80er Jahren langsam die thailändischen Strände eroberten. Die Einheimischen können auf die Wünsche der Fremden eingehen, wenn ungenutzte Ressourcen da sind und Betten, Verpflegung und bedienende oder sonstige Arbeitskraft verfügbar sind oder herbeigeschafft werden können. Und die Attraktoren – Berge, Strände – sind häufig per se Allmenden, die nun von den Gästen kostenlos genutzt werden können. Kurz: in einer Region, in der alle Ressourcen (ggf. sogar gut bezahltes) Privateigentum sind, wird sich schwerlich eine Tourismusbranche aus eigener, lokaler Kraft etablieren können.

4.4   Allmendegüter im Tourismus – Lösungsansätze

4.4.1   Grundsätzliches

Ursachenadäquate Lösungen
Ursachenadäquate Wirtschaftspolitik (allg. hierzu Klump 2013) setzt an der Wurzel, nicht am Symptom an. Es ist nicht schwer, die Ursache der Probleme bei Allmendegütern zu finden. Weil im (Optimierungs-) Kalkül der Nutzer nur die Durchschnitts- und nicht die höheren Grenzkosten Berücksichtigung finden, kommt es zur Übernutzung der Allmenden und zur suboptimalen Allokation der Ressourcen. Ein ursachenadäquater Lösungsvorschlag muss also erreichen, dass Allmendegüter (letztlich: *alle* nachhaltig zu behandelnden Güter) zu ihren volkswirtschaftlichen Grenzkosten genutzt werden. Dies fordert, dass alle heutigen und zukünftigen Kosten, die durch die Nutzung induziert werden, auch berücksichtigt, sprich *internalisiert* sind und die Nutzer für alle Schäden, die sie verursachen auch geradestehen. Soweit ist das Lösungsrezept klar und einfach; schwierig wird es erst bei der konkreten Umsetzung dieser Empfehlung. Die Rivalität im Konsum zu beseitigen, würde zauberhafte Kräfte erfordern. Deshalb konzentrieren sich alle Lösungsvorschläge für die Allmendeproblematik rund um das Thema Nicht-Ausschließbarkeit und schlagen vor, Eigentumsrechte zu definieren und zu privatisieren. Bevor dieser Ansatz und mögliche Alternativen im zweiten und dritten Abschnitt weiter vertieft werden sollen, werden vorab zwei Effekte diskutiert, die bei jeder Politikmaßnahme in der einen oder anderen Art und Weise immer auftreten werden: ein Allokations- und ein Umverteilungseffekt.

Allokationseffekt

In allen vorangehenden Abbildungen wurde erläutert, dass die jeweilige Allokation ungünstig und ineffizient ist, weil es zu den jeweils geschilderten Wohlfahrtsverlusten (grafisch in Form der Dreiecke, inhaltlich durch Nichtübereinstimmung von volkswirtschaftlichen Grenzkosten und Grenznutzen) kam. Dic durch wirtschaftspolitische Maßnahmen ausgelöste Allokationsverbesserung soll somit diese Wohlfahrtsverluste vermindern oder vermeiden. Wichtig in diesem Zusammenhang ist, dass nicht nur eine kurzfristige Allokationsverbesserung gemeint sein kann, sondern eine, die alle Effekte der Zukunft entsprechend diskontiert mitberücksichtigt. Es nützt nichts, wenn heute eine Wohlfahrtsverbesserung mit einer zukünftigen Wohlfahrtsverschlechterung erkauft wird, die die erste überkompensiert; dies ist vergleichbar mit der in 2.5.7 erläuterten intertemporalen Erschließungsproblematik. Im Fortgang wird uns dieses Problem beschäftigen, denn eine richtig verstandene Allokationspolitik verlangt

1. eine richtiges Verständnis der heutigen und zukünftigen kausalen Wirkungszusammenhänge und
2. einen richtigen Diskontierungsfaktor, mit dem heutige und zukünftige Effekte gegeneinander abgewogen werden können.

Der Leser wird unten noch genügend Beispiele für diese abstrakten Aussagen finden. Hier sei darauf hingewiesen, dass letztlich die gesamte Theorie der Wirtschaftspolitik um diese Fragen kreist und die Meinung, ob Private oder der Staat eher in der Lage sind, diese *richtigen* Antworten zu geben, scheidet Ökonomen und Politiker in zwei Lager.

Umverteilungseffekt

Jeder Allokationseffekt geht mit einem Umverteilungseffekt einher, der aus Sicht des Allokationspolitikers ein erwünschter oder unerwünschter Nebeneffekt ist. Natürlich kann auch eine bestimmte Umverteilung angestrebt werden – dann wäre die sich dabei ergebende Allokation der Nebeneffekt. Politökonomisch sehr wichtig in diesem Zusammenhang sind die Lobbys, die eine Umverteilung zu ihren Gunsten durchsetzen und dadurch eine suboptimale Allokation verursachen. Allokations- und Umverteilungseffekt hängen also immer ‚irgendwie' zusammen. Leider stoßen wir hier auf ein grundsätzliches Dilemma der modernen Volkswirtschaftstheorie: Sie hat mit dem Wohlfahrtskonzept ein einigermaßen objektives Instrumentarium zur Bewertung des Allokationseffekts – aber es gibt kein Instrumentarium zur Bewertung des Umverteilungseffekts: Das bekannte Pareto-Kriterium ist politisch unbrauchbar und andere Verfahren scheitern alle an den so genannten Arrow-Kriterien; vgl. die Wohlfahrtstheorie, beispielsweise Luckenbach (1986) oder Klump (2013). Dieser Sachverhalt stößt an ein Kernproblem der liberalen Volkswirtschaftstheorie. Ein großer Fortschritt dieser Theorie ist es zuerst einmal, dass sie ihre Empfehlungen alleine aus den Nutzenfunktionen der Individuen zieht und keine über-individuelle, soziale oder diktatorische Nutzenfunktion anerkennt. Dieser Vorteil ist mit dem Nachteil erkauft, dass Umverteilungseffekte nicht bewertet werden können, da sie insgesamt allokationsneutral sind. Wenn also, wie oben beschrieben, bei der Aufhebung der mittelalterlichen Allmenden sehr viele Arme noch ärmer und einige reiche Gutsbesitzer noch reicher wurden, ist dies aus Sicht des liberalen Ökonomen nicht zu beanstanden. Der Effizienzgewinn ist positiv, der Kuchen insgesamt wird größer und er sollte so groß wie möglich gebacken werden – wie er dann aufgeteilt wird, ist nicht mehr das Problem der Ökonomen, sondern der Politiker. Wer dieser Logik nicht folgen will, wer also Aussagen über gerechte Verteilungen machen will, steht vor dem Problem, objektive, allgemeingültige Aussagen über Verteilung machen und begründen zu müssen. Da hier nicht in eine umfängliche wirtschaftsethische Debatte eingestiegen werden kann, sei nur vermerkt, dass windelweiche Aussagen wie „die Verteilung sollte nicht zu ungleich sein" oder „die Verteilung sollte sich an der Leistung orientieren" oder „die Umverteilungseffekte sollten sozial abgefedert sein" nur scheinbar weiterhelfen und letztlich einer autoritären Verteilungsinstanz das Wort reden. Eine Lösung dieses Problems kann hier nicht gegeben werden und deshalb wird im Folgenden lediglich versucht, den jeweiligen Verteilungseffekt zu beschreiben ohne ihn bewerten zu können.

4.4.2   Die Privatisierung touristischer Attraktoren

Gestaltungsmöglichkeiten
Die Festlegung von Eigentumsrechten, um die Allmendetragödie zu lösen, ist die klassische Antwort liberaler Ökonomen. Sie wird auch gegeben, um ähnliche Übernutzungsphänomene in der Umweltökonomie zu beheben. Meistens wird unter der Definition von Eigentumsrechten die Privatisierung verstanden. Die Rechte an der Nutzung von Ressourcen gehören dann privaten Wirtschaftssubjekten, also Haushalten oder Unternehmen, die mit diesem Privatgut verfahren können wie mit jedem anderen Privatgut auch: nutzen, vermieten und verpachten, vererben oder verkaufen. Die Definition von Eigentumsrechten kann aber auch dadurch geschehen, dass das Eigentum einer Gruppe von Menschen, beispielsweise einer Genossenschaft, einer Gemeinde oder einem Staatsunternehmen zugewiesen wird.

Wird ein touristischer Attraktor übernützt, kann die Privatisierung geprüft werden. So kann ein öffentlicher Strand an die dahinter liegenden Hotels gegeben werden, die ihn dann nur noch ihrer zahlenden Klientel öffnen. Eine Renaissancevilla kann mittels einer Versteigerung vom Staat an Privat verkauft werden (momentan in Italien heftig diskutiert). Auch Wander- und Fahrradwege könnten nutzungsabhängig bezahlt werden und ähneln dann einer Mautstraße – die Wege gehören meist einem Bauern, nur ist meist ein öffentliches Wegerecht vermerkt, das gestrichen werden müsste. Ganze Destinationen oder ganze Inseln, Berge, Täler oder Buchten könnten privatisiert werden und wären dann für die freie, öffentliche und kostenlose Nutzung geschlossen. Beispiele sind die Insel Albarello an der Pomündung, Luxusinseln im Indischen Ozean oder der Gramercy-Park in New York, die nur den Hotelgästen beziehungsweise den Anwohnern offen stehen. Der Verkauf der Ha Long-Bucht an einen internationalen Hotelkonzern wäre genauso denkbar wie der Verkauf der Akropolis an einen Hedgefonds. Bevor der Leser nun entrüstet das Lesen einstellt, sei ihm versichert, dass diese Lösungen im Fortgang relativiert werden – trotzdem sei empfohlen, sich aus didaktischen Gründen auf den Gedanken einer umfassenden Privatisierung touristischer Attraktoren einzulassen und die Liste der Beispiele zu verlängern. Ob der bisherige Gemeinbesitz übrigens an Private verkauft oder verschenkt wird, ist bezüglich des Allokationseffektes irrelevant. Nur die Verteilung ändert sich weniger (bei Verkauf) oder mehr (beim Verschenken) zugunsten der Privaten. Auch das Verschenken oder Verkaufen von handelbaren Nutzungsrechten am Attraktor kann eine mögliche Privatisierungsvariante sein. Wenn dem Leser die Privatisierung von Allgemeineigentum zu abstrus vorkommt, sei er an die jüngste Versteigerung der UMTS-Lizenzen an private Konzerne erinnert oder an die Emittierung von Umwelt-Emissionszertifikaten.

Die hinter der Privatisierung steckende Annahme ist, dass sich der Privatmann um sein Eigentum besser kümmern werde als eine Allgemeinheit, die kein vertieftes Interesse an der jeweiligen Sache hat. *Aber* eigentlich löst nicht die Privatisierung an sich die Probleme, *sondern* erst die Annahme, dass sich mit der Privatisierung das Optimierungsverhalten der jeweiligen Nutzer ändert und dass alle externen Effekte *internalisiert* werden. Eigentümer kalkulieren mit allen Kosten, da ihnen Vor- und Nachteile voll zufallen; bei ihnen decken sich die volkswirtschaftlichen und die privaten Grenzkosten und es kommt zu allokationseffizienten Lösungen ohne Wohlfahrtsverluste. In den weit überwiegenden Fällen wird durch die Privatisierung diese Änderung im Optimierungsverhalten herbeigeführt, aber genau genommen, kommt es nicht so sehr auf die juristische Definition eines Eigentümers an, sondern darauf, dass dieser seine Entscheidungen an den volkswirtschaftlichen Grenzkosten ausrichtet und alle Kosten internalisiert! Diese Präzisierung weist auf Einschränkungen hin, bei denen die Privatisierung nicht weiter hilft:

Erstens: Privateigentum kann nicht bei allen Phänomenen eine präzise physische Ausschließbarkeit errichten. Hochseefische verharren nicht an der unsichtbaren Grenze eines Fangbezirks. Selbst wenn die physische Ausschließbarkeit möglich wäre, bleibt Privatisierung unwirksam, wenn die Ausschließbarkeit schlichtweg nicht umgesetzt wird, weil den Eigentümern die Eingrenzung und Einfriedung teurer kommt als die Inkaufnahme des negativen Allmendeschadens. Oben wurde bereits erläutert, dass Allmenden gerade deshalb Allmenden sind, weil sich die Umzäunungskosten im Vergleich zur geringen Produktivität des Bodens nicht rentieren. In diesem Fall würde die Empfehlung, Eigentumsrechte zu definieren erst Sinn machen, wenn die Umzäunungskosten sinken und/oder die Produktivität des Bodens, beispielsweise durch den Einsatz von Dünger, gestiegen ist. Mit den heutzutage vorhandenen elektronischen Systemen können die Umzäunungskosten drastisch gesenkt werden: Ein Stacheldraht oder ein Mauthäuschen sind nicht mehr länger nötig, denn ein Chip an der Kuh oder im Auto könnte problemlos die Nutzung bestimmter Wiesen oder Straßen an eine Abrechnungszentrale melden.

Zweitens: Nicht jeder Eigentümer macht von seiner physisch möglichen Ausschließbarkeit Gebrauch. Es wurde bereits darauf hingewiesen, dass katholische Kirchen, manche Tempel oder auch Museen aus religiösen oder bildungs- und kulturpolitischen Gründen offen bleiben oder nur gegen ein geringes Entgelt ihre Pforten öffnen. Der Eigentümer, die katholische Kirche oder eine Stiftung machen also bewusst keinen Gebrauch davon, die Nutzung der Sache gemäß den volkswirtschaftlichen Grenzkosten zu gestalten. Privatisierung läuft also dann ins Leere, wenn der Eigentümer (aus welchem Grund auch immer) sein Eigentum weiterhin zur freien Nutzung zur Verfügung stellt.

Die Privatisierung wird gemeinhin als *die* Lösung für die Allmendeproblematik gehandelt. Genau genommen ist aber nicht die Privatisierung entscheidend, sondern die Annahme, dass sich damit das Optimierungsverhalten so ändert, dass fürderhin gemäß den volkswirtschaftlichen Grenzkosten optimiert wird. Entscheidend ist somit nicht primär die Eigentumsord-

nung, sondern das Optimierungsverhalten. Zugegeben: Privatisierung führt meist zur Optimierung gemäß den volkswirtschaftlichen Grenzkosten – aber eben nicht zwangsläufig.

Probleme und Einschränkungen der Privatisierungslösung

Erstens: Die *Komplexität der Zusammenhänge* muss für den Eigentümer sichtbar und be-
wertbar sein. Um es an jenem Dummkopf zu illustrieren, der die goldene Eier legende Gans
schlachtet: er versteht nicht die Zusammenhänge und kommt trotz Eigentum zu suboptimalen
Ergebnissen. Solche ‚Dummköpfe‘ gäbe es in der Realität nicht? Die naturwissenschaftliche
und die sozialwissenschaftliche Komplexität der uns umgebenden Realität ist so groß, dass
jene ‚Alleswisser‘ heftig zu kritisieren sind, die meinen, sie zu verstehen. Die mathematische
Chaostheorie (s. 1.3.6) hat gezeigt, dass aufgrund des Heisenbergschen Unschärfetheorems
keine exakten Aus- und Vorhersagen über natur- und sozialwissenschaftliche Zusammenhänge möglich sind. Der Grund ist, dass die Ergebnisse extrem sensitiv auf die – per definitionem nicht hinreichend präzise messbaren – Ausgangsbedingungen reagieren können und
stochastische Aussagen nur begrenzt weiterhelfen. Um Beispiele zu nennen: Der menschli-
che Stoffwechsel oder die Ursache für mutierende Zellen ist den Medizinern de facto noch
immer unverständlich. Kein Pharmaunternehmen der Welt kann bisher die komplexen und
vielfältigen Wirkstoffe eines Apfels reproduzieren. Die Stabilität oder Instabilität von natürlichen Regelkreisen wie beispielsweise in Biotopen ist weitgehend unbekannt. In Atomkraftwerken und anderen technischen Systemen ereignen sich trotz x-facher Sicherungssys-
teme immer wieder unvorhersehbarer Unfälle. Das Aussetzen von Kaninchen zur Jagd in
Australien oder vom Nilbarsch im Viktoriasee hat jeweils zu einem völlig unkontrollierbaren
biologischen Chaos geführt. Globale Umweltprobleme wie Ozonloch oder Klimawandel sind
trotz aufwändigster Computermodelle nicht exakt berechen- und vorhersehbar. Der Leser hat
sicher noch viele andere Beispiele parat, die alle eines zeigen: die Komplexität der Welt ist
nicht berechen- und beherrschbar. Nebenbei bemerkt: eine andere Märchengestalt, Hans im
Glück‘ ist übrigens kein Dummkopf, sondern jemand, der gemäß seiner – ungewöhnlichen –
Nutzenfunktion durchaus rational handelt. Dem Planeten würden viele solche Menschen
jedenfalls guttun.

Dies heißt nicht, dass alles komplex und undurchschaubar ist. Das heißt nur, dass es komplexe und undurchschaubare Zusammenhänge gibt und in diesem Fall hilft die Definition von
Eigentumsrechten alleine nicht weiter. Wenn ein Bergwaldbesitzer die langfristigen Zusammenhänge zwischen Abholzung, Erosion und Bergrutschen nicht sieht, wird er trotz Eigentum möglicherweise die falschen Entscheidungen treffen und den Wald mehr als volkswirtschaftlich optimal abholzen. Der Verfasser bezweifelt beispielsweise, dass die Produzenten
genmanipulierter Pflanzen und Tiere oder die Betreiber von Atomkraftwerken alle Konsequenzen ihres Tuns kennen können und deshalb gar nicht in der Lage sind, volkswirtschaftlich optimale Entscheidungen zu treffen – unabhängig vom Grad der Eigentumsgestaltung.
Dass die jeweiligen Lobbyisten das Gegenteil behaupten, ist selbstverständlich, doch dem
aufgeklärten Leser sollte in Erinnerung bleiben, dass bekanntlich „die Titanic unsinkbar ist“,
„der Transrapid hundertprozentig sicher ist“, es keine „gravierenden Störfälle in deutschen
Atomkraftwerken geben kann“, „Bohrlöcher unter Kontrolle sind“ und „Finanzmärkte kalkulierbar sind“.…

Auf die Allmende übertragen, zeigen sich ähnliche Phänomene. Bei der geschilderten Aufhebung der deutschen landwirtschaftlichen Gemeinheiten kam es zur gewünschten Intensivierung der Landwirtschaft mit dem Nebeneffekt, dass Kulturlandschaften verschwanden und die biologische Artenvielfalt zurückging. Um 1800 (und übrigens nochmals in den 70er Jahren des 20. Jahrhunderts mit einer flächendeckenden Flurbereinigung) galt die allokationspolitisch erwünschte (und meist auch erreichte) Intensivierung der Landwirtschaft als non plus ultra der Modernität, die durch die Abschaffung der Allmenden erzwungen werden sollte. Erst heute kennen wir aber alle Nachteile der intensiven, aber auch alle Vorteile der extensiven Landwirtschaft:

Schließlich erhöhte sich mit dem Verlust der vielfältigen traditionellen Kulturlandschaft auch das ökologische Risiko: Probleme der intensiven Landwirtschaft wie Bodenerosion, Schädlingsbefall und Überschwemmungskatastrophen sind bis heute zu wiederkehrenden Erscheinungen geworden. (Gudemann 2004, S. 68)

In diesem Fall zeigte sich, dass kurzfristige Allokationsgewinne durch spätere Allokationsverluste (über-) kompensiert wurden, weil die damaligen Agrarexperten nicht allwissend waren und die neuen Eigentümer aus Unkenntnis langfristiger biologischer Zusammenhänge wirtschafteten.

Zweitens: Die private *Zeitpräferenzrate* darf nicht verzerrt sein; oder mit anderen Worten: Wenn ein Eigentümer zwar die möglicherweise negativen Konsequenzen seines Wirtschaftens für die Zukunft kennt, ihn aber diese Konsequenzen nicht interessieren, weil er eine suboptimal hohe Zeitpräferenz hat, werden ebenfalls die volkswirtschaftlichen Allokationsziele verfehlt. Hier wird nicht postuliert, dass es eine richtige und eine falsche Zeitpräferenz gibt. Hier wird lediglich die Beobachtung wiedergegeben, dass es beispielsweise aufgrund unerwünschter Vererbungsfolgen oder aufgrund externalisierter Risikoverteilung zu tatsächlichen Zeitpräferenzen kommt, die nicht denjenigen entsprechen, die ohne diese Unzulänglichkeiten zustande kämen. Mit externalisiertem Risiko ist beispielsweise gemeint, dass jemand, der heute keine Altersvorsorge trifft, im Alter von den sozialen Sicherungssystemen aufgefangen wird; diese sind also wie eine Allmende zu interpretieren. Die Beispiele für eine volkswirtschaftlich suboptimale Ausbeutung natürlicher Ressourcen sind leider zahlreich und zeigen, dass die auf heutige Rendite gepolten Unternehmen und Regierungen eine viel zu hohe Zeitpräferenz haben. Definierte Eigentumsrechte nutzen hier gar nichts, wie der Ölsandabbau in Kanada oder die Palmölplantagen in Indonesien zeigen, die katastrophale Folgen zeitigen.

Drittens: Sonstige Bedingungen für das Funktionieren privater Märkte müssen gegeben sein und insbesondere das *Wettbewerbsprinzip* muss erfüllt sein, da Mono- oder Oligopolisten Entscheidungen treffen, die nicht die volkswirtschaftlichen Grenzkosten widerspiegeln.

Das Ergebnis dieser Überlegungen ist: Erstens sind es nicht die Privatisierungen, sondern die damit (meist) resultierende Optimierung gemäß den volkswirtschaftlichen Grenzkosten, die nötig sind. Und zweitens erfordert eine Orientierung an den volkswirtschaftlichen Grenzkosten die Mit-Kalkulation *aller* gegenwärtigen und zukünftigen Kosten; hierfür sind weitere Bedingungen nötig, die nicht zwangsläufig bei jeder Privatisierung gewährleistet sind. Doch man darf das Kind nicht mit dem Bad ausschütten und deshalb alle Versuche einstellen, negative (Allmende-) Externalitäten mittels Privatisierung zu internalisieren. Und wenn mit Hinweis auf die mangelnde Kompetenz der Privaten deren Zuständigkeit in Frage gestellt wird, ist sehr fraglich, ob andere Eigentümer, beispielsweise Staaten, denn wirklich besser informiert sind oder ob Nicht-Internalisierung insgesamt und langfristig zu einem besseren Allokationsergebnis führen würde. Die Frage, wann eine Privatisierung von Nutzen und wann eher von Schaden ist, lässt sich also allgemein nicht beantworten und wird am Ende abgewogen werden müssen.

Umverteilungseffekte der Privatisierung
Es wurde bereits angesprochen, dass die Gestaltung des Privatisierungsprozesses unterschiedliche Umverteilungseffekte zur Folge hat, wenn das Allgemeineigentum beispielsweise versteigert oder verschenkt wird. Oben wurde anhand zweier Szenarien erläutert, dass es einen großen Unterschied macht, ob die Allmende den Allmendenutzern oder den Besitzenden zugesprochen wird. Übertragen auf touristische Attraktoren bedeutet das, dass es natürlich einen Unterschied macht, ob ein bisher allen zugängliches Tal an einen ausländischen Investor verkauft wird, drei anliegenden Bauern geschenkt wird oder Nutzungszertifikate an alle Gemeindemitglieder zu einem niedrigen Preis verkauft werden.

Unabhängig davon, wie der Privatisierungsprozess abläuft, steht am Ende dieses Prozesses das Ergebnis, dass bisher freie Attraktoren abgeschlossen werden und der Zugang zu Eintritts- oder Nutzungspreisen ermöglicht wird, die den privaten Grenzkosten entsprechen. Alle Stauungs- oder Übernutzungsprobleme, die ausführlich im dritten Kapitel beschrieben wurden, würden wegfallen. Diese zweifellosen Effizienzgewinne haben aber ebenfalls Umverteilungseffekte zur Folge, die vielleicht nicht so dramatisch wie im 19. Jahrhundert sind, aber trotzdem manchen abhalten, diese Lösung zu favorisieren. Zum einen würden natürlich, siehe alle Abbildungen im dritten Kapitel, die jeweiligen Preise steigen und die Nutzung der Attraktoren geringer werden: beides reduziert die Konsumentenrente. Da es sich bei den heutigen Reisenden nicht um arme Häusler des 19. Jahrhunderts handelt, wird kaum jemand ernsthafte Probleme mit dieser Umverteilung zulasten der Touristen haben. Diese Aussage ist sicher richtig, wenn es sich um reiche Fernreisetouristen handelt. Viele Naherholungsreisende sind aber alles andere als reich und ihnen entstehen mit den Eintrittsgeldern prohibitive Kosten, die ihnen den Zugang de facto unmöglich machen. So wie früher der arme Häusler plötzlich nicht mehr fischen durfte, können sich nun manche armen Städter den Grillabend am Baggersee nicht mehr leisten, wenn sie dafür Eintritt bezahlen müssten. Dieses Argument muss noch weiter gedacht werden und der gravierendste Einwand gegen die Privatisierung touristischer Attraktoren kommt von einer viel grundsätzlicheren, verfassungsrechtlichen und demokratietheoretischen Seite.

Artikel 2 (2) und Artikel 11 (1) Grundgesetz garantieren die Freiheit der Person und die Freizügigkeit. Nach herrschender Meinung gehört dazu, dass sich jedermann frei im Bundesgebiet bewegen kann und mobil sein darf. Ähnliche Verfassungsnormen kennen alle freiheitlichen Grundordnungen, die sich mit dem aufkommenden Individualismus, mit Humanismus und Aufklärung entwickelt haben. Seitdem ist das Recht auf freie Entfaltung der Persönlichkeit mit der freien Nutzung öffentlicher Räume verbunden – werden diese de facto abgeschafft, geht damit auch das Grundrecht verloren und an manchem oberbayerischen See oder mediterranen Küstenstreifen ist es nachzuvollziehen, was es heißt, wenn alle Strandgrundstücke privatisiert sind: Es herrscht eine de facto Ausschließung der gesamten Öffentlichkeit vom Wasser, das selbst vielleicht sogar noch Allgemeinbesitz ist – nur kommt keiner mehr hin. Auch wenn hier keine Vermögen umverteilt werden, die Umverteilung von Zugangsrechten ist genauso ins Kalkül zu ziehen. Außerdem sei für den europäischen Kulturraum angemerkt, dass der öffentliche Raum seit der Agora der Athener nicht nur ein physischer, sondern auch ein ideeller Ort für Demokratie ist. Mit anderen Worten: öffentliche Räume sind ein Teil unseres immateriellen Erbes – können wir es schützen, indem wir es beseitigen?

Exkurs: Der Cliff Walk in Rhode Island

In der Nähe von Newport, RI, baute sich um 1900 die unermesslich reiche Oberschicht der Ostküste palastartige Sommersitze am Atlantik. Um zu vermeiden, dass ihnen jeder in ihre Gärten und Grundstücke schauen konnte, wollten die Besitzer einen alten Fischerpfad, der sich an der Atlantikküste entlang schlängelte, schließen lassen. Die Gerichte verwarfen dieses Ansinnen mit Hinweis auf die Verfassung von Rhode Island, die jedermann den freien und ungehinderten Zugang zum Meer garantierte. Heute ist der Cliff Walk eine Touristenattraktion und gestattet weiterhin jedem Spaziergänger einen Blick auf diejenigen Anwesen, die sich nicht durch Mauern oder Hecken den Blick auf und vom Atlantik verbaut haben, um sich so ihre Privatsphäre zu sichern. Für die berühmtesten Anwesen hat sich das Problem heute insofern erübrigt, als es sich inzwischen um Museen handelt.

Kasten 4-3: Cliff Walk in Rhode Island
Entwurf: V. Letzner

4.4.3 Andere Lösungsansätze

Wenn im Folgenden ergänzende Vorschläge zur Lösung der Allmendeproblematik diskutiert werden, bedenke der Leser immer, dass keine Wirtschaftspolitik zaubern und positive Allokationseffekte ohne (gegebenenfalls unerwünschte) Umverteilungseffekte realisieren kann. Und wie man die Vorschläge auch dreht und wendet, letztlich läuft es immer auf (eventuell versteckte) Preiserhöhungen für die Nutzung der Attraktoren hinaus. Zweitens möge der Leser immer bedenken, dass Vorschläge zum Schutz der Attraktoren aus einer volkswirtschaftlichen Sicht erfolgen. Dass vor Ort andere Lobby-Interessen dominieren und Hoteliers oder Betreiber von Liftanlagen jede Maßnahme zur Verringerung der Touristenzahlen in der Regel aufs heftigste bekämpfen, liegt auf der Hand und sollte nicht überraschen. Kurz: hier geht es hauptsächlich um weitere Lösungsansätze für das Problem übernutzter Allmendeattraktoren und nicht um partielle Interessen von touristischen Konsumenten oder lokalen Produzenten.

Nutzungsentgelte
Unabhängig davon, wem ein Allmendeattraktor gehört, können Nutzungsentgelte erhoben werden, die idealerweise den volkswirtschaftlichen Grenzkosten entsprechen. Aus den Allmendeattraktoren werden dadurch Privatgüter und die durch die Nutzung entstandenen Schäden müssen vom Nutzer kompensiert werden. Wie bereits öfters angesprochen, ist die

Höhe der Nutzungsentgelte entscheidend und wenn es sich nur um geringe oder gar symboli-
sche Beträge weit unter den Grenzkosten handelt, geht der Allokationseffekt gegen Null.

Das bekannteste Nutzungsentgelt ist das *Eintrittsgeld*, das für einen bestimmten Zeitraum
den Besuch des Attraktors erlaubt. Häufig ist die Art der Nutzung durch ein gestaffeltes
Eintrittsgeld geregelt, wenn beispielsweise zum Fotografieren eine zusätzliche Karte gekauft
werden muss. Ob das Eintrittsgeld den volkswirtschaftlichen Grenzkosten entspricht oder
nicht, kann hier nicht im Einzelnen bewertet werden, aber einige außereuropäische Beispiele
mögen verdeutlichen, dass es in der Regel nicht mit einigen Euros getan ist. Der Besuch des
Tempelbezirks in Angkor kostet pro Tag $ 20, während für die Serengeti, Tansania, bereits
mit $ 60 pro Tag und Nase zu kalkulieren ist und die Gebühr für Berggorilla-Exkursionen im
Bwindi-Forest etwa $ 350–$ 600 beträgt – bei allen Beispielen natürlich ohne sonstige
Transport-, Träger- oder Verpflegungs- und Übernachtungskosten und sonstige Gebühren,
die beispielsweise pro Auto anfallen, mit dem der Nationalpark besucht wird. In sehr vielen
Fällen wird mit Blick auf die oben erläuterten Umverteilungseffekte von der reinen Lehre
abgewichen und aus sozialen Gründen unterschiedliche Preise festgesetzt. Dass Kinder,
Senioren, Behinderte oder Sozialhilfeempfänger geringeren Eintritt zahlen, ist weit verbreitet. In vielen Ländern gibt es zusätzlich drastisch unterschiedliche Preise beispielsweise für
Einheimische und Ausländer. Zum einen ist dies ein Aspekt der Preisdifferenzierung, um die
zahlungsfähigen und -willigen Touristen besser abschöpfen zu können, zum anderen steckt
natürlich ein sozialer und bildungspolitischer Grund dahinter. Bei einem Durchschnittseinkommen von weniger als $ 100 in Tansania, wäre die Serengeti de facto für fast jeden Ein-
heimischen unbezahlbar – auch so kann sich nur ein winziger Bevölkerungsteil einen Besuch
leisten. In vielen Ländern ist jedoch diese Diskriminierung von Ausländern verboten und die
Bevorzugung von Inländern wird dann über diverse Rabattkarten oder Tage der offenen Tür
außerhalb der Saison durchgeführt[38].

Ein verstecktes Nutzungsentgelt ist die *Kurtaxe*, die jeder Übernachtungsgast in einem Kur-
ort bezahlen muss, unabhängig davon, ob er bestimmte Leistungen in Anspruch nimmt oder
nicht. Ähnlich ist es mit hohen Visa-, Ein- und Ausreisegebühren mancher Länder, die de
facto wie eine allgemeine Touristensteuer wirken.

Exkurs: Von der Kur- zur Natur und Kulturtaxe

Empirische Untersuchungen (vgl. Corell 1994, Degenhardt 1998, Degenhardt/Gronemann
1998, Jung 1995) haben gezeigt, dass Urlauber im gewissen Maße bereit sind, für Naturschutzmaßnahmen und den Erhalt eines traditionellen Landschaftsbildes zu zahlen und sich
rechnerische Kostendeckungsgrade von 50% und mehr ergeben. Degenhardt kommt deshalb
zu dem Schluss, eine „Teilfinanzierung von Naturschutzvorhaben durch eine Erweiterung
der herkömmlichen Kurtaxe zur ‚Naturtaxe' und damit durch Urlaubsgäste erscheint unter
bestimmten Voraussetzungen sinnvoll und aussichtsreich. Geeignet für eine versuchsweise
Einführung sind besucherstarke Kurorte mit dem Recht der Kurtaxeerhebung, in denen Naturschutzvorhaben das von den Gästen erlebte Landschaftsbild entsprechend ihrer Präferen-

---

[38] Eine zeitabhängige Bepreisung in Museen schlagen Frey/Steiner (2012) vor.

zen aufwerten..." (Degenhard 1998, S. 156). Zu einer breiten Umsetzung dieses Vorschlags ist es bisher jedoch noch nicht gekommen und es bedürfte einer eigenen Untersuchung, warum und welche Chancen heute dafür bestehen. In diese Untersuchung sollte auch einfließen, ob mittels einer Naturtaxe die landschaftspflegerischen Effekte einer extensiven Landwirtschaft kompensiert und Landwirte für diesen Aspekt ihrer Arbeit entschädigt werden können. Desweiteren ist der Versuch, in Kulturstädten eine allgemeine Kulturtaxe zu etablieren unterschiedlich erfolgreich; Rom hat nun seit einigen Jahren eine diesbezügliche Gästesteuer; in Deutschland verhindert die Gesetzeslage und der Umgang mit ihr eine einheitliche Lösung, da die Hoteliers zwischen Freizeit- und Geschäftsreisetouristen unterscheiden müssten oder die Taxe nicht überwälzen können. Aus theoretischer Sicht jedenfalls spricht nichts gegen eine Kulturtaxe: kein Freizeittourist kommt in eine Stadt wegen eines Hotels; er kommt wegen des kulturellen und sonstigen städtischen Angebots, das in der Regel stark vom Steuerzahler subventioniert wird. Deshalb wäre es nur recht und billig, den (Übernachtungs-) Touristen über eine Gästesteuer daran zu beteiligen, solange der Vorschlag eines allgemeinen Eintrittsgeldes in eine Stadt aus naheliegenden Gründen nicht ernsthaft verfolgt werden kann.

Kasten 4-4: Von der Kur- zur Natur- und Kulturtaxe
Entwurf: V. Letzner

Nutzungszertifikate

Bisher war von Nutzungsentgelten die Rede, die sich direkt an den Endverbraucher, also den Touristen wenden. In vielen Fällen ist es möglich, die Nutzungsentgelte indirekt über die Anbieter der touristischen Infrastruktur zu erheben und hierzu das Instrument *Zertifikate* zu nutzen. Zertifikate werden inzwischen in vielen Bereichen der Umweltpolitik genutzt, wobei die Emissions-Zertifikate am bekanntesten sein dürften. Zertifikate gelten als jenes Instrument, das umweltpolitische Ziele am besten mit marktwirtschaftlichen Effizienzansprüchen verbindet. Die Grundidee ist folgende: Für ein Gebiet, eine Region oder Volkswirtschaft wird eine bestimmte – vielleicht sogar über die nächsten Jahre sinkende – Emissionsobergrenze festgelegt und pro Einheit der Emission als Zertifikat definiert. Wenn ein Wirtschaftssubjekt aufgrund seiner wirtschaftlichen Tätigkeit die Menge x emittieren will, muss es sich vorab die entsprechende Menge an Zertifikaten kaufen. Der Staat kann die Zertifikate beim Start des Verfahrens verschenken oder verkaufen. Es wird sich so oder so ein Marktpreis für die Zertifikate ergeben und die umweltpolitisch erwünschte Emissionsmenge wird mit den volkswirtschaftlich geringsten Kosten erreicht, da der nun knappe Produktionsfaktor 'Emission' dort eingesetzt wird, wo er am effizientesten wirkt. Siehe die umwelttheoretische Grundlagenliteratur, z.B. Siebert (2004) oder die aktuelle Debatte um CO_2-Emissionszertifikate auch im Flugverkehr

Dieses Prinzip kann nun auch für bestimmte touristische Attraktoren eingesetzt werden, um eine Übernutzung zu vermeiden. Besonders geeignet sind solche Attraktoren, die eine gewisse technische Infrastruktur brauchen, um sie zu nutzen: Boote oder Schiffe, um Gewässer und Inseln wie die Ha Long-Bucht oder die Galapagos-Inseln zu erkunden; Lifte oder Gondeln für Skifahrer oder Tauchbasen und -schiffe an Riffen und viele andere Beispiele. In diesen Fällen kann staatlicherseits die Obergrenze der Infrastruktur festgelegt werden und

Zertifikate ausgegeben werden, die von den Tourismusanbietern erworben werden müssen, bevor sie ein Schiff in das Gebiet bringen oder einen Lift bauen dürfen. Je nach Wettbewerbssituation im jeweiligen Gebiet werden sich die Zertifikatspreise zulasten der Gewinne der Betreiber und/oder in höheren Preisen für den Touristen niederschlagen. Natürlich hängt es von der Größe und der Exklusivität eines Gebietes ab, inwieweit Nutzungszertifikate im Alleingang festgelegt werden können. Dies ist für das große und einmalige Gebiet der Ha Long-Bucht eher denkbar als für ein beliebiges kleines Tal in Österreich, für das es genug Konkurrenten in der Nähe gibt. In diesem Fall müssen – vergleichbar dem Problem grenzüberschreitender Umweltverschmutzungen – Regelungen für alle österreichischen, besser noch für alle Regionen der Alpen gefunden werden.

Nutzungsbegrenzungen

Die häufigste und bekannteste Nutzungsbegrenzung findet sich in Form von Parkordnungen, Naturschutz- und sonstigen Gesetzen. Im Münchener Nymphenburger Park ist beispielsweise das Radfahren und -schieben verboten, Bäume fällen und offene Feuer sind in fast allen (National-) Parks verboten, das Erklettern der Pyramiden ist genauso untersagt wie das Abschlagen und Mitnehmen von Fresken aus einem Tempel. Insbesondere die Exportgesetze eines Landes verbieten fast immer den ungenehmigten Export von Natur- und Kulturgütern wie Pelze oder Antiken. Mit anderen Worten: Mit Verordnungen und Gesetzen können Allmendeattraktoren vor den schlimmsten Auswüchsen der Übernutzung geschützt werden. Es ist klar, dass eine Verbotstafel alleine nicht viel nutzt, wenn Verstöße nicht entsprechend entdeckt und sanktioniert werden. Dies erfordert Ranger, Polizisten oder anderes Personal. Handelt es sich um weniger dramatische Übertretungen, kann der Staat (ähnlich wie bei kommunalem Parkplatzmanagement) darauf setzen, dass er das Überwachungspersonal durch die Strafen der überführten Sünder bezahlt – ökonomisch handelt es sich um die Suche nach der *optimalen* Gesetzesübertretungsquote. Häufig macht dieses Kalkül aber keinen Sinn und das Betatschen uralter Fresken oder die Störung brütender Vögel sollte unbedingt vermieden werden: In diesem Fall ist so viel Aufsichtspersonal vonnöten, dass die Bemessungsgrundlage de facto verschwindet. Es werden also Eintrittsgelder oder Steuergelder benötigt, um das Personal zu bezahlen. Ein lehrreiches Beispiel ist der New Yorker Central Park. In den 80er Jahren war er zeitweise ein rechtsfreier Raum und für Bürger und Touristen de facto nur noch sehr eingeschränkt nutzbar – ein Beispiel für (kriminelle) Übernutzung. Rigorose Ordnungspolitik in Verbindung mit kommunalen Investitionen und sehr hohes ehrenamtliches Engagement haben inzwischen aus dem Park wieder ein attraktives Erholungsgebiet für alle gemacht. Es sei hier nicht verschwiegen, dass eine überbordende Überwachungspolitik nicht nur monetäre, sondern auch prinzipielle Probleme mit sich bringen kann. Videokameras an jedem öffentlichen Platz dienen der Sicherheit, können aber auch der Überwachung der Bürger dienen. Oben wurde argumentiert, dass der Abschluss öffentlicher Räume aus freiheitlichem Demokratieverständnis problematisch ist. Ebenso problematisch sind Ansätze zur Totalüberwachung – auch wenn sie hehre Ziele wie Sicherheit, Kultur- und Naturschutz bezwecken.

Sind die qualitativen Nutzungsbegrenzungen nicht mehr ausreichend, kann es als nächste Stufe quantitative Nutzungsbegrenzungen geben. Dauernde oder temporäre Wander-, Bade- oder sonstige Nutzungsverbote kommen deshalb sehr häufig vor. Nutzung bzw. Nutzer werden eingeschränkt wie bei Fisch- oder Jagdgründen. Die Villa Aurea in Rom ist nun seit Jahren geschlossen und nur auf Anmeldung und mit besonderem Grund besuchbar. Im Gorillagebiet Bwindi wird zusätzlich zu den hohen Eintrittsgeldern die maximale Besucherzahl auf wenige Menschen pro Tag festgelegt, um das sensible Lebensumfeld der Tiere nicht zu stören.

Immer wenn solche Mengenbegrenzungen anstelle der Preissetzung eingeführt werden, stellt sich natürlich die Frage, wie die begrenzten Mengen oder Plätze auf die Nachfrager verteilt werden sollen. Meist gilt die so genannte Windhundallokation: wer zuerst kommt, gewinnt. Dies erklärt die Schlangen vor den Ticketschaltern berühmter Opernhäuser oder vor wichtigen Fußballspielen. Die Anzahl ist begrenzt, der Preis kann nicht steigen und es kommt zu Warteschlangen und/oder einem Schwarzmarkt. Alternative Zuteilungsmechanismen sind Versteigerungen der wenigen Plätze oder die Verlosung. Häufig richten sich die begrenzten Nutzungsrechte nach alten Traditionen, wenn Angehörige eines Nomadenstammes weiterhin Viehzucht in einem Nationalpark ausüben dürfen oder wenn Städte oder Tempel nur von Angehörigen einer bestimmten Religion betreten werden dürfen. Manchmal könnte man auf die ketzerische Empfehlung kommen, den Zugang zu bestimmten Attraktoren anhand bestimmter fachlicher Kriterien zu regeln und beispielsweise für den Besuch der Akropolis das Graecum und für das Tauchen am Great Barrier Riff einen Grundkurs Biologie vorauszusetzen. Ganz abwegig ist dies nicht, da natürlich manche archäologische Stätte nur für Archäologen und mancher Nationalpark nur für Biologen mit Forschungsauftrag zugänglich ist.

Kostenadäquate Mobilität

Jeder Attraktor muss irgendwie erreicht werden und wenn es sich nicht um den nahen Stadtpark handelt, werden hierzu in der Regel Auto oder Flugzeug verwendet. Es ist bekannt, dass gerade bei diesen Transportmitteln hohe negative externe Kosten auftreten. Die betriebswirtschaftlichen Kosten für Abschreibung, Treibstoff, Versicherung, Gebühren etc. liegen also deutlich unter den volkswirtschaftlichen Kosten und es kommt zu einem volkswirtschaftlich suboptimal hohen (Passagier- und Fracht-) Verkehrsaufkommen in den Industrie- und Schwellenländern und zwischen den Ländern.

Hier ist nicht der Platz, auf die politische Debatte und die umweltpolitischen Instrumente zur Internalisierung der externen Mobilitätskosten einzugehen; aber eine Internalisierung aller Mobilitätskosten würde auch so manchem Allmendeattraktor helfen. Mancher Badesee wäre weniger überlaufen, wenn die Benzinkosten deutlich höher wären und insbesondere die häufigen Flugkurzreisen würden deutlich zurückgehen, wenn man nicht mehr für €19.- nach Spanien fliegen könnte. Diese Entscheidungen für höhere oder niedrigere Mobilitätskosten liegen nicht im Ermessen der Tourismusregionen, sondern werden in der Regel auf nationalen oder internationalen Ebenen festgelegt. Lediglich beim Verkehrsfluss- und Parkmanagement hat die Gemeinde einen Spielraum und kann durch Fahr- und Parkverbote in Verbindung mit hohen Parkgebühren einen kleinen Einfluss auf die Besucherströme nehmen. Letzeres Instrument setzen die touristisch begehrten kleineren Städte intensiv ein, die wie Rothenburg o.d.T., Venedig oder Florenz der anbrandenden Touristen sonst nicht mehr Herr werden.

Substitutive Attraktoren

Ein auf den ersten Blick ungewöhnlicher Vorschlag ist es, bestimmte übernutzte Attraktoren durch andere zu ersetzen und gegebenenfalls sogar Originale durch Nachbauten zu ersetzen. Im ersten Fall wird mit Marketingmethoden versucht, die Besucher nicht nur in die berühmte Kirche A, sondern stattdessen in die Kirche B zu locken. Dieser Politik sind natürlich die UNESCO-Labels oder die Reiseführer mit ihren Muss-Bewertungen hinderlich, da eben ein ganz bestimmter Attraktor „abgehakt" werden soll und nicht ein anderer. Trotzdem muss gerade bei Naturdenkmälern in Zukunft dieser Weg viel deutlicher beschritten werden, um gefährdete Regionen zu retten. Die Schaffung künstlicher Riffe oder netter Tauchattraktoren durch absichtlich versenkte Schiffe sind ein Beispiel dafür, die zerstörerischen Tauchhorden möglichst weit weg von den immer weniger werdenden ursprünglichen Riffen zu halten. Kunstschneeabfahrten in Hallen sind vielleicht nicht per se klimaschonend, könnten es aber sein, wenn dadurch die wintertäglichen Massen bunter Skifahrer von den Autobahnen und vom letzten Gletscher wegbleiben. Nach Auskunft von Silke Schönenborn gibt es in Ecuador Versuche, die Galapagos-Inseln, die durch übermäßige Besucherströme stark gefährdet sind (und deshalb auf der Roten Liste der UNESCO stehen), dadurch zu retten, dass die nahe gelegenen und ökologisch weniger sensiblen Kleinen Galapagos-Inseln in Zukunft die Hauptmassen der Besucher absorbieren. Unwahrscheinlich? Eher nein, denn in Tansania ersparen sich bereits jetzt manche Reisegruppen die hohen Nationalparkgebühren für die Serengeti und begnügen sich mit einer kurzen Fahrt durch die vorgelagerte Kleine Serengeti: so kommt man auch zu schönen Tierbildern und kann sagen, dort gewesen zu sein. Und so wie mitten in Rom auf dem Kapitol schon lange eine Kopie der Bronzestatue des Marc Aurel steht und dies keinen der Millionen Besucher stört, könnten auch andere Kulturdenkmäler auf diese Weise gerettet werden – und welche berühmten Gemälde in den Museen Kopien und welche Originale sind, wissen wohl nur die Kuratoren. Berühmtestes Substitut dürfte wohl die künstliche Höhle von Altamira sein, deren Original komplett für jeden Besuch geschlossen wurde. Bei immateriellen Kulturgütern hat sich der Tourist schon lange daran gewöhnt, meistens ein künstliches Abbild in Form von Folkloredarstellungen zu erhalten oder erwartet jemand ernsthaft, dass die Schuhplattler in Oberbayern, die Feuertänzer in Bulgarien, Friedenspfeife rauchende Indianer oder bunte Massai in Tansania ernsthaft etwas mit kultureller Originalität zu tun haben? Ironischerweise können sogar irgendwann die Fakes zu echten Attraktoren werden, die unter den Besuchermassen leiden: Neuschwanstein ist das schon erwähnte schönste Beispiel hierfür.

Auch wenn substitutive Attraktoren nicht alle Allmendeprobleme rund um nicht-produzierbare Attraktoren lösen werden, wird doch dieser Aspekt in Zukunft zunehmen. So wie sich künstliche und virtuelle Erlebniswelten ausbreiten, kann und muss es möglich sein, Alternativen zumindest für die am meisten gefährdeten und sensibelsten Natur- und Kultur-güter zu finden. Früher oder später muss die Akropolis vermutlich geschlossen werden – warum nicht für einen künstlichen Ersatz mit entsprechenden antiken Erlebniswelten sorgen? Muss wirklich jeder die letzten Gorillas, Tiger oder Pandabären live gesehen haben oder kann es nicht gelingen, dieses pseudo-authentische Erlebnis durch ein virtuelles Dschungela-benteuer zu ersetzen? Viele werden jetzt mit Schaudern *nein* sagen – die mit Fernseher, In-ternet, PC-Animation und interaktiven Spielen aufwachsende Generation wird vielleicht mehrheitlich – und aus dieser Argumentationsperspektive: hoffentlich – eine andere Meinung haben.

4.5   Plädoyer für ‚effiziente Ineffizienz‘ und ‚Reanimation der Allmende‘

Sehr detailreich wurde im dritten Kapitel erläutert, wo und warum die Allmendeeigenschaft vieler nicht-produzierbarer touristischer Attraktoren zu Allokationsproblemen führen. Kurz zusammengefasst, sind es die Nicht-Ausschließbarkeit und die Rivalität im Konsum, die dazu führen, dass einerseits Attraktoren übernutzt, geschädigt und im schlimmsten Fall zerstört werden und dass andererseits viele Faktoren nicht entlohnt werden – man denke an das immaterielle Erbe oder an die kulturlandschaftlichen Effekte der Landwirtschaft.

Liberale Ökonomen schlagen in solchen Fällen die Privatisierung vor, um aus dem Allmende- ein Privatgut zu machen, um das sich der Eigentümer kümmert und für dessen Nutzung die Nutznießer einen, den volkswirtschaftlichen Grenzkosten entsprechenden Preis zahlen müssen. Eine volkswirtschaftlich suboptimale Übernutzung soll dadurch vermieden werden und die Eigentümer werden entlohnt, wenn sie ihre Ressourcen beispielsweise der Tourismusindustrie zur Verfügung stellen. Es wurde gezeigt, dass verschiedene Voraussetzungen nötig sind, damit dieses marktwirtschaftliche Kalkül aufgeht und dass in der Regel mit Umverteilungseffekten zu rechnen sind, die zwar beschrieben, aber mit dem klassischen Instrumentarium der Volkswirtschaftstheorie nicht bewertet werden können. Außerdem wurde erläutert, dass der besondere Charakter vieler touristischer Attraktoren auch aus demokratischen und freiheitlichen Aspekten heraus eine Privatisierung skeptisch erscheinen lässt: öffentlicher Raum ist eine Grundvoraussetzung für freiheitliche Entfaltung und demokratische Willensbildung. Im letzten Abschnitt wurde deshalb gezeigt, dass es von der Naturtaxe bis zum virtuellen Attraktor alternative Lösungsvorschläge für das touristische Allmendeproblem geben kann, ohne gleich zu dem „Hammer“ Privatisierung greifen zu müssen. Abschließend soll zurücktretend und mit einer vereinfachenden Brille nochmals auf das ganze Themenfeld geblickt werden – um den Wald vor lauter Bäumen zu sehen.

Gegen die Privatisierungsforderung sprechen in erster Linie die Umverteilungseffekte, die meist in einer größeren Ungleichheit enden und die demokratietheoretischen Argumente. So sehr diese Argumente auch den einzelnen überzeugen mögen, aus einer theoretischen Blickrichtung sind sie ungenügend, da sie einer außerökonomischen Logik folgen. Aus einer inner-ökonomischen Sichtweise sind es vor allem die langfristigen Ineffizienzen der Privatisierungslösung, die gegen sie sprechen. Es hat sich gezeigt, dass bei vielen natürlichen, kulturellen und sozialen Zusammenhängen eine so große Komplexität vorliegt, dass es praktisch (mangelnder Überblick), politisch (einseitige Lobbyinteressen) und theoretisch (chaostheoretischer Hintergrund) für einen Eigentümer unmöglich ist, alle zukünftigen Effekte seiner Handlungen abzuschätzen und korrekt zu diskontieren. Kurz: gegen die Privatisierung spricht, dass sie häufig zu einer kurzfristigen Effizienzverbesserung auf Kosten einer langfristigen Effizienzverschlechterung führt. Nun liegt es aber in der Natur der Sache, dass auch niemand anderes, insbesondere nicht der Staat, bessere Informationen über die komplexen Systeme haben kann. Was also tun? Hier wird für Ineffizienz geworben. Eigentlich gibt es nur (allokativ gemessene, am Rationalprinzip orientierte) Effizienz oder Ineffizienz. Hier soll eine erweiterte Verwendung des Begriffs Ineffizienz plausibel gemacht werden: effiziente Ineffizienz versus ineffiziente Ineffizienz. Unter ineffizienter Ineffizienz soll weiterhin der bekannte volkswirtschaftliche Wohlfahrtsverlust durch Fehlallokation verstanden werden.

Effiziente Ineffizienz ist hingegen das Inkaufnehmen ineffizienter komplexer Situationen aus dem Wissen heraus, dass jede Handlung unkontrollierte Effekte haben kann und es letztlich besser ist, eine kleine historisch gewachsene Ineffizienz in der Gegenwart zu ertragen als eine womöglich turbulente und chaotische Zukunft auszulösen. Ganz ähnlich kommen Mandelbrot/Hudson (2007) zu dem Ergebnis, dass Finanzmärkte nicht dem gemächlichen Risiko normalverteilter Ereignisse folgen, sondern chaotisch-turbulent und definitiv unberechenbar sind. In solchen ineffizienten komplexen Situationen kann es also durchaus sinnvoll sein, nichts zu tun! Die Flurbereinigung der 70er Jahre hat sicher so manche ineffiziente Bewirtschaftungsweise bereinigt, indem kleine Äcker zusammengelegt wurden. Aber diesem kurzfristigen Effizienzstreben wurde unwissentlich eine große ökologische Vielfalt, ein buntes Landschaftsbild und eine extensive, ressourcenschonende Produktionsweise geopfert. Es wäre insgesamt besser gewesen, man hätte damals nichts getan und heute wird versucht, die gröbsten Ausreißer der Flurbereinigung rückgängig zu machen. Gudermann (2004) hat für die mittelalterlichen Allmenden gezeigt, dass deren *unter*produktive Wirtschaftsweise gerade nicht der Profitmaximierung, sondern der Risikominimierung in einer von letztlich unkontrollierbaren Naturgewalten beherrschten Welt dienten. Die Bauern damals verzichteten also kurzfristig auf die Ausbeutung des ‚letzten Busches' zugunsten einer Reserve in unkalkulierbaren Zeiten. Mit anderen Worten: Damals kannte jeder Mensch die launischen Naturgewalten und war sich über deren Nicht-Kalkulierbarkeit im Klaren. Heute hat ein gefährlicher Glauben an die Berechen- und Beherrschbarkeit von Risiken überhandgenommen. Es scheint nur auf den ersten Blick paradox zu sein: damals war es langfristig effizient, eben nicht immer effizient zu sein! Heute ist es letztlich nicht anders, aber der kurzfristigen Effizienz wird alles andere untergeordnet. Die Ursachen hierfür sind vielfältig: Konsumenten, die jedes Risiko eingehen und von der Allgemeinheit die Absicherung einklagen; Banken, die Profite privatisieren und Verluste sozialisieren; anstelle von Unternehmern finden sich Manager, die nur an Quartalsergebnissen gemessen werden; am Wahlzyklus orientierte Politiker und viele ‚allwissende' Ökonomen, die dem Effizienzdiktat der Privatisierung verfallen sind – alles zusammen führt zur Dominanz der kurzfristigen Effizienz zulasten langfristiger Effizienz.

Der alten bäuerlichen, nachhaltigen, risikobewussten und nicht gewinnmaximierenden Sichtweise ist also der scheinbar paradoxe Ausdruck *effiziente Ineffizienz* verpflichtet. Und er soll zum Ausdruck bringen, dass es in bestimmten komplexen Situationen langfristig effizient sein kann, jetzige Ineffizienz zu ertragen. Wer die Wirkungen seiner Handlungen nicht komplett überschauen kann, soll mit Umwälzungen, die einer vordergründigen Effizienzverbesserung dienen, vorsichtig sein! Diese Sichtweise liegt auch der abschließenden These zugrunde, dass einige Probleme der touristischen Allmendeattraktoren durch eine Reanimation der Allmende behoben werden können. Auch dies klingt paradox und bedarf der Erläuterung: Gudermann (2004), Rösener (2004a), ARD (2006) und Steinberger (2007) zeigen, dass die mittelalterlichen Allmenden und die Allmendebewirtschaftung alter Naturvölker, beispielsweise pazifischer Inselfischer, indianischer Lachsfischer, mongolischer Ziegenbauern zu Zeiten der Khane oder philippinischer Bewässerungsallmenden über Jahrhunderte sehr nachhaltig und stabil waren. Die Beispiele zeigen, dass die per se selbstzerstörerischen Allmenden, wie von vielen Ökonomen vermutet, zwar vorhanden, aber nicht die Regel waren. Warum haben die alten Allmendesysteme so lange gut funktioniert? Es ist nicht nur ein vergleichsweise geringerer Bevölkerungsdruck in früheren Zeiten, sondern das Wissen um die fragile Umwelt verbunden mit Regeln der Gemeinschaft. Eine ausführliche institutionenökonomische Forschung und Bewertung teils uralter Allmenden bietet Ostrom (1999), die grundsätzliche ‚Bauprinzipien‘ für langlebige Allmendesysteme herausarbeitet und dafür 2009 den Wirtschaftsnobelpreis erhielt. Die Quellen verweisen auf die *Weisheit der Alten* (Steinberger) und auf „die fortgesetzte Verpflichtung der Aneigner gegenüber den von ihnen geschaffenen Institutionen. Sie haben oft restriktive Regeln eingeführt, um die Aneignung ihrer Allmenderessourcen zu beschränken und für deren Bereitstellung zu sorgen." (Rösner 2004a, S. 12). Mit anderen Worten: Allmendebewirtschaftung hat funktioniert und keine ‚Allmendetragödie‘ ausgelöst, wenn zwei Voraussetzungen gegeben sind:

- ein Bewusstsein für die Komplexität der natürlichen Umwelt, das sich in einem hohen immateriellen Wissen und einem vergleichsweise geringen technischen Effizienz-Wissen niederschlägt und nicht dem Wahn allwissender Berechenbarkeit verfallen ist und
- stabile, auf Selbstverpflichtung beruhende Gruppenbeziehungen mit strikten Exklusivitätsregeln, die die In- und Outsider der Nutzungsrechte genau definieren.

Das Subsidiaritätsprinzip der EU verweist auf die Verantwortung der jeweils niedrigsten Ebene. Demokratische und plebiszitäre Überlegungen und Aspekte stärken die kommunale Selbstverwaltung und die Bedeutung von globalen NGOs und lokalen Bürgerbewegungen wächst. All dies könnte den gemeinschaftlichen Verantwortungs- und Regelungsanspruch allmendeähnlicher Konstrukte voranbringen. Und gerade im Tourismus wird es immer deutlicher, dass erstens die Akteure einer Destination gemeinsam handeln oder gemeinsam untergehen und dass sie mit ihrem gemeinsamen Erbe verantwortungsvoll umgehen müssen. Die Staaten und die Staatengemeinschaft müssen die sozial-, umwelt- und erbeverträglichen Mindeststandards des Tourismus definieren – die lokalen Akteure müssen deren Umsetzung im demokratischen Miteinander gewährleisten. Nur in Verbindung mit einer Bildungspolitik, die das Wissen über das eigene Erbe erhält, kann das Erbe selbst erhalten werden. Besonders gilt dies für das immaterielle Erbe, das würdig und mit hohem Nutzen für alle Beteiligten gelebt werden könnte. Es muss gelingen, den Gruppen und Destinationen die Bestimmung über ihre eigenen Erbe-Ressourcen zurückzugeben. Denn wenn wir uns den Erhalt des Welterbes wirklich etwas kosten lassen, wenn, etwas pathetisch ausgedrückt, nicht nur Rohstoffe, sondern jegliches Erbe zur zentralen Ressource des 21. Jahrhunderts werden würde, wären die Gewinne aus dieser Ressource gleichmäßiger und per se nachhaltiger verteilt als heute beim Erdöl. Die Stärkung bewusster und selbstverantwortlicher lokaler Eigentümergemeinschaften, denen die touristischen Ressourcen gehören, könnte zu einer funktionierenden Allmendebewirtschaftung dieser Ressourcen führen und vermeiden, dass die Zinsen des Welterbes Touristen und der Tourismusindustrie, nur nicht den Erben vor Ort zukommen.

Weisheit der Alten heißt nicht Stärkung der Lokalmafia, sondern offene Auseinandersetzung auf der Agora um die besten Argumente mit dem Ziel der verbindlichen Selbstverpflichtung, um das gemeinschaftliche Erbe zu nutzen und zu pflegen. Die Agora, der alte griechische Diskussionsort, steht stellvertretend für den herrschaftsfreien Diskurs im öffentlichen Raum – dieser und andere öffentliche Orte und geerbte Attraktoren dürfen nicht dem Effizienzpostulat derjenigen geopfert werden, die immer alles ganz genau zu wissen glauben und letztlich doch nur den Baum, nicht aber den Wald sehen.

5 Modul ‚Die Hybris‘: Regionalökonomie und die Entwicklung der Destinationen

Das Modul in Kürze

Destinationen als touristische Regionen haben sich in den letzten Jahrzehnten stark verändert und regional, kontinental und global weit ausgebreitet. Was prägt eine Destination und ihren Entwicklungszyklus und wo etabliert sie sich wie? Es zeigt sich, dass diese Fragen eng verbunden sind mit drei raum-prägenden Faktoren: den Transportkosten, Pull- und Push-Faktoren und katalytischen Prozessen. Der Beitrag erläutert anhand regionalökonomischer Modelltypen diese Faktoren sowie die Peripherie-Zentrum-Frage und die Entwicklungsstadien einer Destination. Es werden die Mechanismen, als auch die wohlfahrtstheoretisch bedenklichen Effekte einer rasanten touristischen Expansion deutlich gemacht.

Leitfragen

Wie entstehen Destinationen, wie entwickeln sie sich, warum expandieren sie und wann kann dieser Aspekt des touristischen Schauspiels als Hybris bezeichnet werden?

1. Was sind die regionalökonomisch relevanten Fragen der Destinationsentwicklung?
2. Welche Peripherie-Zentrums-Tendenzen finden sich zwischen oder in Destinationen und was ist das ‚Planeten-Muster‘ der Destinationen?
3. Wie entstehen Destinationen und welche Rolle spielen dabei Initial-Nistung und Hyperzyklen?
4. Welchen Nutzen ziehen welche Länder aus dem touristischen Expansionsdrang und worin bestehen dessen Grenzen?
5. Welche destinationspolitischen Schlussfolgerungen können aus der Analyse gezogen werden?

Stichworte

Destinationsentwicklung – Regionalökonomie – Zentrum-Peripherie-Modell – Neue Ökonomische Geographie – Transportkosten

5.1   Einführung

Regionalökonomische, raumwirtschaftliche oder wirtschaftsgeografische Untersuchungen gehen der Frage nach, wo, wann und warum sich welche wirtschaftlichen Aktivitäten im Raum niederlassen. Die Regionalökonomie hat in Deutschland eine lange Tradition, führt aber doch ein gewisses akademisches Schattendasein zwischen Volkswirtschaftslehre und Geographie. Paul Krugman, der 2008 nicht nur für seine Handelstheorie, sondern auch für seine Arbeiten im Bereich der Neuen Ökonomischen Geographie (die der Regionalökonomie verwandt, aber nicht identisch ist) den Nobelpreis erhalten hatte, wurde hierzulande von den Fachvertretern nicht nur positiv kommentiert (vgl. Krugman 1998, Bathelt 2001). Hier ist jedoch nicht der Platz, eine adäquate Wirkungs- und Bedeutungsgeschichte der Regional-ökonomie und angrenzender Wissenschaften zu versuchen. Hier wird pragmatisch die regio-nalökonomische Literatur und ihre Verwandten gefragt, ob und was sie für die Entwicklung touristischer Destinationen aussagen können, um hierfür möglichst allgemeingültige, mo-dellhafte Aussagen zu erhalten.

Kapitel 5.2 stellt einleitende Grundsatzfragen, die Kapitel 5.3, 5.4 und 5.5 fragen nach den Standortsystemen des Tourismus und Kapitel 5.6 erläutert die Entstehung, Entwicklung und Expansion von Destinationen und fragt nach den Grenzen dieses Wachstums.

5.2   Regionalökonomisch relevante Fragen der Destinationsentwicklung

5.2.1   Zwei grundlegende Problemstellungen

Zwei unterschiedliche Fragestellungen können sich regionalökonomisch in Bezug auf touris-tische Destinationen ergeben:

a) Wo verteilen sich welche Destinationen weltweit? Wie entwickelt sich also die globale räumliche Verteilung von Destinationen?

b) Wie entwickelt sich eine bestimmte Destination? Was gestaltet die räumliche Struktur innerhalb einer Destination? Was bestimmt den Lebenszyklus einer Destination?

Die erste Fragerunde bezieht sich auf verschiedene Destinationen und deren globale Ent-wicklung und steht in Verbindung mit der klassischen Handelstheorie des Moduls 6. Der zweite Fragekomplex zielt mehr auf die innere Entwicklung einer bestimmten Destination. Tatsächlich hängen beide Fragestellungen ökonomisch zusammen und werden nicht getrennt voneinander beantwortet werden können.

Das Beispiel der Entwicklung der Warmwasserdestinationen in Europa möge dies erläutern: In den 50er und 60er Jahren war die italienische Adria das Traumziel der Mittel- und Nord-europäer; in den 60er und 70er Jahren kam dann italienische und französische Riviera und Spanien hinzu, dem in den 70er und 80er Jahren eine rapide Entwicklung Griechenlands und seiner vielen Inseln folgte. Ab den späten 80er Jahren wurde in Ägypten und der Türkei der klassische Kultururlaub durch die aufstrebenden Badedestinationen an der türkischen West- und Südküste und am Roten Meer Ägyptens abgelöst. Dies wurde ergänzt durch die Badeangebote der östlichen Mittelmeerinseln Malta und Zypern und der israelischen Mittelmeerküste, die allerdings international meist gegenüber der israelischen Ganzjahres-Wasserdestination in Eilat am Roten Meer zurückstecken musste. In den 90er Jahren folgte die Erschließung der südlichen Mittelmeerküste insbesondere in Tunesien und Marokko und seit der Jahrtausendwende ziehen insbesondere die bulgarische Schwarzmeerküste die Touristen an, die aber auch von der Türkei, Rumänien und der Krim ans Schwarze Meer gelockt werden. In den 70er Jahren war die italienische Adria als billiger ‚Teutonengrill' verschrien – heute finden sich dort vornehmlich reiche Italiener, denn die dortigen Preise können sich die Masse der Mittel- und Nordeuropäer nicht mehr leisten. Stattdessen bedienen bestimmte spanische Strände, ‚Malle' und zunehmend die Schwarzmeerküste die Bedürfnisse derjenigen, die viel Sonne, Meer und anderes für wenig Geld nachfragen.

Die typische europäische Warmwassersdestination hat sich also im Lauf der letzten 60 Jahre vergrößert und diversifiziert, hat sich aber auch deutlich bewegt und ist im Sinne der Fragen a) rund ums Mittelmeer gewandert: Den jeweils günstigsten Angebotsbedingungen folgend wurden immer neue Gebiete erschlossen. Die alten Gebiete wurden aber nicht einfach aufgegeben, sondern erlebten – ganz im Sinn der Fragestellung b) – eine mehr oder minder geglückte neue Phase in ihrem Lebenszyklus.

Touristische Regionen oder Destinationen unterliegen einem Lebenszyklus, erfahren also Aufstieg, Auf- und Abwärtstendenzen und den Niedergang, der manchmal von einem neuen Aufstieg abgelöst werden kann. Aus dem guten oder schlechten, bewussten oder unbewussten Zusammenspiel der Akteure einer Destination und in Abhängigkeit von exogenen Entwicklungen entsteht letztlich das Auf und Ab der Destination. Dieses ‚Auf und Ab' der Destinationen ist sowohl mit dem betriebswirtschaftlichen Lebenszyklus bestimmter Produkte und/oder Betriebsformen verwandt als auch mit volkswirtschaftlichen Konjunkturzyklen und dem Modell der ‚Langen Wellen'(vgl. Kulke 2009, S. 166 ff. u. S. 102 ff). Zu diesen bekannteren Modellen, die die *zeitliche* Entwicklung von Ökonomien und bestimmter Orte, Branchen, Produkte und Organisationsformen untersuchen, kommt nun das spezifisch regionalökonomische Grundthema des nächsten Abschnitts.

5.2.2 Regionalökonomischen Grundthemen: Bodenpreise und Zentrum-Peripherie-Aufteilung

In diesem Abschnitt werden das ‚älteste' und das ‚jüngste' Modell der Regionalökonomie vorgestellt; v. Thünens Modell der Landnutzung fokussiert die Landwirtschaft und betont die Bedeutung der Bodenpreise in Abhängigkeit der Transportkosten, während Krugmans Peripherie-Zentrumsansatz Industrieländer untersucht. Beide Modelle exemplifizieren regionalökonomische Grundthemen, die dann im Anschluss auf die dienstleistungsökonomischen Tourismusdestinationen angewendet werden sollen.

Thünens Theorie der Landnutzung

Johann Heinrich von Thünen (1783–1850) gilt als einer der bedeutendsten deutschen Öko-nomen und Begründer der Raumwirtschaftstheorie. Seine Theorie der Landnutzung soll hier sehr vereinfacht dargestellt werden – ausführlich s. Hoh (1998), knapp u.a. Kulke (2009) und zum kulturlandschaftlichen Anbauschema im bayerischen Oberland s. Schöfmann (1997) – und beginnt mit v. Thünens eigenen Worten:

Man denke sich eine sehr große Stadt in der Mitte einer fruchtbaren Ebene gelegen. … Die Ebene selbst bestehe aus einem durchaus gleichen Boden, der überall der Kultur fähig ist. In großer Entfer-nung von der Stadt endige sich die Ebene in eine unkultivierte Wildniß, wodurch dieser Staat von der Welt gänzlich getrennt wird. (v. Thünen 1842: Der isolirte Staat in Beziehung auf Landwirthschaft und Nationalökonomie. I. Theil. 2. Aufl. Rostock, S. 1; zitiert nach Hoh 1998, S. 35)

Diese dimensionslos zu denkende Stadt dient als einziger Nachfrager für die im Umland produzierten Agrarprodukte. Die Transportkosten vom Land in die Stadt sind proportional steigend mit der Entfernung des Agrarstandortes zum Zentrum. Bei konstanten Marktpreisen und Produktionskosten bei nur einem angebauten Produkt entsteht eine *Landrente* für jeden Hektar, die kontinuierlich mit zunehmender Entfernung von der Stadt abnimmt. Lässt man den Anbau verschiedener Agrarprodukte zu, versucht jeder Landbesitzer den Anbau so zu steuern, dass die Landrente maximiert wird. Es zeigt sich, dass die verschiedenen Anbauge-biete in konzentrischen Kreisen um die Stadt liegen und die Bebauungsintensität mit zuneh-mender Entfernung von dieser abnimmt. Gemüseanbau und Milchproduktion in I, Forstwirt-schaft in II, Getreideanbau in III, Viehzucht in IV und Jagden in der entfernten Wildnis V. Abb. 5-1 zeigt diese berühmten Thünenschen Ringe, die ein in der Realität natürlich viel komplizierter vorkommendes Muster vereinfachend erklären können. Letztlich sind es aus-schließlich die Transportkosten, die hier den Raum *ordnen* und die Anbaustandorte determi-nieren. Die nachfolgende raumwirtschaftliche Forschung hat den Thünenschen Ansatz wei-terentwickelt, verfeinert und um die Analyse der Orte-Hierarchie (Christaller) und der Markt- und Verkehrsnetze (Lösch) erweitert.

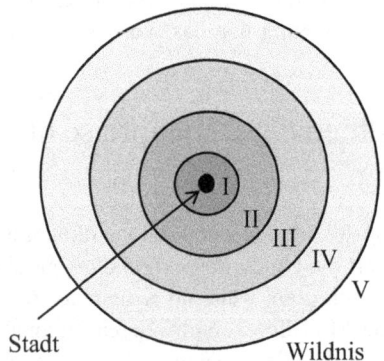

Abb. 5-1: *Thünensche Ringe*
Entwurf nach v. Thünen 1842, zitiert nach Hoh (1998), S. 55

Wer die Thünensche Ringe für überholt hält, male eine Karte der Bodenpreise, die sich vom Zentrum einer Großstadt aus in die Umgebung erstrecken. Beeinflusst durch Achsen günstigen Transports (vulgo: Straßen und/oder S-Bahnen etc.), ergibt sich ein nur leicht verfremdetes Bild. In Abb. 5-2 nehmen die Bodenpreise von I über II nach III immer weiter ab, sind aber entlang der Verkehrsstrecken höher als in der weniger erschlossenen Peripherie.

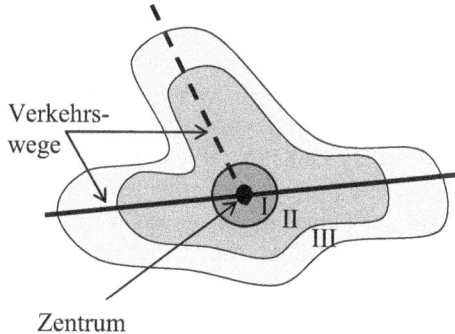

Abb. 5-2: *Bodenpreisschema einer Stadt*
Entwurf: V. Letzner, ähnlich Kulke (2009), S. 161

Krugmans Zentrum-Peripherie-Ansatz

Krugman dreht v. Thünens Fragestellung um, gibt ihr eine industrieorientierte Interpretation und fragt, ob und wann eine Agglomeration und Zentralisierung der Industriestandorte in einer Region stattfindet oder ob eine Peripherisierung eintreten wird. Krugman beschreibt den zirkulären Wirkungszusammenhang so:

The basic story of geographic concentration that I will propose here relies on the interaction of increasing returns, transportation costs, and demand. Given sufficiently strong economies of scale, each manufacturer wants to serve the national market from a single location. To minimize transportation costs, she chooses a location with large local demand. But local demand will be large precisely where the majority of manufacturers choose to locate. Thus there is a circularity that tends to keep a manufacturing belt in existence once it is established. (Krugman 1991, S. 14 f., ähnlich Krugman 1991b und zusammenfassend Krugman 1998; kritisch hierzu Bathelt 2001)

Im einfachsten der Modelle gibt es ein Land mit nur zwei möglichen Industriestandorten in Ost und West. Agrargüter werden unter konstanten Skalenerträgen von immobilen Landwirten produziert, die exogen und gleichmäßig über das Land verteilt sind. Industriegüter können nen in Ost oder West oder in beiden Landesteilen von den mobilen Industriearbeitern hergestellt werden Wird nur in einem Landesteil produziert, muss der andere Teil unter Inkaufnahme von Transportkosten beliefert werden. Wird in beiden Landesteilen produziert, entfallen zwar die Transportkosten, doch nun entstehen doppelt so hohe Fixkosten, da zwei Fabriken aufrechterhalten werden müssen. Wird sich nun unter diesen Bedingungen eine industrielle Ballung in einem Landesteil (= Zentrumsbildung) oder eine dezentrale Industrieansiedlung in Ost und West (= Peripherisierung) ergeben? Da die mathematische Herleitung komplex ist, wird hier darauf verzichtet und versucht, die Zusammenhänge verbal zu erläutern.

Entscheidend dabei ist das Zusammenspiel von drei Parametern: die Höhe der Fixkosten, die Höhe der Transportkosten und der Anteil der Industriearbeiterschaft an der Gesamtbevölkerung (= Industriearbeiter + Landwirte). Sind, wie in einer klassischen Agrargesellschaft, die Transportkosten hoch, die Fixkosten vergleichsweise niedrig und die Industriearbeiterschaft klein, bleibt es bei einer peripheren ‚Industrie'-Landschaft und jedes Dorf hat seinen Schmied, seinen Wagner und lokalen Energieproduzenten. Im Zuge der industriellen Revolution passierte aber dreierlei: die Transportkosten sanken im Vergleich zu den steigenden Fixkosten und die Agrarbevölkerung nahm stetig ab. Plötzlich war es besser, nur noch an einem Standort zu produzieren, denn die Vorteile der eingesparten Fixkosten übertrafen die in Kauf zu nehmenden Transportkosten. Es wäre denkbar gewesen, dass sich ein Teil der Industrie in West, ein anderer Teil in Ost konzentriert hätte, doch kommt nun die Zirkularität von Ansiedlung und Nachfrage-Generierung ins Spiel: Die Industriearbeiterschaft an sich fragt ja ebenfalls die Industriegüter nach und ein dezentral produzierender Unternehmer, der aufgrund der eben durchgeführten Überlegungen nur noch eines seiner beiden Werke erhalten will, tut dies dort, wo bereits die anderen Fabriken mit ihrer Arbeiterschaft sind. Mit anderen Worten: um Transportkosten zu sparen, will die Industrie möglichst nahe an den Endverbraucher und der konzentriert sich dort, wo sich auch die Industrie konzentriert, also entweder in Ost oder in West. Welche der beiden Landesteile gewinnt, ist letztlich nicht determiniert und hängt von scheinbar kleinen historischen und/oder geographischen Zufälligkeiten ab: wenn sich erst einmal die erste Konzentration abzeichnet, kommt es zu einem sich selbst verstärkenden Effekt, der letztlich die ganze Industrie an einen Ort zieht. So kam es im Zuge der Industrialisierung zur Ballung von Industriezentren im Cotton Belt, im Ruhrgebiet, im Silicon Valley oder in Bangalore. Genaugenommen sind zwei Konzentrationsvorgänge zu unterscheiden: die Transportkostensenkung führt zu einer ersten Konzentration der Industrien, da gesunkene Transportkosten bei Produktionen mit Fixkosten die Vorteile *einer statt mehrerer* Produktionsstätten rentierlicher machen; der beschriebene Nachfrage-Zirkel führt dann zu einer weiteren Konzentration, da sich die weniger gewordenen Produktionsstätten nun auch noch an *einem* Ort zusammen finden.

Es überrascht, dass in Krugmans Modell sinkende Transportkosten tendenziell zur Zentrumsbildung führen – dies ist der große Verdienst des Modells, die Bedingungen dieses auf den ersten Blick ungewöhnlichen Zusammenhangs herauszuarbeiten, der hier als Krugmansches Paradoxon bezeichnet werden soll. Gemeinhin und intuitiv werden sinkende Transportkosten angeführt, um dezentrale Industrieansiedlungen in Osteuropa oder Asien zu begründen, die sich nun aufgrund der niedrigen Transportkosten rentieren. Ursächlich für diese Phänomene sind aber weniger die Transportkosten als diverse Kostenvorteile der Peripherie beziehungsweise Agglomerationsnachteile des Zentrums, die im einfachen Grundmodell nicht berücksichtigt sind. Die nachfolgende Literatur hat sich dieser und ähnlicher Fragestellungen angenommen. Krugman selbst kommt bei der Untersuchung großer Städte (in Entwicklungsländern) zum intuitiveren Ergebnis, dass die städtische Konzentration durch hohe Transportkosten begünstigt wird (vgl. Krugman 1995, S. 225). Letzner beschreibt unter Einbeziehung von Exportfixkosten einen weniger harten Szenariowechsel als das Grundmodell: „The model supports the prediction that falling transportation costs – because of technical progress or further integration steps – will enforce the core-periphery pattern of regional or world economic geography. But this concentration process will be ‚slow' and evolutionary."

(Letzner 1996, S. 262). Die Frage, ob sinkende (steigende) Transportkosten das Zentrum (die Peripherie) oder umgekehrt begünstigen, ist jedenfalls nicht auf den ersten Blick beantwortbar und wird unten noch öfter auftauchen.

5.2.3 Transportkosten, Pull- und Push-Faktoren und katalytische Prozesse im Zentrum der Destinationsentwicklung

Die beiden kurz vorgestellten Modelle repräsentieren keinesfalls die ganze Breite der Regionalökonomie, sind aber insofern typisch, als sie bewusst den Raum in die Theorie integrieren. Beide Ansätze haben vergleichbare raum-konstituierende Elemente, die im Weiteren beachtet werden müssen:

Beide verwenden *Transportkosten*, um die Standorte der Landwirtschaft beziehungsweise der Industrie bestimmen zu können:

- bei v. Thünen entstehen erst aus der Existenz der Transportkosten Bodenpreis-Unterschiede, die dann die Struktur der Raumaufteilung generieren
- bei Krugman konstituieren die Transportkosten erst das regionalökonomische Grundspiel, denn Transportkosten von Null führen zur de facto Nicht-Räumlichkeit der klassischen Handelstheorie (Punktannahme)

Beide Modelle zeigen, dass ökonomische Aktivitäten im Raum sich gegenseitig mittels *Pull- und Push-Faktoren* beeinflussen:

- bei v. Thünen drücken die reichliche Verfügbarkeit von Land nach außen, während die (Transport-) Kosten die Standorte in die Nähe des zentralen Marktplatzes ziehen
- bei Krugman wird die Zirkularität von Ansiedlung und Kaufkraftentfaltung noch deutlicher
- die Dynamik des magnetischen Anziehens und Abstoßens der verschiedenen Aktivitäten und Lokalitäten ist eines der interessantesten Ergebnisse der Raumentwicklung

Beide Modelle haben *katalytische Elemente*, die die einmal angestoßene Entwicklung am Leben halten:

- bei v. Thünen verschieben sich die ‚Ringe' immer weiter nach außen, wenn eine steigende Nachfrage dies erforderlich machen würde; erst exogene Parameter wie Flüsse oder Grenzen bringen diese Entwicklung zum Stoppen oder Umlenken
- bei Krugman wirkt die Existenz anderer Industriebetriebe via Nachfrageentfaltung durch deren Arbeiter katalytisch und führt dazu, dass jene Region, die historisch lediglich einen kleinen Vorsprung hat, immens von der Zentrumsbildung profitiert
- katalytische Prozesse sind sich selbst verstärkende Entwicklungen, die positiv (‚Engelskreis') beziehungsweise negativ (‚Teufelskreis') sein können und erst beim Anstoßen an exogene Grenzen zu Ende kommen

5.3   Peripherisierungs-Tendenzen

5.3.1   Sinkende Transportkosten

Die Touristenzahlen haben sich nach dem zweiten Weltkrieg vervielfacht. Hierfür werden viele Gründe genannt, die sich aber ökonomisch auf *einen* zentralen Parameter zurückführen lassen: ein unglaublicher Rückgang der realen Transportkosten vor allem durch technischen Fortschritt, durch politisch-ökonomische Rahmenbedingungen wie die Außenhandels- oder Verkehrsliberalisierungspolitik und durch Terms of Trade, die sich permanent zugunsten der Industrieländer verbesserten. Bereits zwei Zahlen der Bundeszentrale für politische Bildung 2009 (www.bpb.de/globalisierung...) und des Institut der deutschen Wirtschaft Köln 2010 (www.tu-chemnitz.de/wirtschaft...) können dies belegen:

1. Der Benzinpreis ist in den letzten 50 Jahren real um 60% gesunken!
2. Der Lufttransport pro Passagier und Meile ist in den 50 Jahren bis 2000 real um annähernd 80% gesunken!

Sinkende Transportkosten haben das Tourismusvolumen ansteigen lassen und zu einer geographischen Diversifizierung beigetragen. W. Christaller entwirft als Gegenstück zu seiner bekannten Zentralortthese (vgl. Kulke, 2009, S. 147) die Peripherie-Hypothese. Er führt damit standorttheoretische Aspekte in die Fremdenverkehrsgeographie ein (vgl. Hopfinger 2007, S. 4., Newig 2007, S. 541 ff.) und stellt fest, dass „Tourism is drawn to the periphery of settlement districts" (Christaller 1964, S. 95). Damit beschreibt Christaller eine intuitiv einleuchtende These, dass Tourismus das Gegenstück zur normalen Lebenswelt ist, die sich in Agglomerationen abspielt – man bedenke, dass in den 50er Jahren die europäischen Industrien und Städte noch richtig Dreck produzierten. Ideale Tourismusstandorte befinden sich also möglichst weit weg von lauten Städten und stinkenden Schornsteinen und sind auf dem freien Land, in den Bergen oder an den Küsten zu finden. Nur – und jetzt kommt das Transportkostenargument ins Spiel – dahin muss man erst kommen können und je niedriger die Transportkosten sind, desto größer wird folglich der Radius, mit dem immer mehr Menschen der Agglomerationen die für sie attraktive Peripherie erschließen. Wichtig ist der Annahmeunterschied zu Krugman oben: Christaller postuliert, dass die am weitesten entfernt liegenden Zonen die günstigsten Tourismusbedingungen abgeben, dass also aus touristischer Sicht die Peripherie komparative Vorteile hat und dass deswegen sinkende Transportkosten den Tourismus tendenziell in die Peripherie tragen. Oder anders formuliert: der Tourismus hat zentrifugale Tendenzen, die durch Transportkosten mehr oder weniger eng an die Agglomerationen mit ihren Quellmärkten gebunden sind, so dass die Touristen nicht zu weit ‚wegfliegen' können. Diese Theorie der peripheren Orte „postuliert ein zentral-peripheres Ausbreitungsmodell für den Tourismus, für welches die Polarität zwischen Quellgebiet im Zentrum und Zielgebiet in der Peripherie konstituierend ist." (Hopfinger 2007, S. 4). An drei großen Wellen lässt sich dies schön bebildern:

1. Entwicklung der Naherholungsgebiete am Beispiel Münchens in den letzten 100 Jahren, deren markante Stellen schematisch und maßstabsgetreu dem Leser entzifferbar sein sollten

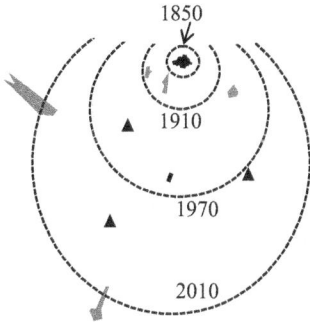

Abb. 5-3: *Entwicklung des Naherholungsraumes München*
Entwurf: V. Letzner

Dass sich die Naherholungsgebiete nicht konzentrisch um München ausbreiten, sondern einen eindeutigen Süd-Drall haben, liegt selbstverständlich nicht an niedrigeren Transportkosten Richtung Süden, sondern an der höheren Attraktivität der südlichen Landstriche. Diese höhere Attraktivität als intervenierende Variable (Hopfinger) führt zu einer Abweichung vom idealtypischen Modell konzentrischer Kreise, wie es oben durch v. Thünen und unten durch Yokeno beschrieben wird.

2. Aufschwung der europäischen Warmwasserdestinationen ab den 50er Jahren, wie er bereits einleitend skizziert wurde.

3. Aufschwung der exotischen Fernreisedestinationen ab den 90er Jahren. Mit den Düsenflugzeugen und insbesondere mit der Indienststellung der Boeing 747 wurden vormals exotische Ziele für wenige Abenteurer ab den 60er Jahren für eine wachsende Anzahl von Touristen erreichbar. Dem klassischen Kulturreiseland Ägypten folgte ab den 90er Jahren die massive Ausdehnung der Touristenströme nach Osten (insbesondere Indien und Südostasien), dann in die Karibik, Lateinamerika und schließlich nach (Süd-) Afrika. Ursprünglich kam als Quellgebiet aus wirtschaftlichen und politischen Gründen nur die sogenannte Triade – Nordamerika, Westeuropa, Japan – in Frage. Nach der Jahrtausendwende kamen die Reichen aus den großen Schwellen- und Transformationsländern BRIC – Brasilien, Russland, Indien, China – als Quellmärkte hinzu, für die die Triade-Länder selbst zum exotischen Ziel wurden.

5.3.2 Idealtypisches Standortmodell

Eben wurde noch sehr ungenau von *der* Tourismustauglichkeit der Peripherie gesprochen, auch wenn bereits deutlich wurde, dass es natürliche und/oder künstliche Standortvorteile in der Peripherie gibt. Die Erschließbarkeit eines Standortes als Tourismusdestination hängt von der Verkehrs- und Infrastrukturanbindung und der Art des Attraktors ab. Vereinfachend genügt hier folgende Zweiteilung: *spezifische* (Haupt-) Attraktoren, die es nicht beliebig woanders gibt – beispielsweise berühmte Kulturattraktoren – und *unspezifische* Attraktoren wie gute Luft, warmes Wasser, bunte Korallenriffe, schneebedeckte Berge etc., die an diesem oder eben auch an einem anderen Ort touristisch erschlossen werden können. Desweiteren haben die Verkehrswege einen die Touristen lenkenden Effekt. In Anlehnung an v. Thünen und Christaller entwickelte Yokeno 1974 ein idealtypisches Standortmodell für den Tourismus, das diese Besonderheiten berücksichtigen kann. Dies setzt bei den raumdifferenzierenden Thünensche Ringen an und ergibt analog:

When there are no obstacles between the tourist sending country (S) and the tourist receiving country (R) tourist traffic will decrease in a regular concentric fashion away from the core. Deformations of the regular hypothetical zones (R1) may result from the predominance of capital city tourism (R2), a major transport link (R3), a hierarchy of cities (R4), or tourism price levels (R5' is visited at the expence of R5 which is bypassed as tourist costs are too high). (Pearce 1979, S. 262 erläutert Yokenos Modell)

Die nachfolgende Grafik entlehnt die sechseckigen Regionen den sechseckigen Marktgebieten aus Christallers Theorie der zentralen Orte (vgl. Kulke 2009, S. 149):

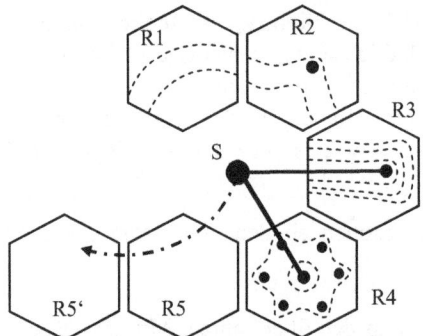

Abb. 5-4: *Idealtypisches Standortmodell für den internationalen Tourismus*
Quelle: Pearce (1979), S. 263 nach Yokeno

Grundsätzlich existiert also im Tourismus eine Peripherisierungstendenz oder eine Konkurrenzmeidungs-Strategie, die die Destinationen zu etwa gleichgroßen Marktgebieten rund um den Quellmarkt werden lässt. Die drei oben geschilderten Ausbreitungswellen des Tourismus im 20. Jahrhundert bebildern, bei aller Individualität und Andersartigkeit, dieses Grundmuster der Peripherisierung. Umso wichtiger wird nun die Frage, warum es trotzdem unübersehbare Konzentrationstendenzen im Tourismus gibt.

5.4   Konzentrationstendenzen

5.4.1   Attraktorenbedingte Anziehungskräfte

Je spezifischer ein Attraktor ist, desto eher wird dieser Attraktor als Magnet wirken und die Tourismusindustrie auf sich konzentrieren. Entweder weil der Attraktor kulturhistorisch, von Natur aus oder erlebnismäßig etwas Besonderes ist oder weil er in der betrachteten Region vergleichsweise einmalig ist (der Brocken als Erhebung in einer ansonsten ebenen Landschaft oder die fünf Kilometer Mittelmeerküste Sloweniens).

Spezifische Attraktoren (beispielsweise Machu Pichu, der Aconcagua, das Oktoberfest oder ‚the big apple') können als exogene magnetische Punkte in der touristischen Geographie wirken und, siehe R 2 in Abb. 5-4, die Tourismusströme lenken, so wie eine Goldmine Goldschürfer und der Eiffelturm Eiffelturmsouvenir-Verkäufer anzieht. Auch unspezifische Attraktoren (Sandstrände, Berge) locken Touristen an, die aber erst durch die Infrastruktur an die entsprechenden Orte gelotst werden und selten sui generis exogene Konzentrationspunkte sind. Millionen von Strandkilometern weltweit sind völlig ungenutzt; dass sich an manchen Stränden Tausende drängeln, hat also weniger mit dem Attraktor Strand als mit dessen Erschließung zu tun. Ein Attraktor muss natürlich auch der Reiseöffentlichkeit bewusst sein, denn ein unbekannter Natur- oder Kulturattraktor (von denen viele erst durch Filme ‚entdeckt' werden) oder unbekannte immaterielle Kulturerbestätten locken niemanden an.

5.4.2   Marktbedingte Anziehungskräfte

Im Krugman-Modell wurde bereits der wichtige Gedanke der Zentralisierung oder Konzentration angedeutet, der sich über Marktzusammenhänge ergibt. Hintergrund sind verschiedene Vorteile, die sich aus der räumlichen Nähe von Anbietern und von Nachfragern ergeben. Ein allen bekanntes Beispiel sind Wochenmärkte, bei denen Anbieter, die eigentlich in Konkurrenz zueinander stehen, zusammen kommen. In der Altstadt von Hanoi finden sich noch heute ganze Straßenzüge, in denen nur die Weißblechschmiede anbieten, in der nächsten Straße sind es dann die Opferstäbchenverkäufer, in einer dritten Straße sind die Silberschmiede und in der vierten Straße die Heilkräuterläden usw. geballt. Auch in unseren mittelalterlichen Städten war dies nicht anders, wovon heute noch die Schuster-, Weber- und sonstige Gassen berichten. Offensichtlich gibt es also Gründe dafür, dass es zu einer *Konkurrenzanziehung* und nicht zu einer Konkurrenzmeidung kommt.

v. Böventer beschreibt die Gründe dafür: „Räumliche Konzentration bringt neben intensiven Marktbeziehungen auch *nicht über den Markt laufende ökonomische Effekte* sowohl bei der Produktion als auch beim Konsum: man hat es mit der *räumlichen Dimension* von *internen und externen Vor- und Nachteilen* zu tun." (v. Böventer 1981, S. 417). Intensive Marktbeziehungen durch einen großen gemeinsamen Absatzmarkt wurde schon oben für das Krugman-Modell erläutert: Die Angestellten der Unternehmen entfalten selbst eine Nachfrage, die die Ansiedlung weiterer Unternehmen begünstigt und sich so ein positiver Zirkel ergibt. Mehr Unternehmen => mehr Arbeitskräfte => mehr Nachfrager => mehr Unternehmen usw. Ähnliche Effekte gibt es bei großen Absatz- und Zuliefermärkten in Form pekuniärer externer Effekte. Darüber hinaus kommen die von v. Böventer erwähnten technologischen externen Effekte zum Tragen: qualitative Verbesserung des Faktorangebots, Entstehung und Nutzung gemeinsamen Know Hows zwischen den Unternehmen und durch Forschungseinrichtungen, die Nutzung gemeinsamer Verwaltungseinrichtungen und gemeinsamer Verkehrs- und Versorgungsinfrastruktur. Nicht zuletzt entsteht ein vielfältiges und attraktives Kultur-, Vergnügungs- und Erholungsangebot, auf das unten noch einmal eingegangen wird.

Kulke fasst die ältere Literatur zusammen, die sich mit der Konzentration von Dienstleis-tungsbetrieben befasst und erläutert, dass neben der eigenen Anziehungskraft eines Anbieters zwei weitere Kräfte bestehen, die als Ausprägung eines positiven externen Effekts zu inter-pretieren sind; Kulkes Einteilung wird durch touristische Beispiele ergänzt (vgl. Kulke 2009, S. 158 f.):

a) *Gemeinsame Anziehungskraft* (shared business) besteht, wenn die Anbieter die gleiche Zielgruppe ansprechen, für die die folgenden beiden Vorteile entstehen können:

   aa) Kumulationsvorteile existieren, wenn Konsumenten durch Vergleich von spezialisier-ten und artgleichen Anbietern das für sie beste Preis-Leistungsverhältnis herausfinden können, also eine höhere Markttransparenz erhalten. In Destinationen drängen sich auch aus diesem Grund häufig die Restaurants an einer Strandpromenadenecke, die Bars an einer anderen, die Boutiquen an einer dritten und die Galerien an einer vier-ten. Das oben erwähnte Beispiel von Straßenzügen, die durch ein Gewerbe geprägt sind, ist meist auf diesen Vergleichsvorteil zurück zu führen.

   ba) Kompatibilitätsvorteile liegen vor, wenn sich artungleiche Betriebe in ihrem Angebot gegenseitig ergänzen und die Kunden verschiedene Besorgungen zeitsparend koppeln können. In Destinationen finden sich daher verschiedene Freizeitdienstleistungen an einer Ecke, so dass das Ausleihen eines Surfboards, das Buchen eines Trips im Reise-büro, das Checken der Mails im Internetcafe und der Kauf von Wasser und Sonnen-milch am Kiosk schnell vonstattengehen kann.

b) *Fremde Anziehungskraft* (suscipient business) entsteht durch ‚externe Frequenzbringer‘ (Kulke), beispielsweise Flughäfen oder Einzelhandelszentren, an denen sich andere Dienstleister wie Zeitungshändler oder Ärzte ansiedeln, um von deren hohen Kundenfre-quenz zu profitieren. Im Tourismus ließe sich der große Zweig des Geschäftsreiseverkehrs so erklären: Businesshotels haben keine eigene Anziehungskraft, sondern beziehen diese von fremden Unternehmen oder Messen. Noch allgemeiner ließe sich folgern, dass die allermeisten Hotels nicht aufgrund ihrer eigenen Attraktivität besucht werden, son-dern weil fremde Anziehungskraft (sprich die wohlbekannten touristischen Attraktoren) ihnen die Gäste bringen.

Kulke spricht im Zusammenhang mit der gemeinsamen Anziehungskraft – was aber eben-falls für die fremde gelten kann – von *Magnetbetrieben*, „welche aufgrund ihrer eigenen Anziehungskraft (generative business) viele Nachfrager gewinnen" (ebd., S. 158) können und um die herum sich jene Betriebe scharen, die deren Anziehungskraft nutzen. In der Des-tination sind dies beispielsweise Liftbetriebe oder Busstationen (in Tramper-Destinationen), die von allen Touristen angesteuert werden und deshalb für andere Anbieter attraktiv sind, weil sie sich einen Teil des fremd-generierten Konsumentenkuchens abschneiden können. In der nächtlichen Destination wird die Magnetfunktion häufig durch angesagte Clubs oder Bars übernommen, in deren Nähe sich weitere legale, halb- und illegale Angebote sammeln. Weiter unten wird das sich gegenseitige Anziehen nochmals aufgegriffen, wenn es um kata-lytische Prozesse in Wachstumsspiralen geht.

5.4.3   Transportkostenbedingte Konzentration

Bei der Vorstellung von Krugmans Modell wurde bereits auf die paradoxe Rolle der Transportkosten eingegangen, deren Rückgang eine Zentralisierung bewirkt. Dieses Phänomen lässt sich an einem zugespitzten Beispiel zur Veränderung der Übernachtungsinfrastruktur zeigen. Man stelle sich eine Region vor, in der einige touristische Attraktoren im Abstand eines Tagesmarsches liegen; in Abb. 5-5 werden sie als Kirchen dargestellt.

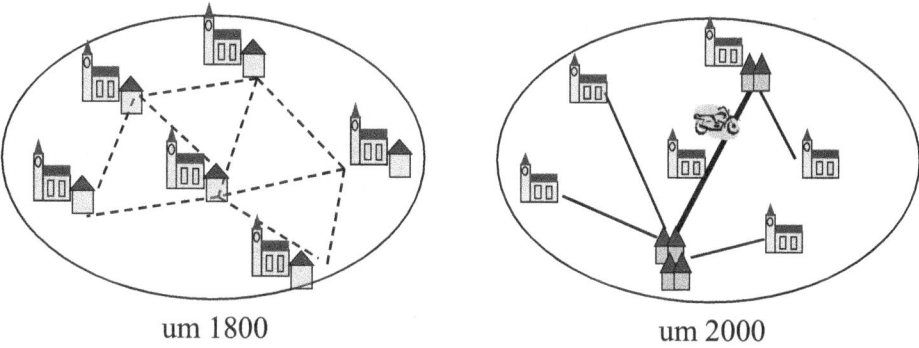

um 1800   um 2000

Abb. 5-5: *Konzentration touristischer Infrastruktur*
Entwurf: V. Letzner

In früheren Zeiten musste ein wandernder Tourist[39] zwangsläufig in der Nähe jeder Kirche übernachten und dort in einem kleinen Gasthaus oder bei einer gastfreundlichen Person einkehren. Warum gibt es diese kleine und kleinräumige Übernachtungs- und Gastronomiestruktur heute bei uns nicht mehr? Das häufig zu hörende Argument, dass die hohen Fixkosten ein Vierbettenhaus völlig unrentabel gemacht haben, ist zwar richtig, trifft aber nicht den Kern, denn auch um 1800 wäre ein 40-Bettenhaus rentabler als das mit vier Betten gewesen. Entscheidend sind, wie von Krugman entdeckt, die gesunkenen Transportkosten. Diese ermöglichen es erst, die Vorteile der fixkostensenkenden größeren Häuser zu nutzen. Es kommt also zu einer Konzentration der touristischen Infrastruktur dadurch, dass nun weniger, aber größere Häuser die Destination abdecken können. Ähnlich ist es beispielsweise mit Badeanlagen: gab es früher an jedem See und Fluss kleine Badeanstalten, entstanden in den 60er Jahren in Marktgemeinden Freibäder und inzwischen finden sich einmal in der Region größere Spaßbäder. Zugespitzt formuliert: da wo früher die kleinen Wirtshäuser standen, sind nun die Parkplätze für die Autos, die es möglich machen, alle Attraktoren von einem Stützpunkt aus zu besuchen. Transportkostensenkungen führen also zu einer Konzentration der touristischen Infrastruktur, wenn auch nicht so weit, dass, wie in der Industrie, häufig nur

---

[39] Der Tourist darf auch gerne die Postkutsche nehmen – das zu explizierende Argument bleibt davon völlig unberührt. Zur literarischen Untermauerung des wandernden Jünglings sei an die deutschen Bildungsromane erinnert, die davon erzählen: J. W. Goethes ‚Wilhelm Meister', G. Kellers ‚Grüner Heinrich', (etwas dramatischer) E. T. A. Hoffmanns ‚Elixiere des Teufels' oder (sehr ruhig) A. Stifters ‚Nachsommer'.

noch ein Produktionsstandort übrig bleibt. Der Grund ist klar: die Attraktoren können nicht mit wandern. Die destinationstypische Tagesleistung der Transportmittel ist unterschiedlich: deutsche Autobahnen erlauben andere Geschwindigkeiten als indische Straßen. Deshalb wird sich die Maschendichte der Infrastrukturbetriebe dieser durchschnittlichen Tagesdistanz anpassen und – ceteris paribus vergleichbarer Nachfrage – in Deutschland größer und die Konzentration höher als in Indien sein.

Charakteristisches Zeichen moderner Städte und Ortschaften ist es, dass stadtnahe Erholungs- und Freizeitzonen geschaffen werden oder komprimierte Ferienhaussiedlungen entstehen, die dem Prinzip der funktionalen Segregation folgen. Früher waren die verschiedenen Funktionen eines Ortes – wohnen, arbeiten, sich versorgen, sich erholen – gemischt und nahe beieinander, so dass „die Menschen um die Jahrhundertwende durchschnittlich 300 Meter am Tag zurücklegten" (Reichart 1999, S. 225). Heute sind es bereits 30 Kilometer, da sich die verschiedenen Funktionen jeweils zusammen ballen und sich von den anderen separieren. Dies und die Suburbanisierung führt zu einer Zersiedelung der Kulturlandschaft, die dann als gewachsener touristischer Attraktor ausfällt und durch die (geschaffenen) Erholungs- und Freizeitzonen ersetzt wird. Manche dieser Ruhezonen sind ein berühmter Attraktor geworden (Central Park, Englischer Garten).

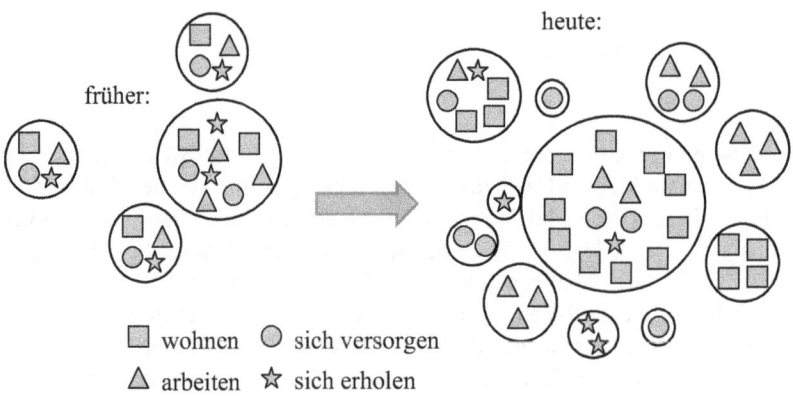

Abb. 5-6: *Funktionale Segregation*
Quelle: Reichart (1999), S. 225, um die Erholungsfunktion ergänzt

5.4.4   Maximierung von Absatzgebieten

Hotelling hat 1929 ein sehr bekanntes und anschauliches kleines Beispiel gewählt, um zu erklären, warum sich gleichartige Anbieter häufig ballen. Ausgangspunkt ist die naheliegende Überlegung, dass sich Konsumenten bei vergleichbarer Anbieterqualität den jeweils räumlich nächsten Anbieter aussuchen, um dort ihre Pizza oder eine DVD abzuholen – die sogenannte Nearest-Center-Bindung. Wir folgen hier der guten Darstellung von Kulke (2009), S. 159 f., dessen hilfreiche Grafik M 5-15 denjenigen Lesern zu empfehlen ist, denen die folgende Erklärung zu kursorisch ist. Ein Strand erstreckt sich über einen bestimmten

Abschnitt und zwei Eisverkäufer stellen jeden Morgen ihre Buden an einen bestimmten Strandabschnitt A bzw. B auf. Tagsüber kommen dann die (am Strand gleichverteilt liegenden) Badegäste so zu ihnen, dass sie einen möglichst kurzen Weg haben. In Abb. 5-7 gehen deshalb alle Kunden links (rechts) von A (B) nach rechts zu A (nach links zu B) und die zwischen A und B liegenden halbieren sich genau bei x und gehen links zu A (rechts zu B). B wird sich abends über einen deutlich geringeren Verkauf ärgern und am nächsten Morgen einen anderen Standort weiter links, vielleicht sogar links von A ausprobieren, um mehr Kunden zu bekommen. Dann wird A reagieren usw. Dieses Spielchen kann der Leser in all seinen möglichen Zwischenschritten aufzeichnen – im Ergebnis 7b werden sich beide Anbieter A und B genau in der Mitte des Strandes wiederfinden. Warum? Nun gibt es keinen Anreiz mehr, einen anderen Standort zu suchen, denn wer sich jetzt wegbewegt, wird unweigerlich seinen Kundenkreis verkleinern.

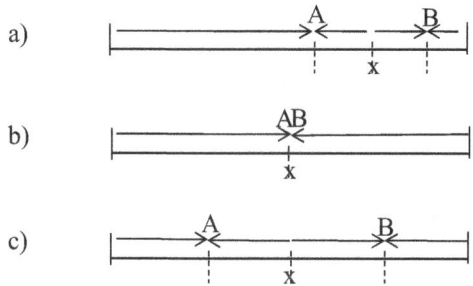

Abb. 5-7: *Konzentration nach Hotelling*
Entwurf: V. Letzner, nach Hotelling 1929, zitiert nach Kulke (2009), S. 159

Der Leser wird sofort einsehen, dass die Allokation b) nicht die optimale ist. Aus Kundensicht ließen sich die Transportkosten (in Form geschmolzenen Eises) minimieren, wenn sich die beiden Verkäufer den westlichen und östlichen Strand symmetrisch aufteilen würden. Aber obwohl beide in c) so viel verkaufen wie in b), handelt es sich bei jenem um ein instabiles, bei diesem um ein stabiles Gleichgewicht. Das Optimum c) ist also bei Nicht-Kooperation der Anbieter aufgrund des geschilderten Maximierungs-Spieles kein Dauerzustand. Der Grund für dieses überraschende Ergebnis ist der, dass hier die Nachfrage nicht von der Distanz oder von den Transportkosten abhängig ist. Gilt die im Kapitel drei diskutierte distanzabhängige Nachfrage, würde sich die periphere Lösung c) anstelle der Ballungslösung b) durchsetzen. Distanzabhängige Nachfrage führt zum Krugmanschen Paradoxon und hohe (niedrige) Transportkosten führen zur Peripherie- (zur Konzentrations-) Lösung. Somit illustriert auch das Hotelling-Beispiel sehr anschaulich die immer wieder betonte, teils paradoxe Bedeutung der Transportkosten bei Peripherie-Zentrums-Fragestellungen.

Dem Leser seien zwei kleine Übungsfragen an dieser Stelle mitgegeben: 1.) Was passiert, wenn im Gleichgewicht b) ein dritter Eisverkäufer auftritt? 2.) Im sogenannten Medianwählermodell der politischen Ökonomie wird gezeigt, dass sich politische Parteien dem Medianwähler annähern. Kann der Leser anhand des Hotelling-Ansatzes die Entwicklung der politischen Parteien in der Bundesrepublik verdeutlichen?

5.4.5   Standorte der Zentren oder Cluster

Beim Strandbeispiel eben war es einfach: die Konzentration findet genau in der Mitte statt. Leider ist die tatsächliche Geographie selten so schön eindimensional und begrenzt, so dass die Frage, wo sich die Zentren oder Cluster bilden, sehr viel schwieriger ist. Bei Zentren denkt man eher an städtische Erscheinungen, während der (auch etwas inflationär verwendete) Cluster-Begriff von Porter (1993) genutzt wurde und die Ballung oder Klumpenbildung von (Industrie-) Branchen beschreibt und erklärt. Hier wird nicht weiter zwischen den Begriffen differenziert, sondern auf Erklärungsansätze zweier Bekannter abgestellt; einmal Krugmans history vs. expectations-Ansatz und einmal die auf v. Thünen zurückgehenden Bodenrentenmodelle. Haben sich Konzentrationen erst einmal gebildet, haben sie auch eine gewisse Dauerhaftigkeit, da die Unternehmen beispielsweise ‚location-specific sunk costs‘ aufgebracht haben, um sich an einem Ort niederzulassen und deshalb nicht so schnell den Ort wechseln können und wollen wie der Eisverkäufer oben (vgl. Waterson 1985 oder Bathelt 2001).

„History vs. expectations"
Krugman (1991) interessiert sich insbesondere für die Entstehung der großen *belts* in den USA, also Manufacturing Belt im Nordosten, Cotton Belt im Süden oder Silicon Valley (Sun Belt) im Westen. Krugmans Modell oben erklärt, *dass* ab gewissen kritischen Parameterwerten eine Konzentration stattfinden wird, womit aber noch nicht erklärt ist, *in welcher* der betrachteten Regionen die Konzentration stattfinden wird. Krugman (1991a) bietet zwei mögliche Erklärungen für diese Frage an; welche der beiden Antworten in der realen Geographie aufgetreten sind, muss die Wirtschaftsgeschichte klären – für die zukünftige Entwicklung ist damit keine a priori Aussage möglich.

a) „History matters"
In vielen Beispielen für reale Konzentrationsprozesse zeigt sich, dass der Gewinner (hier die Region, die die Wirtschaft auf sich konzentrieren kann) einen kleinen historischen Vorsprung hatte, der die Waage im Moment des Konzentrationsprozesses zu seinen Gunsten ausschlagen ließ. Dieser kleine Vorsprung kann eine rein zufällig dort lebende Heimarbeiterin sein, die mit ihrer Weberarbeit völlig unbewusst zum Kristallationspunkt einer Textilregion wurde. Oder an einer Hochschule gelingen zufällig ein paar Experimente, die nebenan ‚in der Garage‘ den Grundstein für eine ganze Industrie legen. Oder eine Region verfügt zufällig über etwas mehr Startkapital oder über diejenigen Unternehmer, die im richtigen Moment risikofreudig ‚aufs richtige Pferd‘ gesetzt haben. Viele weitere Beispiele zeigen zweierlei. Erstens: historische Ausgangszustände – gerade auch kleine, auch unbewusste, auch zufällige – können wirken, den Ausschlag geben und zukünftig bedeutende Entwicklungen anstoßen. Zweitens: gerade weil es auch ‚sehr kleine, unbewusste, zufällige‘ Gründe sein können, sind genau diese so schwer zu erkennen oder gar wirtschaftspolitisch nutzbar zu machen – siehe den Exkurs zur Chaostheorie in Modul 1. Unbestritten ist, dass sehr häufig nicht ein kleiner, sondern ein fulminanter Ressourcen-Vorteil einer Region genutzt hat. Die

jahrzehntelange Bedeutung des Ruhrgebietes ist natürlich nicht auf einen kleinen Startvorteil, sondern auf gigantische Kohle- und Erzvorkommen zurückzuführen. Staatliche Regionalpolitik versucht letztlich immer, Startvorteile zu generieren oder Startnachteile zu vermeiden. Gelingt es jedoch nicht, mit staatlichen Subventionen den Anschub eines sich verselbständigenden Zyklus auszulösen, fließen die Steuermittel in die Verliererregion und sind vergeudet. Aber auch staatliche Subventionen in Gewinnerregionen müssen nicht unbedingt effizient gewesen sein, wenn dort weiterhin die volkswirtschaftlichen Verluste die betriebswirtschaftlichen Gewinne übersteigen (s. hierzu die Literatur zur strategischen Industrie- und Außenhandelspolitik). Touristen sind noch lange keine Gewähr, dass eventuelle Subventionen in die richtige Branche geflossen sind. Manche Gemeinden haben sich mit (Winter-) Sporteinrichtungen oder einer exklusiven Therme übernommen und selbst im Fall Dubais ist es noch lange nicht erwiesen, dass sich die gigantischen touristischen Infrastrukturinvestitionen jemals rentieren werden. Die Erschließung vieler Destinationen hat sich oft an kleinen Unterschieden kristallisiert: In einem Bergort trafen sich spleenige Engländer, die einen neuen Sport ausprobierten oder eine Insel wurde durch einen von allen geträllerten Schlager zum Sehnsuchtsziel oder ein Landstrich begeistert in einer Vorabendserie, in einem Hollywood- oder Bollywoodfilm. Die Beispiele für große und kleine Anfangsvorteile einer Destination ließen sich beliebig erweitern und zeigen gut, dass gerade auch im Tourismus „history matters".

b) „Expectations matter"

In vielen Fällen ist es aber auch möglich, dass Erwartungen die Fakten überrunden und gewissermaßen selbst zu Fakten werden. Diese sich selbst erfüllenden Prophezeiungen spielen eine größere Rolle als man erwartet und wurden erst in der jüngsten Weltfinanzkrise deutlich, als unter anderem erwartungsgetriebene *Blasen* entstanden und dann platzten. Der Mechanismus ist denkbar einfach. Obwohl die Region (oder das Wertpapier) A die besseren Ausgangsbedingungen und Wachstumschancen als B hat, genügt es, dass viele Menschen trotzdem auf B setzen und dort hingehen oder dort investieren: die Erwartungen bestätigen sich selbst. Paradoxerweise ist es sogar möglich, dass keiner wirklich an die Chancen von B glaubt, dass aber viele meinen, die anderen wären dieser falschen Meinung, würden also auf B setzen und schon haben die von keinem ernst genommenen Erwartungen triumphiert. Eine große Rolle spielen diese Art von Erwartungen als sogenannte Netzwerkexternalitäten. Gerade bei technischen Geräten ist es wichtig, welcher Standard sich durchsetzt, so dass beispielsweise Datenträger mit den Lese- und Schreibgeräten kompatibel sind. Ein Standard ist erst dann ‚Standard', wenn er verbreitet ist. Wenn viele glauben, dass sich die an sich schlechtere Lösung b anstelle von a durchsetzen werde, wird sich b letztlich gegen den Konkurrenten durchsetzen, denn weder Hersteller noch Konsumenten wollen auf das erwartete falsche Pferd setzen und Geräte herstellen oder kaufen, die man dann nicht nutzen kann. (Finanzmarkt-) Blasen basieren auf dem Prinzip der sich selbst erfüllenden Prophezeiung, wobei das Platzen der Blase selbst wieder eine sich selbst erfüllende Prophezeiung ist – diesmal mit der Erwartung ‚abwärts'. Zum zehnjährigen ‚Jubiläum' des Absturzes des Neuen Marktes, fassen Boehringer/Wilhelm (2010) die Funktionsweise von Blasen zusammen: 1. Phase: Veränderung, 2. Phase: Euphorie, 3. Phase: Manie, 4. Phase: Besorgnis, 5. Phase: Entsetzen. Aber nicht jede sich selbst erfüllende Prophezeiung muss zu einer instabilen Blase führen. Im Gegenteil: viele Regionen oder technische Systeme mögen aufgrund des beschriebenen Erwartungszusammenhangs gegenüber ursprünglich besseren Konkurrenten gewonnen haben – nun sind sie aber de facto wirklich kräftiger.

Die sich selbst erfüllende Prophezeiung spielt im Tourismus ebenfalls eine nicht zu unterschätzende Rolle. Gerade wer viel Geld und Zeit für die ‚schönste Zeit des Jahres‘ investiert, lässt sich ungern enttäuschen – und selbst wenn er von seiner Destination enttäuscht wurde, wird er dies selten dem Nachbarn sagen, um nicht zugegeben zu müssen, völlig falsch geplant zu haben. Wenn man alle Reiserückkehrer hört, existieren anscheinend auf der ganzen Welt nur „so freundliche" und „so nette" Gastgeber und man fragt sich, wo es diese vielen rosa Brillen zu kaufen gibt. Der Grund sind die Erwartungen: wenn alle von einer Destination/von einem Restaurant/von einem Wein begeistert sind, schließen sich die meisten diesen Erwartungen an, finden die Gegend dann wirklich gut oder den Wein überzeugend und lassen sich dann nur noch selten vom Gegenteil überzeugen. Insbesondere höherpreisige Destinationen wie Sylt, die Malediven, die Seychellen, die Krim, St. Moritz und viele andere entstanden durch einen Erwartungs-Zirkel, der mit den gutsituierten Touristen die Gelder für nötige Investitionen brachte, die dann wiederum entsprechende Gäste anlocken konnten. Im Kapitel sechs unten wird auf diesen Destinationsentstehungs-Zirkel ausführlicher eingegangen werden. Schlussendlich lässt sich die Bedeutung von Erwartungen auch in der Gastronomie finden. Die Beobachtung von mehreren Cafés in der Fußgängerzone oder von Restaurants oder Bars am Abend zeigt, dass selten alle Lokalitäten gleichmäßig besetzt sind, sondern dass einige voll und einige leer sind. Dies mag auf Qualitätsunterschiede zurückzuführen sein, dürfte aber in den meisten Fällen auf der psychologischen Tatsache fußen, dass man sich über leere Lokalitäten schlechte und über volle Lokalitäten gute Erwartungen bildet – und schon wird aus der Prophezeiung Wirklichkeit. Um dieser Erwartungsbildung zu forcieren, haben einige Lokalitäten angefangen, mittels einer vorabendlichen ‚happy hour‘ frühe Gäste anzulocken.

Krugman selbst kommentiert seine beiden Antworten „history vs. expectations" wie folgt: „What does this model have to say about reality? My guess is that for core-periphery issues at a grand level, history rules, and expectations at best help it along. The pace at which capital and labor can shift between regions is simply too slow to imagine otherwise … When it comes to smaller-scale events, however, I am not so sure. The rise and decline of individual cities, and perhaps of somewhat larger regions, may indeed sometimes be the result of self-fulfilling optimism and pessimism." (Krugman 1991, S. 122)

Bodenrentenmodelle
Bodenrentenmodelle in der Tradition v. Thünens sind gut geeignet, die Zentrenbildung in städtischen Räumen zu erklären; im Wesentlichen folgt nun die Darstellung Kulke (2009), S. 160 f. Die Bodenrente beschreibt den Gewinn eines Quadratmeters Bodens, der vom annahmegemäß stark frequentierten Stadtzentrum mit zunehmender Entfernung abnimmt. Der Zusammenhang zwischen Bodenrente und Entfernung ist nun nicht für jede Branche gleich, so dass sich in der Abb. 5-8 verschieden steile Bodenrentenverläufe finden. Beim Einzelhandel nimmt die Bodenrente besonders stark ab, je weiter man sich vom Zentrum entfernt, während diese Entfernungs-Elastizität bei der Wohnnutzung geringer ist.

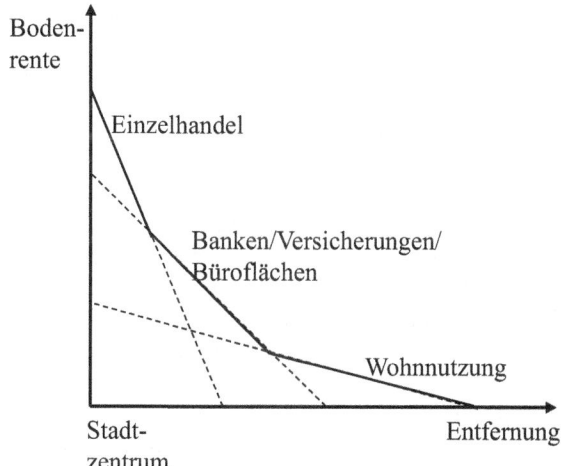

Abb. 5-8: *Räumliche Verteilung innerstädtischer Zentren*
Quelle: vgl. Kulke (2009), S. 160

Der jeweilige Quadratmeter wird dann von jener ökonomischen Aktivität eingenommen, die die je höchste Bodenrente gewährleistet. In der Abb. 5-8 konzentrieren sich also in den 1a-Lagen der Einzelhandel, ringförmig herum die auf weniger Kundenfrequenz angewiesenen Dienstleistungen und die Wohnungen finden sich in der Peripherie der Stadt. Eine große Stadt wird sich nicht nur aus einem Zentrum, sondern auch aus diversen Stadtteilzentren zusammensetzen und die oben angegebenen drei Aktivitäten sind noch weiter zu differenzieren. Wohnnutzung beispielsweise teilt sich auf in die zentrumsnähere verdichtete Nutzung in Mehrfamilienhäusern und in die periphere Einzelhausbebauung. „Insgesamt lässt sich für das gesamte Stadtgebiet eine Bodenwertoberfläche konstruieren, deren relativ zur Umgebung höhere Bodenwerte meist die Standorte von Dienstleistungsclustern aufzeigen." (Kulke 2009, S. 161). Der Leser möge beachten, dass die Bebauung nicht streng an der Bodenwertoberfläche orientiert sein muss – insbesondere dann, wenn die staatlichen Bebauungsvorschriften aus städteplanerischen Motiven bestimmte Bebauungsarten vorschreiben bzw. verbieten. Wie kann nun dieses Modell zur Erklärung bestimmter Bebauungsmuster in einer Destination herangezogen werden?

Beispiel 1 beleuchtet einen klassischen europäischen Tourismusort an einem landschaftlich reizvollem See oder einer Meeresbucht – man denke an Lugano oder Amalfi. Direkt am Wasser, das hier die Funktion des Zentrums einnimmt, liegt die Promenade mit mehr oder minder großzügigen Fußgänger- oder Grünbereichen. Die Promenade ist ein öffentlicher Raum mit meist strengen Bebauungsverboten. Die landseitige Promenade wird dann meistens von den zahlungskräftigsten Betrieben belegt: Schnellimbiss- oder Discount-Ketten oder, wenn es sich um ein gut geschütztes älteres Stadtbild handelt, hochpreisige Restaurants und Grandhotels. Hinter diesen finden sich dann meistens üblicher Einzelhandel, günstigere Hotels, Pensionen und sonstige (touristische) Dienstleister, während am Stadtrand bodenintensivere Freizeiteinrichtungen (Freibäder, Minigolfanlagen) und Ferienwohnungen und

-appartments zu finden sind. Ganz außerhalb der städtischen Bebauung finden sich die Ferienhäuser, Fincas, Reiterhöfe oder Golfplätze, deren großer Flächenbedarf mit einer sehr geringen Bodenrente einhergeht. Der Leser möge vor seinem geistigen Auge einen typischen europäischen Massenstrand entstehen lassen, der ohne Bindung an einen historischen Ort entstanden ist und vergegenwärtige sich in diesem Fall die typische Bebauungs- und Nutzungsstruktur.

Beispiel 2 beleuchtet eine auf den ersten Blick paradoxe Wandlung von Fremdenverkehrsorten hin zu Mittelzentren (im Sinn des Christallerschen Systems der zentralen Orte), obwohl sie Wohnbevölkerung verlieren. Der „Widerspruch zwischen der ständig rückläufigen Ziffer der Wohnbevölkerung ... bei gleichzeitiger Zunahme der Bausubstanz, der Wirtschaftskraft und der zentralörtlichen Verflechtung demonstriert die ganze Absurdität der Situation." (Newig 2007, S. 553). Newig untersucht die Veränderungen am Beispiel Westerland und Sylt und kommt zu dem Schluss, nur „mit der Akzeptanz der Freizeitzentralität, d.h. der Einbeziehung der touristischen Bevölkerung kann man der besonderen Dynamik des touristischen Raumes gerecht werden." (ebd.). Er spricht vom ‚Cityeffekt', wenn einheimische Wohnbevölkerung aus dem städtischen Zentrum durch eine höherwertige Nutzung vertrieben wird. In gewöhnlichen Städten ist dies, siehe Abb. 5-8 der Dienstleistungssektor, der die Bodenpreissteigerungen auslöst – in Fremdenverkehrsorten ist es „wiederum eine Wohnfunktion, aber eben eine höherwertige und ... temporäre Nutzung für Freizeitzwecke" (ebd., S. 550).

Beispiel 3 zeigt ein völlig anderes Muster der Bodennutzung rund um einen sehr bekannten Attraktor in einem Entwicklungsland – man denke an Petra, Angkor oder den Ngorongoro-Krater. Wenn es sich bereits um einen sehr bekannten und gut besuchten Attraktor handelt, wird derselbe (hoffentlich) durch die nationalen Behörden geschützt und nur einer pfleglichen touristischen Nutzung unterzogen, so dass das Gelände umzäunt ist und/oder nachts verlassen werden muss und/oder nur von kleinen, eventuell begleiteten Gruppen besucht werden kann. Sobald jedoch der geschützte Attraktor verlassen wird, fängt eine völlig chaotische Bebauung an, die sich jedoch den ökonomischen Zwängen des Bodenrentenmodells unterwirft. Meistens findet sich einige Kilometer vom Attraktor entfernt eine größere Stadt, die die touristischen Basisdienstleistungen bereitstellt: Flughafen oder Überlandbusse, Mietwägen, Hotels und Gastronomie, Reiseagenturen und -ausrüster. Charakteristisch für die meisten dieser Städte ist, dass ihnen ein natürliches oder historisches Zentrum fehlt. Ergebnis ist, dass sich die aus der Abb. 5-8 ergebende ringförmige Bebauung rund um das Zentrum so nicht ergeben kann. Stattdessen ist die Logik **umgedreht**. Nicht dort wo hohe Bodenrenten vorliegen wird entsprechend teuer investiert, sondern dort wo (meist ausländisches) Kapital in Verkehrs- und gehobene Hotelinfrastruktur investiert wird, ergeben sich hohe Bodenrenten, die kreisförmig um das Investitionsobjekt herum abnehmen. So entsteht wie in Abb. 5-9 eine multi-punktuelle Bodenrentenstruktur mit entwickelten *Inseln*, in deren näherer Umgebung gutgehende Restaurants, Bars und Geschäfte für devisenzahlende Ausländer sind, während sich zwischen diesen Inseln und entlang der Verbindungsstraßen die ärmlichsten Häuser, Hütten oder gar Slums ausbreiten (siehe die grauen Flächen).

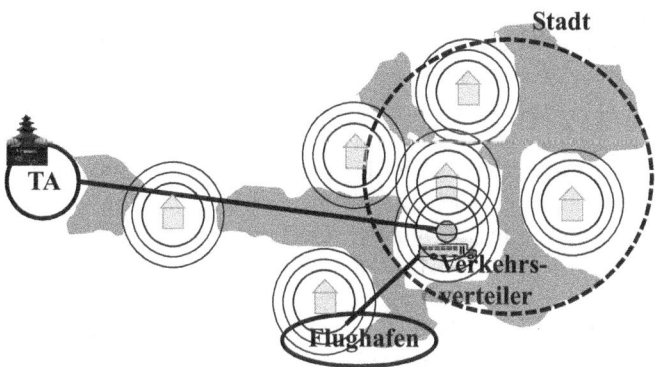

Abb. 5-9: *Bodenrentenschema einer unterentwickelten Destination*
Entwurf: V. Letzner

Diese mehr oder minder ärmlichen Wohn- und Arbeitsgebiete der Einheimischen konzentrieren sich trotzdem in der Nähe der touristischen Einrichtungen, um als direkte oder indirekte Dienstleister ebenfalls einen Teil vom touristischen Kuchen abzubekommen. Tourismus fungiert deshalb in diesen Ländern häufig als starker Magnet, der die Landflucht begünstigt und die traditionelle Landwirtschaft zugunsten einer lukrativeren Partizipation am Tourismus verdrängt.

5.5 Zwischenresümee: Standortsysteme und Destinationen

5.5.1 Christallers und Krugmans Ansatz im Vergleich

An dieser Stelle muss nochmals auf den zentralen Unterschied der beiden Modell-Typen eingegangen werden. Nicht, dass eines davon als falsch bezeichnet werden muss, aber es muss doch deutlich werden, warum es zu so gravierenden Interpretationsunterschieden kommen kann: Bei Christaller, der letztlich auf v. Thünen fußt, und vielen anderen Autoren[40] findet sich immer wieder die intuitive These, dass sinkende Transportkosten die Peripherie begünstigen. Krugman belegt den umgekehrten Zusammenhang, dass sinkende Transportkosten zur Zentrumsbildung führen. Sowohl im produzierenden als auch im dienstleistenden Gewerbe erscheint dies falsch zu sein, denn die Produktion wird nach Osteuropa oder ins ferne China verlegt und der Tourist fliegt umso weiter weg, je billiger dies für ihn wird. Deshalb muss die paradoxe Krugmansche Argumentation gegenüber der plausiblen Christallerschen Hypothese verteidigt werden. Ein Erklärungsansatz ist der unterschiedliche Ausgangspunkt der beiden Autoren. Christaller geht von der Existenz städtischer und indust-

---

[40] Stellvertretend vgl. Reichart (1999), S. 93 f. Einen knappen Überblick zu Stufen räumlicher Entwicklung in allgemeiner, nicht touristischer Hinsicht, bietet das Kapitel 8.1.3 von Kulke (2009), S. 280 ff.

rieller Agglomerationen aus und stellt, sicher zu Recht, fest, dass die Menschen in ihrer Freizeit diese Ballungen meiden wollen und sich, soweit es die Transportkosten ermöglichen,
möglichst weit in die ruhige landschaftliche Peripherie begeben wollen. Um Krugman zu
verstehen muss man hinter die städtischen Agglomerationen der Moderne zurück und sich
die Situation vor der industriellen Revolution anschauen. Ähnlich wie in Abb. 5-5 lebte damals die Bevölkerung dezentral ‚auf ihrer Scholle‘, in kleinen Dörfern und sehr selten in
größeren Städten. Die Transportkosten waren hoch und die meisten Menschen mussten auf
Schusters Rappen reiten. Nur sehr wenige Menschen unternahmen selten auch einmal längere Reisen und wenn, dann handelte es sich um kaufmännische Fahrten oder Kriegs- und
Kreuzzeuge und mancher ging auch einmal auf eine längere Pilgerreise. Kurz: die Freizeitaktivitäten waren auf Sonn- und Feiertag beschränkt und reichten für kurze Ausflüge vor die
Tore der Stadt zu einem Bier- oder Tanzlokal. An dieser Stelle sei Goethes bzw. Fausts Os-
terspaziergang ‚Vor dem Tor‘ zitiert, der die Städter hinaus auf Land und ‚unter die Linde‘
führt:

Aus dem hohlen finsteren [Stadt-] Tor/ Dringt ein buntes Gewimmel hervor./.../ Sieh nur, sieh! Wie
behend sich die Menge/ Durch die Gärten und Felder zerschlägt,/ Wie der Fluß, in Breit‘ und Länge,/
So manchen lustigen Nachen bewegt,/... / Selbst von des Berges fernen Pfaden/ Blinken uns farbige
Kleider an./ Ich höre schon des Dorfs Getümmel,/

Die Ausflüge beschränkten sich also auf wenige Kilometer rund um den Wohnort und waren
demzufolge ebenso peripher und dezentral wie dieser. Auch heute noch dürfte diese Analyse
für mehr als die Hälfte der Weltbevölkerung gelten, deren Bewegungsradius noch immer
weitgehend von ihrer Laufleistung abhängt. Das heißt, dass früher und für viele heute noch
gilt, dass die hohen Transportkosten eine völlig periphere, dezentrale Ausflugs- und Touris-
musgeographie festschreiben. Erst die sinkenden Transportkosten im Zuge der Industrialisierung führten zu zwei Konzentrationsprozessen. Zum einen konzentrierten sich die arbeitenden Menschen in städtisch-industriellen Ballungsräumen (gem. Krugman's Modell oben),
zum anderen ermöglichten die sinkenden Transportkosten die touristische Konzentration der
Infrastruktur (siehe 5.4.3) als auch die Konzentration auf bedeutende touristische Attraktoren, die man früher auch gerne besucht hätte, es aber nicht konnte. Oder was sind die immer
mehr werdenden Touristen auf der Akropolis, in Florenz, am Skilift oder auf dem Kilimandscharo anderes als Konzentrationen infolge gesunkener Transportkosten? Christallers Peripherie-Hypothese entspricht genaugenommen dieser zweiten, touristischen Konzentrations-
phase im Zuge des globalen Konzentrationsprozesses seit der industriellen Revolution. Moderne Tourismuswirtschaft führt zu Konzentrationen in jenen peripheren Gebieten, aus denen
die Landflucht dereinst die Menschen in die städtischen Konzentrationen getrieben hat. Tourismus könnte unter diesem Aspekt als temporäre Re-Peripherisierung unter zentralisieren-
den Vorzeichen interpretiert werden. Diese tourismusspezifische Aussage hat gewisse Ähnlichkeit mit der Polarization-Reversal-Hypothese, die Richardson (1980) in Entwicklungsländern festgestellt hat und die Schätzl (1983), (1992), S. 168 ff. oder Kulke (2009),
S. 284 ff. zusammenfasst. Modelltheoretisch muss das Zentrum mit Agglomerationsnachtei-
len in Form negativer externer Effekte oder umgekehrt die Peripherie mit Lebensvorteilen in
Form positiver externer Effekte beschrieben werden. Was bewirken also letztendlich sinkende Transportkosten? Stärken sie Zentrum oder Peripherie? Die Antwort lautet: Sinkende
Transportkosten führen zu einer Tourismusentwicklung stärker hinaus in die Peripherie, in

der es aber zu einer zunehmenden Konzentration kommt. ‚Konzentration in der Peripherie‘ fasst das Phänomen zusammen, das unten in 5.5.4 als Planeten-Muster der Destinationen bezeichnet werden wird.

5.5.2   Standortsysteme in Destinationen

Kulkes (2009), S. 161 ff. Typologisierung und Systematisierung wird in diesem Abschnitt auf die Destination angewendet. Innerhalb von Destinationen ist das touristische Standortsystem typischerweise das *Konzentrationsmuster*. Naturräumlich bevorzugte Lagen oder bedeutende kulturelle Attraktoren ziehen Touristen an. Zu diesen exogenen Magneten addieren sich die sich gegenseitig verstärkenden marktbedingten Anziehungseffekte wie Kumulations- und Kompatibilitätsvorteile oder taktische Standortspiele. Im Ergebnis konzentriert sich auch die touristische Infrastruktur genau dort und Touristen drängen sich an einem Ort, weil dort touristische Attraktoren und touristische als auch allgemeine Infrastruktur zu finden sind. Besonders deutlich wird die Konzentrationstendenz, wenn künstliche Attraktoren und Infrastruktur aus einer Hand geplant werden, wie dies bei den Mega-Masterplan-Destinationen der Fall ist, die in Macau ein riesiges Casinoparadies errichten oder in Dubai gigantische Hoteltürme in den Sand setzen.

Trotzdem wurde ausgeführt, dass der Tourismus zuallerst einmal Peripherisierungstendenzen aufweist, denn in städtischen Agglomerationen wohnt inzwischen mehr als die Hälfte der Weltbevölkerung und diese bewegt sich in ihrer Freizeit ‚raus aufs Land‘. Gegen das Konzentrationsmuster könnte also auch mit Fug und Recht das *Netzmuster* als typisches Standortsystem des Tourismus ins Feld geführt werden. Dieses entsteht bei gleichartigen Anbietern, die eine Konkurrenzmeidungsstrategie fahren und deren Marktgebietsgröße von der Nachfragerdichte abhängt. Das heißt bildlich, dass sich die Anbieter in der Fläche proportional zu den als exogen angenommenen Nachfragern verteilen. In der Destination sind es, wie oben bereits ausgeführt, vor allem unspezifische Attraktoren, die von Infrastrukturanbietern erschlossen werden – agieren diese dezentral, entstehen auch dezentrale Tourismusmuster. Gute Beispiele für diese Entwicklung liefert die touristische Erschließung von Kulturlandschaften wie Oberbayern, Marken, Irland usw. Kulturlandschaft setzt sich aus einer Mischung von Natur, materiellen und immateriellen Kulturgütern zusammen und ist im jahrhundertelangen Zusammenleben von Mensch und Natur entstanden. Die typischen Merkmale der Kulturlandschaft sind behutsame agrarische Nutzung, landschaftliche Schönheiten, Relikte religiösen und kulturellen Lebens, Traditionen und Bräuche. Und diese Merkmale sind vergleichsweise gleichmäßig über die Destination verstreut, so dass die touristische Infrastruktur sie erstens dezentral findet und sie zweitens auch dezentral erschließt, weil die touristischen Nachfrager Ruhe, ‚ihren‘ See oder Berg wünschen und möglichst intakte Dörfer erwarten und keine Betonburgen. Klemm (2007), S. 515 f. belegt mit Tests, dass, wenig überraschend, auch heute noch tradierte Orts- und Landschaftsbilder eine große Rolle spielen. Ähnlich ist es bei unspezifischen Naturattraktoren: Wer in den Masuren oder in Kanada kanuwandert, den ‚dark sky‘ bewundern will, wer Wüsten erlebt oder einfach nur im Wald Pilze sammelt, will dies möglichst alleine und nicht in Massen tun. Touristische Infrastruktur wird diese Attraktoren also dezentral erschließen. Gleichzeitig wird der Infrastrukturanbieter versuchen, so nahe wie möglich an die städtischen Quellmärkte beziehungsweise an die sie anbindenden Verkehrsinfrastrukturen heranzukommen ohne doch das Versprechen, ‚intakte Naturerlebnisse' zu liefern, aufgeben zu müssen. Kurz: der Tourismus in kulturlandschaftlichen Destinationen als auch in gewissen Naturlandschaften gestaltet sich nach dem Standorttyp Netzmuster.

Der dritte Standorttyp ist das *Hierarchiemuster*; es „zeigt sich bei Dienstleistern mit artähnlichem Angebot unterschiedlicher Qualitätsstufen … bei denen im Marktgebiet einer höheren Qualitätsstufe jeweils mehrere Standorte von Anbietern der niedrigeren Stufe liegen." (Kulke 2009, S. 163). Am Beispiel von Hotels (und ganz analog dazu bei der Gastronomie) lässt sich dies gut illustrieren: In der Regel – von der es bekanntermaßen immer Ausnahmen gibt – finden sich in einem Dorf ein einfacher Gasthof mit ebensolchen Zimmern. In einer Kleinstadt finden sich ebenfalls diese Gasthöfe, aber zusätzlich schon einfache Pensionen oder Hotels einer niedrigen Kategorie. In einer Kreisstadt gibt es neben diesem Angebot vielleicht schon ein Viersternehaus und in einer Großstadt findet sich die ganze Palette vom schäbigen Hinterzimmer bis zum Luxushotel. Mit etwas Phantasie lässt sich dieses Muster auf touristische Standorte in vielen Destinationen generalisieren: Auf dem flachen Land finden sich auf jeden Fall die einfacheren touristischen Angebote und in der Stadt die ganze Qualitätsbandbreite von einfach bis hochwertig. Alle Qualitätsstufen des touristischen Angebots finden sich außerdem in den Orten touristischer Konzentration.

Ergebnis dieser Zusammenfassung ist somit, dass Destinationen von allen drei Standortsystemen geprägt sein können. So lässt sich beispielsweise in Bayern das *Netzmuster* anhand des sommerlichen Erholungstourismus belegen, der sich zwar mit gewissen Vorlieben (im Oberland, im Allgäu, im Bayerischen Wald, im Dreiseenland, in Main- und Oberfranken) doch sehr gleichmäßig über das Bundesland verteilt. Natürlich findet sich auch das *Konzentrationsmuster* bei bestimmten Städten, Ereignissen oder Tourismustypen: München, Rothenburg o.d.T., Königsschlösser, das jährliche Oktoberfest, die zehnjährlichen Oberammergauer Passionsspiele oder der Alpintourismus in den bayerischen Alpen sind dafür gute Belege. Und ebenfalls findet sich das *Hierarchiemuster*, denn alle touristischen Qualitätsstufen sind in den großen Städten (München, Nürnberg, Augsburg), aber auch in den touristischen „Hot Spots" (Würzburg, Bayreuth, Rothenburg o.d.T., Fünfseenland, Garmisch-Partenkirchen oder Füssen) vertreten. Alle drei Standorttypen können also in einer Destination vorkommen; sie werden allerdings nicht immer so einhellig wie im Beispiel Bayern auftreten, sondern je nach Charakter der Destination in unterschiedlicher Stärke vertreten sein.

5.5.3   Standortsysteme von Destinationen

Viele Erkenntnisse aus dem vorigen Abschnitt lassen sich auch auf die Welt übertragen, wenn nun nach den globalen Standorten der Destinationen gesucht wird. Da sich die geschilderten Effekte aus den Kapiteln 5.3 und 5.4 immer mehr vermengen, je globaler die Betrachtungsweise wird und da immer mehr die Argumente der Handelstheorie[41] hinzukommen,

---

[41]   S. Modul 6. Der Unterschied ist folgender: mittels der Handelstheorie lässt sich beispielsweise zeigen, dass das arbeitsintensive Vietnam komparative Vorteile im interindustriellen internationalen Tourismus hat; dass es dann in Mui Ne und Nha Trang und nicht woanders zu entsprechenden touristischen Ansiedlungen kommt, ist Untersuchungsgegenstand der Regionalökonomie.

sollen hier einige überblicksartige Hinweise genügen. Auffälliges globales Tourismusmuster ist ebenfalls die *Konzentration*, die sich nach kulturellen und natürlichen Attraktoren richtet: kulturelle Stätten, Warmwassergebiete und Skidestinationen ziehen die Touristen an. Dabei ist aber nicht zu übersehen, dass die (Transport-) Kostenargumente zu einer räumlichen Konzentration der Destinationen um die großen Quellmärkte (mengenmäßig immer noch die Triade) führen: insbesondere bei den sommerlichen und winterlichen Naturdestinationen ist dies auffällig. Für die Europäer konzentrieren sich diese Destinationen in den Alpen und ums Mittelmeer und (noch) nicht gemäß der Peripherie-Hypothese in den Karpaten oder am Kaspischen Meer. Nordamerika findet seine Hausstrände und -berge in Hawaii, Mexiko, Costa Rica bzw. in den Rocky Mountains und Australier, Japaner, Koreaner, reiche Chinesen u.a. suchen Warmwasser und Schnee in den südostasiatischen Ländern bzw. im Himalaya.

Große Ausnahme in diesem ‚Nachbarschafts‘-Muster sind die südostasiatischen Länder, insbesondere Thailand, Indonesien und neuerdings Vietnam, die sich aufgrund ihrer Kostenvorteile und aufgrund der niedrigen Transportkosten als die tropische Badewanne für die weltweite Mittelschicht etablieren konnten. Attraktive Strände, friedliche Gastgeber und niedrige Kosten vor Ort haben eine Investitionsspirale in Transportkapazitäten und Infrastruktur ausgelöst, die die Preise senkten und wiederum für neue Kundschaft sorgten, die dann weitere Investitionen auslösten usw. Südostasien ist damit ein, unten nochmal vertiefter Sonderfall, der als ‚Konzentration in der Peripherie‘ bezeichnet werden könnte.

Westeuropa – mit seinen Städten und kulturellen Unterdestinationen – ist noch immer für alle Kulturliebhaber Zielgebiet Nummer eins. Viele Asiaten besuchen aus Kostengründen zunächst einmal ihre näherliegenden großartigen Kulturerbestätten und Städte in Süd-, Südost- und Ostasien und entfalten dort zusammen mit anderen Kultur- und Städtetouristen eine große Nachfrage. Auch wenn Afrika (insbesondere Nordafrika), Amerika (insbesondere mittel- und südamerikanische Indianerstätten und nordamerikanische Städte und Museen) und Australien über einige kulturelle Highlights verfügen, ist das materielle Kulturerbe weltweit sehr ungleich verteilt und konzentriert sich, geschätzt, zu neun Zehntel auf Eurasien, das ein Drittel der Weltfläche und drei Viertel der Weltbevölkerung ausmacht. Dies war auch der Grund, warum die UNESCO das materielle Kulturerbe der 72er Deklaration um das, weltweit etwas gleichmäßiger verteilte immaterielle Kulturerbe der 03er Konvention ergänzt hat.

Global dominiert somit das *Konzentrationsmuster*, das aber durch sinkende Transportkosten abgeändert wird. Südostasien als periphere Warmwasserdestination wurde bereits erwähnt. In Verbindung mit spezifischen und sich ausdifferenzierenden kulturellen und natürlichen Attraktoren entstehen immer mehr periphere ‚Destinations-Inseln‘ (Himalaya, Malediven, Südafrika, Brasilien u.v.m.), zu denen die großen künstlichen Megadestinationen beispielsweise in den Emiraten oder auch in den chinesischen Sondergebieten Macau und Hongkong hinzu zu zählen sind. Letztlich ist die Entwicklung eindeutig: Je mehr sich die ökonomische Konzentration auf die Triade auflöst und sich zugunsten der Schwellenländer verschiebt, je mehr also in den BRIC-Staaten Kaufkraft entsteht, desto gleichmäßiger werden auch die Touristenströme in Zukunft sein. Das globale *Konzentrationsmuster* der Destinationen wird also vom globalen *Netzmuster* ergänzt werden. Das Standortsystem *Hierarchiemuster* ist global ebenfalls zu finden, denn einfachste touristische Qualität findet sich überall, aber in den großen etablierten Destinationen findet sich die ganze Qualitätsbandbreite touristischen Angebots. Wie *in* der Destination, so sind also auch *zwischen* den Destinationen alle drei Standortmuster zu finden. Kurz: das global dominierende touristische Standortmuster der großen Destinationen ist (immer noch) Konzentration auf kultur- und naturräumliche Gegebenheiten in Abhängigkeit vom Nachfragevolumen der großen Quellregionen. Das globale Standortmuster von Destinationen kann deshalb ebenfalls als Planetenmuster bezeichnet werden, das im Anschluss erläutert wird.

5.5.4   Planetenmuster der Destinationen

Die eben gemachten Erläuterungen lassen sich zusammenfassen in einem Standortsystem der Destinationen, das hier als **Planetenmuster** bezeichnet werden soll. Um die großen Quellregionen (= Sonnen) der Triade scharen sich transportkostenbedingt (= Zentripetalkraft der Sonnen) die Attraktoren mit ihren Destinationen (= Planeten), die in die Peripherie drängen (= Zentrifugalkraft der Planeten) und in der Peripherie touristische Konzentrationen bilden (= Anziehungskraft der Planeten auf ihre Monde). Da mit Indien und China gerade eine zweite Sonne im Osten Eurasiens entsteht und die Zentripetalkraft mit weiteren Verkehrsinnovationen abnehmen wird, wird sich das planetare Destinationssystem in naher Zukunft deutlich verändern.

Für die Gegenwart kann das Planetenmuster auf verschieden Ebenen – regional, kontinental, global – wie folgt grob skizziert werden, wobei Ergänzungen und Ausnahmen im Detail hinzukommen müssten:

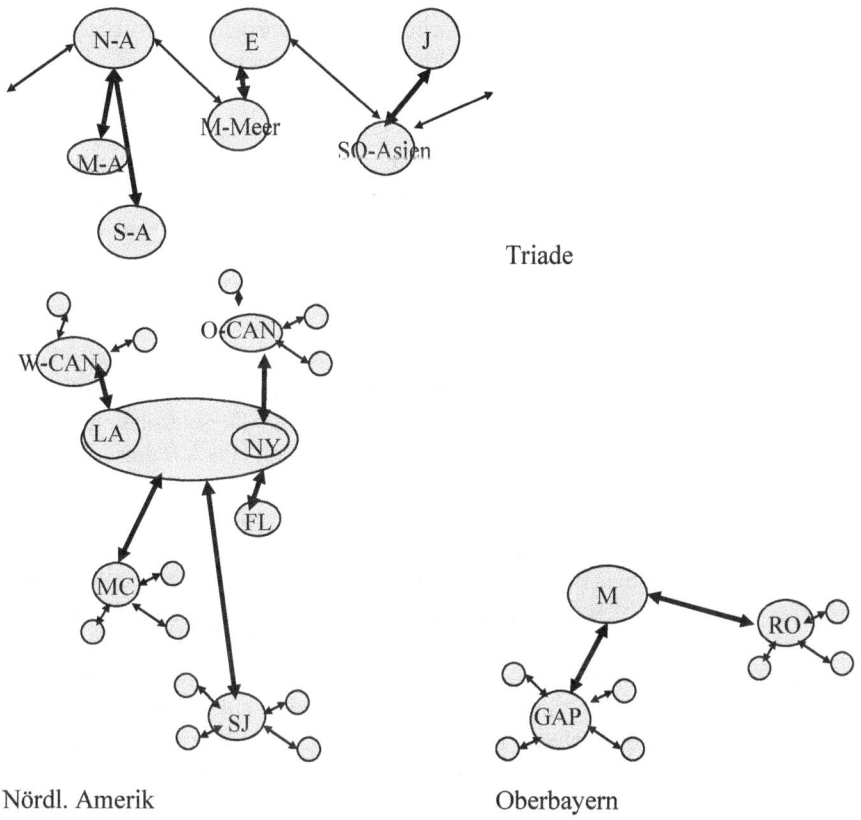

Triade

Nördl. Amerik

Oberbayern

Abb. 5-10: *Planetenmuster der Destinationen*
Entwurf: V. Letzner

5.6 Entstehungs- und Entwicklungsprozess von Destinationen

5.6.1 Kolonialer und innovativer Typus

Ritter (1993) spricht sehr drastisch von zwei Arten des Entstehungsprozesses von „Erholungs- und Fremdenverkehrsformationen", wobei wir beim moderneren Destinationsbegriff bleiben wollen: es gibt *kolonialisierte* und *innovativ* entstandene Destinationen. „Erholungskolonien" entstammen dem gleichen ökonomischen Prinzip wie „die Gründung von Plantagen und der Ausnutzung von Standortvorteilen für Zweigwerke großer Unternehmen" und „werden von städtischen Unternehmen im Stil und Geschmack der jeweiligen Epoche geschaffen"; Ritter nennt Kettenhotels, Bungalowdörfer und Ferienclubs, zu denen heute noch

Freizeitparks, Themenhotels und arabische oder chinesische Kunstwelten hinzu kommen. „Sie [die Erholungskolonien] werden auch von den Städten her gemanagt und von deren Reisediensten mit Urlaubern beschickt." (Ritter 1993, S. 311). Dies klingt wenig erbaulich und ist auch so gemeint:

Diese Unternehmen agieren in marktwirtschaftlichen Ländern mit Kenntnis der Präferenzen ihres Kundenkreises und investieren an Orten und in Gebieten mit der entsprechenden Eignung. Anfangs waren dies vorzugsweise Plätze, die bereits durch Kunst, Literatur und Mode dem Publikum vertraut gemacht waren [also Attraktoren, V.L.]. Später traute es sich die Tourismusbranche zu, die Eignungsmomente selbst abzuschätzen und zu vermarkten. Zahlreiche Prozessinnovationen im Bereich der Dienstleistungen, der Freizeitaktivitäten und des Sports stützen solche Vorgänge. (ebd.)

Ritter konstatiert, dass deshalb „die Rücksichtnahme auf die [soziale, V.L.] Umwelt schwierig" ist und dass sich dieser Tourismus abkapselt und dazu neigt, „jeden störenden Außeneinfluss aus den geschaffenen ‚künstlichen Paradiesen' fernzuhalten." Diese Isolation ist „bestimmend für die neuen Wintersportzentren, die neuen Badeorte und Hotelurbanisationen am Mittelmeer [und inzwischen auch am Schwarzen Meer, in der Dominikanischen Republik, in Costa Rica und anderswo, V.L.] und nahezu den gesamten Reiseverkehr aus den Industrieländern in die Dritte Welt" (ebd.), in der, so kann man ergänzen, manche Destination plötzlich ‚landet' wie von einem Raumschiff abgesetzt. Ritter hat auch nach 15 Jahren völlig recht und man fragt sich beim Lesen dieser Zeilen, warum überhaupt irgendjemand freiwillig in diese kolonialisierten Destinationen reist? Festzuhalten gilt jedenfalls: „In short, tourism is not just an aggregate of merely commercial activities; it is also an ideological framing of history, nature and tradition; a framing that has the power to reshape culture and nature to his own needs" (MacCannel 1992, zitiert nach Hopfinger 2007, S. 14) oder: "The international tourist industry, because of the commercial power held by foreign enterprises, imposes on peripheral destinations a development mode which reinforces dependency on, and vulnerability to, developed countries." (Britton 1982, S. 355).

Diese kolonialisierten Destinationen entsprechen somit genau dem Ausdruck Tourismus-*Industrie*, die ihre ‚Produktionsanlagen', also Hotels und künstliche Events, mit betriebswirtschaftlichen Investitionskalkül rechnet. Dem Projekt muss eine Kunden- und Marktanalyse vorausgehen und die Investitionen müssen sich mindestens in jenem Zeitraum amortisieren, in dem die Anlagen unmodern zu werden drohen, weil sie nicht mehr dem entsprechenden Zeitgeist und dessen Ansprüchen genügen. Die kolonialisierten Destinationen erleben am Ende ihres Lebenszyklus verschiedene Varianten:

a) Manchmal kommt es zu einer „Entkolonialisierung des Tourismus mit teilweiser Auflösung der vorherigen Strukturen. Dies haben viele Kurorte und Erholungszentren des ausgehenden 19. Jahrhunderts in Europa erlebt, als deren Grand Hotels sich als unrentabel erwiesen und geschlossen wurden, wogegen rundherum eine bescheidenere, bodenständige Hotellerie aufblühte." (Ritter 1993, S. 311). Etwas Ähnliches ist in den letzten Jahren passiert, wenn in manchen Teilen Italiens, Spaniens, Griechenlands oder der Türkei Einheimische Tourismusprojekte übernahmen und fortführten. Man muss aber aufpassen, denn Ritter meint mit Entkolonialisierung nicht, dass eine Hotelanlage in Tunesien nun einem tunesischen statt einem deutschen Konzern gehört; mit Entkolonialisierung meint Ritter die Auflösung der vorherigen fremdgesteuerten und sich isolierenden Strukturen durch das, was heute mit nachhaltigem Tourismus in seiner weiten Definition gemeint ist.

Ritter schätzt: „Die Gastgeber werden, wenn überhaupt, erst nach mehreren Generationen solche Destinationen soweit ‚dekolonialisieren' können, dass ihnen das Topmanagement zufällt." (Ritter 2007, S. 95)

b) Verödung und Verfall der Gebäude bis sie sich nach Jahrzehnten schrittweise in Natur zurückverwandeln – eine Variante bei drastischem Bodenpreisverfall, wenn sich beispielsweise auch der Attraktor zurückgebildet hat, weil ein See umweltbedingt versandet oder verseucht ist.

c) Neuauflage des kolonialisierenden Zyklus durch Modernisierung oder Abriss und Neuaufbau – eine Variante, wenn die Destination touristisch noch oder wieder attraktiv ist.

d) Umwandlung der touristischen Relikte mittels privater oder öffentlicher Mittel in Seniorenwohnheime, Reha-Zentren oder gewöhnliche Wohnobjekte.

Ganz anders ist es bei der *innovativen* Entstehung von Tourismusgebieten. Sie geht „auf ein Wechselspiel von Anreizen der Nachfrage und der darauf bezogenen Schaffung eines Angebots zurück. Auf diese Weise entstehen im eigentlichen Sinne ‚Fremdenverkehrsorte und -gebiete', in denen auswärtige Besucher und die für diese Ortsfremden erbrachten Dienstleistungen zur Lebensgrundlage der ansässigen Bevölkerung werden." (Ritter 1993, S. 311 f.)

Ritters Zweiteilung ist sehr klar und kann im konkreten Fall hilfreiche Unterscheidungen ermöglichen. Trotzdem wird diese Zweiteilung im weiteren nicht mehr streng verfolgt, denn die Trennschärfe zwischen beiden Typen nimmt in der Realität immer mehr ab, da sich in einer Destination häufig beide Typen parallel finden oder sich sogar gegenseitig ergänzen, wenn die oben erwähnte Dekolonialisierung mit innovativen Ansätzen einhergeht oder diese eine Neuauflage des kolonialisierenden Zyklus beeinflussen. Empfehlenswerter erscheint die Zweiteilung der Destinationen, wie sie im Modul 1 erläutert wird: Destinationen, die wie ‚kleine Volkswirtschaften' mit vielen dezentral agierenden Akteuren funktionieren und jene Destinationen, die aus einer (meist) privatwirtschaftlichen Hand geplant sind. In Anlehnung an Ritter kann man diese dann gerne als ‚neokoloniale Destinationen' bezeichnen.

5.6.2 Initial-Nistung

Jede Destinationsentwicklung entsteht durch ein mehr oder weniger bewusstes Initialereignis, das – wie ein Sandkorn in der Muschel das Perlenwachstum – die touristische Entwicklung anstößt. Wie bereits oben gezeigt, spielt Geschichte eine Rolle: bei spezifischen (Kultur-) Attraktoren mag ‚schon immer' der ein oder andere Liebhaber vorbeigekommen sein, bei unspezifischeren Attraktoren wird eine neue Sportart erfunden. Und wenn aus ein oder zwei Wanderern deutlich mehr werden, kommt es zur ‚Zündung' der Destinationsentwicklung:

Diese [für die Ortsfremden erbrachten Dienstleistungen der innovativen Gründung, V.L.] nisten sich in einer agraren Siedlungs- und Gesellschaftsmatrix ein. Dazu sind sie in der Lage, weil dort stets nicht beanspruchte lokalisierte Ressourcen in Fülle zur Verfügung stehen wie Ödlandareale, Strände, Wasserflächen und Gewässerränder, Wälder, Hutweiden, Felsen und Ruinen. Eine Mitbenützung des vorhandenen Wegenetzes und anderer öffentlicher Räume ist für die Touristen zunächst problemlos möglich. Ebenso mag es brachliegende oder unterbeschäftigte Arbeitskraft geben. Kapital kann in Form von

Ersparnissen, für besondere Bedürfnisse geschontem Holzbestand oder als Rücklage für weichende Erben vorhanden sein. Alle diese Ressourcen lassen sich für den Ausbau des Tourismus einsetzen, ohne zunächst das agrare Wirtschaftssystem zu stören. Zahlreiche Gebiete in den Gebirgen und an den Küsten Europas sind dieser Alternative gefolgt. (Ritter 1993, S. 312)

Das heißt nichts anderes, als dass für die touristische Initial-Nistung neben einigem privaten Startkapital in Form von Kapital und Arbeit vor allem Allmenden und öffentliche Güter zur Verfügung stehen müssen, die von jedem unbehindert genutzt werden können. Ist dieser Motor erstmals angesprungen, entsteht häufig eine Eigendynamik aus eigener Kraft, die im nächsten Kapitel behandelt wird.

Allmenden und öffentliche Güter sind ganz offensichtlich notwendige, aber keine hinreichende Startbedingungen. Der im Zitat geschilderte Weg trifft in der Tat auf Europa im 19. Jahrhundert und, so muss man ergänzen, Nordamerika im 20. Jahrhundert zu, findet aber insbesondere in den Schwellen- und Entwicklungsländern keine Wiederholung. Dort läuft der touristische Entwicklungsweg ab den 70er Jahren des 20. Jahrhunderts nur auf den ersten Blick ähnlich ab. Auch dort sind es Fremde, die sich für kulturelle Relikte oder landschaftliche Schönheiten interessieren. Professionelle Abenteurer (Himalaya-Besteiger, frühe Tiefsee-Taucher etc.) und Forscher (Archäologen, Ethnologen, Biologen etc.) sind eine viel zu kleine Anzahl, um touristisch direkt eine Rolle zu spielen – ihre Rolle ist eher indirekt durch die Lieferung sensationeller Bilder oder Berichte, die dann viel später Nachahmer anlocken. Es sind vor allem die jungen reiselustigen Traveller der reichen Welt, die einen kürzeren oder längeren spannenden Ausstieg aus ihrer westlichen Zivilisation suchen. Diejenigen, die in ihren Semesterferien in Griechenland oder Peru Tempel anschauen oder als prollige Partyfreaks auf Mallorca und als junge Bürgerliche auf Ibiza abtanzen, spielen hier keine Rolle, da es sich um temporären Urlaub handelt, der erst an späterer Stelle zum Tragen kommt. Aber es gibt jene, die länger ‚aussteigen‘. Da sind einmal Hippies, die sich zu ‚sex and drugs and rock'n roll‘ an angesagten und mehr oder weniger einsamen Exotikstränden zu Vollmondpartys treffen. In den 70ern war Ostkreta und in den 80ern Thailand ‚in‘ und immer noch sind Indien und Goa aktuell. Auch gibt es viele junge Menschen, die Studium, Praktikum und Jobs im Ausland annehmen oder humanitäre und Entwicklungsaufgaben übernehmen. Inzwischen steigen auch viele Ältere (wieder) aus, um ihr Glück an fernen Stränden oder in tiefen Dschungeln zu finden. Aus tourismusökonomischer Sicht gibt es Unterschiede. Diejenigen, die nur bekifft und gitarrespielend am Strand hocken, spielen keine große Rolle: Sie sind so sparsam und knausrig, dass sie höchstens Verwunderung bei den Einheimischen, aber keinen direkten ökonomischen Impuls auslösen – ausgenommen vielleicht via jener zentralen Traveller-Verteilstationen in den großen Städten, wie die berühmte Khao San Road in Bangkok oder die Pham Ngu Lao in Saigon. Der ökonomische Impuls kommt über andere: diejenigen der jüngeren oder älteren Langfrist-Aussteiger, die sich in das Land und meistens auch in eine Einheimische oder einen Einheimischen verlieben. Diese Liebe zu einem Flecken Erde oder einem dort Verwurzelten bewirkt, dass sich die Westler dort niederlassen und sich früher oder später um ihren Lebensunterhalt am exotischen Ort kümmern müssen. (In Costa Rica und anderswo finden sich andere Beispiele einer kolonialisierenden touristischen Inbesitznahme durch kapitalkräftige nordamerikanische Rentner, die sich weniger in das Land als in dessen niedrige Grundstückspreise verliebten.) Und wenn es sich um einen spannenden Reise-Hotspot handelt, liegt es nahe, selber und je nach Kassenlage, eine Kneipe, eine Bar, ein Guesthouse, eine Lodge, ein Hotel, ein Reisebüro, einen Veranstalter, eine Jeep-Vermietung oder ähnliches aufzumachen. Diese Angebote werden nicht von den oben beschriebenen bekifften Hippies genutzt, die weiterhin kein Geld ausgeben und meist schon an den nächsten unentwickelten Strand weitergezogen sind, sondern von der zweiten Besucherwelle. Die zweite Welle sind zum einen die jüngeren Temporär-Aussteiger, die den begeisterten Erzählungen der Hippies folgen (eine Erwartungsvariante wie oben erläutert) und zum anderen älter gewordene Althippies auf der Suche nach der eigenen Vergangenheit. Beide Gruppen sind durchaus etwas spießiger und kommoder als ihre Vorgänger; dafür sind sie aber auch bereit, Geld auszugeben. Sie freuen sich über einen heimatsprachigen Landesexperten und über dessen Lokalität, die ihren verweichlichten Bedürfnissen eher entspricht als Übernachtungen mit landesüblichen Reismatten auf gestampften Boden.

Aber – und dies ist nun der große Unterschied zu dem oben von Ritter skizzierten europäischen Weg. Die ersten tourismus-ökonomischen Impulse gehen gerade nicht von den Einheimischen, sondern von Ausländern aus, deren heimisches Kapital wechselkursbedingt merkbare Investitionen vor Ort ermöglicht. Wie frühere Kolonisatoren, wenn auch in einem persönlich sehr viel kleineren und harmloseren Maßstab, stellen sie mithilfe ihrer westlichen Kaufkraft einheimische Arbeitskräfte ein und nutzen die lokalen Allmende- und öffentlichen Güter für ihre ökonomischen Aktivitäten. Auch hier entsteht nun eine im Fortgang zu beschreibende Eigendynamik, deren Triebfeder – Kapital und Management – sich eben nicht aus einheimischer, sondern aus ausländischer Quelle nährt.

5.6.3   Hyperzyklen

Eben wurde erläutert, dass und wie es an bestimmten Orten zu einer touristischen Initialzündung kommen kann; handelte es sich – aus welchem Grund auch immer – nicht um eine Fehlzündung, wird sich häufig ein sich selbst verstärkender Entwicklungszirkel ergeben, der nun genauer beschrieben werden soll. Es wurde bereits deutlich, dass ungenutzte Ressourcen, sei es als Arbeit, (Allmende-) Boden oder Kapital, bei der Initialzündung wichtig sind. Doch auch im weiteren Verlauf bleiben diese ungenutzten Ressourcen wichtig, auch wenn sie zuerst einmal als ineffiziente Verschwendung erscheinen mögen. Denn erst nicht ausgelastete Kapazitäten ermöglichen dynamischen Wandel, indem „solche Reserven Freiräume für Weiterentwicklungen eröffnen … Unternehmen brauchen solche Freiräume, um sich neue Marktnischen zu erschließen." (Reichart 1999, S. 168). Ein vielzitiertes Beispiel stammt von Schwarzenbach (1984), der ein boomendes österreichisches Alpendorf untersuchte und mit seiner ‚Sachzwangspirale' zeigte, „welche Sprengkraft in der Nutzung von Kapazitätsreserven steckt." (Reichart 1999, S. 168)

Die folgende Grafik zeigt den dynamischen Zusammenhang von *Engpass – Investition – Unterauslastung* in einem Urlaubsort, der aber leicht auf ein Tal oder eine Insel übertragen werden kann: Aufgrund der Initial-Nistung kommt es zu einem exogenen Zustrom von Touristen, für die aber bald die Übernachtungs- und Verpflegungsressourcen quantitativ und qualitativ nicht mehr ausreichen. Die findigen Einheimischen werden deshalb vorhandene oder durch die ersten Touristen verdiente Mittel in ihre Häuser investieren, um neue Betten und Gaststuben zu errichten „und zwar vorsorglich ein bisschen großzügiger, als es eigentlich nötig gewesen wäre. So entstanden Leerkapazitäten, und um diese zu füllen, war man nun gezwungen, zusätzliche Gäste zu gewinnen." (ebd.)

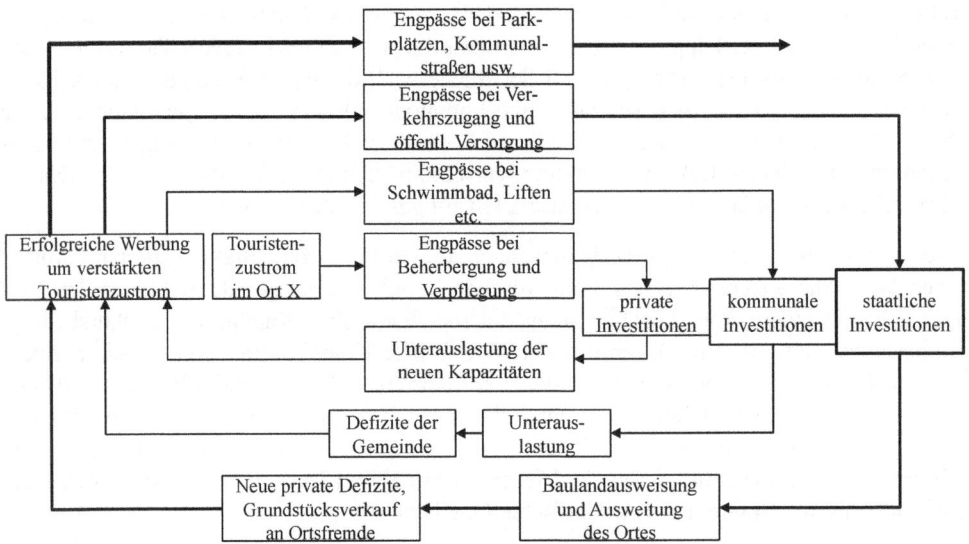

Abb. 5-11: *Eigendynamik europäischer Tourismusorte*
Quelle: Reichart (1999), S. 168, Ritter (1993), S. 130

Gelingt die Tourismuswerbung, führt dies zu einem Zustrom neuer Gäste, für die zwar genug Betten vorhanden sind, durch die aber auf anderer, kommunaler Ebene Engpässe entstehen. Nun ist die Gemeinde gefordert zu investieren und sobald die Kapazitätseffekte der Investitionen sichtbar werden, zeigt sich, dass nun diese zu groß dimensioniert wurde; wieder müssen die Marketingexperten neue Zielgruppen ansprechen und so weiter. Das komplexe Zusammenspiel einer Vielzahl von Akteuren in Destination löst „eine sich spiralförmig hochschraubende Wachstumsdynamik mit steigenden Übernachtungszahlen aus" (ebd., S. 169), die erst dann endet, „wenn alles verfügbare Land überbaut ist ... [und] jeder einheimische Bauernsohn sein Hotel oder seine Pension" (Ritter 1993, S. 130 u. S. 312) hat. In der letzten Phase der Spirale entstehen dann häufig größere Appartmenthaus-Siedlungen am Ortsrand, die an auswärtige Investoren, touristische Dauergäste oder an auswärtige Rentner verkauft werden, die sich ihren Lebensabend in schöner Umgebung leisten können. Die völlig ver- und zugebauten Skiorte und Täler in Österreich, Frankreich, Südtirol und anderswo auf der Welt bestätigen diese Einschätzung; Dörfer in Sommerdestinationen sind meist nicht ganz so verbaut, aber Beispiele für die geschilderte Entwicklung finden sich auch an oberbayerischen Seen und anderswo zuhauf. Diese Spirale bestätigt die bereits an anderer Stelle gemachte Behauptung, dass Destinationen komplex sind und deshalb schwer steuer- und vorhersehbar sind. Nochmals soll Ritter ausführlich zu Wort kommen:

Es war aber keineswegs [was allerdings noch zu beweisen wäre, V.L.] die Absicht der Akteure, ihren Heimatort vom Tourismus überwuchern zu lassen. Eine Serie von kleinen, jeweils gutgemeinten Verbesserungen als Reaktion auf wahrgenommene Mängel hatte dazu geführt. Diese Verknüpfung von Ressourcenwanderung und Engpaßbeseitigung erklärt sehr gut, warum Agglomerationsvorgänge so schwer zu kontrollieren sind. Dies dürfte analog auch für negative Entwicklungen gelten und Beispiele sind wohl leicht zu finden. Die staatlichen Maßnahmen zum Disparitätenausgleich gehen gewöhnlich ins Leere, weil die kritischen Engpässe für die nächste Drehung der Spirale ständig auf anderen Gebieten auftreten und daher von anderen Verwaltungsstäben zu behandeln sind, deren Aktionen kaum koordinierbar erscheinen. (Ritter 1993, S. 130)

Diese „Serie von kleinen, jeweils gutgemeinten Verbesserungen als Reaktion auf wahrgenommene Mängel" beschreibt sehr gut, warum diese Dynamik als ‚Sachzwangspirale' in der Literatur firmiert. Allerdings darf an dieser Stelle doch kritisch angemerkt werden, dass mit dieser Bezeichnung die Unausweichlichkeit der Entwicklung behauptet und diejenigen entlastet werden, die interessen- und gewinngesteuert diese Entwicklung forciert haben. Um ein zur Zeit aktuelles Wort aufzugreifen, könnte man nämlich auch von einer ‚nachhaltigen' Gier-Spirale' sprechen – auch wenn das Adjektiv dann nicht in seiner eigentlich intendierten Bedeutung verwendet wird.

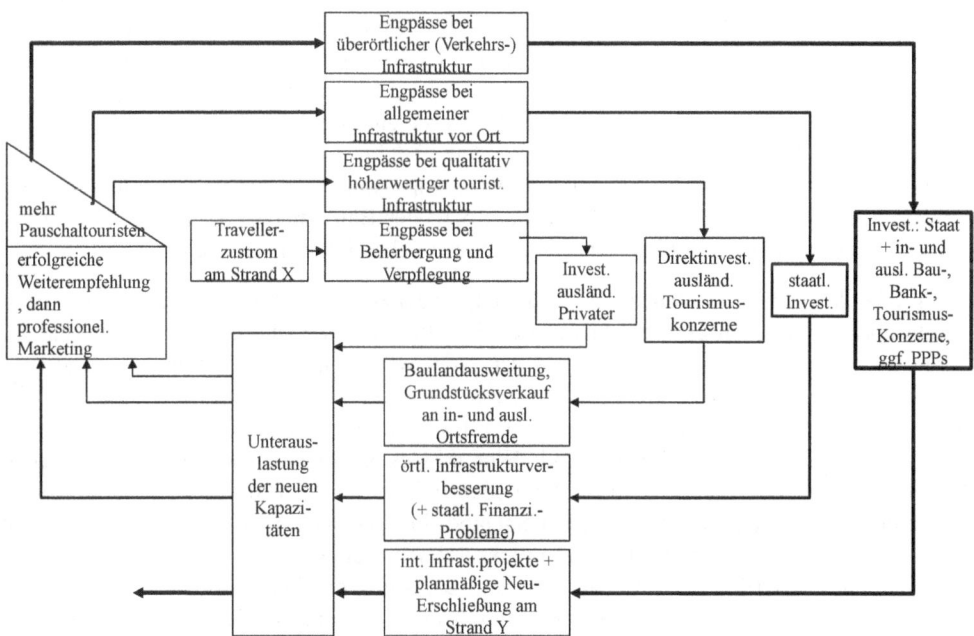

Abb. 5-12: Destinationsdynamik in Entwicklungs- und Schwellenländern
Entwurf: V. Letzner, angelehnt an Reichart (1999), S. 168, Ritter (1993), S. 130

In Entwicklungs- und Schwellenländern sieht die Destinationsdynamik der Abb. 5-12 ähnlich aus, denn der prinzipielle Zirkel *Engpass – Investition – Unterauslastung* gilt auch hier. Der Unterschied liegt einmal in den meist unzureichend definierten Eigentumsverhältnissen an Grund und Boden, die häufig zu einer willkürlichen Baulandaus**weitung** anstelle einer zumindest de jure geregelten Baulandaus**weisung** führen; insgesamt spielt der Staat eine viel geringere und mehr offiziöse Rolle als in etablierten Marktwirtschaften. Insbesondere existieren untere Ebenen wie Kommunen häufig gar nicht oder sind eng an die Zentralregierung gebunden; außerdem ist die öffentliche Finanzkraft mehr als schwach. Kurz, der Staat ist in diesen Ländern sehr viel mehr Zuschauer als Gestalter des Prozesses. Dieser liegt viel stärker in der Hand der Privaten und von Anfang an – und dies ist der zentrale Unterschied – hauptsächlich in der Hand ausländischer Investoren. Zuerst sind es die bereits oben erwähnten Liebhaber des Landes und seiner Menschen, die erste, kleinere, gemäßigt westliche Investitionen in der touristischen Infrastruktur durchführen. Wird die Destination bekannter und beliebter, kommen immer mehr Touristen, wobei die Traveller weniger und die Pauschaltouristen deutlich mehr werden. Langsam interessieren sich auch ausländische Tourismusunternehmen für die Destination: Zuerst die Trekking- und Naturreiseanbieter, dann die Kulturreiseanbieter und schließlich die ersten Hotel- und Ressortketten, die mit ihren Direktinvestitionen die Destination quantitativ und qualitativ in Richtung des westlichen Mainstreams modernisieren. Einheimische spielen in diesem Prozess meist nur als Handlanger eine Rolle, während Finanzierung und Management von den westlichen Müttern durchgeführt werden. Die örtliche Infrastruktur wird sich zwar verbessern, aber aufgrund der geschilderten Schwäche des Staates nicht flächendeckend sein, so dass sich die Insel-Situation der Abb. 5–9 ergibt. Die großen, überörtlichen Infrastrukturengpässe, insbesondere im Verkehrssektor werden dann häufig von großen internationalen Projektgesellschaften durchgeführt, in der in- und ausländische Geldgeber, multinationale Konzerne und die Zentralregierung federführend sind. Mancherorts werden internationale Flughäfen, Häfen oder Energie- und Telekommunikationsprojekte von PPPs, Private Public Partnerships, durchgeführt. Und damit sich diese teilweise gigantischen Projekte auch rechnen, wird der Bau einer neuen Destination in der Nachbarschaft gleich mit initiiert. Die Folgen davon behandelt das nächste Kapitel.

Der große Unterschied zwischen der sogenannten Sachzwangspirale in Europa und der eben beschrieben ist letztlich einfach. In Europa sind die Gewinner die einheimischen Bauern, deren Grundstücke durch den Tourismus vergoldet werden und die Gemeinden insgesamt, die ein höheres Steueraufkommen haben denn als Bergbauern- oder Fischerdorf. Dies ist ungerecht gegenüber denjenigen ohne Grundstück, aber eben nicht so ungerecht wie in einem Entwicklungs- oder Schwellenland. Hier gibt es kaum einen lokalen einheimischen Gewinner; die Gewinner sitzen im Ausland oder vielleicht in Ministerien oder Konzernen in der fernen Hauptstadt. Und noch ein Unterschied: im zugebauten österreichischen Dorf hat man die – zugegebenermaßen unter komplexen ‚Sachzwängen' schwer durchschaubaren – Entscheidungen letztlich selbst zu verantworten. Die Menschen in der exotischen Destination haben über die sie betreffenden Fragen letztlich nichts zu entscheiden – sie wurden nicht einmal gefragt, als ihre Heimat und Umwelt den Gewinnen anderer geopfert wurde. Stellvertretend für viele sei hier Rohinton Mistrys Roman zitiert, der von den Infrastrukturinvestitionen in einem indischen Bergdorf berichtet:

Aber bald kam der Tag, an dem die Berge begannen, sie [die alteingesessene einheimische Familie, V.L.] zu verlassen. Es fing mit Straßen an. Ingenieure mit Tropenhelmen trafen mit ihren unheilverkündenden Instrumenten ein und verzeichneten ihre Pläne auf riesigen Papierbögen. Das würden moderne Straßen werden, versprachen sie, Straßen, auf denen der moderne Verkehr nur so entlangbrausen würde. Breite und belastbare Straßen, die die malerischen Bergpfade ersetzen würden, die zu eng waren für die großen Visionen der Architekten der Nation und der Funktionäre der Weltbank. ... die Menschen kamen aus allen Richtungen, angelockt durch Geschichten von Bautätigkeit, Wohlstand und Arbeit. Aber die Zahl der Arbeitslosen war immer bedeutend größer als die der Arbeitsplätze ... Wälder wurden für Brennholz verschlungen ... Dann rebellierten die Jahreszeiten ... Regen ... ging wolkenbruchartig auf die entblößten Hänge nieder, verursachte Erdrutsche und Schlammlawinen. (Mistry 2009, S. 312 f.)

Weiter unten wird die wichtige Frage nochmal aufgenommen, welchen positiven oder negativen Effekt der Tourismus in Entwicklungs- und Schwellenländer hat; zweifellos kann er Wohlstand bringen, zweifellos kann er aber auch das Elend verschlimmern, die Ungleichgewichte vermehren und insbesondere die soziale Dimension der Nachhaltigkeitsforderung verletzen.

Der Leser möge bedenken, dass die beiden Abb. 5–11 und Abb. 5–12 als idealtypische Entwicklungen zu verstehen sind; in der Realität werden sich genug Destinationen finden, die sich ‚irgendwo dazwischen‘ entwickelt haben. Gerade sehr erfolgreiche kleinere Schwellenländer wie die Türkei, Israel, Thailand und zukünftig Vietnam zeigen einen typischen Expansionspfad wie in Abb. 5–12, können aber in sehr viel höherem Maße auf eigene nationale Investitionsmittel zurückgreifen und sind somit deutlich eigenständiger und autonomer als dies für ein Entwicklungsland zutrifft. Brasilien und Indien zeigen eher dezentral-autonome Destinationsentwicklungen, während Russland und China auch im Tourismus sehr viel dirigistischer eingreifen. In Macau waren es nicht Traveller, sondern ein paar Gambler, die eine inzwischen sich derartig atemberaubend schnell drehende Investitionsspirale ausgelöst haben, dass neue Casinotürme im Halbjahrestakt aus dem Boden schießen. Und in den staatsmonopolistisch-feudalistischen Golfstaaten entsteht erst gar keine Spirale – hier wird das gigantomanische Ergebnis gleich von Anfang an geplant. Dass die beschriebene Eigendynamik jedenfalls kein Naturgesetz ist, zeigen Destinationen, die noch nicht komplett zugebaut sind.

Das ausführlich besprochene Eigenleben der Destinationen ist kein auf den Tourismus beschränktes Phänomen, sondern findet sich in vielen Wirtschaftsprozessen in Form katalytischer Prozesse, die autokatalytisch und/oder crosskatalytisch ablaufen können:

Die *Autokatalyse* läßt sich im Zusammenwirken von gleichartigen Elementen beobachten und kann deshalb als das Ergebnis von intensiven Konkurrenzbeziehungen innerhalb der jeweiligen Schlüsselbranche gedeutet werden ... die gegenseitige Konkurrenz ... [wirkt] als Motor fortschreitender Produktivitätssteigerungen. ... Bei der *Crosskatalyse* fördern sich hingegen verschiedenartige Elemente gegenseitig. Mit der Zahl und Größe der in einer Schlüsselbranche arbeitenden Unternehmen steigt auch die Nachfrage nach den Leistungen der dadurch induzierten Branchen. ... Die folgende Abbildung zeigt, wie sich durch positive Rückkoppelungen beide Effekte begünstigen. Weil sie sich gegenseitig fördern, kommt es ... zu einer Katalyseschleife, was ... auch als *zirkuläre Verursachung* bezeichnet wird. (Reichart 1999, S. 171)

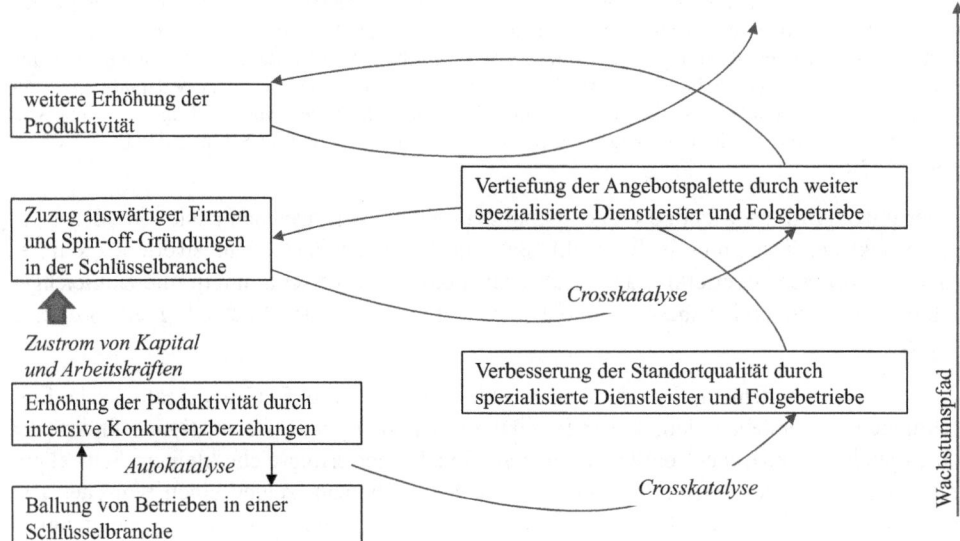

Abb. 5-13: *Katalytische Prozesse und Wachstumsspirale*
Quelle: Reichart (1999), S. 172

Diese katalytischen Prozesse sind gewissermaßen die vergrößerte Fortsetzung der in 5.4.2 beschriebenen marktbedingten Anziehungskräfte, die zur auslösenden Ballung von Schlüsselbetrieben geführt haben. Für einen wachsenden Tourismusort lassen sich beispielsweise folgende auto- und crosskatalytische Elemente finden:

	Skidestination	Warmwasserdestination
Schlüsse-branche	schneebedeckte Hänge, Übernachtung, Verpflegung	Sonne, Strand, Übernachtung und Verpflegung
Autokatalyse innerhalb der Schlüssel-branche ver-breitet und verbessert deren Angebot	sehr deutliche Qualitätsverbesserungen bei Übernachtung und Verpflegung	sehr deutliche Qualitätsverbesserungen bei Übernachtung und Verpflegung
	Lifte, Beschneiungs- und Beleuchtungsanlagen	Liegestuhl- und Sonnenschirmverleih
	Ski- und Boardverleih, Skischulen	Wassersportangebote
	Wintersportbekleidung- und ausrüstung	Tauch-, Surfschulen
	Langlauf, Schlittschuh, Schneeschuh	Strandutensilien und Wassersportausrüstung
	schneebezogene Events: Skiwettbewerbe, Schlittenfahrten	

Crosskatalyse lässt Zusatbranchen entstehen und wachsen	Apres-Ski, Bars und sonstige abendliche Vergnügungsstätten	Strandcafe, Bars, Fullmoon-Partys und sonstige Vergnügungsstätten
	Wellnessbäder, Solarien, Massagen	Minigolfanlagen, Tennisplätze, Vergnügungsparks, (Open-Air-) Konzerte und Kino
	ausgedehnte Einkaufsmöglichkeiten	Ausflugs- und (Kurz-) Reiseveranstalter
	Souvenirbranche (s. Schnitzereien im Grödnertal)	ausgedehnte Einkaufsmöglichkeiten
	spezialisierte medizinische Angebote (s. Unfallchirurgie in Innsbruck)	Souvenirbranche (s. Limoncello an der Amalfiküste)
	Kfz-Betriebe und -Werkstätten	Kfz-Betriebe und -Werkstätten
	Immobilienmakler	Immobilienmakler
		Marinas

Tabelle 5-1: Katalytische Elemente in Ski- und Warmwasserdestinationen
Entwurf: V. Letzner

Die Liste ist sicher nicht vollständig, zeigt aber deutlich, dass sich aus einfachen Pensionen neben einer Piste oder an einem Strand im Lauf der Jahrzehnte komplexe Wirtschaftsgebilde entwickelt haben, die sich gegenseitig entlang des Wachstumspfades beflügelt haben.

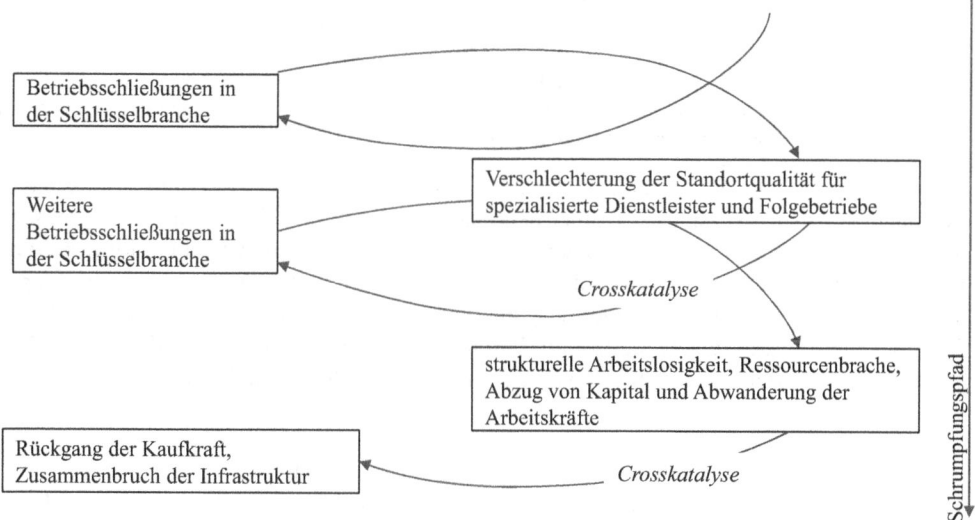

Abb. 5-14: Nachlassende katalytische Prozesse und ‚Teufelskreis'
Quelle: Reichart (1999), S. 175

Der umgekehrte Weg ist aber auch möglich: aus angesagten Destinationen werden ‚Ladenhüter', weil beispielsweise der Jet-Set weitergezogen ist und veraltete/unmodische Infrastruktur zurück lässt; im Tegernseer Tal oder auf der italienischen Albarella kann man dies beobachten. Dann kommt es in Destinationen zu einem ‚Teufelskreis' der Abb. 5-14, der zu einem völligen Zusammenbruch der Region führen kann, wenn sich keine alternativen Branchen und Einkommensmöglichkeiten entwickeln.

5.6.4   Ausdehnung und Weiterwanderung von Destinationen

Touristischer Expansionsdrang
Das vorhergehende Kapitel hat bereits Kritik geübt an der Bezeichnung ‚Sachzwangspirale'. Als ob die touristische Wachstumsdynamik etwas wie das Wetter sei, an dessen Zwänge man sich kleidungstechnisch anzupassen habe. Der touristische Expansionsdrang folgt wie der anderer Industrien auch einem kapitalismusimmanenten Wachstumsdrang, den verschiedene Gruppen einfordern: Kapitalgeber erwarten hohe Renditen, Arbeitnehmer wollen viele gutbezahlte Jobs und Haushalte wollen viele möglichst günstige Güter und Dienstleistungen erwerben. Es ist hier nicht der Ort, die doppelte Gefahr zu diskutieren, die daraus entsteht: systemimmanente Wirtschaftskrisen, die auftauchen, wenn das ‚langsamer werdende Fahrrad umkippt' und die Bedrohung des Ökosystems Erde, das der Spezies Mensch nicht mehr lange in der gewohnten Form zur Verfügung stehen wird. An diesen prinzipiellen Konstruktionsfehlern des herrschenden Wirtschaftssystems partizipiert natürlich auch der Tourismus, dem zusätzlich vorgeworfen wird, ‚Landschaftsfresser' (Krippendorf) und ‚a framing that has the power to reshape culture and nature to his own needs' (MacCannell) zu sein. Der im Tourismus angelegte Drang zur ständigen Expansion kommentiert Mose wie folgt:

> Den systemisch angelegten Wachstumsimperativen der kapitalistischen Warenproduktion folgend, drängt die internationale Tourismusindustrie nach fortwährendem Ausbau der bestehenden touristischen Infrastruktur. Eine wichtige steuernde Funktion hat hierbei die ‚Erfindung' immer neuer Formen der Freizeit- und der Urlaubsgestaltung, wie sie beispielshaft anhand der Entstehung der sogenannten Trendsportarten (…) nachvollzogen werden kann. (Mose 1998, S. 5)

Die nachfolgenden Kapitel zeichnen verschiedene Wege dieses Expansionsdranges nach und beginnen mit dem tourismusökonomischen (nicht unbedingt ökologischen) Erfolgsmodell Thailand. Ein anderes Beispiel wäre der planmäßig vorangetriebene gewaltige Infrastrukturausbau an Mexikos Küsten, wo seit den 70er Jahren in Acapulco oder Cancun riesige Kapazitäten entstehen. Das mexikanische Beispiel erläutert auch sehr schön die wichtige Rolle des Staates bei der Erschließung peripherer Räume. Vgl. hierzu Vorlaufer (1996), der neben Mexiko andere wichtige Beispiele wie Dominikanische Republik, Kenia, Sri Lanka u.a. behandelt.

Meta-Destination Südostasien oder: Erfolgsbeispiel Thailand
Südostasien wird häufig als eine Meta-Destination wahrgenommen, die in allererster Linie tropisch-exotischen Badeurlaub an Traumständen zu vergleichsweise moderaten Preisen anbietet und obendrein berühmte Kulturdenkmäler und faszinierende Städte zu bieten hat. Inzwischen punktet die Region auch als MICE-Standort und nicht zuletzt mit einem großen Geschäftsreiseverkehr, der nicht mehr nur Transit ist. Unabhängig von der wirtschaftlichen

Erfolgsgeschichte der Tigerstaaten, spielt in dieser Meta-Destination Thailand eine Schlüsselrolle, die in den letzten 30 Jahren den gesamten südostasiatischen Raum vorangebracht und Indochina touristisch erschlossen hat. Bezüglich der Frage, wie sich Destinationen ausdehnen und welche drei Erfolgsfaktoren dabei wichtig sind, kann Thailand als gutes Beispiel dienen.

Erster Erfolgsfaktor Thailands: Katalyse
In Anlehnung an den oben erläuterten katalytischen Prozess kann Thailand als touristisches Schlüsselland der Region bezeichnet werden.

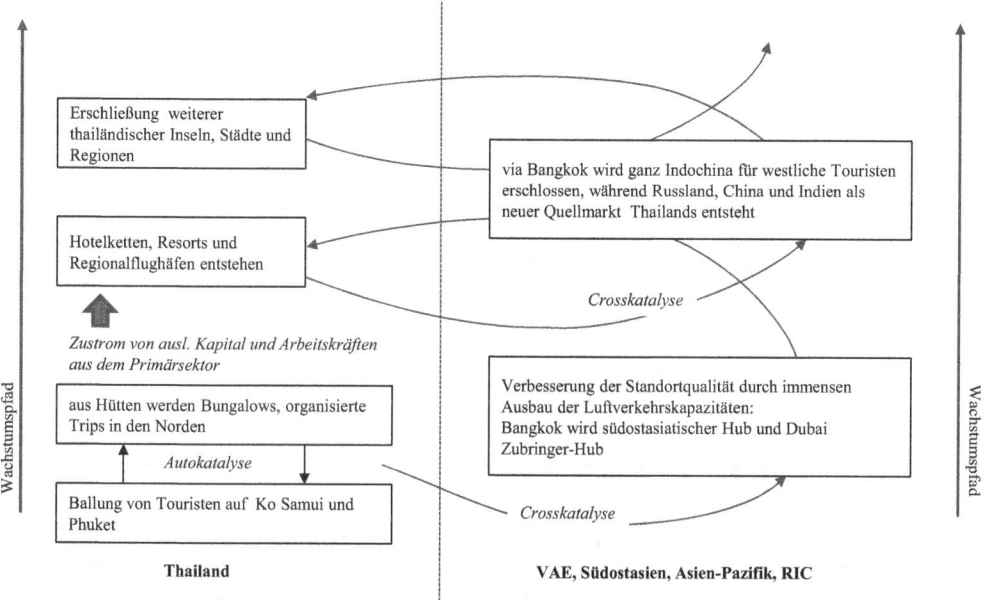

Abb. 5-15: *Destinationen-Katalyse rund um Thailand*
Entwurf: V. Letzner, angelehnt an Reichart (1999), S. 172

Der Start beginnt im oben ausführlich geschilderten Prozess der Entdeckung tropischer Inseln durch abenteuerlustige Traveller, die dann eine erste Ballung von Touristen auf südthailändischen Inseln zur Folge hatte. Es kam zu einem eigenen autokatalytischen Wachstum in Form des bekannten Engpass-Investition-Überkapazität-Zirkels, der das thailändische Tourismusangebot qualitativ und quantitativ schnell verbesserte. Gleichzeitig hatte Thailand das Glück, dass seine Expansionsphase in eine Zeit der allgemeinen Luftverkehrsliberalisierung fiel und weltweit steigende Transportkapazitäten zu dramatisch fallenden Preisen zur Verfügung standen. So entstanden crosskatalytische Entwicklungen, die sich gegenseitig positiv beeinflussten und ‚hochschaukelten‘. Es entstanden Zubringer-Hubs in den Vereinigten Arabischen Emiraten und Brunei; Bangkok selbst wurde zu *dem* südostasiatischen Hub und immer mehr Touristen konnten sich die weite Reise leisten, deren Ausgaben in Thailand investiert wurden und das Angebot weiter verbesserten.

Zweiter Erfolgsfaktor Thailands: Exportbasisansatz und ‚Entkolonialisierung'
Die Überschrift benötigt sofort eine Klarstellung, denn Thailand war das einzige Land ganz
Südostasiens, das nicht kolonialisiert wurde, sondern immer unabhängig blieb. ‚Entkolonialisierung' bezieht sich somit nicht auf das Land insgesamt, sondern auf den touristischen Ty-
pus, wie er unter 5.6.1 vorgestellt wurde. Damit war und ist gemeint, dass es Thailand ge-
schafft hat, die Tourismusindustrie nicht vollständig ausländischen Händen und Investoren
zu überlassen und die kulturelle Identität nicht vollständig der des Gastes unterzuordnen.
Ergänzend – oder besser: grundlegend dafür – war es wichtig, dass die Tourismuswirtschaft
einer Strategie der Exportdiversifikation folgte, die generell, also auch in produzierenden
Sektoren, als Erfolgsgeheimnis der südostasiatischen Tiger-Staaten gilt (u.a. Kulke 2009,
S. 267). Angelehnt an das Modell der Exportbasistheorie, wie es Kulke nach älterer Literatur
darstellt, zeigt folgende Abb. 5-16 das Prinzip:

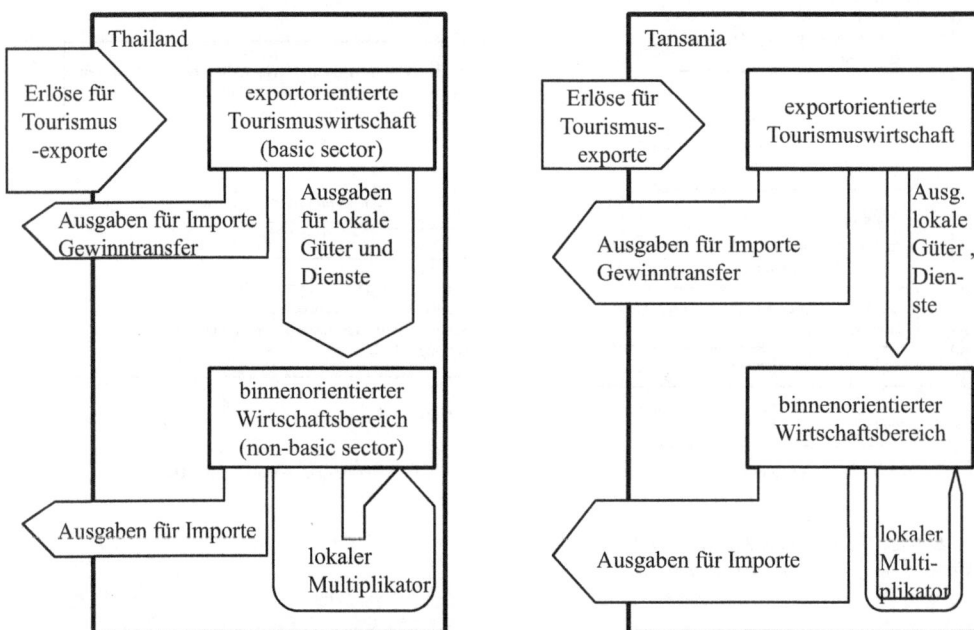

Abb. 5-16: *Funktionierende und nicht funktionierende touristische Exportbasis*
Entwurf: V. Letzner, angelehnt an Kulke (2009), S. 266

In Thailand werden die aus dem exportorientierten Tourismusbereich stammenden Erlöse
reinvestiert und kommen dem binnenwirtschaftlichen Bereich zu gute, der deshalb einen
großen Multiplikator aufweist. Die direkten und indirekten Ausgaben für Importe und Ge-
winntransfers hingegen sind klein: die Pfeilgröße symbolisiert, dass die Exporterlöse die
Importausgaben übersteigen und wenn dies – wie in vielen südostasiatischen Ländern – für
die ganze Ökonomie gilt, resultieren Leistungsbilanzüberschüsse. Wenn hingegen die ex-
portorientierte Tourismuswirtschaft letztlich direkt und indirekt mehr Importe induziert als
sie Erlöse erwirtschaftet, wird weder der Binnensektor nennenswert stimuliert noch kommt

das Land aus der resultierenden Problematik einer defizitären Zahlungsbilanz heraus. Ohne dies hier vertiefen zu können, aber die große entwicklungsökonomische Gefahr des Tourismus ist gerade die, dass für die Wünsche und Bedürfnisse westlicher (Luxus-) Touristen derartig viele Investitions- und Konsumgüter, von der Flugsicherungstechnik über die Marmorbadewanne bis zum Whisky, importiert werden müssen, dass die touristischen Deviseneinnahmen für die zu importierenden Vorleistungen wegfließen.

Dritter Erfolgsfaktor Thailands: Indirekte Erschließung Indochinas
Die touristische Entwicklung Thailands blieb kein ‚Inseleffekt', sondern führte indirekt zur Erschließung der ganzen Region, insbesondere Indochinas. Zum einen waren es die weiterwandernden Traveller und abenteuerlustigeren Reisenden, denen es in Thailand inzwischen zu voll, zu luxuriös und zu teuer wurde und die nun Indochina mit Kambodscha, Laos und Vietnam, aber auch Myanmar entdeckten. Zum anderen waren es findige thailändische und ausländische Reiseveranstalter, die ihren Gästen zusätzliche Kurzreisen in diese Länder, insbesondere nach Angkor oder Saigon als Ergänzung des üblichen Thailandurlaubes anboten. Insbesondere Angkor und Vietnam sind inzwischen über das Stadium der ersten touristischen ‚Eroberer' weit hinaus: Angkor ist eine große, gut etablierte Kulturreisedestination geworden, die allerdings noch nicht sehr bedeutend ins restliche Land hineinwirkt. Seit etwa fünfzehn Jahren entsteht in Vietnam eine rasch wachsende ‚klassische' Warmwasserindustrie, die die bisherige Studienreise ‚Vom Mekong nach Hanoi' ergänzt und mengenmäßig bald überholen wird. Neben den US-Amerikanern sind es vor allem die näheren asiatischen Quellmärkte, Japan, China, Korea, auch Russland, die die größten Gästekontingente in Vietnam stellen. Viele von diesen kommen über das Drehkreuz Bangkok und Thailand verdient nun an Transit- und Komplementärtouristen der umliegenden Destinationen.

Kurz: eine sehr erfolgreiche Destination oder gar ein ganzes Land dient als touristischer Katalysator für eine ganze Meta-Destination und erschließt weitere Peripherien um sich herum. Thailand ist ein touristisches Zentrum bei dem man inzwischen vergisst, dass es vor 40 Jahren noch tiefste touristische Provinz war. Eine ähnliche, wenn auch (noch) deutlich kleinere Rolle spielt Südafrika für das subsahare Afrika oder vielleicht einmal die brasilianische Atlantikküste für Südamerika. Im Frühjahr 2010 kam es zu heftigen bürgerkriegsähnlichen Zuständen in Bangkok; eine mittelfristige touristische Schädigung des Landes ist trotzdem nicht eingetreten, da die Situation nicht weiter eskalierte. Hier hilft dem Land das kurze Gedächtnis der Touristen, die trotz Tsunamis oder Terroranschlägen schnell wieder zurückkehren, sobald sich die Situation einigermaßen entspannt hat.

Bandstädte

Die bisherige Argumentation hat gezeigt, dass und wann sich Destinationen ausdehnen; nun sollen die beiden Hauptvarianten gezeigt werden, *wie* sich Destinationen ausbreiten, nämlich einmal als Bandstädte für eher unspezifische und in den nächsten Kapiteln als punktuelle Formationen für eher spezifische Attraktoren. „Kolonialisierende Tourismusentwicklung schafft nicht selten weite Bebauungszonen in Gestalt von Bandstädten entlang von Küsten, Seeufern und Gebirgsrändern" (Ritter 1993, S. 314), was sich geografisch in Verbindung mit den oben erläuterten Bodenrenten- und Marktgebietsansätzen erklären lässt. Die geografische Komponente entsteht durch die Randsaum-Attraktivität, nach der der Mensch geografische Rand- und Grenzsäume als besonders attraktiv empfindet – vielleicht weil sie ihm früher einerseits Schutz als auch Nahrung geboten haben. Kurz: der Küsten-, Wald- oder Gebirgsrand ist der beliebteste unspezifische Naturattraktor, der umso höhere Bodenpreise hat, je näher er am Wasser, Wald oder Berg liegt, je besser bebau- und benutzbar er ist und je besser er mit allgemeiner Infrastruktur erschlossen ist. Hinzu kommt, dass die Randsäume häufig die einzige Möglichkeit bieten, eine Straße oder Schienenwege zu bauen, um das Gebiet zu erschließen. Vereinfacht lässt sich daraus ableiten, dass die Bodenpreise von einem zentralenPunkt (Marktplatz, Hafen, besonderes Hotel, Busbahnhof etc.) parallel zum Saum langsam und ins Hinterland hinein schnell abnehmen und sich das in folgender Abbildung gezeigte Bodenpreismuster ergibt:

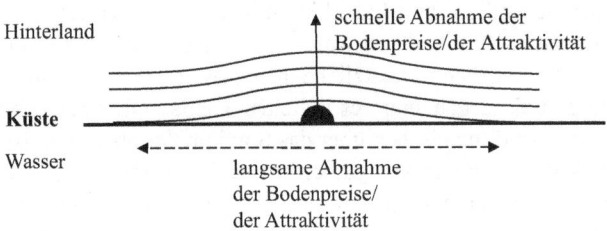

Abb. 5-17: Bodenpreismuster an einem unspezifischen Randattraktor
Entwurf: V. Letzner

Zur Erinnerung: unspezifische Naturattraktoren (Strände, Berge etc.) müssen erst mittels der touristischen Infrastruktur erschlossen und in Wert gesetzt werden und diese Infrastruktur hat verschiedene Qualitäten. Deshalb kommt es an Rändern zum Standortsystem des Hierarchiemusters, siehe folgende Grafik, das sich dem besonderen Bodenmuster anpasst und entfernt an Christallers System zentraler Orte erinnert: Im Zentrum (oder im Hauptort) finden sich touristische Angebote jeder Qualitätsstufe, im Vorort (oder im Mittelort) finden sich die Angebote mittlerer und einfacher Qualität und am Stadtrand (oder im Unterort) nur die einfachen Angebote. Anders ausgedrückt: Der je Ort hochrangigste Hotelkomplex zieht die nachrangigen Angebote an, die sich in seiner Nähe sammeln.

Ist nun dieser Tourismusort an seine Kapazitätsgrenzen gelangt, entsteht ein ganz ähnlich gemusterter Ort in der Nachbarschaft. Ist die ganze Destination an ihre Kapazitätsgrenzen gelangt, entsteht eine ähnlich gemusterte Destination auf einer Nachbarinsel oder in einem anderen Landesteil. Und sind die Strände des Landes bereits alle zugebaut, erfolgt ähnliches im Nachbarland. Und sind die Küsten des Mittelmeeres auf diese Art und Weise erschlossen, entsteht ebendieses Muster am Schwarzen Meer, in der Karibik oder am südchinesischen Meer – noch gibt es genug Ödland am Meeressaum für diesen Prozess.

Abb. 5-18: Hierarchiemuster an einem unspezifischen Randattraktor
Entwurf: V. Letzner nach Anregung von Kulke(2009), S. 162

Und eine ganz ähnliche Geschichte könnte über die Erschließung der Berge erzählt werden, wobei dort die Entwicklung insofern etwas individueller verlaufen muss, da Gebirgsränder oder Täler geografisch mehr Eigenheiten aufweisen als Meeresküsten, aber das Prinzip ‚Zillertal' bleibt überall gleich: Straßen und Eisenbahn in der Mitte und ansonsten Häuser, Discounter, Parkplätze und Tankstellen. Für Entwicklungsländer sei auf das raumzeitliche Entwicklungsmuster hingewiesen, das Vorlaufer für größere Flächen- und Küstenstaaten vorstellt (vgl. Vorlaufer 1996, S. 196 ff.).

Der geschilderte je ähnliche Entwicklungsprozess vom Ort über die Destination, das Land, die Weltregion usw. führt zu einem in Abb. 5-19 skizzierten Muster, das selbstähnlich ist. Selbstähnlichkeit ist ein Fraktalen innewohnendes Prinzip, das aus der Chaostheorie kommt und besagt, dass sich ein ähnliches Muster immer wiederfindet, wenn man in ein Objekt (z.B. eine Schneeflocke oder eine Küstenlinie) hinein- oder herauszoomt. Egal auf welcher Größenebene: die erscheinenden Muster sind sich einander ähnlich. Die Bedeutung dieser Beobachtung für die Tourismusforschung ist eine spannende und offene Fragestellung, die Themen berührt, die an anderer Stelle exkursorisch angedeutet sind[42]. Die Selbstähnlichkeit bezieht sich auf das hierarchische Muster, nicht auf den konkreten Bau-, Nutzungs- und Ausgestaltungsstil, der je nach Zeit und Land durchaus differieren kann. Selbstverständlich sehen die Hotels an der spanischen Mittelmeerküste aus den 80er Jahren anders aus als jene an der bulgarischen Schwarzmeerküste aus den 00er Jahren oder jene heute am Tropenstrand entstehenden – das Bebauungs- und Entwicklungsmuster jedoch bleibt selbstähnlich.

---

[42] S. den Exkurs im Modul 1. Vgl. Figure 2 in Oppermann (1993), S. 548, die das Argument unbewusst stützen könnte; eigentliches Thema von Oppermann ist jedoch die unterschätzte Bedeutung des informellen Tourismussektors für die räumliche Entwicklung des Tourismus in Entwicklungsländern.

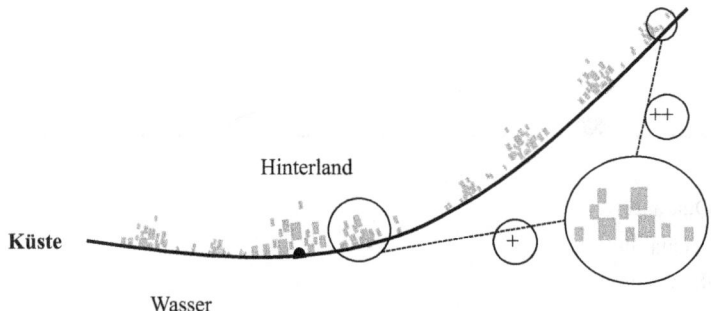

Abb. 5-19: *Selbstähnliche Bandstädte*
Entwurf: V. Letzner

Ähnlich bleibt auch über die Jahre hinweg das Kapitalveränderungsmuster, das sich wie folgt ergibt, wobei K der Kapitalstock, I die (Netto- bzw. Brutto-) Investitionen und A die Abschreibung bezeichnen, die je einen Zeitindex t haben.

(1) $dK_t = I_t^n = I_t^b - A_t$

(2) $K_t = K_{t-1} + dK_t$

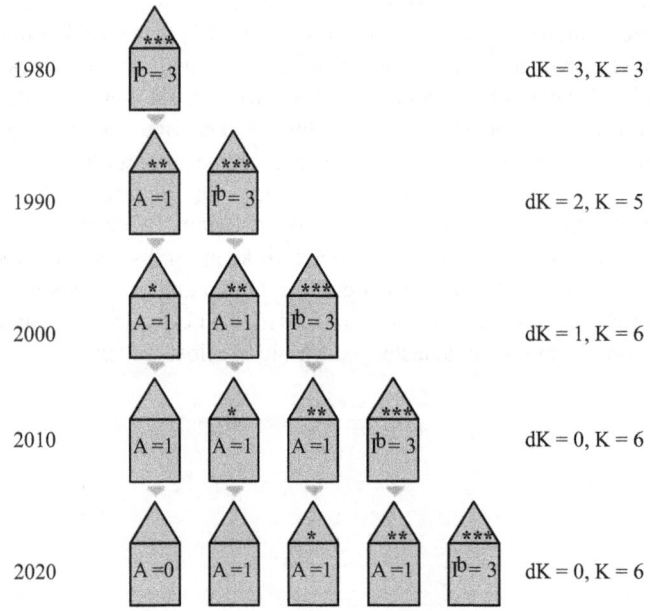

Abb. 5-20: *Investitions- und Lebenszyklus einer Bandstadt*
Entwurf: V. Letzner

Ein vereinfachtes Investitionsmuster zeigt das vorstehende Schema, bei dem ein Dreisterne-Hotel mit 3 Geldeinheiten errichtet werden kann. Im Verlauf von durchschnittlich 10 Jahren verliert es so an Qualität und Standard, dass es nur mehr als Zweisterne-Haus taugt, nach weiteren 10 Jahren verliert es einen weiteren Stern und so weiter, bis nach 40 Jahren das Objekt gänzlich abgeschrieben ist und vermutlich einen vergammelten oder abrisswürdigen Eindruck macht. Wenn in dieser Destination jedes Jahrzehnt ein neues Hotel gebaut wird, beträgt die Bruttoinvestition jeweils 3 Einheiten, die durch die Abschreibungen immer weiter verringert werden, bis sich ein stabiler Pfad ergibt, bei dem die Nettoinvestitionen Null sind und der Kapitalstock bei 6 verharrt. Bildlich gesprochen ergibt sich ein – gar nicht so unrealistisches – Bild eines Strandes, der immer weiter bebaut wird und an dessen einem Ende immer neue schöne Hotels entstehen, während das andere Ende mit den Jahrzehnten herunterkommt. Natürlich gibt es zu diesem traurigen Bild genügend Alternativen, insbesondere wenn nicht nur in die Destination, sondern in jedes Haus Nettoinvestitionen fließen würden, die die Abschreibungen (über-) kompensieren.

Punktuelle Formationen
Neben den Bandstädten weitet kolonialisierende Tourismusentwicklung Eignungsräume auch punktuell aus, wobei es sich nun eher um spezifische Attraktoren handelt:

* neu (oder wieder) ,entdeckte' natürliche oder kulturelle Attraktoren bilden den Kristallisationspunkt für neue Formationen
* künstlich geschaffene Attraktoren an verkehrsgünstigen Standorten

Als Beispiel für die eher seltene erste Variante sei das fränkische Dreiseenland genannt, das Naherholungssuchende aber auch Touristen aus dem Ruhrgebiet anzieht. Eigentlich handelt es sich um ein (mehr oder minder geplantes) Nebenprodukt zu einem großen wasserwirtschaftlichen Projekt der 70er Jahre im Zusammenhang mit dem Main-Donau-Kanal. Jedenfalls sind in den letzten 20 Jahren touristischer Attraktor und Infrastruktur beinahe parallel und aus dem Nichts entstanden und bilden inzwischen eine gar nicht so kleine punktuelle Tourismusformation, die keinerlei historische Vorläufer hat.

Der zweiten Variante kommt eine wachsende Bedeutung zu, denn künstlich geschaffene Attraktoren liegen im Trend: Vom Freizeitpark über Casinowelten bis zu künstlichen Inseln der Golfstaaten entstehen diese Gebilde auf jeder denkbaren Größenebene. Am Beispiel des im internationalen Vergleich kleinen Legolands in Bayern kann die Gravitationstheorie erläutert werden. Der zufolge hängt das Besuchsvolumen einer Freizeiteinrichtung von folgenden Faktoren ab (vgl. Fichtner 2007, S. 510 ff. und Kaminske 1977):

* positiv von der vorhandenen Bevölkerung im Einzugsgebiet
* positiv von der Attraktivität des Angebots
* negativ von der zeitlichen, weniger als der metrischen Distanz zwischen Standort und Nachfragern
* negativ von der Anzahl konkurrierender Einrichtungen.

Diese Faktoren gilt es zu berücksichtigen und einen optimalen Standort zu suchen, dessen Bodenpreis als weiterer Faktor in die Rechnung eingehen muss. Letztlich unterliegt die

„Versorgung mit [Nah-] Erholungselementen … denselben Gesetzen wie die Versorgung mit Waren und Dienstleistungen" (Kaminske 1977, S. 107, der das Gesetz der Massengravitation auf den Naherholungsverkehr anwendet). An der schematischen Zeichnung zeigt sich, dass Legoland Deutschland nicht nur zufällig an einem Autobahnkreuz liegt, sondern auch im verkehrlichen Zentrum großer Nachfrageballungen, aber doch weit genug von den hohen Bodenpreisen der Großstädte entfernt. Letztlich kalkulieren die Standortplaner der künstlichen Freizeitwelten nicht anders als die von Logistikdienstleistern. Bei letzteren müssen Güter möglichst schnell zu den Kunden gebracht werden, erstere sollen möglichst schnell von möglichst vielen Kunden erreicht werden.

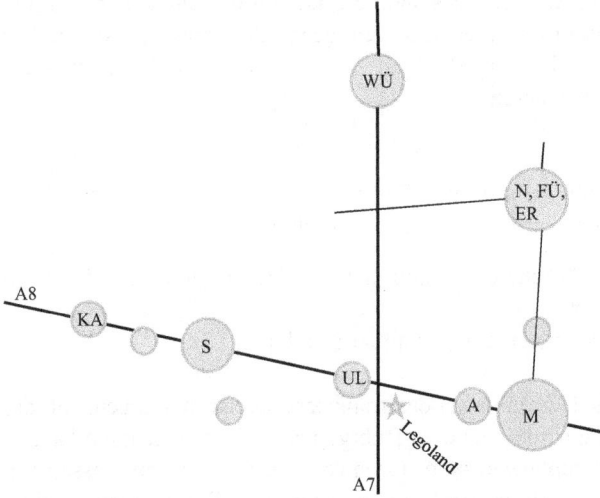

Abb. 5-21: *Standortoptimierung*
Entwurf: V. Letzner

Verkehrsinfrastruktur
Dieser Abschnitt bietet weder eine allgemeine wirtschaftsgeografische Verkehrstheorie noch eine komplette Analyse von Tourismus und Verkehr. Einführend vgl. zum ersten Thema Ritter (1993), S. 237 ff. oder Reichart (1999), S. 93 ff.; die zweite Aufgabe fordert noch entsprechende Zuwendung. Hier werden lediglich einige Aspekte angedeutet, die die Interdependenz von touristischer Expansion und Verkehr betreffen.

Touristische Expansion ist auf jeder Ebene mit einer Ausweitung der Verkehrsinfrastruktur verbunden. Sei es auf kommunaler Ebene die bessere Anbindung der Attraktoren oder auf überregionaler Ebene der Bau neuer Flughäfen. Wie die ökonomisch-ökologische Bilanz dieser Investitionen aussieht, lässt sich allgemein nicht beurteilen, sondern muss jeweils am Objekt überprüft werden und sollte vor Baubeginn korrekt durchgeführt worden sein. In den entwickelten Ländern kommt die Verbesserung der Verkehrsinfrastruktur in der Regel allen, also Einheimischen wie Touristen zugute, wobei natürlich die Anlieger einer neuen Startbahn deren Nettonutzen negativ sehen. Häufigstes Problem in entwickelten Ländern dürfte sein, dass sich eine nicht-touristisch motivierte Verkehrsausdehnung negativ auf touristische Belange auswirkt, wenn, wie beispielsweise im bayerischen Isental, ein Autobahnprojekt eine gewachsene Kulturlandschaft zerstört, die dem Tourismus als Attraktor dienen könnte. In Entwicklungs- und Schwellenländern ist es häufig, dass ein Teil der Infrastrukturprojekte nur dem Tourismus und nicht den Einheimischen dienen, die sich keine Fahrt mit dem Überlandbus geschweige denn einen Flug leisten können. So verbindet die touristisch motivierte Infrastrukturausdehnung in Entwicklungsländern vorrangig touristische Hotspots ohne in die Fläche zu gehen. Interessanterweise ist das Ergebnis einer (überoptimal) hohen Verkehrsinfrastruktur in entwickelten und einer (suboptimal) niedrigen Verkehrsinfrastruktur in unterentwickelten Ländern vergleichbar: touristische Punkt-Attraktoren nehmen zu. In Industrieländern werden flächige Kulturlandschaften immer mehr zersiedelt und zerschnitten, in Entwicklungsländern können Flächenattraktoren erst gar nicht entstehen, wenn sie nicht, wie Nationalparks, bewusst geschützt werden.

Folgt die Verkehrsinfrastruktur dem Tourismus oder umgekehrt? Die richtige Antwort ist: beides, denn das zirkuläre Bedingen von Transportkostensenkung und Nachfragesteigerung wurde bereits häufiger erläutert. Natürlich gäbe es ohne Eisenbahnbau im 19. Jahrhundert keinen Alpentourismus und ohne Düsenflugzeuge keinen Badetourismus in Thailand. Dass aber die Eisenbahnen nach Garmisch und die Flüge nach Bangkok gehen, hängt von den touristischen Attraktoren der beiden Beispiele ab, die die Expansion der zu sich führenden Verkehrswege induziert haben.

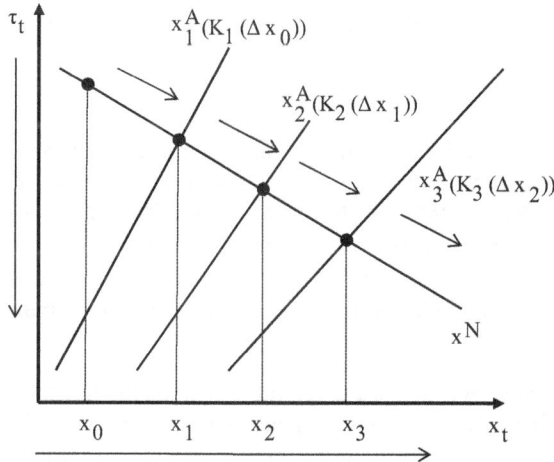

Abb. 5-22: *Verkehrsausweitung*
Entwurf: V. Letzner

Der in Abb. 5-22 verdeutlichte zirkuläre Zusammenhang kann an folgendem einfachen Modell erläutert werden[43], wobei x die Transportleistung (z.B. Passagierkilometer), x^A und x^N die angebotene bzw. nachgefragte Transportleistung, τ die Transportkosten, K das eingesetzte Kapital und t ein Zeitindex ist:

$$(3) \qquad x_t^N = x_t^N(\tau_t) \qquad mit \qquad \frac{\partial x}{\partial \tau} < 0$$

$$(4) \qquad x_t^A = x_t^A(\tau_t, K_t) \qquad mit \qquad \frac{\partial x}{\partial \tau} > 0 \quad und \qquad \frac{\partial x}{\partial K} > 0$$

$$(5) \qquad K_t = K_t(\Delta x_{t-1}) \qquad mit \qquad \frac{\partial K}{\partial \Delta x} > 0 \; und \qquad \Delta x_{t-1} = x_{t-1} - x_{t-2}$$

Gleichung (3) beschreibt den intuitiven Zusammenhang, dass mit sinkenden Transportkosten die nachgefragte Transportleistung steigt; (4) beschreibt den üblichen positiven Zusammenhang zwischen Transportangebot und Transportkosten und sagt, dass das Transportangebot ebenfalls mit steigendem Kapitaleinsatz zunimmt, die Angebotskurve also südöstlich verschoben wird. Gleichung (5) beschreibt das Investitionsverhalten vereinfacht so: wenn heute (t = 1) die Transportleistung größer als gestern (t = 0) ist, wenn also Δx_1 positiv ist, wird heute in neue Kapazität investiert, die morgen (t = 2) zu einem höheren Kapitalstock führt und damit das Angebot ceteris paribus erhöht. Wenn Δ also einmal positiv war, induziert dies einen Investitionszirkel, der Periode für Periode die Transportkapazität ausweitet und damit die Transportleistung bei sinkenden Transportkosten immer weiter ausdehnt. Umgekehrt entsteht bei $\Delta x_1 < 0$ ein Teufelskreis sich gegenseitig bedingender Mengensenkung bei Preissteigerungen; dazu siehe auch das nächste Kapitel 5.6.5.

Stadtlandschaften

In diesem Abschnitt geht es nicht generell um die Entstehung und Entwicklung von Stadtlandschaften; diesem Thema ist eine große wirtschaftsgeografische Forschung gewidmet, die hier nicht wiederholt werden soll (vgl. Ritter 1993, S. 204 ff., Reichart 1999, S. 115 ff.). Stattdessen sollen einige Aspekte angesprochen werden, wie Stadtlandschaften regionalökonomisch auf expandierenden Tourismus reagieren, wobei hier selbstverständlich nicht an die bereits ausführlich erläuterten touristischen Bandstädte, sondern an ‚normale‘, multifunktionale Städte gedacht ist.

Charakteristisch für diese ‚normalen‘ Städte ist, dass sie zwar (unterschiedlich stark) vom Tourismus profitieren, aber nicht sui generis dem Tourismus dienen, sondern diesen als Begleiterscheinung sonstigen städtischen Lebens auffassen. Selbst Touristenstädte wie Rothenburg o.d.T. oder Venedig hatten und haben ein ‚Leben jenseits des Tourismus‘, das sie vermutlich mehr prägt als der touristische Massenansturm der Gegenwart. Dass dieser eine negative Auswirkung auf die Stadt und ihre Attraktoren haben kann, sei nicht bestritten, ist

---

[43]   Jeder Volkswirt wird sofort die Einschränkungen des ‚Modells‘ erkennen: es ist partialanalytisch, die Investitionen sind am vergangenen Output, nicht an den (Rendite-) Erwartungen orientiert und Start- und Endpunkt des Zirkels sind nicht endogen – die didaktischen Vorteile überwiegen hoffentlich diese Nachteile.

aber der Tatsache geschuldet, dass die Stadtlandschaft in diesem Fall ein gefährdeter All-mende-Attraktor ist, der an anderer Stelle ausführlich erläutert wurde. Es ist also die große Ausnahme, dass ,normale' Städte ihre Existenz oder gar ihre Gründung dem Tourismus verdanken. Anders gilt dies für Städte in Entwicklungsländern, die aufgrund eines touristisch nachgefragten Attraktors zunehmend expandieren und diesen touristisch erschließen. Bei-spiel 3 oben hat diese Situation schon erläutert und Siem Reap für Angkor oder Arusha für Kilimandscharo, Ngorongoro und Serengeti stellvertretend für viele ähnliche Orte genannt. Auch Bangkok und ähnliche Megacities wären ohne den Tourismus vielleicht nicht ganz so groß – ihrem explosiven Wachstum liegen trotzdem andere Faktoren wie Landflucht und Industrialisierung zugrunde. Am ehesten können noch die riesigen Casinostädte wie Macau und die aus dem Boden gestampften Städte in den Vereinigten Arabischen Emiraten als Beispiele dienen für eine genuin touristische Gründung.

Wenn der Tourismus in einer ,normalen' Stadt zunimmt oder die Stadt als Transitort ver-stärkt nachgefragt wird, wächst die Hotelinfrastruktur in oder nahe der Stadt. Hier gelten ähnliche zirkuläre Argumentationen wie eben für die Verkehrsinfrastruktur ausgeführt: Eine touristisch gefragte Stadt attrahiert Touristen, die für eine gute Auslastung der Hotelinfra-struktur sorgen, was wiederum – jene in späteren Perioden preissenkende – Investitionstätig-keit auslöst. Typisch in diesem Zusammenhang ist das Cobweb-Theorem, das die zyklischen Schwankungen von Zimmerpreisen in Abhängigkeit von der Bautätigkeit erklären kann. Ein weiteres Zeichen expandierender Städte vor allem in entwickelten Ländern ist die immer weiter zunehmende funktionale Segregation, die bereits erläutert wurde. Dadurch entstehen Freizeit- und Erholungseinrichtungen wie Parks, Forstgebiete, Sportanlagen aber auch Bow-ling- oder Cart-Anlagen, die Einheimischen wie Touristen dienen können. In der Regel kön-nen entwickelte Städte den Massentourismus ganz gut ,verdauen', weil er einen vergleichs-weise kleinen Sektor darstellt – Beweis ist, dass Städte rund um den Globus weiterhin Tou-rismuswerbung machen und offensichtlich den Nettonutzen durch die Gäste als größer Null bewerten; manche Venezianer oder Rothenburger unterschreiben diese Aussage nicht, unter-liegen aber letztlich den lokalen Tourismuslobbies. In vor allem kleineren Tourismusstädten in Entwicklungs- und Schwellenländern ist die Frage nach dem Nettonutzen des Tourismus jedoch nicht mehr so eindeutig zu beweisen.

5.6.5   Entwicklungsblockaden von Destinationen

Bei den Hyperzyklen wurde bereits auf die Möglichkeit des ,Teufelskreises' hingewiesen und bei den Hotel-Investitionen auf die verschiedenen Varianten, wie Destinationen am Ende ihres Lebenzyklus verfallen oder es schaffen, sich (wieder) neu zu definieren. Generell kann festgehalten werden, dass natürlich an jeder Stelle der oben dargelegten Hyperzyklen oder katalytischen Prozessen eine Blockade eintreten kann, also beispielsweise eine Investition (aus welchem Grund auch immer) nicht durchgeführt wird und damit die ganze Dynamik zum Stoppen oder gar zum Umkippen bringt. Ohne bereits in die (auch normativ geprägte) Debatte der Grenzen des Wachstums im übernächsten Kapitel einzusteigen, zeigt sich doch zusammenfassend auch hier jenes Problem unseres Wirtschaftssystems, das zwangsläufig auf Wachstum setzen muss: Stehenbleiben ist nicht möglich, denn Stehenbleiben ist relativer Rückfall. Oder plastischer: nur ein hinreichend bewegtes Fahrrad fällt nicht um. Ohne diese

Problematik zu vertiefen, zeigt sie doch deutlich, dass Entwicklungsblockaden aus Destinationssicht zu vermeiden sind. Ganz generell lassen sich viele (um nicht zu sagen: alle) Entwicklungsblockaden relativ leicht durch eine Störung des Angebots-Nachfrage-Zirkels, also durch angebots- und/oder nachfrageseitige Restriktionen erklären[44].

a) Angebotsrestriktionen
Wie bereits an mehreren Stellen deutlich geworden, entsteht die touristische Wertschöpfung wesentlich in und durch die touristische Infrastruktur: insbesondere ohne Herbergen und Gastronomie ist letztlich kein Geld auch mit dem schönsten Attraktor zu verdienen. Übernachtungsgäste geben ein Vielfaches von Tagesgästen aus[45], so dass sich die folgende Argumentation hauptsächlich auf die Herbergsbranche richtet, aber analog für die Gastronomie oder den Bereich der Aufstiegshilfen gilt. Welche angebotsseitigen Restriktionen können hier auftauchen?

aa) Bewusste oder unbewusste Konzentration auf bestimmte Gästegruppen, die die Bedürfnisse anderer Gruppen einschränken oder gar ausschließen, wie bspw. die Fokussierung auf ältere Gäste ohne Kinder (was die Hotels für junge Familien uninteressant machen kann) oder auf die spezifischen Bedürfnisse von Radwanderern (was den Bedürfnissen des Entschleunigung suchenden Gastes widersprechen kann) oder Fokussierung auf einfache, günstige Infrastruktur, die jedoch einem zunehmend qualitätsbewussterem und kaufkräftigeren Gast nicht mehr genügt.

ab) Ein Investitionsstau läßt die Infrastruktur langsam veralten und macht sie für jüngere, weitgereiste Klientel immer unattraktiver; die Gründe für den Investitionstau können vielfältiger Natur sein: eine generelle Unrentabilität des Tourismus für ein Haus oder eine Region, mangelnde Finanzierungsmöglichkeiten oder mangelnde Einsicht älter werdender Besitzer, die finden, dass „alles immer schon so war, gut ist und so bleiben kann." Dies letzte Argument der Unflexibilität und/oder Saturiertheit ist eng verwandt mit

ac) der Nachfolgeproblematik im Tourismus: häufig gibt es keine übernahmewilligen Erben, weil die Nachkommen längst die Branche oder das ländliche Umfeld verlassen haben, um woanders deutlich besser zu verdienen. Häufig muss eine Destination erst einen „langsamen Tod sterben", das heißt die veralteten Betriebe mit ihren wandelunfreudigen Besitzern verschwinden peu à peu vom Markt und lassen (vielleicht) in der übernächsten Generation junge Pioniere auftreten, die der Destination eine neue Lebensphase ermöglichen.

Was also die verschiedenen Ursachen für eine Angebotsrestriktion auch sein können, faktisch wirken sie sich wie folgt in Abb. 5–23 aus:

---

[44] Bereits im Modul 3 wurde auf Restriktionen bspw. bei der Konsum-Freizeit-Entscheidung hingewiesen. Ohne dies vertiefen zu können, aber hier in 5.6.5 bestehen gewisse methodische Verwandschaften zu den sogenannten neo-keynesianischen Ungleichgewichtsmodellen, vgl. den einführenden deutsche „Klassiker" Rothschild (1981), der makroökonomische Ungleichgewichtsansätze vorstellt, die seit der jüngsten Wirtschaftskrise wieder stärker Beachtung finden. In jedem Fall gilt: Restriktionen verschiedener Arten sind ein Hauptthema innerhalb der Tourismusökonomie.

[45] Hierzu siehe insb. die regelmäßigen Veröffentlichungen des DWIF bspw. Harrer/Scherr (2013).

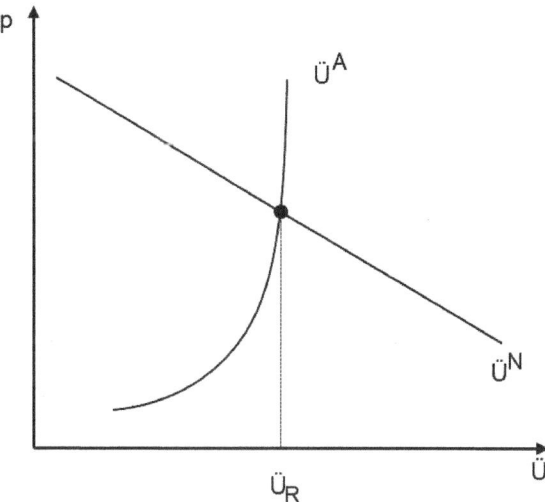

Abb. 5-23: *Angebotsrestriktion*
Entwurf: V. Letzner

Die Menge der möglichen Übernachtungen Ü in einer Region und Periode, bspw. in einer Saison sind begrenzt und der Leser erkennt, dass eine Nachfragestimulierung (durch einen neuen oder neu erschlossenen Attraktor, ein besseres Marketing, eine neue Verkehrsanbindung oder andere, an sich positive Ereignisse) und die damit verbundene Rechtsverschiebung der Nachfragekurve mengenmäßig verpufft. Die Menge an bestimmten Übernachtungen einer bestimmten Qualität ist begrenzt und mehr als $Ü_R$ ist nicht erreichbar.

b) Monopolistische Konkurrenz.
Zumindest, so mag mancher nun argumentieren, könnten im skizzierten Fall einer positiven Nachfragestimulierung die Preise steigen und die Destination auf diese Weise profitieren. Ja, wenn denn die Preiselastizität tatsächlich entsprechend niedrig wäre; dies kann aber in vielen Fällen nicht unterstellt werden, wie die Darstellung in Kapitel 3.5 zeigte. Dort wurde argumentiert, dass in der Marktform der monopolistischen Konkurrenz, die für sehr viele Leistungsträger in vielen Destinationen als die prägende Marktform angenommen werden kann, die sogenannte ‚zweifach geknickte Preis-Absatz-Funktion' (nach Gutenberg 1950, hierzu Siebke 1990, S. 91 ff) wie in Abb. 5–24 vorliegt. Sie besagt, dass sich die vielen, relativ kleinen Nischenanbieter (und von daher ist es für viele Destinationen ein typisches Bild im Tourismus) nur einem relativ kleinen Preisspielraum zwischen p' und p'' gegenüber sehen, in dem sie quasi monopolistisch agieren können; überschreiten sie aber diesen Preisspielraum nach oben oder unten sehen sie sich schnell mit einer sehr hohen Preiselastizität konfrontiert. Verbindet man diese letztlich elastische Nachfrage mit dem unelastischen Angebot der Abb. 5–23, entsteht die Abb. 5–24, die zeigt, dass die in einem Markt realisierbaren Preis-Mengen-Kombinationen sehr beschränkt sind. Nachfragestimulationen laufen letztlich ins Leere und bewirken weder Mengenausweitung noch relevante Preiserhöhungen, die sich dann bei p' einpendeln würden:

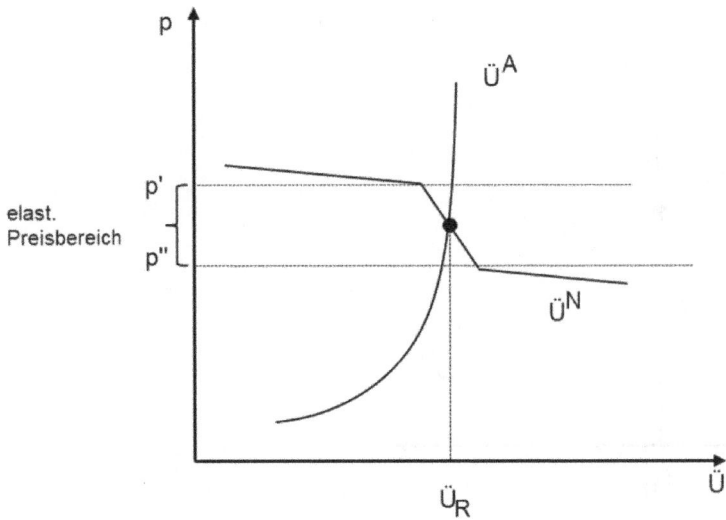

Abb. 5-24: *Angebotsrestriktion und monopolistische Konkurrenz*
Entwurf: V. Letzner

Und in der Tat scheint dieses Bild die Situation in vielen kränkelnden Destinationen sehr gut widerzuspiegeln. Die Verbindung einer sehr preiselastischen Nachfrage mit einer woher auch immer begründeten Angebotsrestriktion lässt die Destination „vor sich hin dümpeln", denn aus eigener Kraft ist eine Lösung fast nicht möglich – in gewisser Weise erinnert dies an das stabile Unterbeschäftigungsgleichgewicht des keynesianischen Grundmodells, in dem eine Volkswirtschaft ebenfalls nicht von selber aus dieser mißlichen Situation entkommen kann. Besonders enttäuschend für die hier betrachtete Destination ist es, dass das, was am ehesten noch von den Akteuren und staatlichen Tourimusstellen erreicht werden kann – nämlich kooperierendes, positives und sogar an sich erfolgreiches Marketing – nichts nutzt[46]. Die Destination steht in hartem Wettbewerb nicht nur mit ähnlichen, nahen Destinationstypen, sondern auch mit günstig erreichbaren Ferndestinationen. So muss beispielsweise der Hunsrück sich nicht nur mit der Eifel messen, sondern muss es letzlich auch mit Tunesien oder der Schwarzmeerküste aufnehmen, die vielleicht für eine Hunsrück-Klientel ebenfalls attraktiv sind.

Einzige beruhigende Aussage des Szenarios der Abb. 5–23 ist die, dass es sich nicht um einen Teufelskreis handelt, sondern dass die unbefriedigende Situation – nach oben wie nach unten – relativ stabil sein könnte. Erst wenn die unbefriedigende Situation dazu führt, dass im Zuge der oben geschilderten Varianten eine De-Investitionsspirale (siehe das Gegenstück zur Abb. 5–22) entsteht, kann es mit der Destination ganz schnell bergab gehen und ihre

---

[46] Abgesehen davon, dass eine keynesianisch angehauchte Nachfragepolitik makroökonomisch und nicht regionalökonomisch zu verstehen ist, hilft hier also ein nachfragepolitische Rezept nicht weiter – der Vergleich mit dem Unterbeschäftigungsgleichgewicht ist also sehr vorsichtig zu interpretieren.

letzte Phase im Lebenszyklus einleiten. Einzige Möglichkeit in dieser Situation ist eine typische Angebotspolitik mit der Freisetzung unternehmerischer Energie und neuer Ideen durch meist junge, experimentierfreudige Unternehmer, die „die ganzen alten Zöpfe abschneiden" und mit Mut und Risiko auf ganz neue Produkte und Kunden setzen. Nur so kann, grafisch gesprochen, a) die Angebotskurve nach rechts verschoben werden und b) der elastische Bereich der Nachfrage vergrößert werden. Nur so kann dann ein positiver Investitionszirkel entstehen, der die Destination nach vorne bringt und einen neuen Lebenszyklus etabliert.

5.6.6 Kurzcharakteristik und Entwicklung von Business-Destinationen

An dieser Stelle sei mit einigen wenigen Anmerkungen auf den Geschäftsreiseverkehr und auf dessen Reiseziele eingegangen, die hier als Business-Destinationen bezeichnet werden sollen, s. auch Modul 2. Ganz passend ist es nicht, diesen Analogbegriff zu verwenden, aber er soll deutlich machen, dass es typische Regionen gibt, die insbesondere mit Geschäftsreiseverkehr punkten können. Dieser orientiert sich an zwei Magneten, die häufig zusammen auftreten, dies aber nicht müssen: Einmal ökonomisch hoch aktive Regionen, die gewissermaßen als Kuppelprodukt viele Geschäftsreisen zur Akquise, Beratung, Projektdurchführung etc. induzieren; zum anderen Messe- und Kongressstandorte, die aus eigener Initiative Geschäftsreisende auf sich zu ziehen vermögen. Die Entwicklung dieser Destinationen ist also weniger tourismus-endogen, sondern zieht ihre Determinanten aus allgemeinen wirtschaftlichen, wirtschaftspolitischen und standortpolitischen Entscheidungen weitgehend jenseits der Tourismusbranche. Die allermeisten so zu verstehenden Business-Destinationen befinden sich in Städten beziehungsweise in städtischen und/oder industriellen Agglomerationen. Größter Eingriff in die Natur stellen natürlich die Verkehrsinfrastrukturprojekte dar, die als Flughäfen, Schienenwege oder Autobahnen entstehen. Im Vergleich zu den durch die Geschäftsreisen ausgelösten ökonomischen Aktivitäten dürften sich die Auswirkungen durch die sonstige Geschäftsreise-Infrastruktur in Grenzen halten. In Städten wird hochwertige touristische Infrastruktur für den Geschäftsreisenden häufig im Zentrum gebaut und prägt das Stadtbild mit: Große Hotels, Messe- und Kongresscenter oder innovative Verkehrskonzepte wie automatisierte Flughabenzubringer können (müssen aber nicht) architektonisch bereichernd sein und wirken dann wiederum postiv und anziehend auf den Freizeittouristen: explodierende Metropolen wie Hongkong, Shanghai oder Kuala Lumpur können dafür ein Beispiel sein. Eher minderwertige Infrastruktur für weniger gut bezahlte Geschäfts- und Handlungsreisende befindet sich an verkehrlichen Knotenpunkten, in Vororten oder Industriegebieten, die landschaftlich keine Reize aufweisen. Die mit dem allgemeinen ökomischen Wachstum, der zunehmenden Globalisierung und den sinkenden Transportkosten weiter steigenden Geschäftsreisen bedrohen touristische Attraktoren und deren Destinationen vor allem wie folgt: Direkt durch eine zunehmende Landbeanspruchung für Verkehrsinfrastruktur (Startbahnen, Autobahnen wie jene durchs Isental etc.) und indirekt durch nicht internalisierte Umweltbelastungen, die in hohem Maße durch Geschäftsreisen entstehen. In ländlichen Destinationen kann es zu störenden Beziehungen zwischen Freizeit- und Geschäftsreisenden (insbesondere Vertreter, Monteure etc.) kommen, die um das teilweise knappe kostengünstige Übernachtungsangebot konkurrieren.

5.6.7   Die Grenzen des touristischen Wachstums

Bis auf die Einschränkungen insbesondere in 5.6.5. wurde bisher erläutert, dass und warum es zu einer dauerhaften touristischen Expansion kommen kann; die dargestellten Hyperzyklen dürften aber bereits bei einigen Lesern Unbehagen und die Frage ausgelöst haben, ob dies erstens einfach so weitergehen kann und ob dies zweitens überhaupt ,sinnvoll' und ,nachhaltig' ist? Die Fragen sind mehr als berechtigt, können aber in diesem Kapitel nicht eindeutig beantwortet werden, da zu viele Faktoren in diese Antwort hineinfließen[47]. Wohl aber können einige kritische Argumente herausgearbeitet werden, die die Grenzen des touristischen Wachstums beschreiben und dessen Wohlfahrtseffekte diskutieren.

Die Vorteile eines zunehmenden Tourismus sind in der Regel die in dieser Branche generierten Faktoreinkommen, die durch die Nachfrage der Touristen entstehen. Handelt es sich um internationalen Tourismus, handelt es sich zusätzlich um devisenbringende Exporteinnahmen und sich verbessernde Terms of Trade. Werden lediglich partialanalytische Modelle verwendet, die häufig aufgrund unterstellter Unterkapazitäten einen weiteren positiven Multiplikatoreffekt induzieren, werden dem Tourismus eindeutige Wohlfahrtsgewinne zugeschrieben, weil eventuelle Nachteile ausgeblendet werden. Den Vorteilen stehen aber zwei Arten von Wohlfahrtsverlusten durch einen Tourismusboom entgegen: Zum einen sind es direkte Nachteile des Tourismus, die meist als negative externe Effekte auftreten und als Land- und Umweltverschmutzung und/oder als soziale und kulturelle Verluste beschrieben werden. Zum anderen sind es indirekte Effekte, die ein expandierender Tourismussektor über das gesamtwirtschaftliche Gleichgewicht in anderen Sektoren auslösen kann. Überwiegen die negativen die positiven Effekte, vermindert der Tourismus die Wohlfahrt des Gastlandes und wird als ,immiserizing growth' oder ,immiserization of domestic residents' bezeichnet.

Die direkten Effekte (unten in der Grafik: ,neg. ext. E.') sind häufig schnell sichtbar und werden trotzdem oft genug zugunsten der Einkommenserzielung mittels Tourismus billigend in Kauf genommen. Die indirekten Effekte sind schwerer zu identifizieren und theoretisch zu begründen. Nowak et al bestätigt dies und legt interessante Modelle vor: „It is frequently asserted that international tourism may be costly to the host country. A great deal of attention has been paid to the most obvious costs due to externalities associated with tourism activity (pollution, congestion and sociocultural impacts). However, a general equilibrium analysis of the effects of tourism on structural adjustment and welfare in the presence of externalities is lacking. This chapter [und einige andere Beiträge, V.L.] addresses this problem" (Nowak et

---

[47] Hinzu kommt, dass befriedigende Antworten ökonomische Totalmodelle erfordern, die alle relevanten, nicht nur partielle Effekte untersuchen; unabhängig von der generellen Kritik an bestimmten totalanalytischen Modellansätzen, insbesondere des neoklassischen allgemeinen Gleichgewichtsansatzes, erfordern diese, häufig intertemporal-dynamischen, Modelle eine volkswirtschaftliche Methodenkompetenz, die in diesem Buch nicht vorausgesetzt wird. Vgl. Lanza et al. (ed.) (2005), Brau et al. (ed.) (2008), Hernández/León (2013) oder Albaladejo Pina/Martínez-Garcia (2013)

al 2005, S. 100) und zeigen den Weg, wie gesamtwirtschaftliche Wohlfahrtseffekte beeinflusst werden können.

Unbestritten ist erstens, dass ein exogener Tourismusboom den Preis der im Tourismus hergestellten nicht-handelbaren Güter p_T ansteigen lässt – dies ist der eindeutig positive Einkommens- und Terms of Trade-Effekt (Preiseffekt). Zweitens steigt die Entlohnung des im Tourismus intensiv genutzten Produktionsfaktors an; ist der Tourismus arbeitsintensiv, steigt also der Lohn w; ist er hingegen landintensiv, sinkt der Lohn. Drittens kommt es nun zu einer Reallokation des Faktors Arbeit A (Migrationseffekt), die bei steigenden (sinkenden) Löhnen zu einer Zuwanderung aus (Abwanderung in) anderen Branchen und/oder Regionen führen. Viertens: für die Wohlfahrtseffekte ist es nun entscheidend, ob und wie die induzierte Veränderung der Arbeitskraft im anderen Sektor oder in der anderen Region dort positiv oder negativ zu Buche schlägt: Wird dort eine bestehende Suboptimalität vermindert oder verstärkt, ist dies positiv bzw. negativ. Im letzten Fall kann es also geschehen, dass der durch den Migrationseffekt induzierte negative Wohlfahrtseffekt den positiven Preiseffekt übersteigt und die Nettowohlfahrt mit steigenden Touristenzahlen T sinkt. Kommen außerdem noch die oben angedeuteten negativen direkten Effekte via Externalitäten hinzu, wird eine negative Nettowohlfahrt noch schneller erreicht.

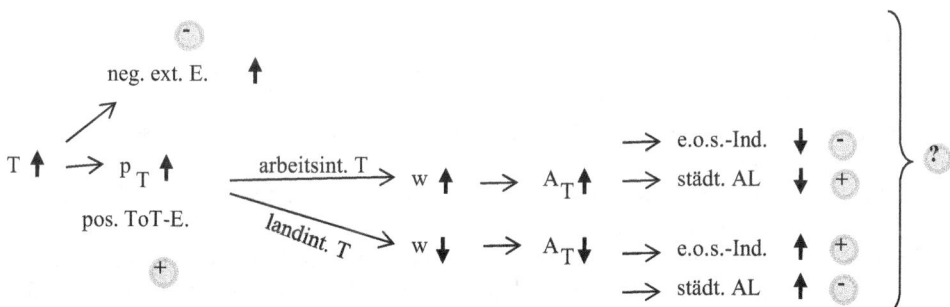

Abb. 5-25: *Ambivalente Wohlfahrtseffekte des Tourismus*
Entwurf: V. Letzner

Die Ausdehnung eines arbeitsintensiven Tourismus erhöht also den Lohn und führt zur Arbeitsmigration in den Tourismus. Wird nun anderen Branchen Arbeitskraft entzogen und es sinkt eine, beispielsweise aufgrund von steigenden Skalenerträgen (economies of scale), bereits suboptimal arbeitende Industrie (,e.o.s.-Ind.') weiter, ist dies schlecht; kommt die Arbeitskraft jedoch beispielsweise aus einem städtischen Arbeitslosenpool AL, wäre dies gut[48]. Die Ausdehnung eines bodenintensiven Tourismus (z.B. Golfplätze, Nationalparks etc.) senkt die Löhne und führt zu einer Arbeitsmigration aus dem Tourismus. Kann sich nun

---

[48]   Den ersten Zusammenhang via suboptimal arbeitende Branchen erläutert Nowak et al (2005), den zweiten Zusammenhang via städtischen Arbeitslosigkeit erläutert Nowak et al (2008), allerdings ohne darauf hinzuweisen, dass die Aussagen über den Vorteil arbeits- oder landintensiven Tourismus in den beiden Beiträgen nicht kompatibel sind und zu einer weiteren Uneindeutigkeit in den Wirkungszusammenhängen führen.

die mit steigenden Skalenerträgen arbeitende Industrie ausweiten, ist dies gut; wandern die Arbeiter hingegen in den städtischen Arbeitslosigkeitspool, ist dies schlecht. Somit ist keineswegs sicher, dass und welche Art von Tourismus die Wohlfahrt eines Landes eindeutig beflügelt. Immiserizing Growth durch den Tourismus ist vor allem dann zu erwarten, wenn ein großer arbeitsintensiver Tourismus konkurrierenden Zukunftsbranchen Arbeitskräfte entzieht und deren Entwicklung behindert – eine nicht zu unterschätzende Gefahr insbesondere für Schwellenländer. Für Entwicklungsländer mit einem großen Arbeitslosigkeitsproblem ist hingegen der landintensive Tourismus gefährlich, der die Arbeitslosigkeit tendenziell vergrößert. Handelt es sich um kapitalintensiven (Bau-) Tourismus, besteht die Gefahr, dass Investitionen in den Tourismus statt in langfristig produktivere Verwendungen fließen. In Industrieländern dürften vor allem die erläuterten direkten Nachteile des Tourismus zu Buche schlagen, da die Branche in diesen Ländern vergleichsweise klein ist und deshalb keine gravierenden Effekte über das gesamtwirtschaftliche Gleichgewicht zu berücksichtigen sind. Und wenn, dann sind vermutlich die Migrationseffekte positiv, denn Tourismus in Industrieländern arbeitet intensiv mit unqualifizierter Arbeit und wenn durch einen Tourismusboom deren Lohn ansteigt, rekrutiert sie sich am ehesten aus dem Arbeitslosenpool und wirkt somit positiv. Negative Schlüsse müsste man allerdings ziehen, wenn sich die unqualifizierte Arbeit aus anderen Branchen, beispielsweise aus der Pflegebranche rekrutiert und dort Probleme verschärft.

Rey-Maquiera Palmer et al präsentiert ein interessantes, wenn auch schweres intertemporales Gleichgewichtsmodell, das den klassischen touristischen Trade-off thematisiert. Die Herstellung der touristischen Infrastruktur benötigt Ressourcen und urbar gemachte Flächen, die dann nicht mehr als Attraktor mit öffentlichem Gutscharakter für Einheimische und Gäste zur Verfügung stehen – die Transformationsbeziehung des Moduls 2: „loss of landscape and cultural and environmental assets reduces the satisfaction of the tourists … and these intangibles … and these assets are intrinsically linked with the [undeveloped] fraction of land devoted to traditional activities." (Rey-Maquiera Palmer et al 2005, S. 60). Die Ergebnisse bestätigen die Intuition, dass eine ungebremste touristische Expansion suboptimal ist, denn für den Fall internalisierter Externalitäten gilt: the „process of tourism expansion stops before reaching the physical carrying capacity due to three factors: the negative effect of congestion, loss of intangible assets on residents' and tourists' utility and the increase in marginal returns to land in the traditional sector." (ebd., S. 65). Können die Kosten der touristischen Expansion jedoch nicht komplett internalisiert werden, besteht die Gefahr, dass die traditionelle Landnutzung und ihre immateriellen Assets verschwinden: „in case this is so, the reason is not a problem of intergenerational conflict, since lower tourism development would increase welfare not only in the steady state but also during the transitional path, but rather the fact that the costs of tourism development are not fully internalized." (ebd., S. 79)

Die Bedeutung eines wirklich nachhaltigen Tourismus in allen, nicht nur in naturräumlich gefährdeten Destinationen wird durch alle vorgestellten Untersuchungen bestätigt. Deren wenig erfreuliche Aussagen müssen sogar noch verschärft werden, denn die besprochenen Modelle beschränken sich auf die (nicht) internalisierten Umwelteffekte in der Destination durch touristische Infrastruktur. Nicht berücksichtigt sind somit jene Schäden, die durch den Transport in die Region entstehen. Insbesondere der Individual- als auch der Flugreiseverkehr sind große Emittenten, die die touristische Destination gravierend schädigen können:

Luftverschmutzung zerstört historische Bausubstanzen oder ganze Inseldestinationen könnten in nicht zu ferner Zukunft gänzlich vom steigenden Meeresspiegel geschluckt werden – von den zerstörerischen Auswirkungen auf Mensch, Tier und Pflanze ganz zu schweigen.

Bleibt als letzte Frage, ob wachsender Tourismus wenigstens den peripheren Regionen dieser Welt zur Entwicklung verhelfen kann oder nicht? Gibt es neben zu geringer Exportbasis, siehe oben Abb. 5-16, und einer nicht erfolgten Entkoppelung von kolonialen Strukturen spezifische Probleme? Ritter beschreibt folgende peripheren Gebiete mit ihren touristischen Herausforderungen (vgl. Ritter 2007, S. 91 ff.):

a) Unterbevölkerte Gebiete könnten durch ‚Fly-in, Fly-out' Konzepte touristisch in Wert gesetzt werden, was aber nur für erstrangige punktuelle Teile möglich sein dürfte.

b) Kleine Exklaven und Inseln haben nur durch den Tourismus eine Chance, insbesondere wenn rückkehrende Migranten ihr Wissen darum mitbringen.

c) Alte interne Peripherien der Überseekontinente werden durch den containergestützten Welthandel weiter abgehängt, während neue Binnenperipherien in den alten Staatshandelsländern Asiens entstehen; Tourismus kann lediglich einen Bewusstseinswandel bringen und Ritter empfiehlt, hier an internationale touristische Freizonen zu denken.

d) (Ehemals) abgeschlossene oder boykottierte Länder klinken sich in der Regel mit teuren Besichtigungsreisen (wieder) in den Tourismus ein.

e) Peripherien älterer Weltwirtschaften entfalten häufig keine eigenen touristischen Initiativen und legen auf Nachhaltigkeit Wert, bieten aber laut Ritter ein interessantes Potential als Alternative zum globalen Tourismus.

Ritter fasst die Bedingungen zusammen, unter denen der Tourismus vergessene ‚Peripherien jenseits der Globalisierung' erfolgreich entwickeln kann:

Internationaler Tourismus ist in begrenztem Maße in der Lage, die Globalisierung am Außensaum der Welt voranzuschieben – wirksamer vielleicht als andere ökonomische Aktivitäten. … [Wobei] ein dringender und großer Güterbedarf … eine Welle von Entdeckertätigkeiten mit nachfolgenden Entwicklungsbemühungen aus[löst], eventuell auch eine Kolonisation. … Genügen mag der Hinweis, dass dem Tourismus bereits die ‚Entdeckung' des Hochgebirges, der Wintersportlagen und der Meeresküste zu verdanken ist. … Nachfragewirksame Steigerungen im internationalen Tourismus [kommen von] … Südeuropäern und Osteuropäern … [und] Ähnliches mag im Großen bevorstehen, sobald Inder und Chinesen das Reisen entdecken. …

Die Ausbreitung des internationalen Tourismus in bisher benachteiligte Peripherien kann dort einen Grad an Wohlstand bringen, wie er niemals von anderen Akteuren zu erhoffen wäre. Seine großbetrieblichen und ferngesteuerten Formen implizieren jedoch auch eine Gefährdung der kulturellen Stabilität der Gastgebergesellschaften. Die Gastgeber werden, wenn überhaupt, erst nach mehreren Generationen solche Destinationen soweit ‚dekolonialisieren' können, dass ihnen das Topmanagement zufällt. Immer besteht die Gefahr zu kurzer Regionallebenszyklen. Gefährdet erscheinen am meisten die kleineren, hochspezialisierten Destinationen, am wenigsten der Städtetourismus … (Ritter 2007, S. 95)

Vorlaufer weist allerding zu Recht darauf hin, dass Reiseländer auf dem Höhepunkt ihrer Entwicklung einen umwelt- und sozialverträglichen Tourismus implementieren müssen, um nicht „in eine Phase des Niedergangs" (Vorlaufer 1996, S. 200) einzutreten. Und in der Tat:

die Grenzen des touristischen Wachstums sind noch lange nicht erreicht. Es steht zu befürchten, dass der rücksichtslose Umgang des Menschen mit seiner Umwelt und die Gier der entwickelten und sich entwickelnden Ökonomien auch beim Thema Tourismus nicht haltmachen wird. Nachhaltiger Tourismus wird vermutlich eine Nische für hochgebildete und kaufkräftige Nachfrager bleiben, während expandierende Destinationen auf schnellen betriebswirtschaftlichen Profit setzen und die volkswirtschaftliche Wohlfahrt dabei übersehen.

5.7   Regionalökonomische Destinationspolitik – einige Schlussfolgerungen

Eines lässt sich mit Sicherheit zu einer regionalökonomischen Destinationspolitik sagen: nichts ist sicher, nichts kann geplant werden! Auch wenn diese Aussage übertrieben sein mag, trifft sie doch einen zentralen Punkt, der auf den vergangenen Seiten in unterschiedlicher Gestalt immer wieder aufgetaucht ist: Regionalökonomische Dynamik ist so komplex, dass einfache Schwarz-Weiß-Aussagen nicht möglich sind. Ohne hier die zentralen Zusammenhänge in und zwischen den Destinationen, die durch Transportkosten, Pull- und Push-Faktoren und katalytische Prozesse determiniert werden, zu wiederholen, seien einzelne regionalpolitische Schlussfolgerungen gewagt.

Disparitätenausgleich: Ein wichtiges regionalökonomisches Ziel in Ländern, aber auch weltweit ist der Aus- oder zumindest Angleich von unterschiedlichen Lebensverhältnissen. Häufig wird Tourismus als eine ‚Allzweckwaffe' verstanden, mit der man billig und schnell unterentwickelte agrarische Regionen nach oben pushen kann. Die vergangene Analyse hat gezeigt, dass es sehr wohl möglich ist, dass einzelne Regionen touristisch expandieren – nur: dieser Prozess verstärkt denn vermindert eher die Disparitäten. „Die staatlichen Maßnahmen zum Disparitätenausgleich gehen gewöhnlich ins Leere, weil die kritischen Engpässe für die nächste Drehung der [o.g. Sachzwang-] Spirale ständig auf anderen Gebieten auftreten und daher von anderen Verwaltungsstäben zu behandeln sind, deren Aktionen kaum koordinierbar erscheinen." (Ritter, 1993, S. 130). Hinzu kommen die stark ambivalenten Wohlfahrtseffekte, sobald neben der direkten touristischen Einkommenserzielung negative Externalitäten und komplizierte gesamtwirtschaftliche Verflechtungen berücksichtigt werden.

Erfolgreiche Destinationen zeigen, dass eine konsequente **Exportbasis-Politik** ausdauernd verfolgt werden muss. Dies bedeutet, dass gewisse Startsubventionen für eine Destination sinnvoll sein können, um die Initialzündung für eine sich selbst verstärkende Entwicklung zu legen. Aber es muss eine falsche Subventionsabhängigkeit vermieden werden und stattdessen auf den komparativen Vorteil der Region gesetzt werden; so hat Thailand zuerst auf einen einfachen und massenhaften Badetourismus gesetzt und nicht die kulturellen oder landschaftlichen Ressourcen in Szene gesetzt; und Bayern sollte nicht auf einem komparativen Nachteil beim Alpinski setzen und stattdessen hochwertigen kulturlandschaftlichen Tourismus voranbringen.

Nichts ist im internationalen Regionenwettbewerb so prägend wie große **Infrastrukturinvestitionen**; der Bau von Eisenbahnen und Kanälen hat einige Länder positiv, andere negativ geprägt – und zwar über Generationen hinweg. Heute sind es Straßen und Flughäfen, die für eine dauerhafte Expansion unabdingbar sind. Doch die Analyse hat gezeigt, dass dies eine Gradwanderung ist, denn eine Übererschließung zerstört das ursprüngliche touristische Potential und führt möglicherweise zu Hotelruinen.

Ganz generell, aber eben auch im Tourismus wird eine nachhaltige **Umweltpolitik** immer wichtiger, denn zerstörte Attraktoren ziehen niemanden mehr an. Sicherlich wird die bisherige Gier der Menschen, immer mehr zu wollen und sich über konsumierte Güter und Dienstleistungen definieren zu müssen, auch weiterhin den Tourismus prägen. Sowohl die immer weiter ausschwärmenden Westler als auch die neue Erfahrungen suchenden Menschen der Schwellenländer induzieren weiterhin extensiven und ressourcenverbrauchenden Tourismus. Vermutlich werden nicht die Einsicht der Menschen, sondern katastrophale Reaktionen des Ökosystems einen gravierenden Bewusstseinswandel bringen. Auch wenn es dann schon zu spät ist, entlässt dies die Destinationen heute nicht aus ihrer Verantwortung, ökologisch und sozial nachhaltig gegenzusteuern und innovative umweltverträgliche Destinationskonzepte zu entwickeln. Gigantische negative externe Effekte (Versiegelung, Zersiedelung, Gesundheitsschädigung, Klimawandel) entstehen insbesondere durch den Individual- und Flugverkehr. Die externen Kosten des Verkehrs in Deutschland betragen jährlich ca. € 260 Mrd. also 8% des deutschen BIP; vgl. BUND (2006), S. 34 und zum naturverträglichen Tourismus S. 55 ff. Neben vielen anderen wichtigen Maßnahmen hilft letztlich nur eine dramatische Verteuerung der Energie- und Transportkosten für private und geschäftliche Mobilität, die national angestoßen und international vereinbart werden muss. Kurzsichtige Lobbyinteressen der Auto-, Flug-, Energie- und Tourismusbranche widersprechen bekanntlich dieser Forderung, die aber nichtsdestotrotz im Interesse aller heute und zukünftig lebenden Menschen mit allem Nachdruck verfochten werden muss.

6 Modul ‚Das Paradoxon‘: Außenwirtschaftstheorie und internationaler Tourismus

Das Modul in Kürze

Tourismus handelt von nicht-handelbaren Gütern und trotzdem kann paradoxerweise die Handelstheorie Struktur und Niveau der internationalen Touristenströme erklären. Verfügbarkeiten, Preis- und Produktdifferenzen und Transportkosten sind die wichtigsten Argumente im Ansatz der realen Theorie. Verschiedene Währungen und verschiedene Währungssysteme, von flexiblen über feste Wechselkurse bis zu Währungsunion prägen die Weltwirtschaft und beeinflussen die nationalen Zahlungsbilanzen. Der Beitrag behandelt, wo und wie internationale Tourismusströme durch monetäre Entwicklungen beeinflusst werden, welche Wirkungen von Auf- und Abwertungen ausgehen und welche Rolle die europäische Währungsunion für den Tourismus spielt.

Leitfragen

Wie kann das internationale touristische Schauspiel behandelt werden, welches Paradoxon könnte vorliegen und wie könnte es aufgelöst werden?

1. Wie kann der internationale Tourismus durch die Handelstheorie erklärt werden und welche Schlussfolgerungen lassen sich daraus ziehen?
2. Was ist das Theorem der komparativen Kostenvorteile und wo und wie lässt es sich in touristischen Belangen anwenden?
3. Wovon ist das touristische Wachstum der Vergangenheit abhängig?
4. Wie hängen Zahlungsbilanz, Wechselkurse und Tourismus zusammen und was beeinflusst was wie?
5. Welche Auswirkungen hatte bzw. hat die Europäische Währungsunion auf den Tourismus?
6. Welche Auswirkungen hat die europäische Wirtschaftskrise auf den Tourismus?

Stichworte

Außenhandel – Preis- und Produktdifferenzen – Faktorpreisausgleichstheorem – Zahlungsbilanz – Wechselkurs – Währungsunion – Euro – Tourismus

6.1   Einführung

Tourismus = Internationalität? Diese Gleichung springt ins Auge und viele vergessen darüber die lokalen Aspekte des Naherholungs- und Familientourismus, der sich meist innerhalb der nationalen Grenzen abspielt. Zweifelsohne aber gibt es einen großen und stark wachsenden internationalen Tourismus mit einem bunten Muster internationaler Touristenströme. Die empirische Bedeutung des internationalen Tourismus fordert eine Erklärung und theoretische Begründung der Touristenströme. Die Antwort, dass die Deutschen eben nach Italien fahren, weil es dort sonnige Strände, Kultur und südliche Lebensart gibt, ist sicher nicht falsch, aber auch sehr unpräzise. Hilfe bietet die Außenwirtschaftstheorie.

Außenwirtschaftstheorie

Reale Phänomene	Monetäre Phänomene

• Arten des internationalen Handels
  • Güterhandel
  • Dienstleistungshandel
  • Faktorhandel
    • Kapital
    • Arbeit
•Bestimmungsgründe, Auswirkungen
  und Austauschverhältnisse des
  internationalen Handels
• Protektionismus
• Integrationstheorie
• Standortdeterminanten
	• Zahlungsbilanzzusammenhänge
	• Geld und Devisen
	• Wechselkursdeterminanten
	• Währungssysteme
	  • flexible Wechselkurssysteme
	  • feste Wechselkurssysteme
	  • feste Systeme mit Bandbreiten
	  • Währungskörbe
	  • Währungsunionen
	• Außenwirtschaftliche Gleich- und
	  Ungleichgewichte
	• Internationaler Konjunktur- und
	  Preiszusammenhang

Abb. 6-1: Außenwirtschaftstheorie im Überblick
Entwurf: V. Letzner nach vielen Vorlagen der Literatur

Die Außenwirtschaftstheorie beschäftigt sich mit den internationalen Wirtschaftsbeziehungen, die zwischen in- und ausländischen Wirtschaftssubjekten, seien es Staaten, Unternehmen oder Haushalte, stattfinden. Themen sind Güter-, Dienstleistungs- und Faktorhandel, Freihandel und Protektionismus, Geld- und Devisenhandel, die Währungsordnungen der Staaten, die Standortentscheidungen der Unternehmen – kurz: alle Aspekte der Globalisierung. Die Außenwirtschaftstheorie beschreibt und erklärt all diese zusammenhängenden Elemente in verschiedenen Teildisziplinen, deren Inhalte anhand der Abb. 6-1 erkennbar sind. Dabei wird üblicherweise in reale und monetäre Phänomene unterschieden. Der erste

Begriff bezieht sich darauf, dass die Untersuchungsgegenstände eng mit der realen Güter- und Dienstleistungsproduktion verknüpft sind. Der zweite Bereich beschäftigt sich vorrangig mit jenen Phänomenen, die durch unterschiedliche Währungen entstehen und sich in den nationalen Zahlungsbilanzen niederschlagen.[49]

Wo befindet sich in dieser Zusammenstellung der Tourismus? Obwohl internationaler Tourismus ein großer und wachsender Bereich der Weltwirtschaft ist, ist er in der bisherigen Literatur der Außenwirtschaft unterrepräsentiert und wird gewöhnlich nicht als eigenständiger Unterpunkt innerhalb der obigen Übersicht gesehen. Beispielsweise sind die Bestimmungsgründe des internationalen Tourismus, Fragen der touristischen Standortwahl oder die Liberalisierung des Dienstleistungshandels innerhalb der EU reale Phänomene. Fragen, wie sich Auf- und Abwertungen oder die Einführung des Euro auf die internationalen Touristenströme auswirken, sind Beispiele für monetäre Aspekte, die im Kapitel ‚Monetäre Außenwirtschaftstheorie und Tourismus' ausführlicher erläutert werden. Mit diesem Modul sollen nicht nur einzelne außenwirtschaftliche Aspekte des Tourismus erläutert werden, sondern auch der Platz des internationalen Tourismus in der Außenwirtschaftstheorie verortet werden.

Um zwei allfällige Verirrungen des Lesers gleich zu Beginn zu vermeiden, sei angemerkt, dass deutscher Tourismusexport durch uns besuchende Ausländer entsteht, während deutscher Tourismusimport entsteht, wenn wir ins Ausland fahren. Nicht die Richtung der reisenden Menschen, sondern die Richtung der dadurch induzierten Geldströme ist entscheidend. Und wenn von „nicht-handelbar" die Rede ist, ist damit die physische Nicht-Handelbarkeit, die Nicht-Transportierbarkeit gemeint.[50]

6.2   Erklärung des internationalen Tourismus durch die Außenhandelstheorie

Beim internationalen Tourismus handelt es sich um eine temporäre Bewegung von Menschen zwischen in- und ausländischen Orten. Nicht hinzu zählt also die dauerhafte Bewegung von Menschen im Zuge der internationalen Migrationen. Internationaler Tourismus dient der Nachfrage (und teilweise auch dem Angebot) von Gütern und Dienstleistungen an anderen Orten. Im Unterschied zum traditionellen Güterhandel kommt nicht das Gut zum Konsumenten, sondern der Konsument begibt sich zum Gut. Und bei der Dienstleistung ist es ebenso, dass sich der Freizeittourist zum Dienstleister im Ausland begibt, um dessen Dienste in Anspruch zu nehmen. Ähnlich handelt der Geschäftsreisende, wenn er Dienstleis-

---

[49]   Vgl. dazu folgende globale, nationale und regionale Standardwerke zur Außenwirtschaftstheorie von Krugman/Obstfeld/Melitz (2011), Rose/Sauerheimer (2006) bzw. Dorn/Fischbach/Letzner (2010). Gute Kurzfassungen zur realen Theorie bieten Kulke (2013) oder Störmann (2009).

[50]   Beispiel zur ersten Anmerkung: die italienische Tomate wird dann zum Exportgut, wenn sie von einem Ausländer gegessen wird – egal ob nach ihrer Reise in München oder nach des Touristen Reise in Rom. Beispiel zur zweiten Anmerkung: Hotelzimmer werden weltweit beliebig ‚gehandelt' – im Sinne des Zugriffs auf ihre Verfügbarkeit; gehandelt i.e.S. und transportiert werden sie als Immobilie natürlich nicht.

tungen im Ausland nachfragt (z.B. die Informations- und Kontaktdienste einer Messe) oder selber Dienstleistungen anbietet (z.B. als Unternehmensberater). Somit kann internationaler Tourismus definiert werden als Reisetätigkeit mit dem Zweck, nicht-handelbare Güter zu handeln. Diese Definition mag auf den ersten Blick paradox erscheinen und die scheinbare Paradoxie kann noch verstärkt werden durch die Feststellung, dass gerade die Handelstheorie in der Lage ist, die Bestimmungsgründe des internationalen Tourismus zu erklären.

Im Folgenden werden drei zentrale Ansätze der Handelstheorie, siehe hierzu die Handelstheorieteile der oben empfohlenen Literatur, zur Erklärung des internationalen Handels erläutert und auf internationale touristische Phänomene, insbesondere auf die Freizeitreise, angewendet.

6.2.1   Nicht-Verfügbarkeit als Erklärungsansatz

Die sicher unmittelbarste und älteste Ursache internationalen Handels ist die Verfügbarkeit bzw. Nicht-Verfügbarkeit bestimmter Güter in verschiedenen Regionen und die daraus resultierende Notwendigkeit, durch Handel den Mangel zu reduzieren. Ganz analog wird der Reisende sich aufmachen, um touristische Attraktoren, die in einer Region nicht vorhanden sind durch Reisen zu besuchen. Die Nicht-Verfügbarkeit von Gütern oder Attraktoren kann dauerhafte oder temporäre Ursachen haben:

Dauerhafte Nichtverfügbarkeit
Hierbei handelt es sich um naturgegebene Ressourcen (z.B. Bernstein, Öl, bestimmte Tier- und Pflanzenarten), die nur an bestimmten Orten vorkommen und nicht oder nur unter ökonomisch nicht sinnvollen Bedingungen substituiert oder hergestellt werden können. Bereits in uralten Zeiten waren die Bernstein-, Salz- oder Seidenstraße vorhanden, um den Austausch der jeweils nicht verfügbaren Güter zu bewerkstelligen. Die touristische Analogie hierzu sind geographische und kulturelle Unikate (z.B. Serengeti, Pyramiden), natürliche Gegebenheiten (z.B. Korallenriffe zum Tauchen oder sonnige Sandstrände in südlichen Gefilden) oder traditionelle Gepflogenheiten und Bräuche (z.B. Karneval in Rio, Bräuche) deren Besuch und Nutzung durch Nicht-Einheimische nur durch entsprechende Reisetätigkeit möglich wird.

Temporäre Nicht-Verfügbarkeit
Viele Güter werden von *Zeitmonopolisten* hergestellt, die durch Gesetze, Absprachen oder technisches Know how für mehr oder minder lange Zeit verhindern können, dass ihnen Konkurrenz entsteht. Dabei kann es sich um Monopolisten i.e.S. (nur ein Anbieter) oder um regionale Branchenmonopole handeln, wie beispielsweise in der Autoindustrie, die zuerst nur in Europa und Nordamerika verfügbar war, bis sich zuerst Japan und inzwischen andere asiatische Länder anschickten, das Automonopol der westlichen Welt zu brechen. Auch im Tourismus gibt es entsprechende Analogien: Erst nach einer gewissen Zeit gelingt es Nachahmern, die Nichtverfügbarkeit bestimmter touristischer Leistungen zu beheben und beispielsweise Golfplätze in Marokko zu bauen oder Ayurveda-Behandlungen außerhalb Indiens anzubieten. Wenn man aufgrund der engen Verbindung von Mozart zu Salzburg (oder von Wagner zu Bayreuth) vielleicht noch von einer dauerhaften Verbindung sprechen kann,

so ist die Festspiel-, Event- und Musicalindustrie eher ein Beispiel dafür, dass sich Nachahmer zeitversetzt über den Globus ausbreiten. Auch der Bau von Abfahrtspisten und Loipen in Hallen ermöglicht es beispielsweise den Emiraten, die eigentlich dauerhafte Nichtverfügbarkeit von Schnee doch zu ändern.

Ein zweiter Grund für temporäre Nicht-Verfügbarkeiten ergibt sich durch *Konjunkturzyklen*. Die einzelnen Phasen der Konjunkturzyklen (Aufschwung, Abschwung etc.) sind in verschiedenen Ländern nie genau parallel, sondern gegeneinander verschoben und während ein Land im Boom mit hoher Nachfrage steckt, leidet ein anderes Land an Unterauslastung. Diese zeitlichen Über- und Unterkapazitäten können mittels der Ventil-Funktion des Handels (ganz oder teilweise) ausgeglichen werden. Auch im Tourismus macht sich dieser Aspekt bemerkbar, wenn beispielsweise eine Fußballweltmeisterschaft in einem Land eine Sonderkonjunktur auslöst und Besucher, die kein Interesse am Fußball haben, in andere Länder treibt. Oder: Im Boom ist mit steigenden Einkommen zu rechnen, die sich unter anderem in verstärkter Reisenachfrage nach anderen Ländern auswirken könnte. Außerdem kommt es durch nicht-parallele Konjunkturphasen zu Wechselkursreaktionen, die die internationalen Touristenströme beeinflussen – ein Phänomen der monetären Theorie, das im Kapitel 6.4 ausführlich behandelt wird.

Der dritte Grund für temporäre Nicht-Verfügbarkeiten sind *Katastrophen*, wie beispielsweise Missernten oder Überschwemmungen, die zum Import der ausgefallenen Güter führen werden. Ähnlich begründet ist die temporäre Verschiebung der internationalen Touristenströme durch Terrorakte, Epidemien oder Tsunamis.

(Nicht-) Verfügbarkeit ist ein sehr wichtiges und leicht nachvollziehbares Argument zur Erklärung von Güter- und Tourismusströmen. Trotzdem versagt es bei der Frage, wieso bestimmte Güter und touristische Dienste importiert werden, obwohl sie im eigenen Land hergestellt werden oder hergestellt werden könnten. Fleischhandel zwischen Deutschland und Argentinien, Autohandel zwischen Deutschland und Italien, Tourismus zwischen den Skigebieten Deutschlands und Österreichs oder zwischen den Küsten Italiens und Frankreichs sind nicht durch Nicht-Verfügbarkeiten erklärbar. Zur Untersuchung dieser Phänomene bietet die Außenhandelstheorie zwei weitere Ansätze.

6.2.2 Preisdifferenzen als Erklärungsansatz

Ursachen der Preisdifferenzen
Obwohl alle Güter in jedem betrachteten Land verfügbar sind, führen Preisdifferenzen dazu, dass jene Waren importiert werden, bei denen das Ausland einen Preisvorsprung besitzt, während jene Waren exportiert werden, bei denen das Inland einen Preisvorsprung gegenüber dem Ausland hat. Ursachen für die Preisunterschiede können vielfältige Gründe haben:

1. Unterschiedliche Produktionsfunktionen: bestimmte produktionstechnische Verfahren und Bedingungen sind anders – man denke an das bereits genannte Beispiel aus der Automobilindustrie, deren Technik sich nur langsam um den Globus verbreitet.
2. Unterschiedliche Faktorausstattung: in jedem Land sind die Menge und Qualität der vorhandenen Produktionsfaktoren (siehe Modul 2) sehr unterschiedlich vorhanden. Der Pro-

duktionsfaktor Boden in Verbindung mit dem Klima ist in Israel für die Orangenproduktion deutlich besser und damit günstiger als in Holland. Und dass ein Land, das reich mit dem Produktionsfaktor ‚Schnee' ausgestattet ist, leichter Skitourismus anbietet als Dubai, wurde bereits sichtbar. Viel entscheidender ist aber letztlich die Frage, wie die Länder mit den Produktionsfaktoren Kapital, qualifizierte und unqualifizierte Arbeit ausgestattet sind und welche Preise für diese Faktoren bezahlt werden müssen: in China ist Arbeit absolut und im Verhältnis zum Kapital so reichlich vorhanden, dass gewaltige Faktorpreisunterschiede zu Deutschland bestehen. Die oben genannten Nicht-Verfügbarkeiten könnten theoretisch auch hier als Spezialfall unterschiedlicher Produktionsfunktionen und Faktorausstattungen (vorhanden – nicht vorhanden) verstanden werden. „Doch dürfte es wohl sinnvoll sein, den Fall der echten Kostendifferenzen von der Nichtverfügbarkeitsthese, also dem Fall fingierter Kostendifferenzen, abzuheben." (Rose/Sauernheimer 2006, S. 385).

3. Unterschiedliches Nachfrageverhalten: gleiche Produktionsbedingungen unterstellt, können unterschiedliche Nachfragemuster zu unterschiedlichen Preisen führen. Man stelle sich vor, die Amerikaner würden keinen Mais mehr essen – die USA würden vermutlich mehr Mais billiger exportieren.

4. Unterschiedliche Steuern, Subventionen oder sonstige administrative Eingriffe des Staates können die Preise verzerren – man denke an das Problem des deutschen Tanktourismus in den grenznahen Regionen vor einigen Jahren.

5. Unterschiedliche Transportkosten beeinflussen die Preise. Dominierend sind die natürlichen Transportkosten, die sich aus Entfernung, Geländeschwierigkeit und Transportmittel ergeben. Es gibt aber auch politische Transportkosten, die künstlich an der Grenze, beispielsweise in Form eines Zolls, erhoben werden.

Preisdifferenzen und Handelsmuster

Es liegt auf der Hand, dass sich Länder auf den Export jener Güter spezialisieren, bei deren Produktion und Verkauf sie geringere Kosten gegenüber dem Ausland haben. Diejenigen Güter, bei denen das Land einen Kostennachteil gegenüber dem Ausland hat, werden hingegen importiert. Nur nebenbei sei bemerkt, dass die angesprochene Spezialisierung natürlich nicht von Regierungsseite verordnet oder eingefädelt wird, sondern dass sich in Marktwirtschaften lukrative Geschäftsmöglichkeiten für Ex- und Importeure ergeben, die die Spezialisierung des Landes de facto herbeiführen.

Nicht-Verfügbarkeiten und Preisdifferenzen erklären den **interindustriellen Handel**: der ‚Exportkorb' eines Landes enthält andere Güter als der ‚Importkorb'. Insbesondere die Nord-Süd-Beziehungen sind durch diesen Handelstyp charakterisiert: komplexe Industriegüter des reichen Nordens werden gegen Rohstoffe, Nahrungsmittel und einfache (Vor-) Produkte des armen Südens und Ostens getauscht. Insgesamt entfällt etwa ein Viertel der bundesdeutschen Exporte und Importe auf Entwicklungs- und Schwellenländer.

Exkurs: Neue Geographie der Weltwirtschaft

Früher (1950 bis 1990) war die Welt dreigeteilt. Der *Norden* (‚1. Welt‘) waren die Industrieländer Westeuropas, Nordamerikas und Japan – die so genannte Triade. Der *Süden* (‚3. Welt‘) waren die armen Entwicklungsländer Lateinamerikas, Afrikas und Südasiens. Der *Osten* (‚2. Welt‘) waren die kommunistischen Regime von der DDR über die Sowjetunion und China bis Vietnam, die sich de facto aus dem Welthandel heraushielten. Diesen Osten gibt es nun nicht mehr und die Länder wurden oder werden als Transformationsländer bezeichnet, die sich im mehr oder minder schnellen Übergang von der Plan- in die Marktwirtschaft befinden. Heute zeigt sich eine neue Dreiteilung: die etablierten reichen Industriestaaten (wie vordem die Triade, aber ergänzt um die mittel- und osteuropäischen Staaten), die ärmsten, nicht-entwickelten Länder (vor allem in Afrika, aber auch in Lateinamerika und in Asien) und die Schwellenländer mit den großen BRIC-Staaten (Brasilien, Russland, Indien, China) und den kleineren Ländern (Argentinien, Südafrika, die Tigerstaaten Südostasiens). Für die Zukunft wird immer mehr gelten, dass sich die Nord-Süd- beziehungsweise Reich-Arm-Charakterisierung immer weniger auf Länder begrenzen lässt, sondern als Trennung innerhalb der Länder und Städte relevant werden wird. Bestimmte Stadtteile Saigons sind so reich, entwickelt und industrialisiert, dass sie der ‚1. Welt‘ zugerechnet werden müssen, während Stadtteile in New York eher zur ‚3. Welt‘ gehören. Die Außenwirtschaftstheorie und Statistik wird sich zukünftig verstärkt diesen intrastaatlichen denn den alten interstaatlichen Mustern widmen müssen.

Kasten 6-1: Neue Geographie der Weltwirtschaft
Entwurf: V. Letzner

Der interindustrielle Handel sei an einem Beispiel erläutert: Es gibt zwei Ländergruppen, Nord und Süd, die das Gut 1, beispielsweise Röntgengeräte, herstellen. Aufgrund einer der oben genannten Gründe sind die Preise sehr unterschiedlich, wenn sich jedes der Länder in Autarkie, das heißt ohne Handel, befinden würde. In diesem Fall wäre in der Abb. 6-2 in jedem Land der Schnittpunkt von Angebots- und Nachfragefunktion (Punkt a) realisiert und im Norden gäbe es einen niedrigen Autarkiepreis p_1^N, während er im Süden mit p_1^S hoch wäre; die Preise sind dabei in *eine* Währung umgerechnet, um vergleichbar zu sein:

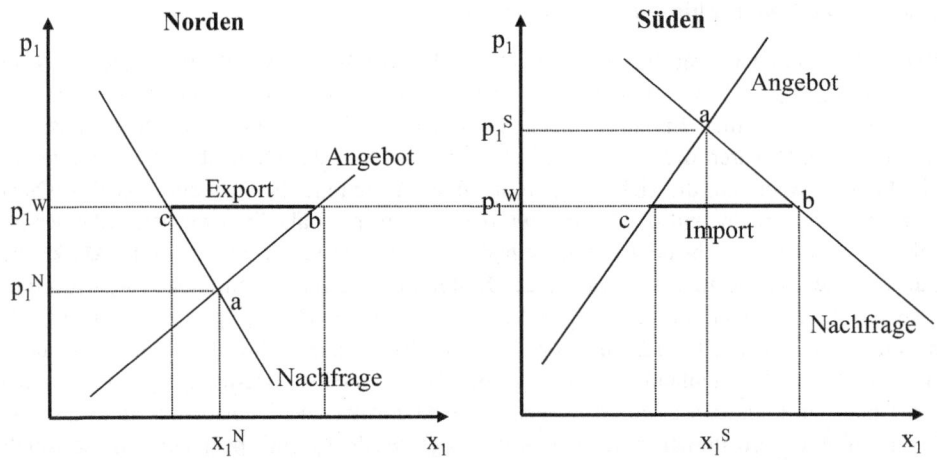

Abb. 6-2: *Handelseffekte*

Entwurf: V. Letzner nach vielen Vorlagen der Literatur

Wenn nun Nord und Süd miteinander Handel treiben, wird sich der Norden auf den Export und der Süden auf den Import von x_1 einrichten. Der Leser möge überprüfen, dass es in der Abbildung nur *einen* Weltmarktpreis p_1^W gibt, der dazu führt, dass die exportierte Menge (die Strecke cb des Nordens) gleich der importierten Menge (die Strecke cb des Südens) ist. Die Wohlfahrtseffekte der Handelsaufnahme sind für beide Länder positiv. Im Norden verlieren zwar die Konsumenten, da sie weniger zu einem höheren Preis bekommen (Punkt c statt a), aber die Produzenten gewinnen überproportional, da sie mehr zu einem höheren Preis verkaufen können (Punkt b statt a). Der Nettowohlfahrtsgewinn als Differenz der gestiegenen Produzentenrente abzüglich der gesunkenen Konsumentenrente ist positiv und entspricht die Fläche abc. Im Süden ist es umgekehrt: die Konsumenten gewinnen mehr (b statt a) als die Produzenten verlieren (c statt a), so dass ebenfalls ein Nettowohlfahrtsgewinn als Fläche abc zu verzeichnen ist. Der Leser möge sich die Mühe machen, nun ganz analog zur Abb. 6-2 die Situation für das Gut 2, vielleicht Orangen, zu skizzieren: der Norden wäre nun der Importeur, während der Süden exportiert.

Zweierlei gilt es bisher festzuhalten: Handel ist für beide Länder vorteilhaft und Handel ebnet die ursprünglichen Preisunterschiede zwischen den Ländern ein. Dieser Preisausgleich ist umso perfekter, je geringer die Transportkosten sind, die ansonsten einen *Keil* zwischen den in- und den ausländischen Preis schieben würden.

Theorem der komparativen Kostenvorteile
Eben zeigte sich, dass Handel für die Handelspartner von Vorteil ist, wenn sich jeder auf seinen absoluten Vorteil spezialisiert. Was ist aber, wenn ein Land keine absoluten Kostenvorteile hat? David Ricardo (1772–1823) hat als erster gezeigt, dass selbst in dieser Situation die Teilnahme dieses Landes am internationalen Handel von Vorteil ist. Es muss sich nur auf seinen komparativen Kostenvorteil spezialisieren, der dort liegt, wo der absolute Nachteil am

kleinsten ist. Finnland war früher sowohl in der Agrar- als auch in der Elektronikproduktion bedeutend schlechter als Deutschland. Klimabedingt ist aber der absolute Nachteil des Landes im Agrarbereich so viel größer als der in der Elektronikindustrie, dass sich das Land auf diesen Bereich mit absolutem Nachteil aber komparativen Vorteil spezialisiert hat – mit sehr viel Erfolg, so dass sich einige Branchen, beispielsweise der Mobiltelefonbereich, inzwischen sogar absolute Vorteile erarbeiten konnten. Umgekehrt gilt auch, dass ein Land, das in allen Bereichen über absolute Kostenvorteile gegenüber anderen Ländern verfügt, nicht in allen Bereichen gleichermaßen besser als die anderen sein wird. Seinen komparativen Vorteil hat es dort, wo sei Vorsprung besonders groß ist, während es seinen komparativen Nachteil dort hat, wo sein Vorsprung gegenüber den anderen Ländern nicht ganz so groß ist. Es sollte sich auch auf den ersten Bereich spezialisieren und diese Produkte exportieren. Produkte, bei denen ein komparativer Nachteil besteht, jedoch importieren.

Generell haben Länder ihren komparativen Vorteil (egal ob es sich um einen absoluten Vor- oder Nachteil handelt) bei jenen Produkten, bei denen jener Produktionsfaktor in der Herstellung besonders intensiv benötigt wird, über den das Land im besonderen Maße verfügt. China hat mit seinem enormen Potential an einfachen Arbeitskräften einen komparativen Vorteil bei eher einfachen Massenprodukten und im Textilbereich. In Indien gibt es neben einer gut ausgebildeten Mittelschicht, die unter anderem auf den Export von Programmierdienstleistungen spezialisiert ist, sehr viele Menschen, die nur ihren Körper anbieten können: hier lässt sich zynischerweise eine gewisse Spezialisierung auf Organexporte feststellen. Japan hat sich inzwischen auf komplexe, forschungsintensive und mit hohem Kapitaleinsatz herzustellende Güter spezialisiert, da es insbesondere über hochqualifizierte Menschen und allerneueste Maschinen und Fertigungsstraßen verfügt. Deutschland hat ganz ähnlich einen hohen Kapitalbestand und insbesondere eine sehr leistungsfähige und sehr gut ausgebildete Facharbeiter- und Handwerkerschicht und spezialisiert sich infolgedessen auf die Branchen, die genau diese Fähigkeiten intensiv benötigen. Und wer hat die besten Wissenschaftler und die meisten Nobelpreisträger und daher eine Spezialisierung auf absolute Spitzentechnologie und Eliteausbildung? Die USA, die momentan das weltweite Innovations- und Bildungsfeld anführen.

Das Theorem der komparativen Kostenvorteile gilt auch in anderen ökonomischen Bereichen. Ein Teamleiter hat zwei Mitarbeiter, von denen A ein genialer Kundenbetreuer und ein guter Organisator ist, während B in beiden Tätigkeiten eher mittelmäßig ist. B hat also absolute Nachteile in beiden Tätigkeiten, aber einen komparativen Vorteil beim Organisieren, denn dort ist sein Defizit nicht ganz so groß wie bei der Kundenbetreuung. Der Teamleiter sollte deshalb A vor allem mit der Kundenbetreuung und B mit dem Organisieren beauftragen. Die bayerischen Alpen sind jetzt und vor allem in Zukunft bezüglich Schneesicherheit und Skitourismus gegenüber Hochgebirgslagen in Österreich oder der Schweiz absolut schlechter gestellt. Der Nachteil beim Alpinski ist deutlich größer als bei Langlauf oder gar bei Wanderurlaub. Der komparative Vorteil der bayerischen Berge liegt somit eher in der (immer länger werdenden) Wandersaison. Die Destination sollte also nicht versuchen, beim immer größer werdenden absoluten Nachteil beim Alpinski zu bleiben, sondern vorausschauend auf den komparativen Vorteil zu setzen und diesen zu stärken.

Zusammenfassend besagt das Theorem der komparativen Kostenvorteile, dass kein Land so benachteiligt sein kann, dass es nicht doch vom internationalen Handel profitieren kann. Je größer sogar die Unterschiede zwischen den Ländern sind, desto größer sind auch die aus unbehindertem Handel resultierenden Wohlfahrtsgewinne. International und in der ökonomischen Praxis, ob in der Schwerpunktsetzung einer Destination oder im Personaleinsatz, besagt das Theorem, dass es keine Verlierer geben muss, sondern dass jeder profitieren kann, wenn auf die relativen Stärken gesetzt wird.

Preisdifferenzen zur Erklärung touristischer Ströme
Welche Produktionsfaktoren werden bei touristischen Produkten besonders intensiv benötigt? Wie bereits im Modul 2 diskutiert, sind es neben dem Erbe, das häufig die jeweiligen touristischen Attraktoren definiert, vor allem Hotels und sonstige Infrastruktur, die die Attraktoren erst erschließen. Vom Hotelbau oder einer modernen Drahtseilbahn abgesehen benötigt die touristische Infrastruktur (immer im Vergleich zu hochwertigen Industrieprodukten gesehen) weder zur Herstellung noch zum Betrieb besonders viele Kapitalgüter, wohl aber relativ viel Arbeit. Und im ganzen Servicebereich im Hotel und beim Transport vor Ort wird darüber hinaus relativ viel einfache oder unqualifizierte Arbeit benötigt. Touristische Produkte sind also meist arbeitsintensiv und benötigen relativ viel (unqualifizierte) Arbeit.

Dem oben erläuterten Theorem zufolge werden sich Länder, die über wenig Kapital, aber viel (unqualifizierte) Arbeit verfügen, auf die Bereitstellung von Tourismus verlegen und Industriegüter im Gegenzug für die Tourismuseinnahmen importieren. In der Realität werden sich immer verschiedene Gründe vermischen. (Foto- oder Jagd-) Safaritourismus in Tansania wird natürlich wesentlich durch eines der genannten Verfügbarkeitsargumente begründet, da es so etwas wie die Big Migration, den Ngorongoro-Krater oder zum Abschuss freigegebene Antilopen eben nirgendwo sonst auf der Welt gibt. Aber diese simple Erklärung muss ergänzt werden um die Kostenaspekte, die eine arbeitsintensive Safari (Fahrer, Jagdbegleiter, Ausstopfer, Versorger, Guide, Ranger etc.) in Afrika vergleichsweise günstig machen. Noch deutlicher wird der Kostenaspekt der reichen Touristen in den warmen Gefilden Amerikas, Afrikas oder Asiens. Den Luxus eines serviceintensiven Fünfsternehotels, einer umfassenden Wellnessbehandlung oder opulenter Menüs können sich die wenigsten in ihren Heimatländern leisten. Hier können arme Länder allerdings in eine Tourismus-Falle laufen; wenn zu viele (Luxus-) Produkte importiert werden, fließen die verdienten Devisen gleich wieder ab und es entsteht kein positiver Multiplikator, s. Modul 5. All-inclusive-Urlaub in der Dominikanischen Republik und überwinternde deutsche Rentner in Tunesien sind genau auf diesen Aspekt zurückzuführen. Neuere Entwicklungen des Tourismus werden dies bestätigen. Pflege und Medizin benötigen viel Arbeit und Pflegeheime für deutsche Alte an der rumänischen Schwarzmeerküste wird es ebenso geben wie den sich immer mehr entwickelnden Medizintourismus beispielsweise zur Gebisssanierung in Ungarn. Auch Sex-Tourismus ist letztlich nichts anderes, als dass sich Länder, in denen es sehr viele Menschen gibt, die nichts anderes als ihren Körper anbieten können, auf diese ausschließlich arbeitsintensive Branche spezialisieren: Südostasien hat sich auf Männer, Afrika auch auf Frauen und die Karibik auf beide Geschlechter aus dem reichen Norden spezialisiert. Das mag zynisch klingen, verwerflich ist es aber nicht, solange die Anbieter erwachsen sind und freiwillig agieren. Bei Kinder- und Zwangsprostitution sieht dies anders aus und die Täter werden international immer mehr als

Verbrecher verfolgt. Das ökonomische Kalkül ist aber auf erschreckende Weise nicht anders als bei anderen Sachverhalten: arme, aber kinderreiche Eltern aus Kambodscha, Sri Lanka und anderen Ländern verkaufen ihre Kinder direkt oder über Umwege an pädophile Perverse aus dem Norden.

Zusammenfassend lassen sich zwei Phänomene mit Preisdifferenzen erklären:

1. Die sogenannte erste Welt exportiert kapitalintensive und hochqualifizierte Arbeit benötigende Produkte in den Süden. Im Gegenzug importiert der Norden aus der dritten Welt Rohstoffe, arbeitsintensive Güter und arbeitsintensive Dienste unter anderem via internationalen Tourismus. Der Anteil der Tourismusausgaben, die sich nicht auf die Herkunftsregion richten, also beispielsweise Reiseausgaben von Deutschen in nicht-europäischen Ländern beträgt immerhin 20% und entspricht etwa 14 Mrd. Euro (Statistisches Bundesamt 2009a, S. 673).
2. Deutschland gilt als ‚Reiseweltmeister' und hat 2012 76 Mrd. Euro ausgegeben und nur 40 Mrd. Euro im Tourismus eingenommen (Statistisches Bundesamt 2013, S. 424). Ist dies auf ein im Vergleich zu anderen Ländern größeres Fernweh der Deutschen zurückzuführen? Nein. Die Gründe liegen woanders: Deutschland ist ein Hochlohnland, verfügt über die weltweit höchsten Löhne und geringsten Arbeitszeiten und hat eine große, im Durchschnitt gut situierte Rentnerschaft. Außerdem ist Deutschland eine Servicewüste; es gibt kaum bezahlbare, arbeitsintensive personenbezogene Dienstleistungen. Die gibt es aber im osteuropäischen und außereuropäischen Ausland – folglich fahren die Deutschen dahin, wo sie sich Service, Massage und Taxifahren noch leisten können. Dies Argument gilt abgeschwächt ganz ähnlich auch für andere Europäer, während die USA einen Niedriglohnsektor und die Japaner viel weniger Freizeit haben. Umgekehrt schrecken die hohen Dienstleistungspreise potentielle Incoming-Touristen ab und Deutschlands Destinationen müssen aufpassen, das Preis-Leistungsverhältnis nicht weiter zu verschlechtern.

Die bisherigen Argumente bezogen sich auf den Handel Güter versus Tourismus. Doch auch innerhalb des Tourismus ist das Theorem der komparativen Kostenvorteile sichtbar. Das Theorem lässt sich an folgendem pointierten Beispiel verdeutlichen: Wenn es drei touristische Produkte gäbe, Natur (N), Kultur (K) und Sonne/Strand/See (S), sähe der Vergleich von Deutschland (D) und Italien (I) wie folgt aus: $N_I \approx N_D$, $K_I > K_D$, $S_I \gg S_D$. Beim Naturular haben beide Länder ungefähr Vergleichbares zu bieten, aber Italien hat bei den beiden anderen Urlaubsarten unzweifelhaft absolute Vorteile. Wenn sich Tourismus nach absoluten Vorteilen richten würde, dürfte es folglich keine Tourismusströme von Italien nach Deutschland geben. Da sich aber Tourismus ebenso wie Güterhandel nach relativen Vorteilen ausrichtet, sind italienische Touristen in Deutschland erklärbar: Der absolute Nachteil Deutschlands ist bei Sonne/Strand/Meer gegenüber Italien sehr viel größer als im Bereich Kultur, wo Deutschland weder mit Florenz und Rom mithalten kann, aber doch gotische Kathedralen, romantische Straßen und Altstädte zu bieten hat. Deutschland hat somit gegenüber Italien komparative Vorteile im Bereich Natur und in gewissen Umfang bei der Kultur. Natürlich mischen sich in der Realität auch Verfügbarkeitsargumente ein, aber die Spezialisierung Deutschlands auf den Bereich Natur und Kultur ist unübersehbar und viele Italiener bevöl-

kern deutsche Seen und Berge mit ihren Wohnmobilen – nicht weil es derartiges in Italien
nicht gäbe, sondern weil es in Deutschland vergleichsweise attraktiver ist.

Das Faktorpreisausgleichs-Theorem

Das Faktorpreisausgleichs-Theorem, nach seinen Entdeckern auch Heckscher-Ohlin-
Samuelson-Theorem genannt, besagt, dass sich unter bestimmten Umständen und in einem
mittel- bis langfristigen Zeitraum die Faktorpreise handeltreibender Länder an- und ausglei-
chen. Zu den Voraussetzungen siehe ausführlich Rose/Sauernheimer (2006), S. 427 ff.; zurzeit kann in etwa eine Halbwertszeit zur Lohnangleichung von 15–20 Jahren angesetzt werden, die aber in Zukunft sinken dürfte. Lange Zeit wurde dieses Theorem als unrealistisch
belächelt – seit der so genannten Globalisierung ist es in aller Munde und verbreitet in den
etablierten Industrieländern Angst und Schrecken. Und in der Tat ist es nichts anderes als ein
Faktorpreisangleich, wenn in China und Indien die Löhne steigen, während sie in Deutschland real sinken oder zumindest nicht mehr ansteigen. Bereits oben wurde gezeigt, dass sich
handeltreibende Länder auf jene Güter spezialisieren, für deren Produktion jene Produktionsfaktoren intensiv benötigt werden, über die das Land relativ reichlich verfügt. Via internationalen Handel werden diese Produktionsfaktoren exportiert – quasi in den jeweiligen Export-
gütern unsichtbar inkorporiert. Die vielfach verbreitete Angst, dass (beispielsweise im Zuge
der EU-Osterweiterung) plötzlich Rumänen in Deutschland vor den Werkstoren stehen und
Lohndumping betreiben würden, ist absurd. Schon sehr viel länger, nämlich mit den importierten, in Rumänien hergestellten Produkten wird günstige rumänische Arbeit nach Deutschland importiert. Es müsste kein einziger Chinese die EU-Grenzen überschreiten und doch
tritt mit jedem Produkt ‚Made in China' konkurrenzlos günstige chinesische Arbeitskraft auf
den hiesigen Arbeitsmärkten an.

Der internationale Kapitalmarkt ist schon längst ausgeglichen und ein Investor fordert von
einer Investition in Südafrika, Kanada oder in der Ukraine die gleiche (risikobereinigte)
Rendite. Bei den Löhnen gibt es immer noch gigantische Unterschiede zwischen den Län-
dern, doch der internationale Handel und der Standortwettbewerb der Unternehmen wird die
Löhne weltweit angleichen. Dieser Angleich wird nicht zwischen der Mehrheit der Afrikaner
und einem Ingenieur in Süddeutschland stattfinden, aber zwischen vergleichbar qualifizierter
Arbeit in den alten Industrieländern einerseits und den Schwellenländern vor allem Süd-,
Ost- und Südostasiens andererseits.

Dass sich die Löhne nie hundertprozentig und vor allem auch sehr langsam angleichen, ist
unter anderem darauf zurückzuführen, dass es nicht-handelbare Güter gibt. Der Faktorpreisausgleich kann nur über direkte Migration oder über indirekten Faktorhandel via internationalen Güterhandel stattfinden. Die Arbeit eines vietnamesischen Friseurs steht deshalb nicht
in Konkurrenz zu seinem Kollegen in Ingolstadt. Außer – und nun kommt seine weltwirt-
schaftliche Rolle ins Spiel – durch den internationalen Tourismus. Internationaler Tourismus
ist ja weitgehend nichts anderes als der Transport von Menschen von A nach B, um dort
Attraktoren und nicht-handelbare Güter zu nutzen. Und plötzlich steht doch der vietnamesische Friseur in direkter Konkurrenz zu seinem bayerischen Kollegen. Zugegebenermaßen ist
der bayerisch-vietnamesische Touristenstrom nicht groß genug, um den Coiffeuren Bayerns
wirklich das Fürchten zu lehren – aber Kur- und Badebetriebe im Allgäu haben längst die
günstige Konkurrenz Ungarns, Tschechiens und Sloweniens gespürt: Die Gäste bleiben ein-

fach weg und fahren nach Osten. So führt also der internationale Touristenstrom zu keinem anderen Ergebnis, als dass plötzlich ein tschechischer Bademeister still und heimlich in Konkurrenz zum bayerischen Bademeister tritt und sich beider Löhne langsam annähern (müssen). Bewegen sich übrigens die derart herausgeforderten Löhne der etablierten Anbieter nicht, kommt es als eine mögliche Ausweichreaktion zur Arbeitslosigkeit der betroffenen Arbeitskräfte.

6.2.3   Produktdifferenzierung als Erklärungsansatz

Wer sich internationale Handelsströme genauer ansieht, wird feststellen, dass ein großer Anteil des internationalen Handels auf Güter entfällt, für die ganz offensichtlich weder Verfügbarkeitsgründe noch Preisdifferenzen als Erklärung dienen können. Da wird ein deutsches Auto nach Frankreich exportiert, während ein französisches Auto importiert wird. In beiden Ländern gibt es eine Autoindustrie und in beiden Ländern gibt es vergleichbare Produktionsvoraussetzungen, so dass es keinen gravierenden Preisunterschied zwischen den beiden Wagen gibt. Deutsche Anzüge werden in Mailand und italienische Anzüge werden in München verkauft und so weiter. Dieses Handelsmuster wird als **intraindustrieller Handel** bezeichnet, der vor allem zwischen Industrieländern im so genannten Nord-Nord-Handel stattfindet und dadurch gekennzeichnet ist, dass Güter *einer* Branche sowohl ex- wie auch importiert werden. Etwa drei Viertel der bundesdeutschen Exporte beziehungsweise Importe gehen in die bzw. kommen aus der EU, USA, ehemaligen GUS-Staaten und Japan.

Ein vergleichsweise junges Gebiet der Handelstheorie erklärt das Phänomen. Zu diesem Theorieansatz, der sich mit Skalenerträgen und unvollständigem Wettbewerb beschäftigt, können nur Stichworte gegeben werden; ausführlicher vgl. z.B. Krugman/Obstfeld (2006), S. 159 ff. Gerade bei sehr hohem Einkommensniveau legen die Konsumenten immer weniger Wert auf Quantität und Preis, sondern auf Qualität und Vielfalt der Güter – Bedürfnisse, die zu ausgeprägtem Markenbewusstsein und oftmals extrem spezialisierten Anbietern mit Nischenprodukten führen. Intraindustrieller Handel unterstützt diesen Wunsch zu mehr Produktdifferenzierung: Konsumenten kommen in den Genuss einer sehr viel höheren Produktvielfalt und Hersteller erreichen für ihre Produktvarianten einen größeren Kundenkreis als ohne Handel.

Dieser Theorieansatz ist in der Lage, touristische Phänomene zu erklären, die sich vor allem innerhalb der entwickelten Länder abspielen:

- große Touristenströme zwischen gleichartigen Reisezielen: italienische Golfer in Deutschland und umgekehrt, österreichische Skifahrer in Kanada und umgekehrt
- starke Vermehrung des Event-Tourismus: Musicals, Festspiele, Marathonläufe, Love-Paraden rund um den Globus
- Kurzreisen: Shopping in Paris, Frühstück in Venedig
- Herausbildung immer spezialisierterer Anbieter für bestimmte Aktivitäten (Sport, Bildung), Regionen (Toskana, Himalaya) und Reiseverhalten (‚alles-inklusive', Rucksackreise)
- ‚Upgrading' der Angebote: vor allem Clubs, Hotelketten und Fluggesellschaften bieten immer exklusivere und hochpreisigere Qualität an.

Bei all diesen Beispielen geht es nicht primär darum, sich 14 Tage zu erholen oder den Eiffelturm zu sehen; es geht vielmehr darum, eine möglichst individuelle Nische zu finden, um sich vom Gros der Urlauber abzuheben. So wie Bergwanderer nicht jeden Tag denselben Gipfel erklimmen, sondern möglichst viele Gipfel auf ihrem Wanderstock vermerken wollen, geht es dem Marathonläufer auch nicht darum, 42 km zu laufen (was er jederzeit durch häufiges Umrunden des heimischen Baggersees tun könnte), sondern sein Anderssein durch das Ablaufen der chinesischen Mauer oder beim Kilimandscharo-Triathlon unter Beweis zu stellen. Und wer mal schnell nach Venedig zum Frühstück fliegt, will ja weder frühstücken noch Venedig sehen, sondern eine sehr ausdifferenzierte, vielfältige Zeitgestaltung mit hohem Prestige- und Neidfaktor erreichen.

6.2.4   Das Wachstum des internationalen Tourismus

In der Nachkriegszeit ist der Tourismusmarkt gigantisch gewachsen. Weltweit gab es 1960 knapp 70 Mio. Ankünfte, die sich bis 2004 mit 750 Mio. weltweiten Ankünften verzehnfachten. Die Personen-Kilometer haben sich in Deutschland, aber ganz ähnlich auch international, von 1960 bis 2000 im Bereich Straße verdoppelt und im Bereich Luft verzwanzigfacht. Die bisherigen Ausführungen – Verfügbarkeiten, Preis- und Produktdifferenzierungen – gaben Auskunft über die Zusammensetzung und Richtung (Struktureffekt) der internationalen Tourismusströme. Zur Erklärung des Volumens (Niveaueffekt) des internationalen Tourismus sind andere Argumente heranzuziehen. Soziologen und Psychologen mögen auf Identitätsverluste in der Heimat, Fernweh oder zunehmende Abenteuerlust in einer langweiligen Bürowelt hinweisen, die in Verbindung mit mehr Freizeit die größere Mobilität begründen. Sicher richtige Argumente, die aber letztlich irrelevant sind, denn es sind vier ökonomische Erklärungen, die für den Niveaueffekt herangezogen werden müssen.

1. Wie auch beim Güterhandel spielen zur Erklärung der stark gestiegenen privaten und geschäftlichen Reisetätigkeit die angebotsseitig wirkenden Transportkosten eine wesentliche Rolle. Die starke Senkung der realen Transportkosten durch technischen Fortschritt (Fliegen statt Segeln, neue Kommunikationsmedien), eine reale Verbilligung der Rohstoffpreise durch sich verbessernde Terms of Trade (siehe unten), Liberalisierung der Luftverkehrsmärkte und Abbau politischer Hemmnisse (Schengen-Abkommen in Europa, Aufhebung des Reiseverbots im Ostblock) hat jegliche Reisetätigkeit nicht nur nominal, sondern auch real, das heißt im Vergleich zu anderen Konsummöglichkeiten verbilligt. Im Modul 5 wurde belegt, dass der Benzinpreis in den letzten 50 Jahren real um 60% gesunken und der Lufttransport pro Passagier und Meile in den 50 Jahren bis 2000 real um annähernde 80 % gesunken ist.
2. Ein nachfrageseitiges Argument zur Erklärung des Tourismuswachstums ist die Einkommensentwicklung und -verteilung. Das reale Bruttosozialprodukt Deutschlands hat sich in 50 Jahren etwa versiebenfacht, der Reallohn etwa versechsfacht. Ähnliche Entwicklungen gelten für alle Industrieländer, während die nicht-entwickelten Länder teilweise sogar reale Rückgänge erfuhren und die Schwellenländer seit einigen Jahren mit zweistelligen Wachstumsraten versuchen, ihren noch immer sehr großen Rückstand zu verkleinern. Die Einkommensunterschiede sind groß und nur 15% der Weltbevölkerung

in Europa und Nordamerika erwirtschaften und erhalten 65% des Welteinkommens. Da es sich beim Tourismus in der Regel um ein superiores Gut handelt, also eines, bei dem die Nachfrage positiv auf Einkommensänderungen reagiert, erklärt der Einkommenseffekt einen Gutteil des Tourismuswachstums. Teilweise ist Reisen auch ein Luxusgut, bei dem die Einkommenselastizität größer Eins ist und so den Einkommenseffekt nochmals verstärkt. Vermutlich wird eine zunehmende Ungleichheit – sowohl innerhalb der Länder als auch global – die Tourismusnachfrage stimulieren, da die Konsumneigung der besser gestellten Weltbevölkerung besonders hoch ist. Relevant werden vor allem die (bereits heute großen und weiter) wachsenden Mittel- und Oberschichten Indiens und Chinas, die heute einen bemerkbaren Binnentourismus aufweisen und zukünftig einen dominierenden Outgoing-Tourismus darstellen werden.

3. Der internationale Fernreisetourismus profitiert außerdem (wie sonstiger interindustrieller Handel auch) von der stetigen Verbesserung der Terms of Trade zugunsten der Industrieländer. Die Terms of Trade beschreiben das reale Austauschverhältnis, „da diese Relation angibt, welche Importgütermengen die Volkswirtschaft durch Hergabe einer Einheit des Exportgutes zu kaufen vermag. Eine Verbesserung der terms of trade … würde also bedeuten, dass man mit dem Erlös für eine exportierte Einheit eine größere Menge an Importgütern erhält als bisher und umgekehrt." (Rose/Sauernheimer 2006, S. 94 f.). Das heißt nichts anderes, als dass der Import von Gütern und touristischen Dienstleistungen aus armen Ländern den reichen Ländern immer günstiger kommt und deshalb zunimmt.

4. Ein weiterer wichtiger Erklärungsbaustein für das Tourismuswachstum sind Geschäftsreisen, die im Zuge der Globalisierung ebenfalls stark gestiegen sind. Der Welthandel hat sich in den vergangenen 30 Jahren ungefähr vervierfacht, die Direktinvestitionen haben sich verzehnfacht, Outsourcing und Offsharing sind gerade in letzter Zeit deutlich gestiegen – und damit auch die Geschäftsreisen, die zur Anbahnung und Abwicklung des globalen Geschäfts nötig sind. Nähere Erläuterungen zu den Bestimmungsgründen der Geschäftsreise finden sich im Modul 3 in diesem Buch.

6.3 Weitere touristische Aspekte der realen Theorie

Die Protektionismustheorie (vgl. Rose/Sauernheimer 2006, IV. Teil) beschäftigt sich mit den Instrumenten, den Ursachen und den Wirkungen des Protektionismus. Für die internationalen Tourismusströme spielt der Protektionismus aber kaum eine Rolle, wenn man einmal von Reisewarnungen und hohen und/oder umständlichen Visaanforderungen absieht. Der Grund liegt in folgendem Phänomen. Weit überwiegend werden nur importbehindernde Maßnahmen politisch verhängt, weil diese eine Umverteilung von der Konsumentenrente zur Produzentenrente zur Folge haben. Diese Umverteilung wird von den Lobbys der Produzenten herbeigeführt, die aufgrund des hohen Pro-Kopf-Umverteilungsgewinns ein starkes Interesse daran haben. Die Konsumenten verlieren pro Kopf vergleichsweise wenig, haben deshalb keine Lobby und verlieren regelmäßig in diesem Verteilungskampf, so Olsons Lobbytheorie. Touristische Importbeschränkung in dieser Logik würde somit bedeuten, dass Staaten ihren Bürgern das Ausreisen erschweren oder verbieten würden – seit 1989 gibt es nur noch wenige Länder, die dieses elementare Recht auf Freizügigkeit beschneiden. Touristische Exportbeschränkungen sind aufgrund des Lobbyargumentes selten. Hohe Einreisehürden sind vor allem dann zu finden, wenn die vermutete Immigration unerwünschter Arbeitssuchender verhindert werden soll; die Behinderung einreisender Touristen ist dabei ein unbeabsichtigter Nebeneffekt. Die bekannteste Ausnahme von der Regel ist Bhutan, das seinen Incoming-Tourismus mit hohen Einreisehürden, also hohen Exportzöllen und -kontingenten, streng reglementiert. Offizielles Ziel ist der Schutz der traditionellen Lebensweise vor überbordenden und die Kultur beschädigenden Touristenströmen.

Die Integrationstheorie beschreibt die Formen ökonomischer Integration:
• Präferenzzonen
• Freihandelszonen
• Zollunionen
• Gemeinsame Märkte (Binnenmärkte)
• Wirtschaftsunionen (ökonomische Unionen)

Die Europäische Union ist sicherlich das wichtigste Beispiel für ökonomische Integration und auf die Bedeutung der gemeinsamen Geldpolitik für den Tourismus wird weiter unten eingegangen. Wenn, dann hat ansonsten der Binnenmarkt gewissen Einfluss auf den Tourismus, beispielsweise durch den Erlass der europäischen Dienstleistungsrichtlinie. Daneben gibt es im Bereich der eigentlich garantierten Arbeitsfreiheit innerhalb der Union immer wieder Probleme beim Schutz lokaler Reiseführer und -leiter zulasten ihrer auswärtigen und ausländischen Kollegen. Natürlich hat das Schengen-Abkommen insbesondere den grenznahen Länderwechsel erleichtert, aber der eigentlich relevante Einfluss des Binnenmarktes auf den Tourismus dürfte ein indirekter sein. Der Binnenmarkt hat Wohlstand und Einkommen insgesamt deutlich gehoben (s. Cecchini et al 1988 und Letzner 1997) und dadurch die Tourismusnachfrage gesteigert. Er hat insbesondere einigen (peripheren) Ländern eine erstaunliche Wirtschaftsentwicklung beschert, die aber – wie momentan erkennbar – nicht immer nachhaltig war. Irland, Spanien, Portugal, Italien und andere sind nicht mehr nur Urlaubsziele, sondern stellen inzwischen einen merkbaren Quellmarkt für mitteleuropäische Destinationen dar. Die Europäische Union der letzten 60 Jahre ist eine ökonomische und politische Erfolgsgeschichte, die ungeahnten Wohlstand, Frieden und Freiheit für ihre Bürger gesichert hat und damit den großen europäischen Binnentourismus in jeder Hinsicht stimuliert hat. Ähnliches passiert seit 2004 mit der Integration der 10 mittel- und osteuropäischen Staaten, die ebenfalls wirtschaftlich aufholen werden und dann nicht mehr nur als attraktive Destinationen, sondern auch als zunehmend wichtige Quellmärkte relevant werden. Momentan wird heftig um das transatlantische Freihandelsabkommen TTIP (Transatlantic Trade ans Investment Partnership) gerungen; insbesondere in Europa werden Bedenken artikuliert, dass einerseits Gesundheits- und Umweltstandards aufgeweicht und andererseits unkontrollierte Schiedsgerichte Rechtsstandards gefährden könnten. Welche (Kompromiss-) Lösung sich abzeichnen wird, war zu Redaktionsschluss (April '14) noch offen, doch ist zu hoffen, dass das Freihandels-Baby nicht mit dem Bade ausgeschüttet wird. Größere touristische Strömungsverschiebungen sind aber erstmal nicht zu erwarten.

6.4 Monetäre Außenwirtschaftstheorie und Tourismus

6.4.1 Zahlungsbilanz, Wechselkurs und Tourismus

Zahlungsbilanz und Dienstleistungsbilanz

Die Zahlungsbilanz erfasst alle ökonomischen Transaktionen eines Jahres zwischen inländischen und ausländischen Wirtschaftssubjekten, also zwischen privaten und öffentlichen Haushalten, Unternehmen und sonstigen Organisationen. Die Zahlungsbilanz wird in zwei große Teilbilanzen gegliedert, die sich wiederum aus Unterbilanzen zusammensetzen:

1. Leistungsbilanz:
1.1 Einfuhr und Ausfuhr von Gütern (= Handelsbilanz)
1.2 Dienstleistungen (= Dienstleistungsbilanz, siehe unten genauer)
1.3 Erwerbs- und Vermögenseinkommen, beispielsweise Dividenden, Pachten oder Zinsen
1.4 laufenden Übertragungen von privaten Personen (beispielsweise Überweisungen von Gastarbeitern nach Hause) oder staatlichen Stellen (beispielsweise an die EU oder an Entwicklungsländer)
1a) Vermögensübertragungen privater oder staatlicher Stellen[51]

2. Kapitalbilanz, die die Veränderungen der Verbindlichkeiten und Forderungen gegenüber dem Ausland verbucht[52]
2.1 Direktinvestitionen
2.2 Wertpapiere
2.3 übriger Kapitalverkehr, insbesondere Kredite
2.4 Veränderung der Währungsreserven der Deutschen Bundesbank (= Devisenbilanz)

3. Saldo der statistisch nicht aufgliederbaren Transaktionen, als ‚Sammeltopf‘ für alles, was den beiden Bilanzen nicht zuordenbar ist.

Die folgende Abb. 6-3 zeigt die verschiedenen Elemente der Zahlungsbilanz mit ihren jeweiligen Zahlungsein- und -ausgängen:

---

[51] Bis 1995 wurden die laufenden und die Vermögensübertragungen in der Übertragungsbilanz zusammengefasst; seitdem sind die Vermögensübertragungen aus der Leistungsbilanz herausgenommen.

[52] 2.1 Direktinvestitionen, 2,2 Wertpapiere und 2.3 übriger Kapitalverkehr können als Kapitalbilanz i.e.S. verstanden werden.

Zahlungs**eingang**	D	Zahlungs**ausgang**

Leistungsbilanz (Ausfuhr):
Export von Gütern und Dienstleistungen
Erwerbs- und Vermögenseinkommen
   vom Ausland
Empfangene Übertragungen

Kapitalbilanz (Kapitalimport):
neue Schulden gegenüber dem Ausland
Kapitalrückzahlungen durch das Ausland

Leistungsbilanz (Einfuhr):
Import von Gütern und
Dienstleistungen
Erwerbs- und Vermögenseinkommen
   an das Ausland
Gegebene Übertragungen

Kapitalbilanz (Kapitalexport):
neue Kredite an das Ausland
Kapitalrückzahlungen an das
Ausland

Abb. 6-3: *Struktur der Zahlungsbilanz*
Entwurf: V. Letzner

Wie bei der doppelten Buchführung ist jede Bilanz per definitionem ausgeglichen. Dies ist in der Tab. 6-1 an der Addition der beiden Teilsalden Leistungs- und Kapitalbilanz (und der beiden ergänzenden Salden 1a) und 3.) zu Null zu erkennen. Aus der volkswirtschaftlichen Gesamtrechnung ist dem Leser vielleicht noch bekannt, dass bei jedem Pol innerhalb des Kreislaufmodells ex post gelten muss, dass Zuflüsse gleich Abflüsse sind; auch dies ist hier gegeben, da alle Zahlungseingänge vom Pol ‚Ausland' allen Zahlungsausgängen zum Ausland entsprechen. Statistisch ist also die Zahlungsbilanz immer ausgeglichen. Was ist aber dann gemeint, wenn immer wieder von unausgeglichenen Zahlungsbilanzen die Rede ist? Da es hierüber verschiedene Ansichten gibt, sei die herrschende Auffassung erläutert, die sich auf die besondere Rolle der *Veränderungen der Währungsreserven*, den Devisenbilanzsaldo bezieht[53]. Der Leser möge sich eine Zahlungsbilanz vorstellen, bei der einem Leistungsbilanzüberschuss von 200 Mio. € Kapitalexporte in Höhe von 150 Mio. € gegenüberstehen (= Saldo der Kapitalbilanz i.e.S. aus 2.1 + 2.2 + 2.3). In diesem Fall fließen dem Land Devisen im Gegenwert von 50 Mio. € zu und man spricht von einer *aktiven* Zahlungsbilanz, während eine *passive* Zahlungsbilanz von einem Devisenabfluss geprägt wäre. Und eine – im materiellen Sinn – ausgeglichene Zahlungsbilanz bedeutet, dass der Devisenbilanzsaldo Null ist und sich am Devisenbestand eines Landes nichts ändert. Ob und wie es zum so definierten Ausgleich der Zahlungsbilanz kommt, hängt, wie später zu sehen sein wird, vom Währungsregime des Landes ab.

---

[53]   Devisen sind ausländische Bankguthaben, Geldmarktanlagen und Bargeld (Sorten) in Händen von Inländern.

Zahlungsbilanz Deutschlands in 2012 in Mio. Euro			
	Ausfuhr (Zahlungseingang)	Einfuhr (Zahlungsausgang)	Saldo*)
1.1 Warenverkehr (fob)	1.172.753	994.989	177.764
1.2 Dienstleistungsverkehr	210.582	230.474	–19.892
1.3 Erwerbs- und Vermögenseinkommen	197.533	133.160	64.373
1.4 Laufende Übertragungen	18.779	55.602	–36.823
1. Leistungsbilanz	**1.599.648**	**1.414.225**	**185.423**
1a) Vermögensübertragungen	4.044	4.004	40
	Veränderung der Verbindlichkeiten oder Kapitalimport (Zahlungseingang)	Veränderung der Forderungen oder Kapitalexport (Zahlungsausgang)	Saldo*)
2.1 Direktinvestitionen	5.109	52.088	–46.979
2.2 Wertpapiere	42.250	125.840	– 83.590
2.3 Übriger Kapitalverkehr	74.584	177.591	–103.007
2.4 Veränderung der Währungsreserven der Deutschen Bundesbank	—	1.297	–1.297
2. Kapitalbilanz	**121.943**	**356.815**	**–234.872**
3 Saldo der statistisch nicht aufgliederbaren Transaktionen	—	–9.409	49.409

Tabelle 6-1: *Zahlungsbilanz*
Quelle: Statistisches Bundesamt (2013), S. 424 und eigene Berechnungen
*) „+" bedeutet Zahlungseingang, „–" bedeutet Zahlungsausgang

Tourismus findet sich in der Dienstleistungsbilanz. Der Dienstleistungsverkehr setzt sich aus Reiseverkehr, Personenbeförderung, diversen Logistik- und Transitdiensten, Versicherungs- und Finanzdienstleistungen, Entgelte für selbständige Arbeit, Bauleistungen und sonstige kleinere Posten zusammen, die zu Zahlungseingängen nach Deutschland (Dienstleistungs- ausfuhr) oder zu Zahlungsausgängen aus Deutschland (Dienstleistungseinfuhr) führen.

Dienstleistungsbilanz Deutschlands 2012 in Mio. Euro			
	Ausfuhr (Zahlungseingang)	Einfuhr (Zahlungsausgang)	Saldo*)
Reiseverkehr und Personenbe- förderung	40.207	75.612	–35.405
Frachten, Hafendienste, sonsti- ger Transport und Transit	54.290	42.425	11.865
Versicherungen und Fin.dienste	15.602	6.090	9.512
Werbe- und Messekosten	4.389	5.028	–639
Lizenzen und Patente	10.773	9.483	1.290
Arbeitsentgelte	55.006	56.678	–1.672
Bau, Montagen	8.171	6.156	2.015
Regierung**)	3.929	831	3.098
Andere Dienstleistungen	18.214	25.391	–7.177
Dienstleistungen	**210.582**	**230.474**	**–19.892**

Tabelle 6-2: Dienstleistungsbilanz
Quelle: Statistisches Bundesamt(2013), S. 424 und eigene Berechnungen
*) „ + “ bedeutet Zahlungseingang, „ – “ bedeutet Zahlungsausgang
**) einschl. Einnahmen von ausländischen militärischen Dienststellen

Die Tabelle zeigt deutlich, dass die Bundesrepublik in vielen Dienstleistungsbereichen Net- toimporteur ist, also mehr Dienstleistungen im Ausland einkauft als verkauft. Der Tourismus mit seinem Negativsaldo in Höhe von 35 Mrd. € dominiert die Bilanz. Hier schlägt sich in Zahlen nieder, was als Schlagwort vom ‚Reiseweltmeister Deutschland' bereits kommentiert wurde. Um die Zahlungsbilanz im Wirtschaftskreislauf einer offenen Volkswirtschaft darzu- stellen, muss das güterwirtschaftliche Gleichgewicht, das aus der volkswirtschaftlichen Kreislauftheorie bekannt ist, neu definiert werden. Neben dem Volkseinkommen Y, den privaten und staatlichen Konsum C und die Investitionen I kommen nun die Exporte X und die Importe M hinzu, wobei die Differenz (X – M) als positiver oder negativer Außenbeitrag bezeichnet wird und vereinfacht dem Saldo der Leistungsbilanz entspricht. Das güterwirtschaftliche Gleichgewicht lautet demnach

(1) $Y = C + I + (X - M)$

und besagt, dass die Einkommensentstehung immer gleich der Einkommensverwendung ist. Eine Umformulierung zeigt:

(2) $C = Y - I - (X - M)$

Ist ceteris paribus die Leistungsbilanz positiv, ist der Konsum kleiner als bei einer ausgeglichen Leistungsbilanz, da ja mehr Güter und Dienstleistungen an Ausländer fließen als umgekehrt. Bei einer negativen Leistungsbilanz kann der Konsum größer sein als bei einer ausgeglichen Leistungsbilanz, da nun mehr Güter und Dienstleistungen an Inländer fließen als umgekehrt. Da für die Ersparnis S gilt:

(3) $S = Y - C$

führt die Kombination von (1) und (3) zu:

(4) $S = I + (X - M)$

Aus dieser einfachen Gleichung sind einige interessante Erkenntnisse zu ziehen. Eine positive Leistungsbilanz muss aus der inländischen Ersparnis finanziert werden, ist also eine Verwendung der Ersparnis im Ausland. Eine defizitäre Leistungsbilanz wirkt wie eine zusätzliche Kreditaufnahme (oder Entsparen) im Ausland. Dieser Zusammenhang kann durch einen Blick zurück auf Leistungs- und Kapitalbilanz verdeutlicht werden, die wie zwei Seiten einer Medaille zusammenhängen. Folgende Beispielsbilanz verdeutlicht dies:

Tabelle 6-3: Aktive Zahlungsbilanz			
	Ausfuhr	Einfuhr	Saldo
Leistungsbilanz	1.000.000	900.000	100.000
	Veränderung der Verbindlichkeiten	Veränderung der Forderungen	Saldo
Kapitalbilanz i.e.S.	200.000	250.000	–50.000
Devisenbilanz		50.000	–50.000
Kapitalbilanz	200.000	300.000	–100.000

Tabelle 6-3: *Aktive Zahlungsbilanz*
Entwurf: V. Letzner

Ein Leistungsbilanzüberschuss geht zwingend mit einer Zunahme der Nettoforderungen des Landes gegenüber dem Ausland einher. Das Inland baut also seine Gläubigerposition aus (oder verringert eine eventuelle Schuldnerposition), indem es Forderungen gegen das Ausland kauft oder seine Devisenbestände erhöht – und Devisen sind nichts anderes als Forderungen gegenüber dem Heimatland der Devisen, denn ein Dollarschein ist quasi ein Schuldschein gegenüber den USA. Analog führt ein Leistungsbilanzdefizit immer zu einer Zunahme der Nettoverbindlichkeiten gegenüber dem Ausland und das Inland vergrößert seine Schuldnerposition (oder verringert eine eventuelle Gläubigerposition), indem es beispielsweise Kredite im Ausland aufnimmt oder Devisenreserven abgibt. Der Leser kann die Tabelle 6-3 leicht so umbauen, dass eine passive Zahlungsbilanzsituation dargestellt wird.

Viele Politiker sehen in Leistungsbilanzüberschüssen und dem Ausbau einer Gläubigerposition ein positives Wirtschaftsziel. Dem sei aber zweierlei entgegen gehalten. Erstens: Weltweit gesehen kann es nicht nur Gläubiger geben und die Gegenposition jener Länder, die immer stärker in die Schulden gezwungen werden, wird mittelfristig immer instabiler. Während beispielsweise Deutschland oder Japan (und inzwischen auch China) seit Jahren und Jahrzehnten Leistungsbilanzüberschüsse produzieren, hat die USA kumulierende Leistungsbilanzdefizite. Die schon von vielen Analysten längst prognostizierte große Währungskrise der USA konnte bisher vermieden werden, da die USA mit dem Dollar quasi Weltzentralbankgeld schöpfen können – das Grundproblem, dass die USA über ihren Verhältnissen leben, ist damit nicht behoben. Und jüngst: im November 2013 hat die europäische Kommission im Rahmen des Frühwarnsystems für makroökonomische Ungleichgewichte erstmals die Bundesrepublik wegen ihres hohen Leistungsbilanzüberschusses untersucht. Zweitens: Permanente Leistungsbilanzüberschüsse heißen auch, dass sich ein Land andauernd weniger leistet als es sich leisten könnte (siehe Gleichung (2)): Übersparen ist aber gesamtwirtschaftlich so wenig empfehlenswert wie übertriebene Konsumtion. Da ohne den defizitären Tourismusbereich die Leistungsbilanz ‚noch aktiver‘ wäre, ist aus gesamtwirtschaftlicher Sicht an der Reiselust der Deutschen nichts Schlechtes zu finden. Schlecht wäre es aber, daraus die Schlussfolgerung zu ziehen, dass der Incoming-Tourismus vernachlässigt werden dürfe.

Wechselkurs und Tourismusströme
Auf dem Devisenmarkt treffen Devisenangebot und Devisennachfrage aufeinander und es bildet sich ein Preis für Devisen. Dieser Preis für Devisen wird **Wechselkurs** w genannt, der den Preis für einen Dollar in Euro, also 0,80 €/$ angibt (= Preisnotierung des Dollar, die man üblicherweise in wissenschaftlichen Beiträgen verwendet). Reziprok kann auch der Wechselkurs w′ definiert werden, der die Menge an Dollar angibt, die man für einen Euro erhält, also 1,25 $/€ (= Mengennotierung des Dollar, wie man sie üblicherweise in der Zeitung findet). Wer im internationalen Geschäftswesen mit einer inländischen Brille auf ausländische Preise sieht, muss immer zwei Komponenten beachten: den eigentlichen Preis in Auslandswährung und den Wechselkurs. Mit dem Wechselkurs lassen sich die in verschiedenen Währungen notierten Preise in andere Währungen umrechnen. Kostet ein Hotelzimmer in den USA 175 $, multipliziert man mit w, um den Europreis zu erhalten: 175$·0,80€/$=140€.

Ein europäisches Hotelzimmer für 150 € lässt sich durch Multiplikation mit w′ in einen Dollarpreis umrechnen: 150€·1,25$/€=187,50$. Genaue Formeln zum Rechnen mit Wechselkursen finden sich im Anhang.

Doch woher kommen Devisenangebot und -nachfrage? Durch alle internationalen Transaktionen, die in der Zahlungsbilanz zu Zahlungseingängen von Nicht-Euro-Besitzern führen, also beispielsweise *Verkäufe* von Waren, Diensten oder Forderungen an Amerikaner, fließen den Inländern Devisen zu, die sie im Inland anbieten und in nationale Währung umtauschen wollen: das **Devisenangebot**. Ein Beispiel aus dem Tourismus mag dies verdeutlichen. Ein deutsches Hotel beherbergt Amerikaner; fakturiert das Hotel ausschließlich in Euro, wird der Gast vorher seine Dollar bei einer Bank in Euro umtauschen oder mit Kreditkarte bezahlen (dann tauscht eben das emittierende Institut). Ist das Hotel kundenfreundlich, erlaubt es auch eine direkte Bezahlung mit Dollar, die nun wiederum das Hotel bei seiner Bank umtauscht, um seine Angestellten und sonstigen inländischen Rechnungen mit Euro bezahlen zu können. Der Verkauf einer einheimischen Dienstleistung an einen Nicht-Euro-Besitzer erhöht also das Devisenangebot. Und umgekehrt fragen Inländer durch internationale *Käufe* von Waren, Diensten oder Forderungen Devisen nach, um im Ausland damit ihre Einkäufe zu bezahlen: die **Devisennachfrage**. Der Leser möge sich diesen analogen Sachverhalt durch einen deutschen Touristen in New York verdeutlichen. Devisenangebot und -nachfrage lassen sich in Abb. 6-4 veranschaulichen:

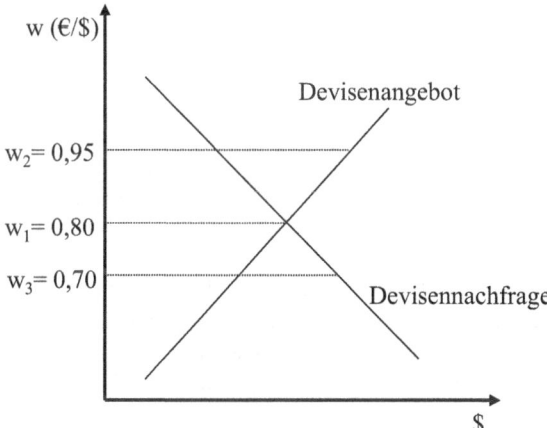

Abb. 6-4: *Der Devisenmarkt*
Entwurf: V. Letzner nach vielen Vorlagen der Literatur

Je höher der Wechselkurs (in Preisnotierung) ist, beispielsweise 0,95 €/$ statt 0,80 €/$, desto *teurer* ist der Dollar und der Import aus dem Dollarraum geht zurück: die Nachfrage hat den bekannten fallenden Verlauf. Je teurer aber der Dollar, umso *billiger* ist umgekehrt der Euro und der Export aus dem Euroraum steigt und, elastische Nachfrageelastizitäten unterstellt, ergibt sich der Normalfall einer steigenden Angebotskurve.

Momentan liegen zwischen den wichtigsten Währungen, Dollar, Euro, Yen, Franken und anderen, flexible Wechselkurse vor. Diese zeichnen sich dadurch aus, dass weder zwischen den Regierungen feste Wechselkurse (mit oder ohne Bandbreiten) vereinbart wurden, noch dass die jeweiligen Zentralbanken erratisch durch Käufe oder Verkäufe in den Devisenmarkt

eingreifen (so genanntes ‚schmutziges Floaten‘), um politisch angenehme Kurse herbeizuführen. Anders sieht es bei vielen Entwicklungs- und Schwellenländern aus, die ihre Währungen massiv beeinflussen (beispielsweise China) oder einseitig an den Dollar koppeln und
damit ihre währungspolitische Autonomie aufgeben.

Bei flexiblen Wechselkursen wird sich aufgrund der Marktkräfte immer ein Gleichge-
wichtswechselkurs einstellen, der Devisenangebot und -nachfrage in Übereinstimmung
bringt. In Abb. 6-4 ist dies der Kurs w_1, bei dem die Menge an Devisen, die im Inland angeboten werden, in gleicher Höhe einen Käufer finden und die Devisenbestände des Landes
sich nicht ändern. Bei flexiblen Wechselkursen ist somit der Devisenbilanzsaldo gleich Null
und die Zahlungsbilanz allein aufgrund der Marktkräfte immer ausgeglichen. Die täglichen
Schwankungen des Dollarkurses sind also nichts anderes als automatische Reaktionen auf
wirtschaftliche Veränderungen, um dieses Gleichgewicht wieder herzustellen. Die Literatur
verweist kurzfristig auf die Zins- und langfristig auf die Kaufkraftparitäten-Theorie als weitergehende Erklärungen des Kurses. Geht beispielsweise das Vertrauen in die amerikanische
Ökonomie massiv zurück, könnten europäische Kapitalanleger weniger amerikanische Wertpapiere kaufen und die aus dem Kapitalverkehr herrührende Nachfrage nach Devisen würde
sinken. Die Nachfragekurve in Abb. 6-4 verschiebt sich nach Südwesten, der neue Gleich-
gewichtskurs liegt niedriger und repräsentiert einen schwächeren Dollar, was beispielsweise
nun der amerikanischen Exportindustrie Vorteile verschaffen würde. Der Vorteil flexibler
Wechselkurse liegt in diesem marktbestimmten Automatismus, der ohne politische Vorgaben
und Verzerrungen schnell reagiert. Der Nachteil flexibler Wechselkurse sind höhere Risiken
für jene Wirtschaftssubjekte, die große und wichtige Transaktionen außerhalb des eigenen
Währungsraumes haben. Zwar kann man sich gegen Währungsrisiken durch entsprechende
Finanztransaktionen (beispielsweise durch Termingeschäfte oder Swaps) absichern, muss
dafür aber entsprechende Kosten in Kauf nehmen.

Bei festen Wechselkursen kommt es im Zuge der ökonomischen Veränderungen zu positiven
oder negativen Devisenbilanzsalden. Da der Ankauf und Verkauf von Devisen durch die
Zentralbank direkt die inländische Geldmenge beeinflusst, wird über den, hier nicht näher
erläuterten, Geldmengen-Preis-Mechanismus mittelfristig eine Anpassung der internationalen ökonomischen Verhältnisse herbeigeführt.

Internationaler Tourismus ist zwar ein bedeutender Wirtschaftszweig, aber im Vergleich zu
allen internationalen ökonomischen Aktivitäten doch nur klein. Deshalb gibt es eine Asymmetrie, denn internationaler Tourismus beeinflusst kaum die Wechselkurse, wird aber selber
deutlich von der Bewegung der Wechselkurse beeinflusst. Sonderfälle könnten beispielsweise die Währungen sehr kleiner und armer Staaten sein, bei denen Tourismus eine überdimensionale Rolle spielt. Die folgende Übersicht systematisiert die Auf- und Abwertungen und
wird im Anhang vertieft. Die **Kalkulation** vieler touristischer Produkte, wie Pauschalreisen,
Flug- oder Hotelkontingente ist langfristig und der Veranstalter legt sich gegenüber dem
Endkunden lange im Voraus mit einem Preis in Inlandswährung fest. Auch in der Zieldesti-
nation kann er langfristige Verträge aushandeln und so die Einkaufspreise fixieren. Geht die
Reise aber in ein Fremdwährungsland, können im Lauf der Monate Wechselkursänderungen,
die er nun nicht mehr an den Kunden weitergeben kann, Fluch oder Segen sein:

- eine zwischenzeitliche Euro-Abwertung verteuert die Einkaufspreise in Euro
- eine zwischenzeitliche Euro-Aufwertung verbilligt die Einkaufpreise in Euro.

Tabelle 6-4: Auf- und Abwertungen		
	Preisnotierung in €/$	Mengennotierung in $/€
Dollaraufwertung oder Euroabwertung	w steigt	w' sinkt
Dollarabwertung oder Euroaufwertung	w sinkt	w' steigt

Tabelle 6-4: *Auf- und Abwertungen*
Entwurf: V. Letzner

Eine mögliche Absicherungsstrategie für den Veranstalter ist es, gleichzeitig mit der Fixie-rung der Einkaufspreise in Fremdwährung ein Devisentermingeschäft abzuschließen, bei dem er bereits im Voraus einen Kurs für die zu erwartenden Tauschaktionen festlegt. Der lange gegenüber dem Dollar stärker werdende Euro bescherte den Euro-Inländern immer günstiger werdende Fernreisen. Nicht nur die USA, sondern alle Destinationen, in denen der Tourismus hauptsächlich über den Dollar läuft, haben sich verbilligt. Aufwertungen stärken also den **Outgoing-Tourismus** in währungsfremde Destinationen und bescheren den inländi-schen Anbietern der Fernreisen doppelte Freude. Die Nachfrage nach ihren Produkten steigt und ihre Kalkulation in Inlandswährung verbessert sich. Eine Euro-Abwertung zeitigt umge-kehrte Ergebnisse.

Aufwertungen schwächen den **Incoming-Tourismus** auf doppelte Weise. Zum einen fahren die eigenen Bürger lieber in die Ferne, wo sie für einen Euro nun mehr Dollar erhalten, wäh-rend sich der Wert dieses Euros am Bodensee oder in Athen nicht verändert hat. Zum ande-ren wird die Reise für Währungsfremde immer teurer, so dass diese auf andere Ziele um-schwenken oder mehr zu Hause bleiben. Für Abwertungen gilt wieder das umgekehrte. Der Leser möge sich an Beispielen verdeutlichen, dass es mit dem internationalen Tourismus letztlich nicht anders ist als beim Güterhandel. Aufwertungen freuen den Importeur und Konsumenten, Abwertungen freuen die Exportindustrie und deren Eigner und Arbeitnehmer.

Die bisherigen Argumente galten unter der Annahme, dass es sich um reale Auf- oder Ab-wertungen handelt, das heißt, dass die Geldpreise in ausländischer Währung stabil bleiben und die Wechselkursänderung voll auf die Auslandspreise in Inlandswährung durchschlagen. Es gibt aber auch Situationen und Länder, in denen sich folgendes abspielt. Das imaginäre Land ‚Sonnenstrand' hat als Währung den Sonnentaler ☺ und eine sehr laxe Geldpolitik der Notenbank führt zu einer dauerhaften **Inflation** aller inländischen ☺-Preise um 20% pro Jahr. Kurzfristig kann die Regierung versuchen, den Kurs des Sonnentalers konstant zu hal-ten, aber mittelfristig wird der gesamte Export- und Kapitalmarkt wegbrechen und der Son-nentaler wird, meistens sogar in einem Crash, dramatisch an Wert verlieren. Es gibt also ökonomische Mechanismen, die dazu führen, dass nominale Preisänderungen durch gegengerichtete Wechselkursänderungen kompensiert werden. Mittelfristig wird sich also der Sonnentaler um 20% pro Jahr abwerten – für den ausländischen Touristen hat sich real nichts geändert, außer dass er jeden Urlaub mit immer höheren Preisen rechnen muss, die ihn aber nicht wirklich ärgern, da er für seine Devisen immer mehr Sonnentaler bekommt.

Viele Länder fahren eine **Abwertungsstrategie**. Die Bundesrepublik in der Nachkriegszeit, viele asiatische Länder und andere versuchten und versuchen, ihre Währung über Jahre und Jahrzehnte hinweg möglichst niedrig zu halten. Im Unterschied zu einer Aufwertungsstrategie kann diese Politik durch permanente Vergrößerung der Devisenreserven des Staates sehr lange praktiziert werden. Ziel ist es natürlich, der Exportindustrie des Landes Wettbewerbsvorteile zu verschaffen. Dieser Strategie hat Deutschland das Wirtschaftswunder zu verdanken – China macht zurzeit nichts anderes und wird deshalb von den alten Industrieländern heftig kritisiert. Auch manches Urlaubsland in Asien oder rund ums Mittelmeer hat diese Strategie angewendet oder verfolgt sie immer noch. Günstige Wechselkurse machen das Land für internationale Touristen attraktiv und es kann sich eine Tourismusindustrie etablieren. Sind die Infrastruktur und ein Markenname da, wird häufig die Abwertungsstrategie aufgegeben, da die ursprünglich über den Preis angelockten Touristen nun auch ‚freiwillig‘ wiederkommen. Umgekehrt haben in jüngster Zeit einige Euro-Staaten, insbesondere Griechenland, darunter gelitten, eben keine Abwertungsstrategie mehr fahren zu können und sich auf diese Weise gegenüber Wettbewerbern besser positionieren zu können.

Resümee

Internationaler Tourismus ist ein bedeutender Teil der internationalen ökonomischen Transaktionen, die sich in der Zahlungsbilanz niederschlagen. Trotzdem muss im Großen und Ganzen festgestellt werden, dass die Tourismusbranche nicht so groß ist, dass sie einen nennenswerten Einfluss auf nationale Währungen und deren Wechselkurse hätte. Umgekehrt jedoch ist die Beeinflussung der Branche durch die Wechselkursbewegungen sehr deutlich und Auf- und Abwertungen können die internationalen Tourismusströme merkbar lenken.

6.4.2   Die Europäische Währungsunion und Tourismus

Fakten und Fragen um die Währungsunion

Seit dem 1.1.1999 existiert die Europäische Währungsunion (EWU). Die Europäische Zentralbank (EZB) in Frankfurt/M. hat seitdem die ausschließliche geldpolitische Verantwortung für die Gemeinschaftswährung, den Euro (als Buchgeld), übernommen. Die Teilnehmerländer (damalige EU-15 Länder ohne Dänemark, Großbritannien und Schweden) hatten noch für eine Übergangsfrist ihre nationalen Währungen, die aber in einem festen und unabänderlichen Verhältnis zueinander und zum Euro standen. Am 1.1.2002 wurden diese Währungen durch den Euro (nun auch als Bargeld) endgültig abgelöst. Am 1.1.2007 wurde die EWU erstmals erweitert und mit Slowenien kam das erste Land der ersten Osterweiterung der Europäischen Union (EU) hinzu; die Slowakei, Malta, Zypern, Estland und seit Jahresbeginn 2014 Lettland folgten nach. Für über 333 Mio. Bürger ist die Währungsunion nun schon eine Dekade Realität und der zuerst viel geschmähte Euro alltägliche Gewohnheit. Die anfangs fast hysterische Debatte um das Für und Wider ist weitgehend verstummt, denn die von vielen Kritikern prognostizierte Schwäche des Euro hat sich vollends in eine Stärke des Euro gewandelt, der laut mancher Analysten langsam sogar dem Dollar als Leitwährung Konkurrenz macht. Die stabilitätsorientierte und politikunabhängige Geldpolitik der EZB hat auch Konjunkturschwächen in Teilnehmerländern unbeschadet überstanden. Diese Aussagen galten bis zum Beginn der Wirtschafts- oder Eurokrise, zu der einige Aussagen am Ende dieses Kapitels bereitgestellt werden.

Was bedeutet nun die EWU konkret? Wie unterscheidet sie sich von anderen internationalen Währungssystemen, beispielsweise von ihrem Vorgänger, dem Europäischen Wechselkurssystem (EWS)? Welche Bedeutung hat die EWU auf in- und ausländischen Märkten, für den Binnenwert und den Außenwert der Währung? Und konkret: welche Auswirkungen hat sie auf die touristischen Märkte in Deutschland, Europa und weltweit? Im folgenden Kapitel werden die Grundelemente und die mikro- und makroökonomischen Aspekte einer Währungsunion erläutert. Danach wird gezeigt, welche Effekte auf touristische Märkte innerhalb und außerhalb des Euroraums durch die beiden Aspekte zu erwarten sind.

Theoretische Grundlagen und Auswirkungen einer Währungsunion
Währungssysteme zwischen verschiedenen Ländern lassen sich systematisieren, indem nach der Anzahl der Währungen und der Flexibilität der Wechselkurse unterschieden wird. Für die heutige EU waren und sind dies vor allem:

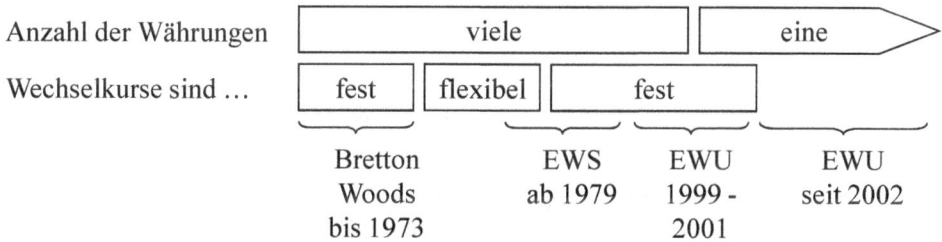

Abb. 6-5: Währungssysteme der Europäischen Union
Entwurf: V. Letzner

In der Nachkriegszeit bis Anfang der 70er Jahre dominierte weltweit das am Goldpreis fixierte feste Wechselkurssystem von ,Bretton Woods'. Ein Zwittergebilde bildete das EWS, das flexible Wechselkurse innerhalb fest definierter Bandbreiten zuließ. Und in einem Sonderfall befand sich die Eurozone 1999–2001, da eine Währungsunion mit unterschiedlichen Währungen und der Gemeinschaftswährung Euro bestand, bei der die Wechselkurse zwischen den Nationalwährungen und zum Euro unabänderlich festgelegt waren. Seit 2002 sind in der Eurozone die nationalen Währungen verschwunden und es liegt eine normale Währungsunion vor. Gemeinhin zeichnet sich jede Währungsunion durch zwei Charakteristika aus: Einheitswährung und einheitliche Geldpolitik. Auf zwei häufige Fehler sei hier noch hingewiesen. Die Debatte rund um den Euro und seine Einführung konnte den Eindruck vermitteln, dass es sich bei der EWU um ein historisches, erstmalig durchgeführtes Experiment handeln würde. Allein ein Blick in die deutsche Wirtschaftsgeschichte des 19. Jahrhunderts zeigt, dass auch damals eine einheitliche Reichswährung erst mühselig errungen und aus den verschiedenen Landeswährungen zusammen gebaut wurde. Zweitens darf eine Währungsunion nicht mit einer Währungsreform verwechselt werden, bei der meistens eine völlig inflationäre Währung durch eine neue Währung ersetzt wird. Während eine Währungsreform für viele Bevölkerungsschichten der Stoß in die Armut sein kann, sind Währungsunionen vergleichsweise verteilungsneutral. Die deutsch-deutsche Währungsunion der Wende war eine Mischung aus Währungsreform und -union. Zu jedem Währungssystem und vor allem zu jeder Änderung des Währungsregimes gibt es eine kontroverse Diskussion der jeweiligen Vor- und Nachteile. Umfangreiche theoretische Überlegungen diskutieren die Frage, was denn für eine Währungsunion der optimale Währungsraum sei – konkret: ist die EWU zu groß oder sollte sie erweitert werden? Diese Fragen werden im Fortgang nur im Vorbeigehen angeschnitten; für eine vertiefte Darstellung der Diskussionen sei auf die Literatur verwiesen.

Die mikroökonomische Ebene der EWU zeigt sich dadurch, dass die nationalen Währungen durch den Euro als Bargeld abgelöst wurden. Dies hatte und hat kurz- und langfristige Auswirkungen. **Kurzfristig** entstanden einmalige Umtauschkosten (Kassen, Zahlungssysteme, Automaten etc.), die jene Branchen am härtesten trafen, die am nächsten am Kunden sind und einen hohen Bargeldzahlungsverkehr aufwiesen. Am stärksten hiervon waren der Einzelhandel und der Finanzdienstleistungssektor betroffen, während die Touristikbranche durch einen relativ hohen bargeldlosen Zahlungsverkehr weniger stark belastet wurde.

Langfristig entstehen drei Effekte:
Transparenzerhöhung: Die einheitliche Währung macht Preisunterschiede zwischen den Ländern sofort sichtbar und erhöht die internationale Vergleichbarkeit von Gütern und Dienstleistungen; hierbei handelt es sich um einen primär psychologischen Effekt, der keine sehr große Rolle gespielt hat.

Transaktionskostensenkung: Der dauerhafte Wegfall der Umtauschgebühren senkt für alle am Außenhandel beteiligten Anbieter und Nachfrager die Kosten für länderübergreifende Transaktionen. Ebenfalls verlieren aber auch diejenigen eine Einnahmequelle, die die bisherige Wechselfunktion ausübten: in erster Linie die Banken, aber auch beispielsweise Hotels.

Risikoverminderung: Durch die Fixierung aller Wechselkurse der Teilnehmer und erst recht bei alleiniger Existenz des Euro ab 2002 ist per definitionem ausgeschlossen, dass Wechselkursschwankungen auftreten können. Dieser immens wichtige Aspekt erhöht die Planungs- und Kalkulationssicherheit aller Außenhandelsakteure. Plötzliche Veränderungen von Wettbewerbspositionen und unkalkulierbare Zahlungsströme durch Auf- oder Abwertungen gehören innerhalb der EWU der Vergangenheit an. Vergleichsweise teure Kursabsicherungen durch Termingeschäfte, Optionen und sonstige Finanzmarktgeschäfte entfallen und entlasten überproportional den Mittelstand, der sich in den komplexen Gefilden der Währungsabsicherung eher schwer zu Recht findet. Wie oben gezeigt, haben sich somit wechselkursbezogene Kalkulationen und Risiken für den Tourismusveranstalter in Euroland erledigt.

Auf makroökonomischer Ebene geht die Einheitswährung mit einer einheitlichen Geldpolitik einher. Für die EWU trifft diese Aussage zu, da die Gemeinschaftswährung seit 1999 nur von einer Zentralbank, der EZB, emittiert werden kann. Die EZB ist unabhängig von politischen Weisungen, per Gesetz zur Wahrung der inneren und äußeren Stabilität des Euro verpflichtet und verfügt über verschiedene geldpolitische Instrumente. Wie bereits gesehen, ist der Euro seit seiner Einführung nach innen und außen sehr stabil. Die Inflationsrate ist niedrig und die mancherorts zu hörenden Klagen über den Teuro entspringen einer psychologischen Fehlwahrnehmung und sind statistisch nur als Relativpreisänderung einiger Branchen, insbesondere des Gastgewerbes, feststellbar. Der Außenwert des Euro ist (auch noch im Frühjahr 2014) hoch und hat deshalb schon bei mancher exportorientierten Branche zu Beschwerden geführt. Die touristischen Effekte einer starken Währung wurden bereits oben diskutiert. Unabhängig von der Frage, ob der Euro stabil oder unstabil ist, hat die einheitliche Geldpolitik zwei zusätzliche Effekte:

<u>Einheitlicher Binnenwert</u>: Isolierte nationale Inflationspolitik, um – zumindest kurzfristig – die Konjunktur anzukurbeln, kann es nicht mehr geben. Dass sich deshalb auch die Konjunkturzyklen der Teilnehmerländer eher angleichen, muss verneint werden.

<u>Einheitlicher Außenwert</u>: Der Euroraum verhält sich zum Rest der Welt wie ein Block: Vor- und Nachteile einer Euroauf- oder -abwertung treffen alle Teilnehmer gleichermaßen und unabhängig davon, welches Land oder welche Ländergruppe beispielsweise durch vermehrte Exporte hauptverantwortlich für eine Euroaufwertung ist.

Auswirkungen auf touristische Märkte

Eine erste These betrifft die <u>zunehmende Konkurrenz</u> in Euroland. Die oben genannten allgemeinen Effekte einer Währungsunion wirken sich im Tourismus ceteris paribus wie folgt aus. Das touristische Angebot im Euroraum steigt, da für alle Anbieter euroweite Reiseangebote billiger und kalkulierbarer werden. Gleiches gilt für die Nachfrage, die aufgrund höherer Transparenz und geringerer Kosten steigt. Da durch den Euro auch andere europaweite Geschäfte angekurbelt werden, ist mit einer zweiten, durch die Geschäftsreisetätigkeit induzierten Nachfrageverstärkung zu rechnen.

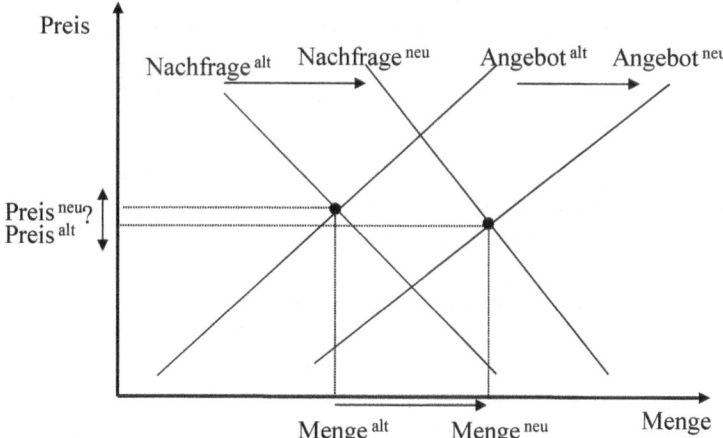

Abb. 6-6: Zunehmende Konkurrenz in Euroland
Entwurf: V. Letzner

Die Graphik macht sichtbar, dass die Reisemenge eindeutig zunehmen wird. Der Preis kann steigen oder sinken und der Umsatz könnte steigen, solange ein möglicher Preisrückgang nicht zu groß wäre. Konkret hatte und hat die EWU folgende Konsequenzen, wobei der Leser gedanklich die Einflüsse anderer Determinanten wie allgemeine Wirtschaftsentwicklung, Demografie, Terrorattacken, Umweltdebatte etc. ceteris paribus setzen muss:

- der Tourismusmarkt in Euroland wird größer und grenzüberschreitender, das heißt, dass mehr Deutsche nach Italien fahren statt innerhalb Deutschlands zu bleiben und umgekehrt
- die Geschäftsreise, aber auch die individualverkehrsbasierte Kurzreise in grenznahen Regionen profitieren
- die Zahl der grenzüberschreitend operierenden Anbieter aus dem In- und Ausland wird größer, da jetzt ein japanisches Reiseunternehmen vereinfacht ‚Eurolandreisen' anbieten kann
- das Umsatzvolumen wird nicht zwangsläufig zunehmen, d.h. dass alte Anbieter zugunsten neuer Anbieter ausscheiden werden.

Eine zweite These betrifft das <u>weltweite Engagement</u>. Wie oben erläutert, führt die einheitliche Geldpolitik dazu, dass nationale Auf- oder Abwertungsstrategien der Euroländer nicht mehr möglich sind. Konkret führt dies zu einer Verschiebung der Touristenströme:

- zulasten der früheren Schwachwährungsländer (südeuropäische Euroländer) können sich nun Nichteuroländer (insbesondere Türkei, Schwarzmeerländer oder Nordafrika) durch Abwertungsstrategien profilieren
- der bisher starke Euro hilft Fernreise-Destinationen und deren Anbietern, während die Euroland-Destinationen und deren Anbieter momentan vom starken Euro eher behindert werden. Ein schwacher Euro hätte die umgekehrten Effekte.

Dadurch, dass sich nun der Euroraum einheitlich auf- oder abwertet, stehen die Reiseanbieter vor einer weiteren Herausforderung. Konnten sie sich bis 1999 durch ein europäisches Engagement hinreichend diversifizieren (‚läuft Italien schlecht, läuft eben Deutschland gut' und umgekehrt), müssen sie nun weltweit engagiert sein, um einen ähnlichen Absicherungseffekt durch Portfolio-Diversifikation zu erzielen:

- die Tendenz großer Touristikanbieter wird verstärkt, sowohl weltweite Reiseziele anzubieten, als auch weltweit Kunden zu bekommen; weltweites Engagement wird dringender und Allianzen und Fusionen, auch über den Euroraum hinaus, werden zunehmen.

Zusammenfassende touristische Bedeutung der Währungsunion
Eine Währungsunion bedeutet letztendlich die Verringerung von Kosten und Risiken beim internationalen Tausch. Deshalb wird die EWU für die Tourismusbranche, deren eigentliches Geschäft der Handel mit internationalen Dienstleistungen ist, kein Nachteil sein. Der Kuchen wurde und wird größer, aber er wird auch anders verteilt und es kann nicht nur Gewinner geben. Hauptverlierer sind jene Unternehmen der Touristikbranche, die sich nicht auf eine größere Internationalität ihres Gewerbes einstellen können. Der zunehmende internationale Konkurrenzdruck muss auch nicht zulasten der kleinen Unternehmen gehen, die sogar ver-

hältnismäßig stark von der EWU profitieren könnten. Sie können nun leichter – zumindest im Euroland – expandieren ohne mit Wechselkursrisiken konfrontiert zu werden, die große Unternehmen schon immer leichter absichern konnten. Andererseits wurden durch die EWU Tendenzen hin zu großen, weltweit agierenden und breit gefächerten Konzernen verstärkt und die Touristikbranche wird sich diesem Trend nicht entziehen können.

An dieser Stelle sei kritisch angemerkt, dass die EWU nur eine Fortentwicklung und Intensivierung der europäischen Union darstellt. Nach Ansicht des Autors ist es nicht einmal die bedeutendste, die die Zukunft der Branche bestimmen wird. Für den Tourismus viel wichtiger sind weitere Liberalisierungsentwicklungen innerhalb des Binnenmarktes, neue europäische Politikprojekte im Bereich Energie- und Umweltpolitik und die voranschreitende Integration der mittel- und osteuropäischen Länder.

Die Euro-Krise (Stand Anfang April 2014)
Bereits die Bezeichnung für jene krisenhaften Entwicklungen seit inzwischen sieben Jahren ist mehr als strittig; handelt es sich um eine Finanz-, Euro-, Wirtschafts- oder Staatsschuldenkrise? Hier ist nicht der Ort, diese Frage zu klären, noch das Geschehen in aller Breite zu analysieren oder gar Prognosen abzugeben. Hier wird lediglich in Kürze der Ablauf und die Hauptprobleme skizziert, auf die jüngste, weiterführende Literatur verwiesen und gefragt, welchen Einfluss die Krise auf den Tourismus hatte oder hat.

Im August 2007 begann mit einem „temporären Zusammenbruch des Interbankenmarktes" (Sinn 2014) jene Krise, deren Fanal das Platzen der US-amerikanischen Immobilienblase im September 2008 war, was zu einer weltweiten Finanzmarktkrise mit wackelnden oder einstürzenden Finanzinstituten führte. Ab Frühjahr 2010 wandelte sich die Krise zu einer (europäischen) Staatsschuldenkrise: insbesondere Griechenland stand wegen massiver Staatsverschuldung vor dem Staatsbankrott und musste mittels einer konzertierten Aktion von EZB und IWF (Internationaler Währungsfonds) davor gerettet werden. Da auch Irland, Portugal, Spanien und Italien in den Augen internationaler Investoren an Glaubwürdigkeit verloren haben, drohte ein worst-case-Szenario mit Zusammenbruch der ganzen Währungsunion. Der Stabilitäts- und Wachstumspakt hat offensichtlich nicht das erreicht, was er sollte, nämlich eine solide Fiskalpolitik in jedem Euroland zu gewährleisten. Die ehemaligen Euro-Skeptiker bekamen insofern Recht, als die Asymmetrie in der Konstruktion der europäischen Einigung (einheitliche Geldpolitik, aber nicht vereinheitliche Fiskalpolitik) zum Schuldenwettbewerb einlud und den Euro gefährdete. Das zwischenzeitlich befürchtete worst-case-Szenario (Austritt einiger Länder aus der EWU oder gar Rückabwicklung der ganzen EWU) fand bisher nicht statt, da diverse Rettungsmaßnahmen seitens der Regierungen, der Kommission und der EZB funktionierten: Unter dem anschaulichen Begriff Euro-Rettungsschirm verbergen sich diverse Maßnahmen, von denen die wichtigsten die Etablierung des Europäischen Stabilitätsmechanismus (ESM) in 2011 und Vereinbarungen im Rahmen des Europäischen Fiskalpaktes sind. Diese Maßnahmen wurden durch eine (gerade in Deutschland nicht unumstrittene) Geldpolitik der EZB flankiert, die im Juli 2012 ihren Höhepunkt in der berühmten Aussage des EZB-Präsidenten Mario Draghi fand, „alles Erforderliche zu tun, um den Euro zu erhalten". Dies zielte insbesondere auf die umstrittenen Möglichkeiten der Zentralbank Staatsanleihen der Krisenländer in großem Maße zu kaufen und deren Refinanzierungssituation zu verbessern. Seitdem sind in der Tat die Spekulationsattacken gegen einige Länder und den Euro weitgehend verschwunden und manche sprechen schon vom Ende der Eurokrise. Ergebnis ist jedenfalls ein historisch niedriges Zinsniveau (teilweise bereits mit negativen Zinsen), sehr niedrige Inflationsraten und die immer wieder aufkommende Warnung vor einer Deflation und mittel-/langfristig vor Inflation aufgrund der insgesamt offensiven Geldpolitik. Die Kritik und die Kritik an Fehlentwicklungen und -konstruktionen rund um den Euro sind nicht verstummt; insbesondere der bekannte Kritiker[54] Hans-Werner Sinn meldet sich immer wieder zu Wort, kritisiert die EZB oder prognostiziert schwelende Probleme, die irgendwann ausbrechen werden: Insbesondere das OMT- (Outright Monetary Transaction) Programm, das „die Steuerzahler ... gezwungen hat, für die Staatspapiere der Südländer zu haften" entspannt die Lage: „Die Umverteilung der Risiken von den Cleveren zu den Gutgläubigen beruhigt die Situation und verschiebt die Krise von den Titelseiten ... ins Innere, wo sie vorläufig keiner zur Kenntnis nimmt." (Sinn 2014). Jüngste Überblicke zur ganzen Thematik bieten bspw. Sinn (2013a) zur Analyse der ökonomischen Hintergründe, Schmidt/Weigert (2014) zu den wirtschaftspolitischen Forderungen des Sachverständigenrates zur Krise oder das ganze Sonderheft zu Europa: Wirtschaftsdienst (2014).

Welche Auswirkungen hatten nun diese Krisenjahre auf den Tourismus? Insgesamt muss festgestellt werden, dass sich die negativen Auswirkungen in Grenzen hielten. So stellt Eurostat fest: ähnlich wie bei dem kurzzeitigen Rückgang der Reisetätigkeit infolge der Terroranschläge 2001, lässt sich festhalten „in den Jahren 2008 und 2009 kam es infolge der Finanz- und Wirtschaftskrise zu einem kurzfristigen Rückgang der Zahl der Übernachtungen in sonstigen Beherbergungsbetrieben: Die Zal (sic!) der Übernachtungen in der EU-27 sank 2008 um 0,6% und um weitere 2,8% im Jahr 2009. Im Jahr 2010 stieg die Zahl der Übernachtungen in sonstigen Beherbergungsbetrieben allerdings um 0,8%. Diese positive Entwicklung setzte sich fort, wobei es 2011 zu einem beschleunigten Wachstum um bis zu 5,0% auf 2.364 Mrd. Übernachtungen"[55] kam.

So ist bspw. für das ökonomisch schwer getroffene Griechenland festzustellen, dass es touristisch nicht besonders negativ betroffen war: betrugen die „Übernachtungen von Inländern und Nichtinländern in Beherbergungsbetrieben" in 2005 55 Mio., stieg diese Zahl bis 2011 auf 88 Mio. an, um in 2012 eine gewisse Delle und nur 78 Mio. Übernachtungen verbuchen zu können[56]. In Portugal haben sich die Übernachtungen von 2005 bis 2012 kaum verändert und stiegen leicht von 43 Mio. auf 47 Mio. Leichte Rückgänge musste Zypern, leichte Zunahme durfte hingegen Malta feststellen. Italien hat seine Übernachtungen in diesem Zeitraum von 355 Mio. auf 381 Mio. und Spanien von ähnlichen 353 Mio. auf 383 Mio. leicht erhöhen können, wobei beide ebenfalls in 2012 einen kleinen Rückgang gegenüber 2011

---

[54]   Sinn wurde u.a. bekannt durch die Aufdeckung der spannenden, aber äußerst komplexen Targetsalden-Problematik, die de facto eine nationale Geldschöpfung innerhalb der EWU ermöglicht und als ein fundamentaler Konstruktionsfehler des Systems bezeichnet werden kann; vgl. Sinn (2012) und Sinns Gutachten für das Bundesverfassungsgericht: Sinn (2013b)

[55]   1 Entwicklung des Tourismus, 1.1 wichtigste statistische Ergebnisse, 1.1.1 Tourismusvolumen – Nachfrage und Angebot, www.epp.eurostat.ec.europa.eu, Zugriff am 3.4.14.

[56]   Ein Teil dieser Rückgänge hier und bei anderen Ländern dürfte auf eine Methodenumstellung des europäischen Zahlenwerks zurückzuführen sein, die bei einigen Ländern den Vergleich von 2011 und 2012 erschwert.

melden mussten. Für die EU-28[57] sind ebenfalls Steigerungen von 2005 bis 2012 zu vermelden: von 2,3 Mrd. auf 2,6 Mrd. Übernachtungen[58]. In Bezug auf die Einnahmen aus dem Tourismus konnte Griechenland hingegen mit 10,5 Mrd. € in 2011 ebensoviel einnehmen wie 2001 mit 10,2 Mrd. €, während fast alle anderen EU-Länder in diesem Zeitraum durchaus deutliche Steigerungen verbuchen konnten (bspw.: Spanien: +26%, Portugal +33%)[59].

Insgesamt muss also festgestellt werden, dass die Euro-Krise empirisch nicht sehr merkbar auf den Tourismus durchgeschlagen hat; selbst für das am härtesten betroffene Tourismusland Griechenland sind die Auswirkungen überschaubar – auch wenn es natürlich in Einzelfällen und für die Region Athen deutlichere Ausfälle geben mag. Theoretisch sind die (negativen) Auswirkungen wie folgt einzuordnen:

Nachfrageseitig sind (weltweite) Vermögensverluste und (regionale) Einkommensverluste durch die Krise festzustellen, die zu einem Rückgang der Tourismusnachfrage geführt haben; offensichtlich sind dies aber keine merklichen Größenordnungen und/oder sie sind durch Nachfragesteigerungen anderer (bspw. Schwellenländer) kompensiert worden.

Angebotsseitig kann in den am meisten betroffenen europäischen Ländern davon ausgegangen werden, dass die (teilweise) rigide Sparpolitik der Regierungen auch die Angebotsbedingungen im Tourismus durch wegfallende Subventionen, steigende Steuern etc. verschlechterte; anderseits sind gegebenfalls gegenläufige Effekte zu konstatieren, wenn bspw. zusammenbrechende Branchen oder Regionen Arbeitskräfte freisetzten, die dann von der Stadt aufs Land oder vom Finanzplatz zum Tourismus wechseln und dort die Angebotsbedingungen (durch sinkende Löhne, zunehmenden Wettbewerb) verbessern. Der Nettoeffekt auf das jeweilige Tourismusangebot ist jedoch schwer zu kalkulieren.

Länderindividuelle *Abwertungstrategien* sind, wie oben schon erläutert, innerhalb der Eurozone nicht mehr möglich und die betroffenen Länder müssen den politisch schwereren Weg gehen, reale Abwertungen durch Lohn- und Preissenkungen herbeizuführen. Theoretisch denkbar ist auch, dass die Wettbewerbsfähigkeit durch Raubbau an den Menschen und/oder der Natur herbeigeführt werden soll – letztlich ist es offen, ob in einem krisengeschüttelten Land die Umwelt eher profitiert (weniger Wirtschaftskraft, weniger Ressourcenverbrauch) oder eher verliert (das „Hemd ist näher als der Rock" und die Nachfrage nach Umweltqualität geht ebenfalls zurück), wobei einige Indizien dafür sprechen, dass der zweite Effekt dominiert. Sollte dies richtig sein, wäre also auch eine solide Banken-, Finanz-, Geld- und Defizitpolitik wichtige Voraussetzung für eine nachhaltige Wirtschaft insgesamt.

---

[57] EU-28 seit 2013 durch die Aufnahme Kroatiens.

[58] Tabelle „Übernachtungen von Inländern und Nichtinländern in Beherbergungsbetrieben", www.eurostat.ec. europa.eu, Zugriff am 3.4.14.

[59] File: Travel receipts and expenditure in balance of payments, 2001-2011, www.eurostat.ec.europa.eu, Zugriff am 3.4.14.

6.5   Zusammenfassung

Internationaler Tourismus macht nicht handelbare Güter handelbar. Es wurde gezeigt, dass das scheinbare Paradoxon seine Lösung darin findet, dass die im Rahmen des internationalen Tourismus mobilen Nachfrager den Faktorpreisausgleich zwischen den Ländern tendenziell verstärken. Die Gründe für die Struktur des internationalen Tourismus konnten im Wesentlichen parallel zu jenen für den Güterhandel erklärt werden. Das steigende Niveau des Fernreisetourismus ist vor allem auf dramatisch gesunkene (reale) Transportkosten zurückzuführen. Desweiteren wurde begründet, dass sich Destinationen auf ihren komparativen Vorteil besinnen und diesen touristisch forcieren sollten. In Bezug auf die monetäre Theorie wurde erläutert, dass und wie sich Tourismus in den Zahlungsbilanzen widerspiegelt und wie Touristenströme von exogenen Wechselkursentwicklungen beeinflusst werden. Die Rolle der europäischen Integrationsschritte, insbesondere Binnenmarkt und Währungsunion, wurden für den Tourismus vornehmlich als indirekt und als insgesamt positiv beurteilt – wenn es sich dabei auch nicht um die wichtigsten Einflussgrößen auf die Branche handelt. Die seit sieben Jahren existenten Krisen hatten bisher einen vergleichsweise geringen negativen Einfluss auf den Tourismus; die weitere Entwicklung der Währungsunion und des Euros ist, trotz einer gewissen Entspannung seit 2013, genauso offen wie die Frage nach der Weltkonjunktur, die durch die internationale Finanz- und Wirtschaftskrise schwer in Mitleidenschaft gezogen wurde. Bei beiden Entwicklungen sei auch weiterhin auf die Fachpresse und ihre wissenschaftlichen Kommentatoren verwiesen, denn bei den im Fall des Falles dann meist sehr rasanten Ereignissen muss ein Buch notgedrungen immer veraltet sein.

Anhang

A1: Auf- und Abwertungssätze

Preisnotierung (Wissenschaft)	Mengennotierung (Zeitung)
$w = $ €/\$	$w' = $ \$/€
Ab = Abwertungssatz in %, Auf = Aufwertungssatz in %	
€-Abwertung, w steigt	€-Abwertung, w' sinkt
$Ab = (1 - w_0/w_1)*100$	$Ab = (1 - w'_1/w'_0)*100$
$w_1 = w_0 / (1 - Ab/100)$	$w'_1 = w'_0 * (1 - Ab/100)$
€-Aufwertung, w sinkt	€-Aufwertung, w' steigt
$Auf = (w_0/w_1 - 1)*100$	$Auf = (w'_1/w'_0 - 1)*100$
$w_1 = w_0 / (1 + Auf/100)$	$w'_1 = w'_0 * (1 + Auf/100)$

Tabelle 6-5: *Rechenregeln für Auf- und Abwertungen*
Entwurf: V. Letzner

Literaturhinweise

Albaladejo Pina, I. P.; Martínez-Garcia, M. P. (2013): An endogenous growth model of international tourism, in: Tourism Economics, 19 (3), S. 500–529.

ARD (2006): W wie Wissen: Wüsten. Sendung der ARD am 22.10.2006.

Ahlert, G. (2007): Methodological aspects of preparing the German TSA, empirical findings and initial reactions, in: Tourism Economics, 13(2), S. 275–287.

Bathelt, H. (2001): Warum Paul Krugmans Geographical Economics keine neue Wirtschaftsgeographie ist!, in: Die Erde 132, S. 107–118.

Bausch, T; Letzner, V.; Munz, S. (2014): Potenziale für eine Tourismusentwicklung und deren regional-ökonomische Effekte eines potenziellen Nationalparks „Hochwald-Idarwald". Vertiefungsstudie zum Themenschwerpunkt Tourismusentwicklung für das Land Rheinland-Pfalz. Seeshaupt.

Bayerl, G. (2002): Kulturlandschaften – Erbe und Erblasser: Die Niederlausitz als bedeutsames Erbe?, in: Deutsche UNESCO-Kommission, S. 59–72.

Becker, C., Hopfinger, H., Steinecke, A. (Hg.) (2007): Geographie der Freizeit und des Tourismus. 3. Aufl., München.

Bendix, R. (1994): Zur Problematik des Echtheitserlebnisses in Tourismus und Tourismustheorie, in: Pöttler, B., Kammerhofer-Aggermann (Hg.): Tourismus und Regionalismus, Wien, S. 57–83.

Berdychevsky, L.; Poria, Y.; Uriely, N. (2013): Sexual behavior in woman's tourist experiences: Motivations, behaviors, and meanings, in: Tourism Management 35, S. 144–155.

Bieger, T.; Beritelli, P. (2012): Management von Destinationen. 8. Aufl., München.

BMWi (2012): Wirtschaftsfaktor Tourismus Deutschland. Kennzeichnung einer umsatzstarken Querschnittsbranche. Langfassung. Bundesministerium für Wirtschaft und Technologie (BMWi), Berlin.

Bochert, R. (2001): Tourismus in der Marktwirtschaft. Ordnungspolitik der Tourismusmärkte. München.

Boehringer, S.; Wilhelm H. (2010); Warum die Blase schließlich platzt. Aufschwünge und Abstürze an den Börsen funktionieren immer nach dem gleichen Muster – das zeigt auch das Beispiel Neuer Markt, in: Süddeutsche Zeitung, 10.3.2010, S. 26.

Böventer, E. v. (1987): Theoretische Grundlagen einer Ökonomie des Tourismus. Münchener Wirtschaftswissenschaftliche Beiträge Nr. 87-12. München.

Böventer, E. v. (1981): Raumwirtschaft I: Theorie, in: Handwörterbuch der Wirtschaftswissenschaften, S. 407–429.

Böventer, E. v. (1989): Ökonomische Theorie des Tourismus. Frankfurt.

Brau, R., Lanza, A., Usai, S. (ed) (2008): Tourism and sustainable economic development. Macroeconomic models and empirical methods. Cheltenham, UK.

Britton, S. G. (1982): The political economy of tourism in the thirld world, in: Annals of Tourism Research, vol. 9, S. 331–358.

Brown, L. (2013): Tourism: A catalyst for existential authenticity, in: Annals of Tourism Research, Vol. 40, S. 176–190.

Brümmerhoff, D. (2007): Finanzwissenschaft. 9. Aufl., München.

Brugger, E.A.; Furrer, G.; Messerli, B.; Messerli, P. (ed.) (1984): The transformation of Swiss mountain regions. Problems of development between self-reliance and dependency in an economic and ecological perspective, Bern.

Bull, A. (1991): The economics of travel and tourism. New York.

BUND – Bund für Umwelt und Naturschutz Deutschland e.V. (2006): Umwelt und Beschäftigung 2006. Arbeitsplatzpotentiale durch ökologischen Strukturwandel in den Sektoren Energie, Energie-Effizienztechnologien, Umwelttechnik, Mobilität, Lebensmittelwirtschaft, Tourismus und Naturschutz. Berlin.

Burmeister, H.-P. (1998): Auf dem Weg zu einer Theorie des Tourismus. Rehburg-Loccum.

Candela, G.; Figini, P.; Scorcu, A. E. (2008): The economics of local tourist systems, in: Brau, R. et al (2008), S. 72–88.

Canetti, E. (1980): Masse und Macht. Frankfurt a. M.

Chiang, A. C.; Wainwright, K. (2005). Fundamental methods of mathematical economics (4th ed.). Auckland.

Christaller, W. (1964): Some considerations of tourism location in Europe: The peripheral regions – Underdeveloped countries – Recreation areas, in: Regional Science Association Papers 12, S. 95–103.

Cecchini, P.; Catinat, M.; Jacquemin, A. (1988): Europa '92. Der Vorteil des Binnenmarktes. Baden-Baden

Cohen, E. (1979): A phenomenology of tourist experiences, in: Sociology, 13, S. 179–201.

Cohen, E.; Cohen, S. A. (2012a): Authentication: hot and cool, in: Annals of Tourism Research, Vol. 39, No. 3, S. 1295–1514.

Cohen, E.; Cohen, S. A. (2012b): Current sociological theories ans issues in tourism, in: Annals of Tourism Research, Vol 39, No. 4, S. 2177–2202.

Corell, G. (1994): Der Wert der „bäuerlichen Kulturlandschaft" aus der Sicht der Bevölkerung. Ergebnisse einer Befragung. Frankfurt (Main).

Degenhardt, S. et al. (1998): Zahlungsbereitschaft für Naturschutzprogramme. Potential und Mobilisierungsmöglichkeiten am Beispiel von drei Regionen. Bonn-Bad Godesberg.

Degenhardt, S.; Gronemann, S. (1998): Die Zahlungsbereitschaft von Urlaubsgästen für den Naturschutz. Theorie und Empirie des Embedding-Effektes. Frankfurt am Main.

Deutsche UNESCO-Kommission e.V., Brandenburgische Technische Universität Cottbus (Hg.): Natur und Kultur, Ambivalente Dimensionen unseres Erbes, Perspektivewechsel. Cottbus.Dixit, A; Stiglitz, J. (1977): Monopolistic competition and optimum product diversity. American Economic Review 67, S. 297–308.

Dorn, D.; Fischbach, R.; Letzner, V. (2010): Volkswirtschaftslehre 2. 5. überarbeitete und erweiterte Aufl., München.

Eckhardt, B. (2004): Chaos. Frankfurt a. M.

Ehrenreich, B. (2007): Dancing in the streets. A history of collective joy. London.

Eisenstein, B. (2013): Grundlagen des Destinationsmanagements. München.

Fichtner, U. (2007): Evaluation in Freizeit und Tourismus: Theoretische und methodische Aspekte, in: Becker et al (2007), S. 502–514.

Fischbach, R.; Wollenberg, K. (2007): Volkswirtschaftslehre 1. Einführung und Grundlagen. 13. Aufl., München.

Frey, B.; Steiner, L. (2012): Pay as you go: A new proposal for museum pricing, pdf unter www.bsfrey.ch/articles.htlm.

Freyer, W. (2005): Tourismus. Einführung in die Fremdenverkehrsökonomie. 8. Aufl., München.

Gottschalk, I. (2006): Kulturökonomik. Probleme, Fragestellungen und Antworten. Wiebaden.

Gudermann, R. (2004): Ökologie des Notbehelfs. Die Nutzung der Gemeinheiten als Teil der Überlebensstrategien ländlicher Unterschichten im 19. Jahrhundert, in: Meiners/Rösener (2004), S. 65–80.

Harrer, B.; Scherr S (2013): Tagesreisen der Deutschen. München: DWIF.

Harris, J. M. (2006): Environmental and natural resource economics. A contemorary approach. 2nd ed.), Boston.

Hartwick, J. M. (1989). Non-renewable resources extraction programs and market. Chur.

Hazari, B. R.; Sgro, P. M. (2004): Tourism, trade and national welfare. Amsterdam.

Henderson, J. M.; Quandt, R. E. (1980). Microeconomic theory: A mathematical approach. (3rd ed.), New York.

Hernández, J. M.; León, C. J. (2013): Welfare and environmental degradation in a tourism-based economy, in: Tourism Economics, 19 (1), S. 5–35.

Hoh, S. (1998): Johann Heinrich von Thünen (1783–1850) und seine außenwirtschaftlichen Untersuchungen. Wiesbaden.

Hopfinger, H. (2007): Geographie der Freizeit und des Tourismus: Versuch einer Standortbestimmung, in: Becker et al (2007), S. 1–24.

Hotelling, H. (1931): The economics of exhaustible resources. Journal of Political Economy Vol. 39(2), S. 137–175.

Job, H.; Harrer, B.; Metzler, D.; Hajizadeh-Alamdary, D. (2005): Regionalökonomische Effekte von Großschutzgebieten. BfN 135, Bonn.

Job, H.; Woltering, M.; Harrer, B. (2009): Regionalökonomische Effekte von Tourismus in deutschen Nationalparken, Schriftenreihe Naturschutz und Biologische Vielfalt. Heft 76, Bonn.

Job, H.; Metzler, D.; Vogt, L. (2003): Inwertsetzung alpiner Nationalparks. Eine regionalwirtschfaftliche Analyse des Tourismus im Alpenpark Berchtesgaden, Kallmünz (Lassleben): Münchner Studien zur Sozial- und Wirtschaftsgeographie 43.Jung, M. (1995): Präferenzen und Zahlungsbereitschaft für eine verbesserte Umweltqualität im Agrarbereich. Frankfurt am Main.

Kagermeier, A.; Steinecke, A. (Hrsg.) (2011): Kultur als touristischer Standortfaktor. Potentiale-Nutzung-Management. Paderborner Geographische Studien zu Tourismusforschung und Destinationsmanagement Bd. 23, Paderborn.

Kaminske, V. (1977): Zur Anwendung eines Gravitationsansatzes im Naherholungsverkehr, in: Zeitschrift für Wirtschaftsgeographie 21, H. 4, S. 104–107.

Klemm, K. (2007): Methoden von Orts- und Stadtbildanalysen, in: Becker et al. (2007), S. 515–527.

Klump, R. (2013): Wirtschaftspolitik: Instrumente, Ziele und Institutionen. 3. Aufl., München.

Köberlein, Christian (1997): Kompendium der Verkehrspolitik. München.

Kolbeck, F.; Rauscher, M. (2012): Tourismus-Management: Die betriebswirtschaftlichen Grundlagen. München.

Krugman, P. (1979): Increasing returns, monopolistic competition, and international trade. Journal of International Economics 9, S. 469–479.

Krugman, P. (1991): Geography and trade. Leuven.

Krugman, P. (1991a): History versus expectations, in: Quarterly Journal of Economics, S. 650–667.

Krugman, P. (1991b): Increasing returns and economic geography, in: Journal of Political Economics, vol. 99, S. 483–499.

Krugman, P. (1995): Urban concentration: The role of increasing returns and transportation costs, in: The World Bank (ed.): Proceedings of the World Bank Annual Conference on Development Economics 1994, S. 241–263.

Krugman, P. (1998): What's new about the new economic geography, in: Oxford Review of Economic Policy, vol. 14, no 2, S. 7–17.

Krugman, P.; Obstfeld, M. (2006): Internationale Wirtschaft. Theorie und Politik der Außenwirtschaft. 7., aktualisierte Aufl., München.

Krugman, P.; Obstfeld, M.; Melitz, M. (2009): Internationale Wirtschaft. Theorie und Politik der Außenwirtschaft. 8., aktualisierte Aufl., München.

Kulke, E. (2009): Wirtschaftsgeographie. 4. Aufl., Paderborn.

Kulke, E. (2013): Wirtschaftsgeographie. 5. Aufl., Paderborn.

Kusen, Eduard (2010): A system of tourism attractions, in: Tourism Review Vol. 58, S. 409–424.

Lanza, A.; Markandya, A.; Pigliaru, F. (ed.) (2005): The economics of tourism and sustainable development. Cheltenham.

Leiper, Neil (1990): Tourist attraction systems, in: Annals of Tourism Research, Vol. 17, S. 367–384.

Letzner, V. (1996): Economic integration and the core-periphery pattern: an evolutionary way to the core, in: Journal of Economic Integration 11(3), S.249–267.

Letzner, V. (1997): Integrationstheorie und monopolistische Konkurrenz. Wiesbaden.

Letzner, V. (2010a): Commons attractors and cultural landscape as endangered destination modules, in: Clarke, A. (ed): Constructing central europe tourism competitivness, Veszprém, Ungarn, S. 161–177.

Letzner, V. (2010b): Immaterielles Kulturerbe in Bayern, in: Tourismus Management Passport, Heft 03 50 Jahre Tourismusamt München, S. 70–73 (download: http://www.tr.fh-muenchen.de/die_fakultaet/publikationen/tourismus_management_passport.de.html).

Letzner, V. (2010c): Von asiatischen Religionen, materiellem und immateriellem Kulturerbe oder wo man zum Hegelianer werden könnte: Rom, in: Tourismus Management Passport Sonderedition Von Umzügen und anderen Reisen, S. 66–69 (download: http://www.tr.fh-muenchen.de/die_fakultaet/publikationen/tourismus_management_passport.de.html).

Letzner, V.; Munz, S. (2011): Quo vadis, Tourismusökonomie?, in: Tourismus Management Passport Heft 04/11 Zukunft, S. 10–13 (download: http://www.tr.fh-muenchen.de/die_fakultaet/publikationen/tourismus_management_passport.de.html).

Letzner, V. (2011): Immaterielles Kulturerbe als Attraktor im Umfeld des „existential tourism" und Inventarisierungsmöglichkeiten gemäß der UNESCO 2003er-Konvention am Beispiel Bayern, in: Kagermeier/Steinecke (Hrsg.) (2011), S. 71–85.

Letzner, V. (2013a): Materielles und immaterielles Kulturerbe: Herausforderungen für die touristische Attraktorentheorie am Beispiel Limes, in: Bezirk Mittelfranken durch Weinlich, E. (Hg.): Welterbe Limes und Tourismus, Geschichte und Kultur in Mittelfranken 2, Würzburg, S. 59–76.

Letzner, V. (2013b): Was lange währt, wird vielleicht doch noch gut…!? Die Umsetzung der UNESCO-Konvention 2003 zum immateriellen Kulturerbe in Deutschland und deren Defizite, in: Tourismus Management Passport Edition Nachhaltigkeit, S. 58–63 (download: http://www.tr.fh-muenchen.de/die_fakultaet/publikationen/tourismus_management_passport. de.html).

Luckenbach, H. (1986): Theoretische Grundlagen der Wirtschaftspolitik. München.

MacCannell, D. (1976): The Tourist: A new theory of the leisure class. New York.

MacIntosh, R.; Goeldner, C. R. (1984): Tourism. Principles, practices, philosophies. 4. Aufl., New York.

Mahlerwein, G. (2004): Ökologie des Notbehelfs. Ländliche Ökonomie und kollektive Nutzung in der Frühen Neuzeit, in: Meiners/Rösener (2004), S. 81–86.

Mandelbrot, B. B.; Hudson, R. L. (2007): Fraktale und Finanzen. Märkte zwischen Risiko, Rendite und Ruin. München.

Mankiv, N. G. (2004): Grundzüge der Volkswirtschaftslehre. 3., überarb. Aufl., Stuttgart.

Meiners, U.; Rösener, W. (Hg.) (2004): Allmenden und Marken vom Mittelalter bis zur Neuzeit. Beiträge des Kolloquiums vom 18. bis 20. September 2002 im Museumsdorf Cloppenburg. Cloppenburg.

Mistry, R. (2009): Das Gleichgewicht der Welt. 11. A. , Frankfurt/M.

Mose, I (1998): Sanfter Tourismus. Amsterdam.

Mundt, J. W. (2001): Einführung in den Tourismus. 2. Aufl., München.

Mundt, J. W. (2012): Tourismus. 4. Aufl., München.

Musgrave, R. A.; Musgrave, P. B.; Kullmer, L. (1987): Die öffentlichen Finanzen in Theorie und Praxis, Bd. 3. 3., völlig überarb. Aufl., Tübingen.

Neffe, J. (2008): Einstein eine Biographie. 3. Aufl., Reinbek bei Hamburg.

Neumann, M. (1995): Theoretische Volkswirtschaftslehre II. Produktion, Nachfrage und Allokation. 4. Aufl., München.

Nelson, R. L (1958): The selection of retail locations. New York.

Newig, J. (2007): Freizeitzentralität, in: Becker et al (2007), S. 541–554.

Nowak, J.-J.; Sahli, M. (2008): Inbound tourism and internal migration in a developing economy, in: Brau et al (2008), S. 89–104.

Nowak, J.-J.; Sahli, M.; Sgro, P. (2005): Tourism, increasing returns and welfare, in: Lanza et al (2005), S. 87–103.

Oppermann, M. (1993): Tourism space in developing countries, in: Annals of Tourism Research, vol. 20, S. 535–556.

Ostrom, E. (1999): Die Verfassung der Allmende: jenseits von Staat und Markt. Tübingen. Originaltitel: Governing the commons. The evolution of institutions for collective action. Cambridge 1990.

Pearce, D. G (1979): Towards a geography of tourism, in: Annals of Tourism Research July/Sept, S. 245–272.

Pearce, P. L; Packer, J. (2013): Minds of the move: New links from psychology to tourism, in: Annals of Tourism Research, Vol. 40, S. 386–411.

Pehnt, W. (2008): Die Stunde der Wiedergänger. Zum Streit um Stadtschlösser, Lindenoper, Museumsinsel und „New Urbanism": Wolfgang Pehnt über die Sehnsucht nach Geschichte in Architektur und Städtebau, in Süddeutsche Zeitung, 14.7.08, S. 10.

Pehnt, W. (2010): Hier wie dort. Original und Fälschung: In Zukunft werden nicht nur Schlösser, sondern ganze Städte rekonstruiert. Wolfgang Pehnt über das große Verwirrspiel der Urbanistik, in: Süddeutsche Zeitung, 9./10.1.2010, S. V2/4.

Perman, R. et al. (2011). Natural resource and environmental economics. (4th ed.), Harlow.

Petermann, C., Letzner, V. (2011): Regionale Beschäftigungseffekte durch Naturschutz, in: Natur und Landschaft, Zeitschrift für Naturschutz und Landschaftspflege Nr. 4, S. 162–165.

Pommerehne, W. W. (1987): Präferenzen für öffentliche Güter. Ansätze zu ihrer Erfassung. Tübingen.

Porter (1993): Nationale Wettbewerbsvorteile. Erfolgreich konkurrieren auf dem Weltmarkt. München.

Pöttner, G. (2008): Philosophische Ästhetik. Stuttgart.

PricewaterhouseCoopers & ö:konzept (2013): Gutachten zum potentiellen Nationalpark Nordschwarzwald. Gutachten zu Händen des Ministeriums für Ländlichen Raum und Verbraucherschutz des Landes Baden-Württemberg. Berlin.

Reichart, T. (1999): Bausteine der Wirtschaftsgeographie. Eine Einführung. Bern.

Rey-Maquiera Palmer, J.; Lozano Ibáñez, J.; Gómez Gómez, C. M. (2005): Land, environmental externalities and tourism development, in: Lanza et al (2005), S. 56–86.

Richardson, H.W. (1980): Polarization reversal in developing countries, in: Papers of the Regional Science Association, Vol. 45, S. 67–85.

Ritter, (2007): Globaler Tourismus und die Grenzen der Welt, in: Becker et al (2007), S. 86–96.

Ritter, W. (1993): Allgemeine Wirtschaftsgeographie. 2. Aufl., München.

Rose, K., Sauernheimer, K. (2006): Theorie der Außenwirtschaft. 14. Aufl., München.

Rothschild, K.W. (1981): Einführung in die Ungleichgewichtstheorie. Berlin.

Russell, B. (1945, 2008): Philosophie des Abendlandes, 5. Aufl. München; Original: A History of Western Philosophy. London.

Schätzl, L. (1983): Regionale Wachstums- und Entwicklungstheorien, in Geographische Rundschau 35, S. 323–327.

Schätzl, L. (1992): Wirtschaftsgeographie 1. Theorie. 4. Aufl., Paderborn.

Schmidt, C. M.; Weigert, B. (2014): Eurokrise: Erneute Atempause ist kein Grund zum Ausruhen, in: Wirtschaftsdienst Vol. 94, Issue 1 Supplement, S. 11–14.

Schöfmann, S. (1997): Egart, Streu und Wiesmahd. Die traditionelle voralpine Kulturlandschaft in der Umgebung der Glentleiten am Beispiel Kochel am See in den 40er und 50er Jahren. Großweil.

Schoer, K. (2003): Die Rolle des Gesamtrechnungssystems für eine integrierte Nachhaltigkeitsberichterstattung, Statistisches Bundesamt Umweltökonomische Gesamtrechnungen, Wiesbaden.

Schulz, A.; Weithöner, U., Goecke, R. (2010): Informationsmanagement im Tourismus: E-Tourismus: Prozesse und Systeme. München.

Schwarzenbach, F. H. (1984): Problem analysis of the control of regional tourist development in tourist regions of the Alps, in: Brugger et al (1984), S. 619–638.

Siebert, H. (2004): Economics of the environment. Theory and policy. Berlin.

Sinclaire, M. Thea; Stabler, Mike (2010): The Economics of tourism. (2nd ed.), London.

Sinn, H.-W. (1988): The Sahel problem, in: Kyklos 41, S. 187–213.

Sinn, H.-W. (2012): Die Target Falle. Gefahren für unser Geld und unsere Kinder. München.

Sinn, H.-W. (2013a): Austerity, growth and inflation. Remarks on the Eurozone's unresolved competitivness problem, CESifo Working Papers No. 4086.

Sinn, H.-W. (2013b): Verantwortung der Staaten und Notenbanken in der Eurokrise. Gutachten im Auftrag des Bundesverfassungsgerichts, Zweiter Senat, ifo Schnelldienst Sonderausgabe 12. Juni 2013, rev. Fassung November 2013.

Sinn, H.-W. (2014): Euro-Krise: Europa verdrängt die Krise, ZEIT-online 20.1.2014, www.zeit.de.

Statistisches Bundesamt (2009a): Statistisches Jahrbuch 2009. Für die Bundesrepublik Deutschland. Wiesbaden.

Statistisches Bundesamt (2009b): Umweltökonomische Gesamtrechnungen (UGR) – Einführung in die Umweltökonomischen Gesamtrechnungen. Wiesbaden.

Statistisches Bundesamt (2013): Statistisches Jahrbuch 2013. Für die Bundesrepublik Deutschland. Wiesbaden.

Steinberger, P. (2007): Profit durch Verzicht. Die Bestände vieler Fischarten stehen vor dem Kollaps – in den Traditionen alter Völker sehen Wissenschaftler eine Chance, ihn zu vermeiden. Süddeutsche Zeitung, 5.7.2007.

Steinecke, A. (2007): Kulturtourismus: Marktstrukturen, Fallstudien, Perspektiven. München.

Steinecke, A. (2010): Populäre Irrtümer über Reisen und Tourismus. München.

Steinecke, A. (2013): Destinationsmanagement. Stuttgart.

Störmann, W. (2009): Regionalökonomik. Theorie und Politik. München.Swarbrooke, J.; Horner, S. (1999): Consumer Behaviour in Tourism. Oxford.

TEEB – The economics of ecosystems and biodiversity for national and international policymakers – summary: Responding to the value of nature 2009.

Tribe, J. (1995): The economics of leisure and tourism. Oxford.

Tribe, J. (2005): The economics of recreation, leisure and tourism. 3. Aufl., Amsterdam.Tribe, J. (2009) (ed.): Philosophical Issues in Tourism. Bristol.

UNESCO (1972) Übereinkommen zum Schutz des Kultur- und Naturerbes der Welt.

UNESCO (1999): Richtlinien für die Durchführung des Übereinkommens zum Schutz des Kultur- und Naturerbes der Welt.

UNESCO (2003): Übereinkommen zur Bewahrung des immateriellen Kulturerbes.

UNESCO (2005): Übereinkommen über den Schutz und die Förderung der Vielfalt kultureller Ausdrucksformen.

Varian, H. R. (1994): Mikroökonomie. 3. Aufl., München.

Veblen, T. (1899): A theory of the leisure class. New York.

Vorlaufer, K. (1996): Tourismus in Entwicklungsländern. Möglichkeiten und Grenzen einer nachhaltigen Entwicklung durch Fremdenverkehr. Darmstadt.

Wang, N. (1999): Rethinking authenticity in tourism experience, in: Annals of Tourism Research, Vol. 26, no. 2, S. 349–370.

Waterson, M. (1985): Locational mobility and welfare, in: The Economic Journal 95, S. 774–777.

Wirtschaftsdienst (2014): Vol. 94, Issue 1 Supplement.

Wöhler, K. (1999): Aufhebung von Raum und Zeit. Realitätsverlust, Wirklichkeitskonstruktion und Inkorporation von Reisebildern, in: Materialien zur Angewandten Tourismuswissenschaft, N.F., Bd. 30, Lüneburg, S. 79–88.

Wöhler, K. (2000): Konvergenz von Destinationen und Freizeitparks. Zur postmodernen Organisation des Tourismuskonsums. Materialien zur angewandten Tourismuswissenschaft 34, Neue Folge, Lüneburg.

Wöhler, K. (2000): Konvergenz von Destinationen und Freizeitparks. Zur postmodernen Organisation des Tourismuskonsums. Materialien zur angewandten Tourismuswissenschaft 34, Neue Folge, Lüneburg.

WTO (2009): Tourism Satellite Account – TSA. The conceptual framework. Madrid.

Zückert, H. (2003): Allmende und Allmendeaufhebung. Vergleichende Studien zum Spätmittelalter bis zu den Agrarreformen des 18./19. Jahrhunderts. Stuttgart.

Stichwortverzeichnis